渡部昇一小論集成【下】

渡部昇一　著

大修館書店

渡部昇一小論集成　下巻

目次

V 書物

VII 対談・座談会 291

VIII 論争・講演 533

【上巻目次】

IV 文化

渡部昇一小論集成

下巻

V 書物

索引の歴史

1

一昨年（一九八七）に名著普及会によって物集《もずめ》索引賞が創設され、去年の秋、二度目の授賞式があった。索引のような地味な仕事に賞が設けられたことは、一つの文化的里程標になるのではないかと思う。ところでイギリスではどうかと言うと、物集索引賞の創設よりちょうど百十年前の一八七七年に索引協会（The Society of Index）が創立された。協会（あるいは学会と訳してもよいかも知れない）が設立されたということは、それまでに索引に対する必要性や重要性の認識が相当に広く識者の間に行きわたっていたことを示すものである。たとえば典型的な市井の文人であったアイザック・ディズレーリ（Isaac Disraeli 保守党の首相になったベンジャミン・ディズレーリの父親）は『文学瑣談』（*Literary Miscellanies*, 1840）の中で次のように言っている。

わたしとしては、索引を発明した人を尊敬する。人体の偉大なる解剖家であったヒポクラテスと、一冊の本の神経や動脈を最初に解剖して見せてくれた無名の文献的労働者とのどちらに軍配を上げるべきか判断つきかねる次第である。

これは言い得て妙である。とは言ってもアイザック・ディズレーリの本の多くには索引がない。わたしの持っているものでは『文学奇談集』(*Curiosities of Literature*, 3 vols., 1821)に索引がついているだけである。(これは息子のベンジャミンが編集した版だからついているので、一七九一年の初版にはおそらくついていないのではないかと思うが、手元に初版がないのでわからない)。しかしアイザック・ディズレーリが索引を最初に発明した人を、ヒポクラテスの解剖に比べた比喩は索引の意義をよく示しているので、索引協会の初代名誉書記であったホイートリー(Henry B. Wheatley)が『索引とは何か』(*What Is An Index?: A Few Notes on Indexes and Indexers*. London: H. Sotheran, 1878)を書いた時、その扉にディズレーリのこの言葉を引用している。ホイートリーは索引協会を作る中心的人物の一人でもあり、EETS(The Early English Text Society)の財務担当者でもあった。彼はEETSのためにも古い英文法書などを校訂して入れている(すなわち Alexander Hume, *Of the Orthographie and Congruitie of the Britan Tongue*. 拙著『英文法史』二一三―三〇頁参照)。ホイートリーにはこのほかにも『索引の作り方』(*How to Make an Index*, 1902)があることが知られているが、実物は見たことがない。彼の『索引とは何か』の後半は、詳しい索引の作り方になっているので、この部分を独立させた可能性が高い。比較していないので断定できないが、本質的に違ったものではあり得ないであろう。ホイートリーはさすが索引協会の設立者の一人だけあって、西洋の索引については詳しくのべているので、必ず参考にすべき基本図書である。ただ皮肉なことに、この本には索引がないので、後になって参照する時にはなはだしく不便を感ずる。「索引なき本を出版した著者は、版権条例による恩恵を剝奪されるべきである」というキャンベル卿（Lord Campbell）の言葉を喜んで引用する著者も自分の本には索引をつけなかったのは、医者の不養生、紺屋の白袴の類と言うべきか。

2

まず index（索引）の語源から考えてみよう。この言葉は元来「道しるべ」「人さし指」など、すべて「指示するもの」を意味し、動詞 indicate（指示する）と同根であることは大きな辞典の語源欄には必ず書いてある。イギリスの索引協会も「索引」を本や雑誌の内容に至る道しるべと考えていたことは、ホイートリーの前掲書の扉にも左のような図があることからも察せられる。今日では索引と言えば index であるが、かつては、そのほかにも table, register calendar, summary, syllabus などが、だいたい同じような意味で使われていた時代があった。事実ＯＥＤ（『オックスフォード英語辞典』）でも、table の項に“a concise and orderly list of contents, or an index”という説明をつけていて、table が「目次」と「索引」の両方の意味に用いられていたことを示している。十五世紀や十六世紀の用例でも、“a Table or Concordance”というのがあって、table と concordance（用語索引）が同意義であったことがわかる。ところがその後に意義の分化が英語では起って、table と言えば本の内容の要約を各章ごとに示す表、つまり「目次」（table of contents）になり、index は「索引」になった。そして今日では英語の本は通例巻頭に table があり巻末に index がある。ドイツ語

ホイートリー『索引とは何か』扉絵

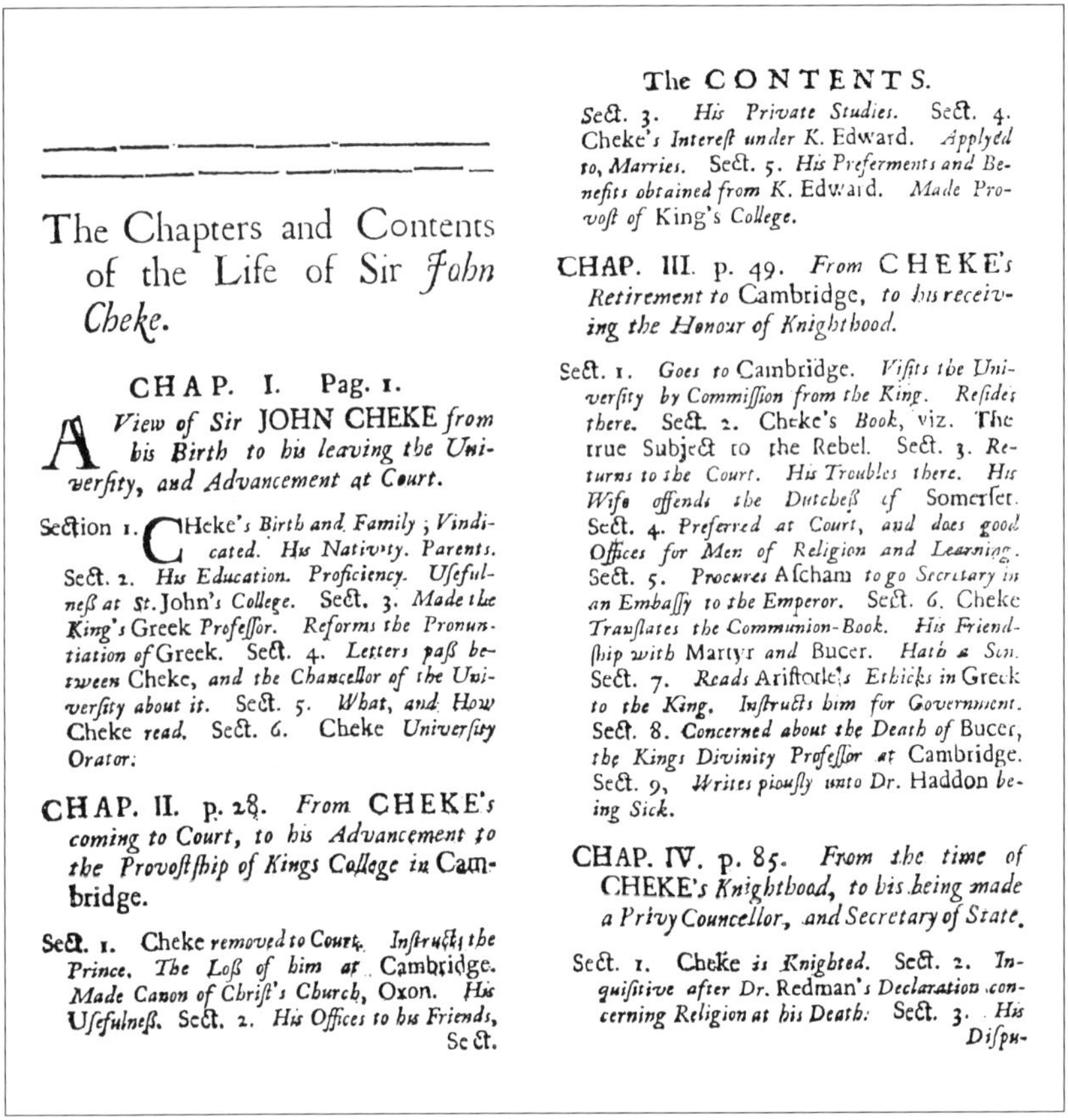
The Chapters and Contents of the Life of Sir John Cheke.

CHAP. I. Pag. 1.

A View of Sir JOHN CHEKE from his Birth to his leaving the University, and Advancement at Court.

Section 1. CHeke's Birth and Family; Vindicated. His Nativity. Parents. Sect. 2. His Education. Proficiency. Usefulness at St. John's College. Sect. 3. Made the King's Greek Professor. Reforms the Pronuntiation of Greek. Sect. 4. Letters pass between Cheke, and the Chancellor of the University about it. Sect. 5. What, and How Cheke read. Sect. 6. Cheke University Orator.

CHAP. II. p. 28. From CHEKE's coming to Court, to his Advancement to the Provostship of Kings College in Cambridge.

Sect. 1. Cheke removed to Court. Instructs the Prince. The Loss of him at Cambridge. Made Canon of Christ's Church, Oxon. His Usefulness. Sect. 2. His Offices to his Friends, Sect.

The CONTENTS.

Sect. 3. His Private Studies. Sect. 4. Cheke's Interest under K. Edward. Applyed to, Marries. Sect. 5. His Preferments and Benefits obtained from K. Edward. Made Provost of King's College.

CHAP. III. p. 49. From CHEKE's Retirement to Cambridge, to his receiving the Honour of Knighthood.

Sect. 1. Goes to Cambridge. Visits the University by Commission from the King. Resides there. Sect. 2. Cheke's Book, viz. The true Subject to the Rebel. Sect. 3. Returns to the Court. His Troubles there. His Wife offends the Dutchess of Somerset. Sect. 4. Preferred at Court, and does good Offices for Men of Religion and Learning. Sect. 5. Procures Ascham to go Secretary in an Embassy to the Emperor. Sect. 6. Cheke Translates the Communion-Book. His Friendship with Martyr and Bucer. Hath a Son. Sect. 7. Reads Aristotle's Ethicks in Greek to the King. Instructs him for Government. Sect. 8. Concerned about the Death of Bucer, the Kings Divinity Professor at Cambridge. Sect. 9. Writes piously unto Dr. Haddon being Sick.

CHAP. IV. p. 85. From the time of CHEKE's Knighthood, to his being made a Privy Councellor, and Secretary of State.

Sect. 1. Cheke is Knighted. Sect. 2. Inquisitive after Dr. Redman's Declaration concerning Religion at his Death. Sect. 3. His Dispu-

の本では時に、巻末に詳しい目次がある場合があるが、これはRegisterあるいはInhaltsverzeichnisが、英語で言えばtableとindexが未分化状態であった時代のものに相当しているのである。同じようにフランス語でもtableと言えば目次にも索引にも使い得る。特に目次であることを明示したい場合はla table des matièresと言う。イタリア語やスペイン語でもindiceは目次にもなり索引にもなる。目次（table）と索引（index）は今日の英語では完全に分化して便利であるが、その点、日本語でも明確に分化している。参考のため、tableとindexがあまり明瞭にわかれていなかった時代の一例を示してみよう（上図）。これはストライプ（John Strype）の『チーク伝』（*The Life Of the Learned Sir John Cheke, Kt.* ..., 1705）の table であり実に詳しく内容を指示している。したがって index はない。時代が新しくなると、table は簡単で index が詳細になる。

　索引の「進化」から言えば目次型のものが早かったようである。ローマ時代にもセネカは tabula とか calendarium と言い、キケロは index と言ったが、いずれも、今日では目次のようなものである。またカトリック教会の禁書目録を index（index librorum prohibitorum）と呼ぶが、これは信者が読むと魂に害があると教会が考えた本のリストであり、一種の「指示」であるには違いないが、本の内容への道しるべとしての索引ではない。ノース（Sir Thomas North）の訳した『プルターク英雄伝』はシェイクスピアも史劇を書いた時に利用したので有名であるが、これにはアルファベットで並べた索引がついている。索引のついた一般の本としては最も古いものの一つであるが、この索引は index ではなく、table と呼ばれている。その呼び方が table であれ index であれ、「索引」がつくと便利であると認められてきたことが、十六世紀の後半には一般書にもつけられていることからもわかる。

　しかしイギリスでは何と言っても、最初に詳細な索引を本につけることがはじまったのは聖書からである。聖書は最も引用されることの多い本であるから、内容検索のために索引に対する要求が最も鋭く、かつそれが広い層に感じられたのであろう。

　聖書に対する索引は index とは言わずに concordance と言うならわしになっている。ＯＥＤを見ると「ある本に含まれている主要な単語を、例文を加えてアルファベット順に並べること」という意味での concordance の初出例はトリヴィーサ（John Trevisa）の訳本 *Polychronicon Ranulphi Higden*（VIII. 235）で一三八七年のものである。

Frere Hewe [ob. 1262] ... þat expownede al þe bible, and made a greet concordaunce [*Harl. Ms.* concordances〕uppon þe bible.

（聖書全部を解釈して、聖書についての大きなコンコーダンス〔ハーレイ写本ではコンコーダンセズ〕を作ったヒュー修道士〔一二六二没〕。）

またＯＥＤの第二の用例はキャプグレイヴ（John Capgrave）の *The Chronicle of England*（154）で一四六〇年である。

Hewe〔of S. Victor〕... was eke the first begynner of the Concordauns, whech is a tabil onto the Bibil.

（〔サン・ヴィクトール〕のヒューはまた聖書へのテーブルであるコンコーダンスを最初にはじめた者であった。）

こうしたＯＥＤの用例の示すところは、聖書の索引だけははじめからコンコーダンス（あるいはその複数形）という言い方があった。しかも、索引（インデックス、あるいはテーブル）が同じ本の中につけられているのに反し、聖書のコンコーダンスは別冊本というのが常例であった。それでコンコーダンスと言えば、「ある作家に対する別冊の引用文つき索引の本」という意味にもなったのである。

ところでＯＥＤの記事の中、〔　〕の部分は編者マレーが補ったものと思われるが、間違っているので訂正しておきたい。まず第一に修道士ヒューは Hugh（or Hewe）of St. Victor ではなく、Hugh of St. Cher である。サン・ヴィクトールのヒューは十二世紀の中頃にパリで没したオーガスチノ会の修道士で神秘的な著述で知られてはいるが、コンコーダンスなどは作っていない。これに反しサン・シェールのヒューは最初の聖書のコンコーダンスを作った人として知られており、没年も一二六三年三月十九日と明確で、これはＯＥＤの「一二六二没」という記事とも合う。ＯＥＤの編者マレーが何かの参考書でヒューを見て、「一二六二没」としたのはよかったが、それをサン・ヴィクトールのヒューと思い違いをしたものと思われる。

　さて最初のコンコーダンスの製作者ヒューは、フランスのドーフィネ州のサン・シェールに生まれ、パリ大学に学び、ドミニコ会に入り、後にパリ大学で神学と聖書学を教え、ドミニコ会出身者としては最初の枢機卿《カーディナル》になった大物であった。ドミニコ会は『薔薇の名前』でもおなじみのように学問修道会であり、その聖書学のためにコンコーダンスが必要とされたのである。コンコーダンスは元来は「一致」とか「調和」の意味で索引の意味はまったくなかった。元来は神学の護教論において、同じテーマの問題が聖書のいろいろな箇所に出てくる時、それが矛盾せず一貫した解釈を可能にするものであることを例示するために、テーマごとにラテン語聖書からの引用を集めたものがコンコーダンスであった。つまり事項分類式に聖書からの引用を集めた本を指していた。十三世紀に作られた *concordantiae Morales*（＝Moral Concordances 著者不詳）などがその典型的な例である。これならコンコーダンスの意味がよくわかる。事項別の整理の仕方でなく、アルファベット式に単語によって聖書の中の単語の索引がサン・シェールのヒューの指示によって一二三〇年頃に作られた時、まったく元来の意味に関係なく、コンコーダンスという言葉が用いられはじめたのであった。この最初のコンコーダンスは *Concordantiae Sancti Jacobi*（St. Jacob's Concordances）である。聖ヤコブというのはパリにあったドミニコ会修道院の名前であり、そこで聖書注解の仕事をしている修道士たちの仕事の便宜を計るためにアルファベット式の聖書用語索引が作られたのでこの書名が生じた。

　このコンコーダンスの欠点は単語の出てくる箇所の引用がないことであったので、後に三人のイギリス人ドミニコ会士がその欠点を補うためのコンコーダンスを作ったが、これが *Concordantiae Anglicanae*（＝English Concordances）で一二五〇年頃のことと思われる。これはドイツのニュルンベルクで一四八五年に出版されている。またこれとは別に、サン・シェールのヒューのコンコーダンスに例文を加える仕事をしたのがハルバーシュタットのコンラッド（Conrad of Halberstadt）で一二九〇年頃だとされている。これが *Concordantiae Bibliorum*（=Concordances of the Books）であり、ストラスブールで一四七〇年に出版になった。印刷されたコンコーダンスとしてはこれが最初であった。これは例文のとり方と長さが適切だったので広く用いられたようである。その後、多くのラテン訳聖書のコンコーダンスが出たが、画期的だったのは F. F. Dutripon, *Vulgatae Editionis Bibliorum Sacrorum Concordantiae*（=Concordances of the Sacred Books of the Vulgate Edition, Paris, 1838）である。長い間、最善のものとされていた。新しいものではプルティエ（Peultier）、エティエンヌ（Etienne）、ガントワ（Gantois）共著のものが一八九七年にパリで出版され、これは二十世紀になってからも版を重ねている。ヘブライ語聖書やギリシャ語聖書のコンコーダンスはいずれもルネサンスになってからであり、したがって最初の出現は十六世紀である。

英訳聖書（欽定訳）のコンコーダンスで最初のものは、新約の部分だけで、一五三五年に印刷業者でもあり学問好きの人間でもあったギブソン（Thomas Gybson）によって八つ折り版で出版された（十二折版というエイムズ〔Joseph Ames〕の記述は間違いである）。標題は次の通りである。

The concordance of the new testament, most necessary to be had in the handes of all soche, as desire the communicacion of any place contayned in the new testament. Imprynted by me Thomas Gybson, *Cum privilegio regali; with the mark* T. G. *on the sides of a cut, afterwards used by John Day, with this motto*, Sum horum charitas. *The epistle to the reader writ by him, signifies his being the collector, or disposer of it.*

この最後の一行半は、ギブソンが出版者であるのみならず編者であったという誇りを示している。聖書全体に対するコンコーダンスはマーベック（John Merbecke）によって作られ、グラフトン（Richard Grafton）によって二つ折版で出版された。すなわち、

A concordance, that is to saie, a worke, wherein by the ordre of the letters of the A, B, C, ye maie redely finde any worde conteigned in the whole bible, so often as it is there expressed or mencioned. *John Merbecke, the compiler of this concordance, dedicated it to king Edward VI. I take it to have been the first large concordance to the English bible, before its division into verses.*

ここでも編者のマーベックがこれが最初の英語聖書全部に対するコンコーダンスでもあることを表題の中で主張しているのがおもしろい。

その後、欽定訳聖書に対する決定版とも言うべきコンコーダンスがクルーデン（Alexander Cruden）によって一七三七年に出版された。すなわち *A Complete Concordance to the Holy Scriptures of the Old and New Testaments etc.* (London, 1737. Quarto）で、その後多くの版を重ねており、今日でも欽定訳聖書を対象とする時は実用価値を失っていない。われわれが昭和二十年代に英文科に入った時、英文学徒が必ずそなえるべき本の一つとして刈田元司教授はクルーデンをあげられたことを覚えている。聖書は口語訳など新訳が多く出ており、それにはそれなりのコンコーダンスが必要であろうが、英文学の古典的作品の場合はやはりクルーデンである。近頃の英文科の学生はクルーデンを古本屋で探す気などあるだろうか。

西欧では聖書研究が本文研究一般の手本となった。同じことはコンコーダンスについても言える。聖書のコンコーダンスに真似して文学者の著作のためにもコンコーダンスが作られた。最初にコンコーダンスが作られた作者はシェイクスピアであり、それにミルトン、ポープ、テニソンと続く、イギリス索引協会ができる前に作られた英文学作家のコンコーダンスは次の通りである。

シェイクスピアについては次の四点である。

Samuel Ayscough, *An Index to the Remarkable Passages and Words Made Use of by Shakespeare etc.* London, 1790.

Francis Twiss, *A Complete Index to the Plays of Shakespeare*《ママ》 *etc.* London, 1805. 2 vols.

Mrs. Cowden Clarke, *The Complete Concordance to Shakspere*《ママ》 *etc.* London, 1845.

Alexander Schmidt, *Shakespeare-Lexicon etc.* Berlin and London, 1874. 2 vols.

特に最後にあげたシュミットのコンコーダンスはイェスペルセン（Otto Jespersen）も口を極めて絶賛し、かつ感謝している不朽の名著である。市河三喜博士も「German scholarship の fine monument」（『英語学――研究と文献』三省堂、一九四八年、一二八―一二九頁）と激賞している。現在はペーパーバックで出ているので、わたしも学生に必携図書としてすすめている。

ミルトンについては、

G. L. Prendergast, *A Complete Concordance to the Poetical Works of John Milton.* Madras, 1857.

最初のミルトン・コンコーダンスがマドラスで出たというのはおもしろいが、これは著者がマドラス駐在の役人だったからである。十九世紀のイギリス出版業の隆盛はインド駐在のイギリス人が、暇と金があって読書に励んだのが一因であるという説があるが、世界最初のミルトン・コンコーダンスが、ベンガル湾岸の酷暑の地において最初に出版されたという事実は、その説を裏づけるかのごとくである。また Charles D. Cleveland, *A Complete Concordance to the Poetical Works of John Milton*（London, 1867）もある。

このほかミルトンには、コンコーダンスと言わないけれども、それに匹敵するものもある。それはトッドの『ミルトン伝』（H. J. Todd, *Some Account of the Life and Writings of John Milton*. London, 1809）である。伝記の部分は二百十七頁である。同書につけられている Verbal Index to the Poetry of Milton は頁数がついていないので目分量で言うより仕方がないが、ざっとその二倍の量がある。この伝記も索引も彼が出版した『ミルトン詩集』の第二版（London, 1809）に付随した出版であった。

ポープとテニソンについてはそれぞれ一巻ずつある。

Edwin Abbott, *A Concordance to the Works of Alexander Pope*. London, 1875.

Barron Brightwell, *A Concordance of the Entire Works of Alfred Tennyson*. London, 1869.

ここから十九世紀半ば頃まで、最もイギリス人に尊敬、研究、あるいは利用や引用されていた詩人が誰だったかよくわかる。最近では主要な作家にはたいていコンコーダンスが作られている。コンピュータの発達はさらにそれを容易にしており、わたしのところの修士課程の学生が、自分の修士論文のテーマである世紀末詩人ダウスン（Ernest Dowson）のコンコーダンスをこしらえたという例もある。

聖書コンコーダンスからはじまった索引は、その便利さが主要詩人の作品やその他の著作物に及んだ。モンテーニュの『エセー』(*Essais*)につけたコトンの索引はその一、二を見ても、著述家や有名作家を引用したい人にとっていかに便利かわかるであろう。

3

Books, immortal children(本―不朽の子ども)
Ears, dangerous instrument(耳―危険な道具)

モンテーニュの随筆の中味を読まなくてもモンテーニュの警句は利用できることになる。同じような趣旨から、ジョンソン博士はリチャードソン(Samuel Richardson)の小説に索引をつけてくれたらどんなに便利だろうと、彼に宛てた手紙の中で書いている。

このような索引だと、インデックスの原義通りに、本の内容がずばりと指さされるようなものである。極端な例がプリン事件である。プリン(William Prynne)はピューリタンであり、芝居と俳優を弾劾する *Historio-mastrix*(1633)を書いた。これはカーライル(Thomas Carlyle)の言によれば、どんな人間にも読めない種類の本だそうである。だから問題は起りそうになかった。ところがこの本には索引がついていた。この索引を見ると本文を読まなくても内容がわかるのである。たとえばキリストという見出しには「キリストはピューリタンであった」と書いてあるし、怠惰《アイドルネス》という見出しには「舞台演劇によって起され、醸成される危険にして有害なる罪」と定義してある。特に王《キング》の見出しには、「王が演劇をやったり、芝居にしばしば出かけたり、俳優をひいきするのは恥ずべきこと」と書いてある。要するにインデックスが著者の思想の要約になっているのだ。これはチャールズ一世の怒りに触れ、星院《スター・チェンバー》（英国刑事裁判所）で判決が下り、プリンは五千ポンドの罰金、終身禁錮、枷《かせ》刑にして両耳を切り取られるというひどい刑を受けた。この時の論告の根拠は、「彼の著書の *Histrio-mastrix* の索引にはこうある」というものだった。プリンの場合は悲劇だが、索引の便利さの証明にはなる。

索引のこの性質を利用して十八世紀のはじめ頃には、論敵が本を出すと、その本の索引を出してからかうということがあった。たとえば、ブロムリー（William Bromley）はトーリー党員であるが、彼が下院議長の候補になった時、政敵たちは彼がかつて書いた大陸旅行記に新しい索引をつけて印刷した。たとえば、

Boulogne フランスの最初の都市で海岸にある。二頁
February 庭園を見るにはよくない季節。五三頁
The Duchess dowager of Savoy 現公爵の祖母にして、彼の父の母であった。二四三頁

といったぐあいである。これでブロムリーの大陸旅行記がいかに平凡な観察ばかりの本であるかわかる。これによってブロムリーの凡庸さを示す目的だったらしいが、英国政界は凡庸を必ずしも嫌わず、ブロムリーは一七一〇年に議長に選ばれた。彼の政敵の目的ははずれたが、ブロムリーはこの索引を喜ばなかったであろう。

このようなエピソードを持ちながら、索引の重要性はますます認められてゆく。特に雑誌などの定期刊行物への索引の利用価値は万人の目に明らかであった。*A General Index to the Spectators, Tatlers and Guardians* が発行され

INDEX.

Samuel Smiles, *Self-Help*

A General Index to the Historical and Biographical Works of John Strype

たのは一七五七年である。代表的な三雑誌への共通索引がどんなに便利に思われたかは想像に難くない。その後ほかの雑誌にも索引作りが及んでいった。特に科学の各分野においては、専門誌の索引作りが盛んになった。特にめざましいのはドイツであるが、イギリスでも続々と刊行された。科学では発見の競争、つまりプライオリティーが争われるために専門誌の索引が特別に重要性を持つことになったのである。

ここで三つだけイギリスにおける索引関係の重要な刊行物について触れておきたい。第一は議会が下院の議事録（The Journals of the House of Commons）の索引のために、一七七八年に総額一万二千九百ポンドという巨額の支出を決定したことである。第二は『ブリタニカ百科事典』の充実した索引が、広い層に索引の便利さを教えたことであり、また、第三にはワット（Robert Watt）が英雄的な奮闘をして『大英索引辞典』（*Bibliotheca Britannica; or a General Index to British and Foreign Literature.* Edinburgh, 1824, 4 vols.）を独力完成させたことである。ワットの仕事は今では多数の人がコンピュータを使えばもっと完全にできるに違いないが、十九世紀のはじめにこの大仕事を一人でやったことに感激する。今でもこの四巻の四折判を手にとって眺めると、ワットの努力と彼のこうむった数々の災厄を憶い、感動とともに暗然たる思いがするのを禁じ得ない。

ワットのような人が出たことだけでも十九世紀中頃までにイギリスの読書界に起ってきていた索引評価の高まりを察することができる。たとえば日本では『西国立志編』とか『自助論』で知られるスマイルズ（Samuel Smiles）の*Self-Help*（1859）のような通俗修養書にもちゃんとした索引がついているのである。しかも言及が二回以上のものは内容についても言及があるのだ（一八頁図参照）。いわんや学問の本になるとその徹底ぶりはたいへんなものである。前にあげた『チーク伝』を書いたストライプの全集二十四巻には四百頁以上もの本が二巻も索引としてついているのである。たとえばカンタベリー大司教のパーカー（Matthew Parker）の場合、その息子のジョンについては二十三行くらいであるが、彼自身については、実に一頁二段組で十頁の索引がついているのだ。一人の人間について十頁の索引というのは今日では考えられないかも知れない。一九頁にかかげた索引の中でAとかGとかMとかいうのはストライプの著作の頭文字で、その何巻の何頁に、どういうことでパーカーが言及されているか一目瞭然である。これほど徹底した索引の例はさすがに少ないにせよ、『カーライル全集』（一八七四年）の索引二百一頁、リチャードソンの小説への索引（一七五五年）は四百十頁など、堂々たるものが出てくる。

このように見てくると、索引に対するイギリスの水準に日本が近づき出したのは、戦後のことであると言ってよいであろう。そしてイギリス索引協会の設立と物集索引賞の設定は本作り文化における対比できる局面であるというのもあながちこじつけではあるまい。本や印刷の歴史においてはむしろイギリスよりも古い伝統を持つ日本が索引においてなぜ一世紀もイギリスに遅れたのか、と言えば、日本には聖書がなかったのでコンコーダンスの出現がなかったからだと言ってよいであろう。今日に至るも、われわれは『古事記』や『日本書紀』にクルーデンのごときコンコーダンスのあることを知らない。しいて言えば和歌の分野における『国歌大観』がそれと類比できるのかも知れない。

［事典］

『ブリタニカ百科事典』の諸版

『ブリタニカ』の諸版

『ブリタニカ百科事典』（*Encyclopedia Britanica*）は初版（一七六八―七一年）が出版されてから最新版 *Britannica* III（第十五版、一九七五年）が出て今日に至るまで、二百年以上も続いている百科事典の王者である。これより大規模のものを作ることは可能であるが、この連続性には何ものにも変えがたい価値がある。たとえば whisky という単語一つとってみよう。ウィスキーがスコットランドの酒であることはよく知られているが、これはエディンバラ（スコットランドの首府）で出版された『ブリタニカ』の初版にも二版（一七七七―八四年）にもまったく出ておらず、三版（一七八八―九七年）になってわずか四行半の記述があるだけである。それが七版（一八三〇―四二年）ではたった二行に減っておりさらに八版（一八五三―六〇年）になると再び項目としては消えてしまう。それが九版（一八七五―八九年）になったとたんに、約一頁に及ぶ詳しい記述になり、十一版（一九一〇年）になると堂々たる取り扱いを受けるようになっている。これはいったいどういうことなのか。
それは元来ウィスキーはスコットランドの田舎の自家製の酒、つまり日本のどぶろくとか密造酒にあたるものであった。エンサイクロペディアに載せるほどのしろものでないという通念が編集者にあったと思われる。ところが十九世紀に産業革命の影響で、ウィスキーの大量生産法が開発され、質も飛躍的に向上した。工業先進国スコットランドの酒としてステイタスが飛躍的に上がって、世界的な飲み物となった。この頃に日本は開国したので、はじめから日本人はウィスキーを先進国の飲み物として受け入れた……といったようなことが、同じ『ブリタニカ』の各版を通覧することによっていっきょに把握できるのだ。一事が万事であって、これが『ブリタニカ』二百年の継続の意味である。

イギリスは近代的な百科事典の揺籃の地である。チェンバーズ（Ephraim Chambers）の *Cyclopaedia*（1728）がフランス語に訳されて、フランスのかの *Encyclopédie*（1751-80）の出発点になったことはよく知られているところである。チェンバーズの四十年後、当時、「北のアテネ」（the Athens of the North）として急にヨーロッパの知的活動の中心地として重きをなしてきたエディンバラの出版業者が、徹底的に有用性を重視した百科事典を出す決心をしたのである。当時のエディンバラにはデヴィッド・ヒュームやアダム・スミスなどの知的な巨人をはじめ、名のある学者文人が雲のごとく輩出していた。しかし政治的には一七〇七年にエディンバラ議会がウェストミンスター議会に吸収され、いわゆる Union が成立し、Britain の名前がイングランド、スコットランド、ウェールズの総称として用いられることが定着していた。『ブリタニカ』という名称をエディンバラの出版業者が使った背後には、こうした併合された側の意地が感じられるのである。

第一版

第一版はエディンバラの印刷業者マックファーカー（Colin Macfarquhar）が主唱者で、それに同市の図版業者ベル（Andrew Bell）が加わり、スメリー（William Smellie）を編集者とし、"a society of gentlemen in Scotland"を予約者として出版された。当時のエディンバラの人口は八万前後と推定されるが、三巻の百科事典を出版するための書き手も、買い手もいたのである。今では信じられないほど「質の高い都市」であったのであって、「北のアテネ」の名も誇張でない。スメリーは酒の強い二十八歳の青年であったが、信じられないような短期間に総頁数二千六百七十、図版百六十より成る三巻本を作り上げてしまった。大項目と小項目の混合でアルファベット順の方式を守っている。いちばん長い項目はanatomy（解剖）百六十五頁、surgery（手術）二百三十八頁などであるが、編集者スメリーがutility（有用性）と言った時の具体的な構想がどのへんにあったか察せられる。当時のエディンバラ大学の医学部は最高権威の一つであった。しかし記述の中には、「科学」と「言い伝え」の混同がまだいちじるしい。この初版本三巻は、『ブリタニカ』の二百年記念にレプリカ版を出したが、これは紙の色のやけぐあい（foxing）から、しみまでそっくりの版であり、お買い得であろう。

第二版

第一版は十二ポンドで売られ商業的にも一応の成功であり、ロンドンでその剽窃版が出るくらいであった。ベルやマックファーカーはすぐに第二版を考えたが、スメリーが、伝記をも新版には入れようという編集方針に反対して降りた。それでタイトラー（James Tytler）という、独学でいろいろなことをやった男を編集者とした。彼は相当の博識であったが特に気球に興味を持ち、balloon Tytler という綽名《あだな》があった。この第二版は徹底した拡大版であって、一七七七年に第一巻を出し、一七八四年に完成したが、十巻の堂々たるもので、総頁数八千五百九十五、図版三百四十である。この第二版の特徴はやはり大量の伝記を入れたことであり、百科事典が、単に「学芸」（sciences and arts）だけのものではなくなった。その後の百科事典はどれも伝記を入れるようになったのであるから、この点、商人のベルやマックファーカーの判断が正しく、スメリーの方が間違っていたとも言えるであろう。そのほかの特徴として、二百頁の付録がついており、その中の植物の表には、リンネ分類による五十八の目《もく》、九百三十一の属《ぞく》が示されている。リンネの名は高くても、実際のリンネの分類表を素人が見る機会はあまりないから興味を持たれる人も少なくないであろう。そのほか五百二十六点の参考文献もおもしろいし、八十二頁のスコットランドの記述は、小さい本の一冊分はあり、十八世紀までのスコットランドを理解するためにははなはだ参考になる。また医学の項目三百五頁も医学史などに関心ある人には見落せないものであろう。この二版は現存のセットが少なく、現在（一九八四年）市場に出るとすれば二百万円以下のことはまずないであろう。ついでに編集者タイトラーについて一言しておけば、彼は当時最大の話題のはずであったアメリカの独立にはひとことも触れていないのであるが、おもしろいことにタイトラーは後に outlaw として国外に逃れ、アメリカのマサチューセッツに渡って、セーラムで一八〇五年に死んでいる。

第三版

第三版は一七八八年に第一巻が出て一七九七年に第十八巻が出て完了した。当初十五巻の予定だったのがさらに大きくなったわけで、初版の約六倍の量である。初版以来の出版者マックファーカーは、心労のあまり、完成を見ず一七九三年、四十八歳で死んだ。それで彼の後見人とベルはグライグ (George Gleig of Stirling, 後の Bishop of Brechin) を編集者として依嘱した。スコットランドで名のある名士が編集長になったのは彼がはじめてである。十八巻という量も画期的であったし、内容的にも画期的である。たとえば grammar の項目も、六十数頁にわたり、ハリス (James Harris)、ビーティ (James Beatie)、ホーン・トゥック (John Horne Tooke) などをふまえた堂々たるもので、一般文法概論としては十八世紀の最も注目すべきものの一つと言ってよいだろう。売行きはよく一万三千セットも出た。

このグライグは一八〇一年から一八〇三年にかけて二巻の補遺 (Supplement) を出したが、千六百三十三頁で五十の図版を含む堂々たるものである。たとえば chemistry だけでも二百頁に近い。普通の活字を用いた普通サイズの本にしたら、おそらく三百頁を超す著作になるであろう。

第四、五、六版

*第四版は一八〇一年に一巻が出て一八一〇年に完結、二〇巻になった。主要項目の内容はほとんど第三版と同じと言われる。出版者がベルから、同じエディンバラの出版業者コンスタブル (Archibald Constable) に移った。編集者はミラー (Dr. James Millar) であるが、彼のことをコンスタブルは不適格者と考えていたようである。*第五版 (一八一五年) は第四版のリプリントである。*第六版は一八二三年に完成したが、これは第五版の修正版である。(ただ第四版、第五版、第六版は手もとにないので他の研究家の報告の紹介である。わたしが直接調べてない版には＊を

つけておいた。）

もっと注目すべきは第四、第五、第六版に対する補遺（Supplement）と称する六巻本（一八一六―二四年）である。補遺が堂々たる六巻本で初版の倍もあるというのはいかにもおもしろい。内容的にも当時の学問を十分に反映させようとした良心的なものであり、主要項目の執筆者の名が明らかである点も画期的である。シグネット・ライブラリー（Signet Library）の名図書館長でもあったネイピア（Macvey Napier）の編集で天下の名士たちが執筆した。たとえば「人口《ポピュレーション》」はT・R・マルサスが二段組二十数頁の大論を寄せているから、『人口論』も、これでエッセンスが著者自身でまとめられているというぐあいである。

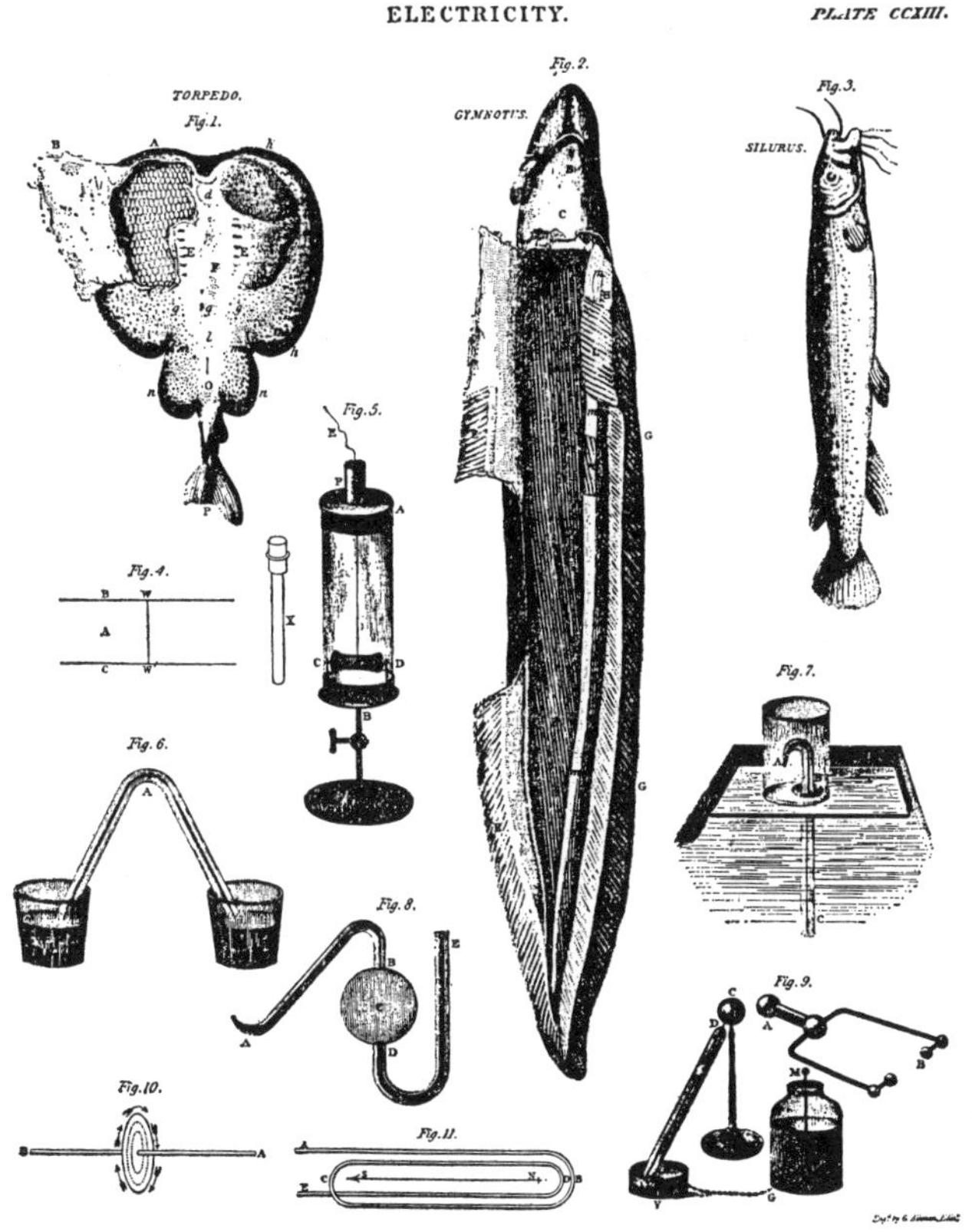

『ブリタニカ百科事典』第７版　*Plates II*（1842）から

第七、八、九、十版

第七版はこのネイピアが編集したもので完全な新版である。一八四二年に完成したが、二十一巻のほかに図版

(plates)が三巻ついて全二十四巻である。ド・クインシーやR・L・スティーヴンソンの寄稿もあり、図版三巻は特に価値が高い。出版者はAdam & Charles Blackに変った。第八版(一八五三―六〇年)は二十一巻に索引が別巻でついている。マコーレー、キングズレーのような文学者、ブンゼンのような科学者など、寄稿者が世界的に名のある人が多い。第九版(一八七五―八九年)は画期的な新版で二十四巻ある。たとえば『知的生活』の著者P・G・ハマトンのDrawing(絵画)とEngraving(エッチング)の寄稿があるが、これは後に立派な単行本になった。各大項目が単行本になるくらいの質量をそなえ、執筆者は当代一流で、進化論では生物学的面をハクスレーが、哲学的面をJ・サリーが執筆しているというぐあい。第十版(一九〇二年)は九版に補遺十巻を加えたもので実に三十五巻の大冊であり、索引だけでも約千百頁の膨大なものである。この第九版はアメリカのScribner's Sonsがアメリカだけで四万五千セット売って『ブリタニカ』の名を世界的にした。明治の華族が買ったのはこの版である。

第十一版

第十一版(一九一〇年)はロンドンのチザム(Hugh Chisholom)とアメリカのフーパー(F. H. Hooper)が編集者となり、Cambridge University Pressが版権を持っている。エディンバラの出版物がイングランドに移った上に、アメリカの参加もあった。そして英国王ジョージ五世と米国大統領タフトの両者に献呈されている。用紙もそれまでの厚手のざらざらした感じのものから、日本の英和辞書にもよく使われている薄いインディア紙(India paper)になった。二十八巻に千頁に近い索引がついている。これはブリテン島で出た最後の版であるとともに、ある意味で最高の版の一つである。というのは第一次大戦直前までの学芸の状況をこれほどよく知らせてくれるものはほかにめったにないからである。後にシカゴのSears, Roebuck and Co.が安い小型版を売る権利を得ておおいに普及させた。両者に内容の相違はない。

第十二、十三版

この十一版に第一次大戦の直前、戦中、直後の状態を扱った補遺三巻をつけたのが第十二版（一九二二年）である。この時の補遺を抜本的に書き改め、一九一〇年から一九二六年までの状況をよりよく示そうとする目的で新補遺三巻が一九二六年に出された。第十一版にこの新補遺三巻をつけたものを第十三版と呼ぶ。この新補遺にはフランスのフォッシュ（Foch）元帥、ドイツの政治家シュトレーゼマン（G. Stresemann）、科学者としてはアインシュタイン、キュリー夫人など世界の名士が寄稿している。お買い得版とも言うべきであろう。

第十四版

しかし本体の十一版は大戦後十年も経つとさすがに古く見えてきた。大戦によって戦車や飛行機の出現を見たことに端的に示されるように、科学と技術の進歩はまさに飛躍的なものがあったからである。それで完全な新版が企画され、世界中から三千五百人もの著名な執筆者を動員し、三年かかって一九二九年の秋に完成したのが第十四版である。二十三巻のほか索引と地図をいっしょにした巻がついている。

ここで気づくことは、新しい科学や技術に関する記述が大幅に増えたのに、巻数は十三版より八巻少なく、十版よ

『ブリタニカ百科事典』の諸相

版	刊行年	巻数	編集者	発行者	備　考
第1版	1768-71	3	William Smellie	Andrew Bell Colin Macfarquhar A Society of Gentlemen in Scotland	
第2版	1777-84	10	James Tytler	Bell & Macfarquhar	
第3版	1788-97	18	Colin Macfarquhar George Gleig	Bell & Macfarquhar	
第3版補遺	1801-03	2	George Gleig	Thomas Bonar	
第4版	1801-10	20	James Millar	A. Constable & Co.	
第5版	1815-17	20	Thomas Bonar	A. Constable & Co.	第4版の再版
第6版	1820-23	25	Charles Maclaren	A. Constable & Co.	第5版の修正版
第4、5、6版補遺	1816-24	6	Macvey Napier	A. Constable & Co.	
第7版	1830-42	24	Macvey Napier	Adam & Charles Black	21巻 索引1巻、図版3巻
第8版	1853-60	22	Thomas S. Traill	Adam & Charles Black	21巻、索引1巻
第9版	1875-89	25	Thomas S. Baynes William R. Smith	Adam & Charles Black	24巻、索引1巻
第10版	1902-03	35	Hugh Chisholm D. M. Wallace A. T. Hadley	Adam & Charles Black	第9版＋補遺10巻(地図、索引各1巻含む)
第11版	1910-11	29	Hugh Chisholm Franklin Hooper	Cambridge U. P. ed. E. B. Ltd. London E. B. Co. New York	28巻、索引1巻
第12版	1921-22	32	Hugh Chisholm Franklin Hooper	William J. Cox	第11版＋補遺3巻
第13版	1926	32	J. L. Garvin Franklin Hooper	William J. Cox	第11版＋新補遺3巻
第14版	1929	24	J. L. Garvin Franklin Hooper	William J. Cox 後、William Benton	23巻、索引・地図1巻
第15版	1975	30	Robert M. Hutchins	Chicago U. P. ed. Britannica Inc.	Propaedia 1巻 Macropaedia 19巻 Micropaedia 10巻
第15版改訂版	1985	32	Mortimer J. Adler	Chicago U. P. ed. Britannica Inc.	Propaedia 1巻 Macropaedia 12巻 Micropaedia 17巻 索引2巻

《参考資料》Herman Kogan, *The Great EB*. Chicago: Chicago University Press, 1958.
Encyclopaedia Britannica, 14版, 15版

りは十一巻も少ないことである。簡単に言えば人文系の記述が徹底的な削除と削減を受けたためである。おおまかな試算によると、新書判で五百冊分くらいの人文系の記述が消えたと言ってよい。『ブリタニカ』の旧版が人文系の研究者にとっては新版より役立つことが多いのはこのためである。十四版はかのGreat Depression（大恐慌）の直前に出版されたため、売行きはその影響をこうむった。

第十五版

この十四版以後、『ブリタニカ』は不断に修正版を出すことにして、第何版と言うことをやめた。その不断の修正は次第に蓄積されたため、戦勝国アメリカの余裕と良さが十分に出てくるようになったのが一九六〇年代の諸版である。日本にも大量に入り古書価も安いが絶対の買い得版である。シカゴ大学が編集の中心になっている。ところが一九七五年、再び第何版という呼称が復活し、第十五版が出た。これはまったく新機軸のもので、一巻のPropaedia（全体へのガイド）、十巻から成るMicropaedia（簡易百科）、十九巻から成るMacropaedia（大項目の体系的叙述が中心）の全三十巻より成り立つ。が、この大胆な新構想は必ずしも評判がよくない。来たるべき十六版がこの形にとどまるか、伝統方式に戻るか、注目されるところである。

〔事典〕

『ブリタニカ百科事典』全版全冊揃

学問は進歩するということは常識になっている。特に自然科学や技術の進歩は顕著であり、しかも疑う余地がない。最新型の戦闘機は必ず旧型の戦闘機を撃ち落とす。ノーベル賞の跡をたどれば、新しい学説が古い学説に取って代っている様子が明らかである。そして科学勃興の十八世紀の中頃、『ブリタニカ百科事典』はもろもろの学芸のエッセンスを集めた殿堂のごとき出版物として登場した。となると百科事典は新しい版ほどよくて、古い版は紙くずみたいなものと見なされやすい。事実、新しい版が出るたびに古い版は捨てられるのが普通だったのだ。

ところがわたしは、古い『ブリタニカ』の価値に気づく機会がかなり前にあった。たとえばわたしの専門の英文法の歴史の場合、『ブリタニカ』の各版が、「英文法」という項目にどういう記述の仕方をしているかがおもしろい問題になり得ると思いあたった。たとえば初版（一七六八―七一年）では全面的にハリスの体系を採用している。ところが第三版（一七八八―九七年）になるとハリスに批判的で、十品詞を認める立場になっている。ハリスの体系は宗教改革の頃のフランスの哲学者ラムスの説が、ケンブリッジ大学を通じてイギリスで流行し、カルヴァン派教会系の学校の文法教科書として主として用いられた体系である。ところが約十五年後に同じエディンバラで編集された同じ百科事典の「英文法」の項目は主としてアングリカン教会系の学校で用いられた教科書の体系を採用している。そしてこれはイギリスにおける英文法史の全体の流れとも合っている。ということは何を意味しているだろうか。こんなことに気づけば古い百科事典の利用法の別の面が見えてくる。そしてこのことに当時は英米の学者も気づいていなかったのである。

今から十年ほど前、エディンバラに一年ばかりいて帰ってきたら、サントリーからウィスキーのムック本の原稿を頼まれた。ウィスキーの文献はいくらもあるが、それを渉猟する暇はない。それでわたしは『ブリタニカ』の各版に扱われたウィスキーの項目が、どういう記述内容の変化をしているかを通覧することにした。ところがスコットランドの誇りである百科事典の初版や第二版にはその項目はなく、ようやく第三版に四行半の説明があるが、第七版（一八三〇—四二年）ではたった二行に減り、そして第八版（一八五三—六〇年）には項目から再び落とされている。そして第九版（一八七五—八九年）になると突如約半頁の詳しい記述になり、第十四版（一九二九年）では二頁四欄に及ぶ詳しいものになっている。これはどういうことか。

それはウィスキーははじめ日本のどぶろくみたいな密造酒という連想があり、立派な学芸の殿堂とも言うべき『ブリタニカ』には入れてもらえなかったという事情による。それが立派な取り扱いを受けるようになったのは、産業革命で、軽いウィスキーを大量に作る方法を発明した男が出て、立派な人たちにも飲まれる商品になったからである。ちなみに日本が明治に開国した頃は、ウィスキーは社会的に受け入れられるステイタスを獲得して間もない頃だった。こんなことが『ブリタニカ』各版をざっと通覧することでいっきょにわかる。各版とも、それが編纂されている時点の学芸の水準や社会通念を誠実に反映させようとしているから史料として重要なのである。

人間の知識は日進月歩であるが、『ブリタニカ』の頁数は第十版（一九〇二―〇三年）の時が頂点で三十五巻、平均するとだいたいフォリオ版二十数巻ということになっている。人知は爆発曲線のごとく増加してきているのに百科事典の頁数はここ九十年間ほぼ不変とすればそれはどういうことを意味するだろうか。たとえば戦車も飛行機も潜水艦もロケットも第十一版（一九一〇―一一年）以前には入っているわけはない。さらに今では原子力とかテレビとか、あるいは第二次世界大戦とか共産主義国とかが膨大な紙数を占めている。しかし全体としての紙数は九十年前とほぼ同じとすれば、徹底的に削られている項目がなければならない。そして削られているのは主として文科系の学問の分野なのだ。文科系の記述について言えば、現行のものに比べて、第十版の方が、『世界の名著』（中央公論社）くらいの大きさの本で約二十冊分ぐらい多いことになる。たとえば『知的生活』の著者P・G・ハマトンは第九版のために「絵画」と「エッチング」の項目を執筆した。これは後で単行本として出されている。この本は古本屋では現在十万円くらいするであろう。この権威ある、しかも入念な記述が『ブリタニカ』の現行の版には一行も残っていない。十九世紀末の絵画のこと一つ調べるにしても当時の代表的意見を知るためには、『ブリタニカ』の旧版がまず出発点として便利であることがすぐわかるであろう。一事が万事である。

エディンバラに滞在中、『ブリタニカ』の『第四、第五、第六版に対する補遺』六巻が特別の学問的価値を持っていることに気づいた。『ブリタニカ』の署名記事はここからはじまったということのほかに、たとえばマルサスが「人口《ポピュレーション》」について二十数頁書いているし、サー・ウォルター・スコットは「騎士道」について同じく大論文を書いている。つまり当時の代表的な著述家たちが、得意の項目についてパンフレットになるほどの力作を寄稿しているのだ。ところがこの補遺六巻の市場価値は今から十数年前はゼロに等しかった。エディンバラの知り合いの古書店は、「欲しかったらあげるよ」と言ってわたしに全六巻タダでくれたのである。それは装幀が少しいたんでいるだけでちゃんとしたものなのである。古本屋では古い百科事典などは場所ふさぎになるから邪魔物扱いだったのだ。わたしは帰国後、「百科事典の旧版について」（本書所収）を書いた。これが引き金になって『ブリタニカ』の旧版ブームが最初日本に、そして全世界に生じた。わたしが第十版を買った時、イギリスで二万円くらいだった。わたしの教え子の大学院生は数年後に日本で七万円で買った。二、三年前には七十万円で買った大学が出た。今なら百万円以上するだろう。例の『補遺』六巻にもブームが出たが品がないため、名著普及会が一九八九年にリプリント版を出した。このリプリント版でも今から一カ月ほど前、神田の古本屋では十五万円だった。その十年前わたしはタダで原版をもらったのに。わたしのところには補遺まで入れて六版（これは五版の誤植訂正版みたいなもの）を除いて各版そろっているが、買った時は、今から見たらタダみたいな値段で集めたのである。眺めてみていささかよい気分である。

［事典］

百科事典の旧版について

1

『ブリタニカ百科事典』を最初に見たのは中学五年か新制・高校三年の頃であったと思う。つまり昭和二十二、三年（一九四七、八）のことである。ところは田舎の中学（後の新制高校）であった。古くからある田舎の中学というものは意外に基本的図書をよくそなえていたものであって、『広文庫』とか『大語園』とか、近頃ようやくリプリントによって一般の人の目に触れるようになった叢書類もいっぱいあった。『ブリタニカ』などもその一つであった。

その『ブリタニカ』を最初に使ったのは社会科のために「道路」についてレポートを書くためであった。そしてびっくりしたことは、ローマ時代から現代に至る道路の作り方までがていねいに説明してあることであった。石の積み方や、舗装の仕方まで書いてある。またイギリスの道路の歴史も詳しく、マカダムというスコットランドの男が現れて、道路舗装の革命をやるまではいかに道路というものが使いものにならなかったかもよくわかった。彼の道路の作り方とマカダム工法（macadamization＜McAdam）という用語もその時に覚えたが、これは受験英語には関係のない知識であり、それだけに知っていることに喜びがあった。

この時に『ブリタニカ』というものの偉大さをはじめて知らされたのである。この百科事典さえあれば、あとは工事人を指揮して道路が作れそうな気にすらなったのだから。旧幕時代にこの百科事典を持っていたら、それだけで日本の洋学の総大将になれたであろうに、などという空想も湧いた。この『ブリタニカ』が何版のものであったかは、当時は注意もしなかったが、おそらく第十四版だったと思う。

この『ブリタニカ』にはこの中・高時代にもう一度お世話になった。英語クラブの中でも特によくできたE君が、コントラクト・オークション・ブリッジのルールをこの『ブリタニカ』から訳したのである。それで英語クラブのメンバーはブリッジができないといけないことになった。終戦直後の田舎のことだから、正式のブリッジができることは、十分なる知的ステイタス・シンボルになった。その後、わたしはブリッジとは縁が切れたが、商社などに入った当時の英語クラブ会員の中には、アメリカに行っても腕をみがき続け、国際的なブリッジ・クラブの会員になった者もいる。

しかし当時の日本で『ブリタニカ』を私有することは夢物語であった。個人として持てるのは戦前の華族や実業家というのが通念だったのである。上智大学一年の時の憲法の時間に、小林珍雄教授は、官庁では年度末になると予算を使い切るということをやらねばならないので、ずいぶん無駄使いがある、という例として、某省の意外なところに『ブリタニカ』があるので、「こんな高価なものがどうして……ここに」と聞いたら、「予算が余ったので」という答えを得た、という話をなされた。中央官庁においてすら、『ブリタニカ』があることは、贅沢品として外来者の目を引くに足りるものだったのである。

2

「『ブリタニカ』を持ちたい」と思いながらなかなか買わなかったのは、素朴な進化論に憑かれていたからであると思う。大学院生の時に、アメリカから上智大学に研究に来ていたアメリカ人学者の手伝いをしていたことがあった。この人が『ブリタニカ』で調べてみたいことがある、と言うので大学の図書館に行った。そしたら古色蒼然たる『ブリタニカ』しかなかった。今から考えるとそれは第九版で、貴重な版だったと思うのであるが、そのアメリカ人はいかにも愉快そうに笑い出して、「これは博物館ものだね」と言って使わなかった。十九世紀末の百科事典を二十世紀半ばの研究者が使えるものか、ということだったのであろう。十九世紀の百科事典しかない貧しい日本の大学図書館に対する優越感は、彼をひどく上機嫌にしたようであった。

学問は日進月歩で、しかも進歩の速度はますます速くなっていると思われる時に、前世紀の百科事典では問題にならないのが当然だ。百科事典は新しいほどよいのである、というありふれた常識がこの小さいできごとによってわたしの頭の中でさらに固められた。

しかしいろいろなことを調べているうちにあたりまえすぎることに気がついてきた。それは百科事典というものの巻数は、学問が進むにつれて増加しないということである。たとえば『ブリタニカ』第十版は一巻あたり約九百頁で実に三十六巻ある。約三万二千五百頁ということになる。これが戦後最も普及した一九六〇年前後の版では、一巻あたり約千頁で二十三巻あるから、総頁数では約二万三千頁ということになる。つまり半世紀以上も前の版の方が、約二万頁も多いのだ。一万頁とは実にただならぬ頁数である。しかも『ブリタニカ』は大版だから、普通の本ならざっと二万頁分の違いになる。中央公論社の『世界の名著』の平均頁数を約五百五十頁とすると、実に十八巻分になるのだ。十八巻分の記述がどこかに消えてしまったのである。

さらによく考えてみれば、新しい百科事典には、新しい自然科学上の記述がうんと多い。つまり半世紀前にはなかった事項が山ほどあるのだ。それなのに一万頁も減っているということはどういうことなのか。それはほかでもない、昔は詳しく書かれていた事項が、思い切って削除されたことにほかならない。頁の絶対数が少なくなった上に、新しい科学や工学や医学などの記述が増えたのだから『ブリタニカ』第十版から消えた記述の量は、中央公論社の『世界の名著』の五十巻分くらいはあると考えてもよいのではないかと思われるのである。

ではどういう記事が消えたか、と言えば、その当時の人に重大に思われ、詳述されたことがらである。それが今の目から見てまったくでたらめだったり、価値がないことならかまわないけれども、必ずしもそうではないのだから困る。わたしは中学生の時、田舎の古本屋で『ネルソン百科事典』を千五百円で買ってもらって持っていた。この百科は昔はよく古本屋で見かけたものだが今はほとんど姿を消したようである。文庫版よりちょっと大きいくらいの小型版で、一巻が約五百頁の厚さで二十五巻ある。あまり使わなかったが、当時の田舎の中学や高校で英語の百科事典を持っていることは、たとえ小型版であれちょっと友だちをうらやましがらせるに足りることであった。ところがこの百科事典が大学を卒業してから意外に役に立つようになったのである。英語の本を読んでわからない事項が出てきた時にまず参考書や最近の事典類にあたってみる。そこにない時、この『ネルソン』にあたってみると時々、知りたいことが書いてあるのである。つまり現代の標準的な参考文献類《レファレンス・ブックス》を探してわからないことが、もはや捨てて顧みられなくなった昔の小型百科にちゃんと出ているのだ。そういうことがしょっちゅうあるわけではないが、時々ある。百科事典の本質から言って、古い記述を切り捨てては新しいインフォメーションを入れ換えてゆくのだから当然だが、わたしは職業がら、しょっちゅう古いことを調べていなければならない。それで『ネルソン』の使用度が意外に高くなったのである。このことに気づいたのはわたしだけでないことを同じ英文科の佐多教授と話していた時に発見した。佐多教授も『ネルソン百科』について、「あれは今の参考書にないことが時々書いてあって案外便利ですよ」とわたしもかねがね感じていた通りのことを言われたのである。してみると世の中には『ネルソン』をまだ使っている人が案外多いのかも知れない。『ブリタニカ』には手の出なかった戦前の教師たちも、『ネルソン』なら無理をすれば買えたからである。

3

古い『ネルソン』でさえもそれだけの利用価値があるなら、古い『ブリタニカ』ならもっともっと利用価値があるはずと考えて、それを買うような算段をすべきであったが、それはなかなかできないものであった。第一にかさばるし、第二に学問は進歩しているはずなのだからわざわざ古い百科事典を買うことには心理的抵抗が大きすぎたし、第三にはこれと関連していることだが、まず新版の『ブリタニカ』を買うべきだという考えがはるかに強かった。ところが新版となると値段もはるし、それだけの金を払う気なら、もっと優先的に買うべき専門書はいくらでもあったからである。ところがそのうちどうしても百科事典は新版だけでは用をなさないことに別の方面から知らされたのである。

それは山本夏彦氏のエッセイであった。山本氏は新しい平凡社の『世界大百科事典』には教育勅語の悪口ばかり書いてあって、勅語の原文がない、と指摘されたからである。「まさか」と思って引いてみると山本氏の言う通りなのである。

一八八九年（明治二二）自由民権運動の抑圧のうえに大日本帝国憲法が制定され、ここに天皇制国家の法的機構が確立したが……

といった調子ではじまり、終始一貫、戦前の日本そのものと教育勅語の悪口の羅列のみと言ってよい驚くべきものである。そしてたしかに山本氏の指摘するようにその批判の対象になっている勅語の原文はない。原文は戦前は子どもでもみんな暗記していたぐらいであるから短いものである。批判は批判としてよいが、それは勅語の原文・成立の事情を客観的にのべた上で、最後につけ加えるべきものであって、原文抜きの批判ばかりというのでは百科事典の初歩のルールを踏みはずしたイデオロギーの押し売りにほかならない。

では戦前の『平凡社大百科事典』ではどうなっているかと言えば、原文を三段ぐらいにわけて解説している。原文だけをまとめて出していないのはちょっと不親切だが、当時の日本で教育勅語を暗記していない人が百科事典を引くことはあり得ぬ話であったから、それでも用は足りる。わけてはいるが、とにかく原文は全部出ているのだから。その点、何と言ってもよくできているのは戦前の三省堂『日本百科大辞典』であって、ここには勅語が出された背景、時の文部大臣、それに原文、その原文に対する文部省の認めた英訳、さらに学者による詳しい解説が続く、というぐあいになっている。明治時代の百科事典の方が記述の様式としてははるかに学問的であるのはどうしたものだろう。

そう思っていろいろのことをためしに引いて見ると、新しい百科事典ではまるで役に立たない事項というのがけっして少なくないのだ。たとえば日華事変の頃の本を読んで、知らない地名や将軍や会戦の名前を調べてみようと思ったらどうするか。これは戦前の平凡社の『大百科』を使うとたいてい間にあうのであるが、戦後版ではほとんど削除されている。また平凡社の『大百科事典』は昭和二十四年（一九四九）に新補遺三巻を出しているが、これは敗戦直後の事項を調べるためには、ちょっとほかに類のない宝庫である。その第一巻の第一頁の冒頭に「アーニー・パイル」がある。これは今では知る人も少なくなったが、東京日比谷の東京宝塚劇場が占領軍用の劇場として用いられていた頃の名称である。それは沖縄戦で戦死したアメリカの名記者の名前で、彼を記念して劇場の名前にしたのである。だから、この劇場の入口にはアーニー・パイルの肖像がかけてあった。そんなことが詳しく書いてある。

また同じ頁の下には「アイケルバーガー」という項目があり、日本占領時代のアメリカ第八軍司令官だった人の経歴や著書などが、写真入りで紹介してある。これなどはその後の百科事典からは当然のことながら完全に消えたものである。したがって使う目的によっては、いかなる最新版の百科事典も及ばない価値を持っているのである。

このようなことを某月刊誌の編集長に話したら、しばらくたって彼に再び会った時、こういう話をしてくれた。「ある執筆者からいただいた原稿に〈佐久間艦長〉が出てきたのですが、若い編集者は、さっぱり見当がつかないのですね。それで先日渡部先生に聞いたことを思い出して、戦前の百科事典にあたらせてみましたら、バッチリありましたよ」と。

科学や工学の新情報を得るためなら新版の方がよいだろう。(もっとも最新情報ならその分野の専門雑誌を見るのがいちばんよい)。しかし昔のことなどを調べたい時になると——そういうことの方がわたしには多い——古い百科の方が役に立つのである。それにどの百科事典もその編集時点での学問の水準を示そうと努力しているだけに、それぞれの時代のことが意外によく浮き出てくるのだ。

4

日本の百科事典で古い版の重要性を知ったちょうどその頃、どうしても『ブリタニカ』の旧版を調べてみたい、という事情が起った。それはわたしの専門の英語学史を書いているうちに、各時代の『ブリタニカ』は、「文法《グラマー》」という項目に誰の学説を載せているか、という疑問が生じたからである。もちろん『ブリタニカ』でなくてもよいわけだが、創刊以来二百年以上も続いていて、しかも十数年に一度ずつ新版を出し続けてきているので、一種の座標軸みたいに便利なところがある。それでわたしの立場から言うと『ブリタニカ』が断然便利なのだ。

こうして見てゆくと、初版（一七七一年）では「文法」の項目は全面的にハリスの体系を採用している。そしてそれはフランスの哲学者ラムスからケンブリッジ大学を通じてイギリスで流行し、カルヴァン派教会系の学校が主として用いた体系である。それが第三版（一七八七年）になると変ってくる。初版ではそっくり取り入れたハリスの批判も相当詳しくなされる。そして品詞は十品詞を認める立場をとるようになった。この十品詞は十八世紀におおいに流行したものだが、これは主としてアングリカン教会系の学校で用いられた教科書に多いのである。そしてカルヴァン教会を国教とするスコットランドの首都エディンバラで編集された百科事典の「文法」の項目の記述の変化が、当時の政治的、教会史的、または社会的変化と一致しているのである。

古い百科事典の効用は外国でもまだあまり注目されていないようだ。『ブリタニカ』の発祥地のエディンバラに丸一年いる間に、スコットランド国立図書館でも探してみたのだが、初版や三版などはなかった。閲覧室には九版と十一版があったが、それの理由はこれが特有の版だからである。それまでもわたしは『ブリタニカ』のいくつかの古い版を持っていたが、全部の版を集めてやろうと決心した。『ブリタニカ』には正規の版のほかに、グライグ編の第三版への補遺二巻、ネイピア編の第四、第五、第六版への補遺六巻などがあってそれがなかなか重要である。たとえば後者の「人口《ポピュレーション》」にはかのマルサス自身が相当長い論文を書いているのであって、これを読めば、マルサスの『人口論』を、著者自身が要約してくれているのだからずいぶんと便利である。今、わたしが欲しいと思っているのは二版だけになったが、これは戦後エディンバラのセリに一度出たことがあると古書好きのイギリス人が言っていた。学問の進歩と百科事典の進歩を容易に同一視したため、図書館でも新版が出ると旧版を廃棄処分にするのが普通であったため、意外に古い版は残っていないのである。わたしが集めはじめた頃は、ごく安い値段で買えたものだが、今は急に高くなって、各版をそろえることは個人にとっては難しくなってきている。古いことを調べるには古い百科事典がまことに便利だ、ということに欧米の学者や図書館も気づいてきたらしいからだ。特に第九版などには古書店で順番待ち名簿《ウェイティング・リスト》ができているのを見たことがある。これからは、大学図書館などは各国の主要百科事典の各版をとりそろえておくように努力すべきであろう。

十九世紀の印刷術百科事典

J. Johnson, *Typographia, or the Printers' Instructor* (London: Longman etc., 2 vols., 1824) という本がある。袖珍本ではあるが、おそろしく細かい活字なので、普通サイズの活字にしたら――拡大できるコピー機でやってみたら――ちょうどB5判になった。つまりB5判で千三百頁以上になる印刷術の専門家向きの印刷百科である。長い副題がついているが、それは次のようなものである。「印刷の起源及びカクストンから十六世紀末に至るイギリスの印刷者の伝記、及び古代から現代に至る種々のアルファベット、及びドゥムズデイ・ブックに用いられた筆記体、及び印刷術に関するすべての項目についての解説を含むものである」。この副題には誇張がない。

まず第一巻の献辞は、「スペンサー伯爵及びロクスバラ・クラブの全員諸氏に捧ぐ」としてあり、その全員の名前を列記している。

当時の読書界に対する同クラブの重みが感じられる献辞である。

扉にはウィリアム・カクストンの肖像がかかげられ、イギリス印刷術の歴史が詳細に、具体的に、また多くの図版を添えてのべられている。これ以上に詳しいことを知ろうと思ったらJ. Ames, *Typographical Antiquity* (1794; continued by W. Herbert, 3 vols., 1785-90; enlarged by T. F. Dibdin, 4 vols., 1810-19) でも見る以外にない。ジョンソンは初期のイギリスの印刷業者、出版業者の銘々伝をあげる際に、それぞれが出版した本の表題と出版年とサイズもあげている。

しかし何と言ってもジョンソンの本のユニークな点は第二巻である。これこそ自らが印刷業者であったジョンソンが、同業者に必要な知識のすべてを具体的に伝えようとした労作である。まず活字の話からはじまる。その多様な名称からサイズに至るまで、また多様な数字の表記やその他の記号に至るまで、印刷業をやる者の立場から詳説し、実際に示してくれている。もちろん紙のサイズやらその用い方も実践的にのべている。語学をやる者に興味があるのは、ありとあらゆる言語のアルファベットが実物で掲載され、音価も与えられていることである。また古文書の筆記体の種々な形も整然と並べてくれているので、その方面の学徒にも役立つ。

著者のジョン・ジョンソン（一七七一―一八四〇）はチェスターあたりに生まれ、はじめトーマス・ベンズリー（印刷業者）のところで働いていたが、後にサー・エジャートン・ブリッジズの財政的援助で私版印刷所を建てた。後にエドワード・ウォームズリーの援助でアポロ・プレスを作り、上述の本を印刷した。その有用さは証明されて簡約版がアメリカでも出ている。他の異版もあるようだ。また彼は植字法の改良家でもあった。

［語源］

英語の語源を探す

まず英語辞典と語源辞典で

英語の語源を調べる場合、最初におすすめしたいのは研究社『新英和大辞典』（第五版）、つまり現行の研究社『大英和』である。この辞書は長い歴史を持ち、改訂に改訂を重ねてきているのでキズがまことに少なくなっている。編集主幹の小稲義男氏も語源担当の寺沢芳雄氏も手堅いことで知られている方たちであるが、それがよく記載事項の中に反映されている。

語源についても外国の代表的な語源辞典をよく参照しており、語源について論文でも書く人以外は、この研究社『大英和』で十分と言ってよいであろう。しかも語源辞典でないから収録語数も多く、普通の場合、引いて出ない英単語はないと言ってよい。つまり普通の英文学者や英語学者は、特に語源辞典を持たなくても研究社『大英和』でだいたい間に合うのである。その点、幸せな国民と言えよう。

ではそれ以上、語源について調べたい時はどうするか。それにはまず二つのアプローチがある。いちばん大きい英語辞典と、いちばん便利な語源辞典にあたることである。前者は、

OED (*the Oxford English Dictionary*, Oxford: Clarendon Press, 1989[2])

であり、後者は、

Ernest Klein, *A Comprehensive Etymological Dictionary of the English Language* (Amsterdam: Elsevier, 2 vols. 1966; 1 vol. 1971)

である。

ＯＥＤについては今さら言うこともないであろう。去年（一九八九）、再版が出て補遺が本セットに組み込まれた上に、収録語数も増えて便利になったが、語源については変更はなかったようだ（もちろんすべてにあたったわけではない）。するとそこの語源の記述は初代の編者であるマレー、ブラッドレー、クレイギー、アニアンズの時代の語源学、つまり十九世紀後半から第二次大戦の数年前まで、つまり日本の年代で言えば昭和一ケタ時代までの研究成果しか収められていないことになる。もっとも比較言語学の重要部分はその時までに確立されているからあまり問題はないと言える。

それにもまして重要なのは、ＯＥＤが種々の語義について年代順にあげている豊富な用例である。「語源」と言った場合、本当にその原義を極め、それについての説得力ある仮説（真の語源には仮説しかない）をさす狭義の場合と、もっと「語源」の意味をゆるやかに考えて、「昔の語義」くらいに解釈する広義の場合がある。この種の広義の

「語源」についてはＯＥＤは特別の地位を占める。広義の語源は「語形変遷史」あるいは「語義変遷史」にほかならない。そうすると時代別用例の比類ない宝庫であるＯＥＤは、とりもなおさず比類なき広義の語源辞典ということになる。事実、この視点からＯＥＤをハンディな一冊本にしたのが

The Oxford Dictionary of English Etymology, ed. by C. T. Onions *et al.* (Oxford: Clarendon Press, 1966)

である。語義に初出の世紀を示しているのが特色である。また狭義の語源についても、ＯＥＤ本体の説明よりすぐれているところが多く、座右に置いてしかるべき辞書である。

さてクラインの語源辞典であるが、これは狭義の語源をよく扱っている点でまさに画期的なものであった。今日の英語の語源を語る人でこの辞典の恩恵をこうむらなかった人はいないであろう。また語源欄のある英語辞典で、クラインを利用、あるいは孫引きしないものはないであろう。それまでの英語の語源辞典をすべて「古い」ものにしてしまった観さえある。

ゲルマン系なら古英語辞典・ドイツ語辞典等へ

ところで英語の語源という場合、大別すればその系統はゲルマン系と非ゲルマン系にわけることができる。ゲルマン系というのは古英語からきた語彙であり、いわゆるアングロ・サクソン系と言われるものである。この系統の単語の場合は一応、古英語の辞典にあたってみなければならない。そこに引用されている例文が古い時代の用法を教えてくれるので原義に関する洞察を与えてくれるほか、名詞の場合は文法的性（gender）が重要なのである。単なる語源

辞典は文法的性には言及していないのが通例だが、語源の考察にはジェンダーは欠くべからざる要素である。古英語の辞典としては、

Bosworth and Toller, *An Anglo-Saxon Dictionary* (Oxford University Press, 1898; Supplement by Toller and Campbell, 1972)

が最も内容豊かであることは言うまでもないが、ジェンダーなどのチェックには、

J. R. Clark Hall, *A Concise Anglo-Saxon Dictionary* (Cambridge University Press, 1960^4)

の方が使いやすい。古英語だけの語源辞典には、

F. Holthausen, *Altenglisches etymologisches Wörterbuch* (Heidelberg: Carl Winter, 1934)

があるが、語源的に関係のあるほかの言語の例があげられている以外は、思ったほど役に立たない。これよりもはるかに役に立ち、貴重な情報に満ちているのは、ドイツ語の本格的な語源辞典である。古英語の単語と同根の単語はたいていドイツ語にもあるから、ドイツ語で引く。断然すぐれており、その項目を読んで失望することがほとんどないのは、

Kluge-Mitzka, *Etymologisches Wörterbuch der deutschen Sprache* (Berlin: De Gruyter, 1967^2)

である。初版は一八八九年と古いが、約百年前にクルーゲがこの辞典を作った時に、すでにそれは比較言語学の本場

の研究の集大成であったのであり、その後、ドイツの代表的な学者たちが不断に改訂増補していて内容の充実と記述の正確さにおいては比類がない。英語の大和ことばとも言うべきアングロ・サクソン系の単語の語源の第一等の辞書はドイツ語の語源辞典であるということは英語史の本質をずばり示しているのではあるまいか。

そうするとドイツ語の辞典そのものが問題になるが、そうすればどうしてもグリムの大辞典（*Deutsches Wörterbuch*）の話になる。ＯＥＤが作られる重要な契機にもなった辞典でもあり、内容の豊かさにおいてはある意味ではＯＥＤを越えているが、極めて使いにくい辞典であることを承知しておく必要があろう。第一に訳語がラテン語である。英単語の語源を単にチェックする目的には合わない。しかしアングロ・サクソン系のある英単語を研究する時は、それに相当するドイツ語を引けば得るところが少なくない辞書である。

英語の中のゲルマン語系の要素を調べるにはドイツ語以外のゲルマン諸語の語源辞典を参照する必要があるが、いちいちあげれば相当長いリストになるので、クルーゲの文献目録を参照されることをおすすめしておくにとどめる。ただ参照する頻度から言って、ゴート語とオールド・ノースのものはあげておく必要があろう。

Sigmund Feist, *Vergleichendes Wörterbuch der gotischen Sprache* (Leiden: Brill, 1939[3])

Jan De Vries, *Altnordisches etymologisches Wörterbuch* (Leiden: Brill, 1962)

非ゲルマン語や印欧祖語の場合

同じようなことは英語における非ゲルマン語の要素についても言える。フランス語、つまりラテン語の語源辞典、ギリシャ語やロシア語の語源辞典などなどである。これも羅列的にならざるを得ないが、入手しやすさも考えてロマンス語、ラテン語、ギリシャ語のものをそれぞれ一点ずつだけあげられるとすれば次のようになろう。

W. Meyer-Lübke, *Romanisches etymologisches Wörterbuch* (Heidelberg: C. Winter, 1920, 1935^{3}) 一九六八年に第四版が出ているが、内容は第三版と変らない。

Alois Walde, *Lateinisches etymologisches Wörterbuch* (Heidelberg: C. Winter, 1910; revised by J. B. Hofmann, 1938^{3})

Hjalmar Frisk, *Griechisches etymologisches Wörterbuch* (Heidelberg: C. Winter, 1956f. Vol. 1 & Vol. 2, 1973^{2}; Vol. 3, 1979^{2})

各国語のものを並べればさらにずっと多くなるが、それとは別に印欧祖語の語根にあたるものを調べる辞典が必要とされることがある。

Julius Pokorny, *Indogermanisches etymologisches Wörterbuch* (Bern & München: Francke, Vol. 1, 1959; Vol. 2, 1969)

Stuart E. Mann, *An Indo-European Comparative Dictionary* (Hamburg: H. Buske, 1984/87)

さらに印欧諸語の関連を見る場合に有用で、しかもまことに使いやすいのは、

C. D. Buck, *A Dictionary of Selected Synonyms in the Principal Indo-European Languages* (Chicago University Press, 1949)

である。

方言辞典・俗語辞典も参照

英語の語源と直接・間接に関係あるのは、方言と俗語である。ＯＥＤに採録されていない方言も相当数にのぼり、その方言の意味が語源を解く鍵になることも少なくない。古英語の語源を論ずる時、その現代英語形が消えてしまっているため、もっぱら方言を裏づけて資料にしなければならないことも稀でないのである。もちろん広義の語源である語義の変遷、すなわち語史の上からも方言辞典はかかせない。『ハムレット』の第五幕第二場、二八八行で女王が決闘するハムレットを指して“He is *fat*, and scant of breath.”（彼はfatで息切れがしている）と言った時のfatをどう訳すか。坪内逍遙は「肥《ふと》り肉《じし》ゆゑ息が切《き》れう」と訳した。つまりfatは「太っている」という意味にとっていた。するとハムレットを演ずる役者は太っていないといけない。しかしアメリカの田舎の農婦が、「汗をかいている」という意味でfatを使っていることが偶然発見された。この農婦の郷里がイギリスのシェイクスピアの生地に近く、その方言でfatはsweaty（汗をかいている）であることがつきとめられたので、今ではハムレットを痩せた役者でも演じ得る。これなどは方言調査のおかげである。方言辞典では、

Joseph Wright, *The English Dialect Dictionary* (Oxford University Press, 1898–1905)

がある。六巻の大著で、ＯＥＤにない資料が多い。方言と言えばスコットランド英語辞典やアメリカ英語辞典も入るが、今回は省略して俗語辞典をただ一点だけつけ加えておく。

Eric Partridge, *A Dictionary of Slang and Unconventional English* (London: Routledge & Kegan Paul, 1984^{8})

これは一九三七年に初版が出てから、しばしば改訂増補があったが、第八版でポール・ビールの大増補があってさらに面目を一新した。

以上の辞書でたいていの英語の語源は調べ得るが、本当に研究ということになれば、比較言語学、特にゲルマン比較言語学を学び、その方面の論文を参考にしなければならない。その方面の研究をふまえた導入的なものとして拙著『英語語源の素描』（大修館書店）をあげておくことを許されたい。

［文化］

サミュエル・スマイルズの自伝

『自助論《セルフ・ヘルプ》』（『西国立志編』とした訳本もある）の著者サミュエル・スマイルズは、明治の日本青年に「徳」の世界を見せたのであると吉野作造は言っている。「知」の世界を見せたのは福沢諭吉だと言うのだから、吉野の考えでは、福沢と並んでスマイルズ（あるいは訳者の中村敬宇）は明治の青年にとっては重要人物の双璧ということになる。またスマイルズの影響の大きかったことについては知らぬ人とてもなかろう。

ところが研究書は極めて少ない。伝記も明治四十一年（一九〇八）に出た鶴田賢次の『（自助論の著者）スマイルス翁の自伝』（博文館）があるくらいのものである。訳者の鶴田賢次という人には理学博士という肩書きがついているから、明治期の新しい学問のリーダーの一人だったのではないかと思われるが、どういう人か知らない。ところがこの新書版を少し長くしたような伝記がまことによくできているのである。鶴田という理学畑の人は、どこからかスマイルズの自伝を手に入れて抄訳したものらしいが、いかにも溌剌とした文章で迫力がある。

たしかにスマイルズには自叙《オートバイオグラフィ》伝が出ていることは知られているが、それはどこでも見つからない本なのである。

ただ『ブリタニカ百科事典』の第十一版には相当詳しい紹介があるし、『大英人名大事典』（DNB）には、編集主幹のサー・レズリー・スティーヴンが実に三頁六欄の詳細な伝記を書いているので、スマイルズの生涯の基本的なことを知るには不自由しない。だが、どうして彼の自伝はかくも稀覯なのであろうか。わたしは最初ロンドン大学に留学中の友人からコピーを取ってもらって読んだ。その後、たまたま神田の古書店に出たのを見つけた人がゆずってくれたので一冊持っている。出版社はジョン・マレー（ロンドン）で一流であり、コトン紙四百数十頁の堂々たる本で、索引だけでも三十四頁ついている。こんな有名な著者の、こんな立派な伝記が、ここ二十数年間、わたしが知っている限り、欧米や日本の古書店のカタログに出たことがない。シェイクスピアの全集の初版だってもっとしばしば出るのに、である。

その疑問が氷解したのは、スマイルズの孫娘のエイリーンの書いた伝記『サミュエル・スマイルズとその周辺』（一九五六年）という本をロンドンの古書店のカタログで見つけて注文したところ、うまく入手できたからである。彼女はこれという教育は受けず、オーストラリアやニューヨークでコックとして働き、第一次大戦には英国の陸軍婦人補助部隊に入隊し料理人として従軍している。未婚のまま第一次大戦後は中欧や東欧の火の噴きそうなところをずいぶん回っている。こういう婦人だから、まったく文学的な意図なくして、おじいさんのことを、それと近い年頃になって追憶して書いたものであることがよくわかる。そのせいか奇妙に感動的な場面が多くて、読む方もじーんとしてくることがよくあった。

ここにはスマイルズの自伝にない家庭的な話がいっぱいある。スマイルズが長男（エイリーンの父）と折り合いがあまりよくなく、次男を溺愛したこと、その次男が肺結核になった時のスマイルズの姿など、家族にしか書けないことである。ヴィクトリア女王の即位四十年式典の時は最高の席を与えられたのに、五十年式典の時はほとんど忘れられていたことなど、『自助論』の人気の落ち方も痛々しいまでよく書けている。

第二次大戦後はみんなスマイルズを忘れた。エイリーンはある日祖父の墓に行こうと思いたった。もう何十年も誰も行ってない。しかし行ってみたらやっぱりあった、というところでこの伝記は終っている。わたしもこの本を頼りに、やっと伝手《つて》を求めてその墓を訪ねあてることができた。

ところでスマイルズの自伝はなぜ稀覯になったのか。それは刷り上がって倉庫に入れておいた時に火事で全部焼けたのだという。誰も再版を言い出す人もなく、たまたま何冊か見本のような形で出回ったのが世に残っているだけなのである。

［文化］

生きているチェスタトン

1

謹　啓

いよいよご清祥のこととおよろこび申し上げます。さてこのたび小社刊行の……高著『歴史の読み方』の六刷を五月十五日付で五千部印刷させていただくことになりました……。この結果、貴著の累計出版部数は五万五千部になりました……。

敬　具

という葉書が五月十五日付で送られて来た。これは三月十五日に発行になった歴史の本が、発売の約二カ月後に六刷五万五千部になる、という知らせである。この葉書を手にしながら、「チェスタトンを読むことなかりせばこの本は出なかったであろう」という感慨が例によってまた浮んできた。

日本史について通史を書こう、などという大それた気持ちを起したのはいつ頃だったろうか。昭和四十八年（一九七三）に『日本史から見た日本人』（産業能率短期大学出版部・祥伝社より再版）を書いたのがそのはじめであったが、この時は本当に勇気を奮い起したという記憶がなまなましい。その時のスプリング・ボードがチェスタトンであった。これが好評で二十版以上を重ねたこともあり、今年（一九七九）の春に上記の『歴史の読み方』（祥伝社）を一晩二日で口述することになったのであった。つまりはすべてチェスタトンのおかげである。チェスタトンはわたしにとって単なる愛読書とか研究書などというものでなく、人生を相当大きく変えた「生きた力」であった。

そんなわけで、一昨年（一九七七）から昨年にかけてイギリスにいた一年間も、古本屋ですぐチェスタトンとベロックの本は目についた。そしてはじめのうちはこちらに関心があるのだからそれは当然だと思っていた。しかしそのうち、少し目につきすぎるのではないか、と思うようになった。そして客観的にチェスタトンとベロックの本が古本屋に占める割合を見るようになった。それによるとこの二人は確実に特別な地位を、少なくとも古本屋においては占めているのは確かなようである。ヘイ・オン・ワイのブース書店では、特別な棚があったが、そのような例は、彼らのほかの同時代の著作家にはないようであった。またベッドフォードの某古書店は、ベロックとチェスタトンの本を主として扱っている。さすがにそこには二人の本のみならず、それについての研究書も多いのに驚いた。イギリスやアメリカにおいてのみならず、他の国々、たとえばインドでもチェスタトンの研究書が出ていることを知った[1]。おもしろそうなのをだいぶ買い込んで読んでみたのであるが、実のところ失望することが多い。チェスタトンについての研究は入念になされているという印象はあるが、頭に残らないのである。つまり自分がチェスタトンについて論文を書く時には役立つが、チェスタトンの理解そのものとはあまり関係がないといった感じがするのである。その点、アカデミックな研究書ではないが、チェスタトンを直接知っていたメイジー・ワードのもの[2]とか、ベロックのもの[3]が断然おもしろいし、また考える材料やら視点を豊富に提供してくれるようである。この人たちは直接チェスタトンと関わりを持ち、影響を受けたり与えたりした人たちである。チェスタトンは自らをジャーナリストと呼んでおり、新聞雑誌に寄稿した数は二千二百を超え、ある時は同時に二つの記事を書いたり、五日間に十五の論説を書いたりしている。(4) 本になっているものだけでも五十八冊以上はあるはずで、しかも取り扱う分野は多様である。したがっていわゆるアカデミックなアプローチにはなじみにくい対象なのかも知れない。それでここではどうしてもチェスタトンが、彼自身は好まなかった日本人の間でも人気を失わないのか、自分の体験をふりかえってのべてみよう。

2

The Editors wish to explain that this book is not put forward as an authoritative history of Victorian literature. It is a free and personal statement of views and impressions about the significance of Victorian literature made by Mr. Chesterton at the Editors' express invitation.

この奇妙な言い訳は、チェスタトンの *The Victorian Age in Literature* が出版になった時に、Home University Library(HUL)の編集者が特に巻頭につけざるを得なかったものである。HULと言えば第一次世界大戦前のいわば黄金時代のイギリスが、天下の碩学を動員して発行した学術叢書である。英文学の分野でもカーの中世文学など有名なものが入っている。そこに売れっ子の評論家のチェスタトンがヴィクトリア朝文学を担当したのだが、できてきたものは何とも奇妙な放談集みたいなものだったのだ。そこでHULの編集責任者たちは、わざわざチェスタトンのこの本は「権威のあるヴィクトリア文学史ではない」と弁解し、しかもわざわざ「チェスタトン氏の見解や印象を、自由に、かつ個人的にのべたもの」と責任回避をやっている。「自由にかつ個人的に」のべたものでないような文学論があり得るのか、と聞きたいところであるが、編集責任者としては、真面目な読者から「こんなこと言ってもよいのか」などという文句が出た時に、「それはチェスタトン氏の個人的見解です」と逃げるつもりだったのであろう。つまりチェスタトンのヴィクトリア朝文学論は、それほど奇妙に、かつ無責任な放言のように見えたというわけなのである。

この奇妙な編集責任者の言い訳にわれわれの注意を向けてくれたのは、この本をテキストにして教えておられたロゲンドルフ先生であった。ほかの先生ならおそらく無視するところである。しかし『ソフィア』誌や「ソフィア叢書」の編集者として、ロゲンドルフ先生はこの編集者の責任回避の言葉に対して、ほんの数十秒ではあったが、コメントして下さったのである。この数十秒がわたしの学問についての考え方を決定してしまうことになった。もちろん先生はそんな短いコメントのことなどを覚えてはおられないことであろうが。

HULは前にも言ったように世界的な叢書であり、一流の学者のオン・パレードだ。しかし戦後、そのうちの何点が復刻されたであろうか。二度の世界大戦を経てみるとなお復刻するに足りるものはまことに寥々たるものであった。時代が変ったから読むに耐えなくなったのもあろうし、研究が進んだため時代遅れになったものもあろう。しかしともかくチェスタトンの *Victorian Age* に対する需要ははなはだ活発だったのである。わたしの持っている版は戦前の Thornton Butterworth 社のものと、戦後のOUPのものであるが、後者は少なくとも一九四六年と四七年に出ている。実際はもっと何度も出ているのであろう。戦前版の方も少なくとも十五回は版を重ねている。責任編集者たちの心配とは反対に、はなはだよく売れたのみならず、二度の大戦を通過しても時代遅れと見なされずによく読まれたこと、そして今度は安西徹雄氏によって邦訳（春秋社）も出たのである。

いわゆるauthoritative historyと称せられたものなどは掃いて捨てるほどあった。その大部分が忘却の淵に沈んで再び浮上しそうもない時に、書き直しも改訂もしない放談的文学史がかくも強靭な生命力を示しているのはなぜなのであろうか。ここにわれわれはアカデミックな学識とは別次元のものがあることを知るのである。それは洞察と言うべきもので、単に勉強したから、あるいは資料を集めたから出てくるものではないらしい。つまり量より質の問題なのである。

3

「量より質」と言えばチェスタトンの*A Short History of England*などはさらに極端な例である。これはワードが“fascinating, sketchy, and inaccurate”(5)と言っているくらいで、歴史の本なのに年号を一度も出さない方針であった（しかしついうっかり一九三三年というまったく重要でない年号を使ってしまった）。そしてこれは専門の歴史家たちの頭にくる本であった（“It exasperated historians.”――M. Ward, *ibid.*）。しかしある歴史の教授は、「しかし彼はわれわれの持たない何ものかを持っている」と洩らしたそうである。然り、チェスタトンは凡百の歴史学者の持っていない何ものかを持っていたのである。そうでなければ、二十世紀前半に小山のように大きい英国史の本や叢書が陸続と出版されそれが全部と言ってよいほど絶版となって忘れられているのに、チェスタトンのこの小著は、改訂もされないのに、第二次大戦後も再刊され、結構人気があるわけはない。大きな歴史書の生命の何と短いことよ。彼の小著の生命力の何と強靭なことよ。ここでも量と質の差が明瞭になるのである。

チェスタトンはまた *St. Thomas Aquinas* を書いている。何という大胆さだ。専門の神学者が一生かかってもその一部しか研究できないかも知れないのに。しかもそのできばえは、当代第一のトミズムの学者エティエンヌ・ジルソンが「かつて聖トマスについて書かれた最善の書」と絶賛しているのだ。同じことは彼の *Browning* や *Chaucer* についても言えるであろう。近頃のチョーサー研究はおおいに精密になっているが、その学問的成果をふまえたはずのチョーサー伝を読んでみたまえ。常識のある人ならチョーサーがこんな退屈な人間だったわけはないと思うであろう。そういう人はチェスタトンの *Chaucer* を読んでみることだ。そこにはチョーサーが生きて見えてくる。

つまり聖トマスにしろブラウニングにしろチョーサーにしろ、巨大な知力の人である。何しろ広大な学識をふまえている天才たちだから、下手に研究すると群盲象をなでるようなことになってしまう。だから「こんな象（聖トマス・ブラウニング・チョーサー）があるものか」と正常な素人がはねつけるような「象」の研究ばかり多く出ることになるのだ。ところがチェスタトンは精密ではないにしても、生き生きとしたスケッチ画を示すのである。それはたしかに生きている象の描写なのだ。

チェスタトンは三十歳になるやならずやの時に、バーミンガムの大学教授の地位を提供されたが、これを断っている。チェスタトンはジョージ・セインツベリーやレズリー・スティーヴンと並んで、「今世紀の三大文人」(6)と言われていたが、他の二人と違って大学も出ていないし、また大学の教壇に立つこともなかった。彼の最終学歴はセインツベリーのごとくオックスフォードでもなく、スティーヴンのごとくケンブリッジでもなく、美術学校（the Slade School of Art）であった。欠如は特質である。人間は他の昆虫や動物のような「本能」に欠如しているがゆえに、人間の特質である「自由」を得た、と言われている。ミツバチのように巣の作り方が本能できまっていれば、いろいろな建築を作る自由がない。アカデミックな訓練は人に知的武装をしてくれるが、それが重武装すぎて、身動きがとれなくなってしまう例が少なくない。チェスタトンはアカデミック・トレーニングとかアカデミック・キャリアなど、アカデミズムの重武装の代りに、自由を持ち、それを保持し続けた。彼はオックスフォードの代りに美術学校を選ぶほど視覚にすぐれていた。自由と視覚、これがチェスタトンの特質であったのである。

チェスタトンにはヴィクトリア朝というものが見えた。聖トマスもブラウニングもチョーサーもディケンズもみな生けるがごとく見えた。英国史も山のような資料（matter）の中に、一つの姿（form）を見たから書けたのである。そして一度見えたものを、アカデミズムの末梢主義にわずらわされずに自由に書くことができた。単なる学者は探し出してきて調べた matter を陳列する。人はその時は感心するが form が見えてこないものは、どんな厚い業績でもそのうち忘れられる。チェスタトンの見た form は、今でもわれわれに見えるのだ。今日のわれわれは資料、文献、業績、等々の山の中で自由を失い身動きがとれなくなってきたと感じはじめている。歴史や文学研究から楽しみが消え、何も美しい姿が見えなくなってきているのだ。まさにこの時代にこそ、チェスタトンの自由感と視覚像がわれわれを魅惑し、正気に戻らせ、自信を与えてくれる。そして西欧とは、またイギリスとは、三つのC、つまり彼自身の頭文字として浮き上がってくるのだ。Christ と Cross と Church と。

注

（1） たとえば Banshi Dhar, G. K. *Chesterton and the Twentieth-Century English Essay*. New Delhi: S. Chand & Co., 1977.

（2） Masie Ward, *Return to Chesterton*. London: Sheed and Ward, 1952; *Gilbert Keith Chesterton*, Penguin Books, 1958.

（3） Hilaire Belloc, *On the Place of Gilbert Chesterton in English Letters*. London: Sheed and Ward, 1940. これと同じものはダ

グラス・ウドラフ（Douglas Woodruff）の introduction つきで Patmos Press（Shepherdstown, West Virginia, 1977）から出ている。

（4） M. Ward, *op. cit.*, p. 225.

（5） M. Ward, "G. K. Chesterton," *DNB*（1931-40）, p. 174.

（6） "Chesterton was one of the three great men of letters of the present century, the other two being George Saintsbury and Leslie Stephen."（B. Dhar, *op. cit.*, p. 175）

〔文化〕

イギリス世紀末と二つの雑誌●『イエロー・ブック』と『サヴォイ』

『イエロー・ブック』の出現

一八九〇年代の英文学を他の時期から画然とわかつものがある。それは文学と絵画を意識的に組み合せた高級雑誌（high journalism）の出現である。物語に挿画のある本や雑誌はほかの時代にもほかの国にもあった。しかし季刊雑誌が理念を持って文学と絵画の結合をめざし、文学編集者（literary editor）と絵画編集者（art editor）の二人をあたかも双頭の鷲のごとく編集者にすえた例は少なくともイギリス文学史上では十九世紀末の新現象と言ってよいであろう。しかしそれは伝統として定着しなかった。つまりイギリス世紀末の特有な現象と言ってよいものである。その代表的なものが『イエロー・ブック』（*The Yellow Book*）と『サヴォイ』（*The Savoy*）であり、その両者の間には重大な関係があった。

一八九〇年代について古典的な著作を残したジャクソン（Holbrook Jackson, *The Eighteen Nineties: A Review of*

Art and Ideas at the Close of the Nineteenth Century. London: G. Richards, 1913）は、この二冊の雑誌を誘蛾灯のようなものにたとえている。「これらの二つの雑誌は九〇年代の最も異様な蛾たちが好んで群がる灯火であった」（*op. cit*., p. 40）。事実、この二冊の高級雑誌がなかったならば、イギリスの世紀末の文学も絵画もその焦点を失うのである。

『イエロー・ブック』の第一号は、文学界に投げ込まれた爆弾のごときものであった、とは同じくジャクソンの言である（*op. cit*., p. 54）。それはあらゆる意味で新鮮であった。季刊誌が堂々たる単行本の体裁をとることも新しかったし、そこに登場した作家や画家もまだ有名でない者が多かった。それが五シリングもする季刊誌に続々登場したのである。しかもその表紙は燃えるような黄色であり、そこにはオーブリ・ビアズリー（Aubrey Beardsley）の特異な筆によって仮装舞踏会のアイ・マスクをして作り笑いしている女が黄地に黒一色で描かれている。ヴァン・ゴッホは四年前の一八九〇年に死んでいたが、彼の残した「黄色」はイギリスの世紀末にも入っていたのである。表紙で世間を聳動させたビアズリーは二十二歳の青年であり、二、三年前から特異な画風で一部の人の注意を引いていたが、前年

『イエロー・ブック』第１巻表紙

『サロメ』の扉

の一八九三年に出た『ステュディオ』（*The Studio*）の第一号でペンネル（Joseph Pennell）が「新人イラストレーター」（A New Illustrator）という小論で取り上げたことや、『アーサー王の死』につけた大量の特異な黒白の挿画や、ワイルドの『サロメ』の英語版を飾った異様な画想で、広い読者の関心を集めはじめていた。それに目をつけたのが出版業者のレイン（John Lane）である。

レイン自身が語るところによれば（Publisher's Note to A. Beardsley, *Under the Hill etc.* London: J. Lane, 1904）、『イエロー・ブック』の発刊は、ある朝、ホガース・クラブ（the Hogarth Club）で三人が煙草を吸いながら三十分ばかり話している間にきまったのだという。その三人とはレインとハーランド（Henry Harland）とビアズリーである。そしてビアズリーが画の方の責任者となり、ハーランドは文学の方の責任者になった。ちなみにハーランドはロシアのペテルスブルグにユダヤ人の子として生まれ、後にアメリカに渡りハーバードで教育を受け、シドニー・ラスカ（Sidney Luska）のペンネームで主としてアメリカのユダヤ人の生活を描いた小説を書いていたが、一八八九年にロンドンに渡り、世紀末グループと交わっていたのである。そしてビアズリーが南仏海岸のマントンにおいて肺病で亡くなってから七年後に、同じく肺病でイタリア海岸のサンレモで亡くなっている。

このようにして発刊された『イエロー・ブック』はものすごい世間の反響をよんだ。ビアズリーのおかげでイギリスの社会に旋風を引き起したのである。ビアズリー・ブームとか、ビアズリー・クレイズという呼び方も起った。一八九〇年代が「黄色の時代」として知られるようになったのも主としてこの雑誌によるのである。（もっとも同じ頃、『デイリー・メール』のような黄新聞《イエロー・プレス》が出たことも「黄色の時代」という名称に関係があるが、『イエロー・ブック』は三年間十三号で終ったがイエロー・プレスの方は栄え続けて今日に至っている。）このままでゆけば、九〇年代はまさに『イエロー・ブック』の時代として文学史上概括できることになったことであろうが、ここに意外な事件が起って、イギリス世紀末の文学も芸術も圧伏されることになった。

オスカー・ワイルドの裁判

ワイルド（Oscar Wilde）の裁判がイギリスの世紀末の幕を、世紀が終る前に引いてしまったのである。ワイルドが親しくしていた十六歳年下の友人にアルフレッド・ダグラス（Lord Alfred Bruce Douglas）というスコットランド貴族の青年がいた。彼はワイルドの『サロメ』をフランス語から英訳したり、また後にはいくつかの詩集も出して相当の詩人、特にソネットにすぐれた詩人と認められることになった青年である。この二人の交際に対して、アルフレッドの父クイーンズベリ侯爵（the Marquis of Queensberry）が干渉し、ワイルドの名誉を毀損するような手紙を書いた。それでワイルドはクイーンズベリ侯を名誉毀損罪で訴えたのである。そして裁判がはじまった。これは一八九五年四月三日のことである。この行為はワイルドの愚行であった。刑事裁判には必ず反対尋問がある。ワイルドが告白

The Dancing Faun 表紙イラスト
（ビアズリー画）

している時は形勢有利かと見えたが、反対尋問として弁護側がワイルドとつき合っていた怪しげな人物などを証人に立てて逆襲してきた。その様子は連日新聞に報道され、ワイルドの不自然な汚らわしい性生活が法廷で曝露されていった。何しろ道徳堅固を建前とするヴィクトリア朝極盛期である。新聞はワイルドを非難し、大衆はそれに刺激されて激昂した。ワイルド側はなす術《すべ》もなく、侯爵が無罪と判決されたら告訴を取り下げると申し出、陪審員も侯爵の無罪を評決した。そして裁判は終った。

　これだけならワイルドは、自分が訴えた裁判で負けて恥をかいただけですむが、イギリスの裁判はその後がこわい。民事でも負けると、損害賠償の訴訟という追い打ちがくることが多い。負けた裁判の続きだから賠償裁判でも勝つ見込みは極めて少ない。ワイルドの場合は刑事裁判である。そこで被告の侯爵側が出したワイルドの法に反する性生活は刑法の訴追を受けることになるのである。かくしてワイルドは自分の起した裁判に負けたその当日である四月五日に、即日逮捕になった。言うまでもなくこの日の新聞はこの話でいっぱいであり、また人の集まるところはクラブでもパブでも劇場でも家庭のパーティでも、この話題以外は取り上げられなかったというほどだった。

　この時『イエロー・ブック』はとんでもないとばっちりを受けてしまったのである。それはワイルドが逮捕された時、黄色い表紙の本を持っていたことによって引き起された。新聞は大見出しで“Arrest of Oscar Wilde, Yellow Book under his Arm”（オスカー・ワイルド『イエロー・ブック』を抱えて逮捕さる）と書いた。実際はワイルドは『イエロー・ブック』は嫌いであって、そのことは彼の手紙にも書いてあるし、もちろん『イエロー・ブック』には一度も書いたことがない。ビアズリーは彼の『サロメ』の挿画を画いたが、その時に仲たがいしていたので、ワイルドもビアズリーの絵を表紙にした季刊誌に好意を持たなかったのも当然である。実際にワイルドがその時抱えていたのはフランスの小説（Pierre Louys, *Aphrodite*）で、たまたまその表紙が黄色だったのだ。しかし新聞の間違いはしばしば群集の行動となる。ワイルドの私行に憤激していた群衆は出版元のジョン・レインの店に押しかけ、罵り声をあげて投石し、ガラス窓などを叩き割った。

ひどい目にあったのは『イエロー・ブック』である。ワイルドとは何の関係もない上に、ワイルドが抱えていた本も別の本だったのだから。しかし考えてみると、ビアズリーの絵は何やらワイルド的私生活の世界を暗示するがごとくである。特にビアズリーがワイルドの『サロメ』の挿画を画いたということもある。新聞記者も大衆も、『イエロー・ブック』はとりもなおさずビアズリーの絵の世界だと連想していたのであろう。ビアズリーの絵が世間を騒がせていた時であるから大衆行動はそっちに向かって短絡したのである。

問題は『イエロー・ブック』の第五巻、つまり一八九五年四月号をどうするかであった。レインは大衆の憤激を見ておじけづいたのである。そしてビアズリーは『イエロー・ブック』から追われることになった。レインは後になって、「それは自分の最初のアメリカ旅行中に起ったことだ」(Lane, *op. cit.*, p. iii)という趣旨の弁解をしているが、絵画部門の編者のクビを社主のレインの同意なく斬れるわけはなく、彼が進んで斬ったか、斬ることに同意したかのいずれかであろう。もちろんビアズリーのいない第五巻以降の『イエロー・ブック』は気の抜けたビールであり、内容にも特色を失い、一八九七年、十三巻をもって廃刊になった。一方、ビアズリーは本格的に仕事をしはじめてから二年目、『イエロー・ブック』に関係してから一年足らずで失業したことになる。

OSCAR WILDE AT WORK
(ビアズリー画)

レナード・スミザーズと『サヴォイ』

『イエロー・ブック』がワイルド事件にからむ群衆の襲撃などのために当初の姿勢をくずし、特色のはっきりしない雑誌になった時、この雑誌の当初のアイデアがよかったことを認め、その線で別の雑誌を出そうという出版者が現れた。これがレナード・スミザーズ（Leonard Smithers）である。彼は元来は法律家であったらしいが、その頃はオールド・ボンド・ストリート五番地で美本と好色文学・好色絵画の本屋をやっていたのである。スミザーズ自身イギリス・デカダン派の一人であり、この派の人との交際も深かった。この時代の代表的な画家ローセンスタインによれば（William Rothenstein, *Men and Memories*. London: Faber and Faber, 1931, Vol. 1, p. 24）、スミザーズはヨークシャー訛のある粗野な外見の男だったが、ラテン文学の学者であり、サド侯爵の徒であったと言う。彼はアーサー・シモンズ（Arthur Symons）の詩集である『ロンドンの夜』（*London Nights*）や『シルエット』（*Silhouettes*）を出し、ビアズリーの最高傑作を含むポープ（Alexander Pope）の『髪の毛盗み』（*The Rape of the Lock*）やベン・ジョンソン（Ben Jonson）の『狐』（*Volpone*）も出している。またダウソン（Ernest Dowson）の最初の『詩集』（*Verses*）を出したのも彼である。また世紀末画家として最も特色のあった一人コンダー（Charles Conder）にフランス文学の翻訳に挿画を画かせたのも彼である。このほかスミザーズの出版物の特色はイギリスの堅い書店では出したがらないバルザック（Honoré de Balzac）やスタンダール（Stendhal）の作品の英訳を出していることである。この種の翻訳は詩人ダウソンが多くやっていることも注目に値するところであろう。今日ではイギリス世紀末の詩人の中で最も完成度が高いと評価されているダウソンも、スミザーズのためにフランス文学の翻訳をして生計を立て、また最初の詩集もそこから出してもらっていたのである。

スミザーズの出していたフランスの本は、ヴィクトリア朝の道徳基準から言えば多分にいかがわしいものであった。しかもさらにいかがわしさの度が高く発禁になりそうなのは市販しない私家本として出版していたと推定される根拠がある。というのはダウソンが訳したフランス文学の中で、ゾラ（Emile Zola）の『大地』（*La Terre*）やヴォルテール（Arouet de Voltaire）の『オルレアンの乙女』（*La Pucelle*）などはパリ協会（the Lutetian Society）から、会員だけに向けた私家版（for private distribution amongst its members）として出ているからである。この「パリ協会」なるものの実体はまだ明らかにできないでいるが、おそらくヴィクトリア朝の道徳基準からはずれるので官憲の取り締りの対象になりそうなフランス文学や絵画の本の頒布を受ける会だったのではなかろうか。ここの出版物の翻訳者にダウソンが用いられているところから、わたしはこのパリ協会の出版物の背後にはスミザーズがいたに違いないと推定している。

その推定の根拠のもう一つはビアズリーの『ヴィーナスとタンホイザーの物語』（*The Story of Venus and Tannhäuser*）という物語の出版である。これは「ロマンティックな小説」（a romantic novel）と銘打っているが、やはり

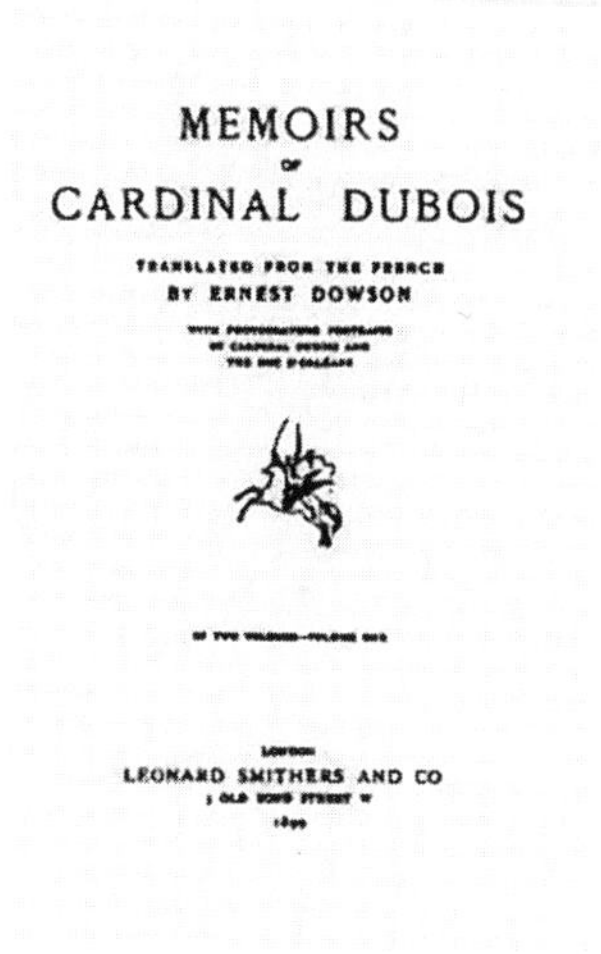
MEMOIRS
OF
CARDINAL DUBOIS
TRANSLATED FROM THE FRENCH
BY ERNEST DOWSON
LEONARD SMITHERS AND CO

スミザーズが出した *Memoirs of Cardinal Dubois* の扉

『サヴォイ』第３巻表紙

ヴィクトリア朝的な性道徳からすればいかがわしいということか、私家版（for private circulation）として出されている。したがって出版所は不明であるが、スミザーズが関係していたところであると考えてよいであろう。というのは、この物語は元来、ビアズリーが『サヴォイ』誌の第一号と第二号に「岡の麓で」（Under the Hill）として連載した作品のもとの原稿を印刷したものだからである。『サヴォイ』のような市販の雑誌においてははばかられるところがあったので、改変したものを出したのであるが、その後、私家版としてもとのままで出したということになる。『サヴォイ』に出たのは一八九六年であり、私家版が出たのは一九〇七年で十年以上の時間の差もあり、著者のビアズリーが死んでからも八、九年経つ。この原稿を持っていたのは『サヴォイ』の出版者スミザーズ以外の何者でもあり得ないと考えてよいのではないだろうか。つまりスミザーズは私家本、つまりアングラ本——と言っても装幀などは美しくし愛蔵に耐えるものである——にも関係あるような出版者であったと言ってもよいであろう。さらにスミザーズが、アングラ・クラブであるパリ協会の主宰者であったことはローセンスタインによるさりげない発言（*op. cit.*, p. 244）からも知られる。というのは彼はスミザーズにヴォルテールの *La Pucelle* のために挿画のエッチングをするように頼まれたという。この本はまさにダウソンによって訳されパリ協会なるものから出されているからである。

スミザーズにとってはそういう本を出すことは利益よりも主義の問題であったと思われる。彼はヴィクトリア朝の性道徳よりもフランス文学の、特にデカダン派などの趣味や嗜好に心から共鳴していた。今日ではスミザーズ版を通じてのみ、ラテスロー（Theodore Wratislaw）などの世紀末の英詩人の詩集を見ることができるのである。またマックス・ビアボーム（Max Beerbohm）の諷刺画集が最初に出たのも彼のところだった。イギリス世紀末文学の出版者としてのスミザーズの活躍はまことに大きいものがあった。こうした仕事をしていた彼だからこそ、『イエロー・ブック』が出た時、そのアイデアの秀抜なことをただちに知ったのであろう。そしてその雑誌からビアズリーが追い出されたことを知った時、当時の社会の道徳基準の圧力に敗れて『イエロー・ブック』が捨て去った文学と芸術の理念を勇敢に取り上げようと決心したのである。『イエロー・ブック』と『サヴォイ』はこのようにして一時競争誌の外観を呈した。しかし実質的には『サヴォイ』は競争誌ではない。『イエロー・ブック』が捨てた新文学と新絵画の理念を、もっと純粋に、もっと非妥協的に維持しようとしたのである。

ワイルドの裁判事件はイギリスの新文学と新絵画の運動、モダニズムの精神などの運動をいっきに圧殺してしまった。イギリス世紀末文学は九〇年代のちょうど半ばにして終ったのである。それは新しい芸術運動にとって最も暗い時であった。その最も暗い時、断乎として勇敢に立ち向かったのがスミザーズであり、その出版物が『サヴォイ』なのであった。そしてその『サヴォイ』がイギリス世紀末文学と美術の最も純粋な結晶であり、その終刊をもってイギリスの世紀末は完全に終ったのである。その後も『ドーム』(*The Dome*)などそれと一見似た雑誌は出たが、それらは世の風潮に従ったものだった。

＊この記事は、『覆刻ザ・サヴォイ』(大修館書店)の別冊『解説ザ・サヴォイ』(渡部昇一・高階秀爾編)に掲載された渡部昇一「雑誌ザ・サヴォイについて」の一部である。

［比較文化］

古本屋のはなし

1

「古本屋」を英語で言えば二通りになる。一つはいわゆる secondhand bookseller であって、和英辞典で「古本屋」を引けば、これが出てくるはずである。もう一つの方は同じ「古本屋」でも antiquarian bookseller と呼ばれるものであるが、日本ではそれほどはっきり区別されていないように思われる。イギリスでもこの両者の分化が特にはっきりしてきたのは比較的新しいことではないだろうか。

では両者の違いはどこにあるかと言えば、まず扱う金額がけた違いである。いわゆる古本（secondhand books *or* used books）というのは一ポンド以下というのが多い。相当のところで二、三ポンドであり、それ以上のものはうんと少ない。実例をあげてみよう。いずれも書き込みのない、中味は新品同様のものである。

G. K. Chesterton, *The Victorian Age in Literature* ……………………………五十ペンス

L. P. Smith, *The English Language* ……………………………………十ペンス

といったぐあいである。一ポンドを五百円と考えると、Home University Library型の本は五十円から二百五十円くらいのところと言える。次にハード・カバーの例をあげてみよう。誰でも知っている例からひろってみると、

Sidney Lee, *A Life of William Shakespeare* ……………………………八十五ペンス

Edward Dowden, *Shakespeare: A Critical Study of His Mind and Art* …………一ポンド二十五ペンス

という値段になっている。いずれも何の書き込みもない美本であるが、四百五十円から六百五十円ぐらいの間だ。高い本で言えば、アダム・スミスの『国富論』（Cannan の第二版）が上下の扱いで十二ポンド（六千円）である。だからこういう secondhand bookseller に行って、二万円くらい（四十ポンド）も買うと、持ち切れないほどの量になる。あとで日本に送ることを考えれば面倒になるが、ある程度の量にまとまれば、直接、日本の自宅に送ってくれる。郵送料は別で、包装はやや頼りにならない店もあるから、たまに包がやぶけて一、二冊なくなって届くことも覚悟する必要があろう。ひもをかけてくれるように頼むのがよいと思う。

これに反して antiquarian bookseller の店では、大部分の本は十ポンド以上で、高い方になるときりがなくなる。同じアダム・スミスでも、『道徳感情論』の初版などは、八百ポンド（四十万円）などという値である。三十から五十ポンドくらいの本が非常に多い。つまり、secondhand bookseller で買うのと、同じくらいの重さ（雑な言い方だが）の本を目方で買うとすれば、antiquarian bookseller の方では、ざっと百倍くらいの金を払わねばならない、と覚悟する必要がある。もちろん本を目方で計るわけではないが、量だけ比べればざっとそんな見当になるのである。

したがって antiquarian bookseller の方は誇りが高く、secondhand bookseller と混同されるのを嫌う傾向がある。つまり商品単価から言うと、antiquarian bookseller の方は時計・貴金属商に近い値段のものを取り引きしてい

るのに反し、secondhand bookseller の方は、パパ・ママ・ストアに近いことになるのである。必要とされる資本も、antiquarian bookseller の方はけた違いに大きいし、また高度の専門的知識が要求される。版の違い、装幀の時代差、献呈本（presentation copy）か否か、などなど、プロとしての修業が必要なのである。

今から二十年ほど前、Kというイギリス人とオックスフォードで知り合いになった。食堂での席がわたしの隣りだった人である。彼はいつもかぎ煙草を鼻に入れていた。ロード・K（K卿）と言われていたから、世襲貴族であるに違いない。その彼がオックスフォードの比較的小さい本屋に徒弟に出たのをおもしろく思った。今から考えると、彼は secondhand bookstore の店主になるつもりではなく、antiquarian bookseller になるつもりで修業することにしていたわけである。彼は今ではこの業界の重要人物になっているらしい。

2

二十年前の話をしたが、二十年前のオックスフォードではまだ secondhand bookseller と antiquarian bookseller の分化がそんなに進んでいなかったと思う。ブラックウェル（Blackwell's）などの古書部もずいぶん活発だった。記憶によれば、一階か二階は普通の古本が多く、三階くらいは antiquarian (rare) books だったと思う。そのほかオックスフォードには三軒ばかり、ずいぶん充実した古本屋があった。そしていずれも secondhand books と antiquarian books の両方を扱っていたと記憶する。

ところが七年前に、アメリカの帰りにオックスフォードに寄ったら、まずブラックウェルの建物から古書部が消えていた。どこに行ったかをいろいろ聞いたあげく、訪ねあてたところは、以前はレストランだった建物の二階で、内容はいささか幻滅だった。ただジョン・メースフィールドの書庫からのものがあったが、それとても目ぼしいものはなくなっていて、彼の蔵書の中の secondhand books 級のものが主だった。もっともそんな安本だったので、わたしにも何冊か買えたのだったが。

　ロンドンでも同じ体験をした。これという古本屋が見あたらないのである。たまたま散歩していたら小さいが、わりと在庫のある古本屋があったので、いろいろ買い込んだ後で、ロンドンの古本屋を書き出してもらった。後でその一軒一軒をみんな回ったが、どうもわたしの考えていたような古本屋はなかったので失望した。その中には一軒クオリチという大古書店があったが、それは今から考えると antiquarian bookseller で、わたしの当時の懐ぐあいでは買えるようなものはなかった。それにしても、ロンドンであげるに足る古本屋がわずか数軒というのが理解できなかったのである。「ロンドンには、東京の中央線の駅の二つか三つ分くらいの古本屋しかない」というのがその時の印象だった。そのことをいろいろの人に語ったが、ロンドンを訪ねた人は、みんなわたしのこの印象に賛成してくれたので、わたしはイギリスでは古本屋がいちじるしく不振であり、神田を知っている日本人には不可解とも言うべきことであって、これはおそらくイギリスの知的生活が下降線にあるためではないか、などと想像したものである。この想像はすっかり間違っているとは思わないが、もう一つ重大なこととして、secondhand bookseller と antiquarian bookseller の分化が進み、前者は単価が安いことからますます貧弱になり、後者はふりの客を相手にする必要がないから、旅行者などの目につくところから姿を消した、という事情があったのである。七年前はそれに気づかなかった。

3

エディンバラに来た時、まず最初にやったことは例によって古本屋めぐりである。家を探してくれた不動産屋に聞いたら、「ブラントンズ（Bruntons）だ」と言う。そのほかはあまりたいしたことはない、ということであった。不動産屋といっても、わたしが紹介されたのはエディンバラでは最大規模のところであり、そこの社長の話であるから、エディンバラのことは徹底的に知っている人の古本屋情報と言ってよいのであろう。エディンバラには震災もなく、戦災もなかったから古いものも何も残っている。したがって古道具屋がむやみに多く、それが並んでいる通りもずいぶんたくさんある。その中の一つにダンダス・ストリートというのがあって、そこに行ってみたら、なるほど四軒ばかりの古本屋があった。しかしそのうちの三軒は secondhand bookstore であって、中央線沿いの中位の古本屋の規模ほどもない。さすがにブラントンズはその中では別格に大きく、ストックも豊富である。secondhand books は地階に置いてあるほか、一階には antiquarian books もある。つまり二十年前のオックスフォードの古本屋と似ている。別の言葉で言えば secondhand bookseller と antiquarian bookseller とが未分化のままでいた頃のタイプであって、相当の稀覯書から、うんと割安の普通の本までいっぱいあって、われわれにはいちばんありがたいところである。

こういう本屋が五軒も十軒もあれば、スコットランドの首都であり、古い大学町であるエディンバラにふさわしいということになるのだが、たった一軒では話にならない。わたしは一週間かけてブラントンズの本を一冊残らず手にとってみた。欲しいものもたくさんあったし、そのうちいく冊かは買った。しかし「エディンバラにはこれだけの古本しかないのか」とやや憂鬱になってきた。

そのうち、大学には大学御用達みたいな本屋があるはずだと思って訪ねていってみたら、そのジェイムズ・シン(James Thin)という店はなるほど「スコットランド最大の書店」と看板が出ているだけあって、大きかったが、ほとんど新刊書ばかりである(新刊書屋ならこのほかにも大きい店がいくつかある)。しかしその古本部は地下にあって、その規模は中央線沿線の古本屋のうちの小さい方の店くらいのものにすぎない。ただ二十年前から探していたキャムデンの *Remaines* を五ポンドで見つけたのは思いがけない喜びであったが。そのほかガラス・ケースに antiquarian books があるがその量は知れたもので、今さらながら神田のことを思い出さないわけにはいかなかった。「この程度でスコットランド第一か」と嘆息が出てくるばかりだった。

そのうち、ふと思いあたるところがって、電話帳の古本屋の部分(rare and secondhand books)を探してみたのである。そしてR & Jボールディング(R & J Balding)の名を見つけた。翌日訪ねてみたが、その番地には本屋などはなくて、多くの古道具屋があるだけである。ただ店ではなく、住居に通ずるようなドアがあったので勇気を出して押してみると中はまっくらである。ともかく上がってみようと思い、どうもスラムみたいな感じのする階段を三階まで上がってみると、ドアに小さく書店名のプレートが出ている。ベルを押すとおそろしく背の高い女性が出てきた。普通の家の入口と同じなので、「本屋さんですか」という愚問を発すると、「そうです、どうぞ」と言う。「何かお探しの本があるのですか」と聞かれ、とっさのことで適当なのが浮んでこなかったので、「『ブリタニカ』の九版を探しているのですが」と言った。すると驚いたことには、「あります、どうぞ」と、いくつかの部屋を通って奥まで連れていってくれた。するとブリタニカ誕生の地のエディンバラでも国立図書館と大学図書館の外ではお目にかかることの難しい、二十五巻のあの堂々たる『ブリタニカ』の九版が、さりげなく積んであるのである。そこまでに来る何部屋かもすべて四面が天井まで本であった。この日からわたしのエディンバラの滞在時間の質に変化が生じたと言ってよい。そして secondhand bookseller と antiquarian bookseller との分化以後のイギリスの古書界の事情が、はじめてわかるようになったのである。

4

「何か探している本でも？」と聞かれた時に、とっさに「『ブリタニカ』の九版」と言ったのは、前々からこの百科事典の主要版をそろえたいと思っていたからである。というのは英文法の歴史をたどる一つの指標として、『ブリタニカ』の採用した文法体系のあとをたどりかけたことがあり、それを少し緻密にしたいと考えてもいたからである。英文法の歴史を見ているうち、アングリカン教会系の学校の使った英文法書と、カルヴァン派教会の学校の使った文法書は、はっきりした体系の相違を示していることに気づいた。それで初版の『ブリタニカ』の採用している文法体系は、当時の宗教事情から考えて、カルヴァン系統の体系を示すだろうと予測してあたってみたところ――『ブリタニカ』初版は同百科事典の二百年記念のリプリント版があって比較的に入手が容易――はたせるかな、まったくペトルス・ラムスのラテン文法の二分法体系をそのまま英語にしたものをかかげてあったので愉快になった記憶がある。そんなことから、あまり高くなければ、『ブリタニカ』の代表的な版を手に入れたいものだ、と思っていた。そして『ブリタニカ』の代表的な版と言えば、まず九版ということになる。

実にこの九版なるものの実物を、わたしはスコットランドに来るまで見たことがなかった。エディンバラは『ブリタニカ』の発生地であるから、何となくすぐ見つかりそうな気がしたけれども、そんな甘いものではないことがよくわかるようになった。最初のうち、secondhand bookshop の店を主として回っていたから、いっそうそういう印象を強めたのである。ある日「スコットランド最大の書店」と看板にも出しているジェイムズ・シン書店の地下の古書部に行ったら、この九版が箱詰めになっていた。「売るのか」と聞いたら「予約ずみだ」と言う。「欲しかったらウェイティング・リストに名前を書くように」と言われて書いたものの、少しがっくりきた。ニューカッスルに石炭を買いに行ったら、そこで石炭の配給切符を渡されたような感じである。

そんなぐあいで、エディンバラでの古書蒐集の希望がどうもうまくゆきそうにもないと感じていた折であったから、まったくさり気なく、「九版などは問題でない」というような感じで積んであるのをボールディング書店の女性店員に見せられて感激したわけなのであった。なるほどシン書店は、新刊部やレコード部などではスコットランド最大かも知れないが、古書部の方で一般の人を入れてくれるのは secondhand books を扱う部で、antiquarian books は棚の中にしまってカギがかけてあるのだ。これに反してボールディング書店の方は本格的な antiquarian bookseller である。物理的な規模ではそれほどではないにせよ、古書売買では本格派であるから古本のセリに出るのも英国国内に限らないし、また英国内外の他の本格的 antiquarian bookseller とのコネがあるから、欲しい本はたいてい見つけてくれるのである。

5

おずおずとボールディング書店にはじめて入ったのは、今日記をひっくり返してみると、去年（一九七七）の九月二十三日、つまり秋分の日である。

『ブリタニカ』の九版を指さした後、かの長身の女性は、そのあたりの本を指さして、「そのへんのはトラッシュ

(trash) ですが、前の方の部屋にはよいものがあります」と言って立ち去った。それでわたしはまず、トラッシュと言われる本が並べてあるところからていねいに見はじめた。

そこですぐ気づいたことは、antiquarian bookseller の店でトラッシュと言われるものは、普通の secondhand bookseller の店にあるような本のことである。だから買いたい本はいくらでもあるし、それがまた非常に安いのだ。というのは antiquarian bookshop では十九世紀後半以降のものは、あまり扱わないのでそれは鯛網にかかった雑魚の扱いを受けるのである。なにしろ antiquarian bookshop では、一冊一冊についての値段をつけるまでの研究がいる。そういうスタッフは素人ではない。相当の学者でしかもマーケット感覚のある人でなければならない。そのようなスタッフにとっては、ヴィクトリア朝以後の本などは、特殊なものをのぞけば評価する時間が惜しいわけだし、また人件費や印刷コストのかかるカタログにも載せないからである。それでわれわれ向きの「掘り出し物」はこのトラッシュと言われる棚にあることが少なくない。何よりも安いのだから掘り出し甲斐がある。例の長身の女性が——アンという名前であることが後でわかった——さりげなくトラッシュと呼んだ中には、ガイフェルトの『古典神話辞典』——わたしはこれは最も有益な辞典の一つとして愛用している——が一ポンドくらいであったり、OE研究者なら飛びつくだろうと思われる *Asser's Life of King Alfred* (1908) がたったの三十ペンス、つまり百五十円くらいなのである。こういうトラッシュなら小型トラックで買い込んでもたいした金額にならない。『マコーレー全集』八巻がたった二ポンド、つまり九百円たらずとあっては、値段が一けた間違っているとしても安いであろう。また *A Text-Book of Midwifery* (1920) などはたった五ペンス (二十五円くらい) であった。今日のように産科医が発達し普及する前は、西洋だって産婆に頼っていたのである。そのテキスト・ブックだから二百頁くらいあって挿画も豊富である。日本に持って帰れば誰か欲しい人に進呈してやってもよいと思って買った。何と言ったって五ペンスなのだから。

ところが本格的な antiquarian books になるとまったく待遇が違う。値段一つをつけるのにも研究がなされている。したがってボールディング書店では書物を置く部屋の数よりは、スタッフの部屋の数の方が多いようだ。そのスタッフの部屋は床から天井まで本に関する参考文献（もちろん非売品）でいっぱいなのである。何しろ二、三百年前の本が主だから、著者がどんな人であるかを知らねばならない。チョーサーやベーコンのような文学史や思想史に大きく出る名前なら、まずはだいたいの概念がつかめるにしても、群小の作家、思想家、好事家の名前や書名になると、いちいち研究しなければならない。たとえば日本だって、『源氏物語』や西鶴なら見当がつくけれど、江戸の随筆家のものなどは、国文学者でも、それを専攻しない人にはわからないであろう。事情は英語圏でも同じである。しかもイギリスの場合は、ギリシャ・ラテンの古典から独仏伊蘭西など、隣国が多いからたいへんなことになる。

6

学生の頃、恩師佐藤順太先生は、「古本屋というものは、なかなかどうして学者でないとつとまらないものだよ」と言って、和書や漢籍の木版本の版の違いとその価値の差、旧幕時代の雑書や写本の説明をしてくれたものであったが、「なるほど」とうなずけるものであった。ボールディング書店では研究主任みたいな人はエディンバラ大学の先生をしているP博士である。授業のない時は、いつも在庫品の解題書きをやっている。その解題を書くためには、学識のほかに本のことなら何でもわかるように整備された研究室が書店にも作られねばならない、ということになる。そしてここでも足りなければ、エディンバラ大学の大学図書館で調べたり、それを専攻する同僚に問うことになる。

P博士とならんで本に詳しいのはD氏であるが、彼はアメリカの大学で修士号（M. A.）をとって、博士（Ph. D.）論文を書くためにエディンバラ大学に来ていたが、指導教授が別の大学に転任したので、P博士といっしょのantiquarian booksを扱う仕事についたから、元来が学究肌だ。ラテン語関係の人は、元来は牧師になるために古典教育を受けたS氏、南欧関係はH氏である。この人たちは不断に研究しているから、書誌的なことなら、大学の先生に聞くよりてっとりばやい。大学の先生はたいてい自分の狭い専攻範囲のことしかこたえられないが、antiquarian booksellerはレパートリーが広い。稀覯書を絶えず手にしているから目が肥えている。文献目録だけで本の名前を知っているのとは違う。それに版や装幀の違いは価格に甚大な影響があるからその相違についてもまことに詳しい。この店に来て半日本を見ながらスタッフの人たちとしゃべることは、大学に行くよりもわたしの当面の目的には有益のように思われた。

そのようにして日参がはじまった。九月二十三日からクリスマス頃まで、多少の例外をのぞけば、月曜から金曜までの毎午後、二時間から三時間をこのボールディング書店で過ごしたと言ってもあまり誇張にはならないであろう。そしてこの書店のantiquarian booksを一冊のこらず手にとってみようと決心したのである。これは考えようによってはおかしな決心であるかも知れない。というのはいくら高価な本が並んでいるantiquarian bookshopでも、ただ珍しいだけのくだらない本も多いわけだし、またわたしが抱えている問題と無関係のものが大部分だ。それはまったく時間の空費ではないのか。

しかしわたしにはいろいろな意味でそれをやってみたかった。英語学史をライフワークとして抱えている手前、いろいろな時代のいろいろな本にあたってみる必要があり、その機会も比較的多かったわけだが、それにしても学芸全体の伝統をぱらぱらとでもよいからもっと広く眺める必要があると感じていたからである。二十年前に英文法の発生について学位論文を書こうとしていた時、その中心的構想を与えてくれたのは、英語学の文献目録に絶対出てこない哲学者ハイデガーの教授資格論文《ハビリタチオンスシュリフト》とアレクサンダー・デ・ヴィラデイについてのライヒリンクの解説であったことを鮮かに記憶しているからである。鬼が出るか蛇が出るか、とにかくこのボールディング書店の在庫を一冊のこらず一応は手にとって眺めてみよう、という変な決心をしたのである。それで何かが起ったのである。

7

『英語学史』（大修館書店）執筆のために、イギリスの学者たちの言語に対する考え方の歴史、つまり言語哲学史的なことを調べて十八世紀に至ったら、非常に多くの発言がスコットランド人の学者によってなされていることに気がついた。アダム・スミスが一種の言語起源論を書いていることもその一つの例であるが、アダム・スミスと言えばヒュームが出てくる。スミスの後継者はトマス・リードである。さらにロード・モンボドーなどという裁判官は数巻に及ぶ言語起源論を書いているのだ。そしてこれはおそらく言語起源論の本として、量的には空前のものであり、また絶後のものと言ってよかろう。そしてこういう人たちがよく集まったクラブの名前がセレクト・ソサエティーであり、そこにはボズウェルといっしょにジョンソン博士もエディンバラに行った時に訪ねていったことが知られている。しかし『英語学史』を書いていた頃は、セレクト・ソサエティーについては、ボズウェルの言及以外に詳しいことを知る手段がなかった。それでもセレクト・ソサエティーという十八世紀のエディンバラのインテリたちのクラブの内容は直接に言語学史と関係があるわけでないから、それ以上に立ち入る必要はなかったのであるが、「十八世紀スコットランドの知的状況はもっと本格的に調べてみる必要がある」ということを強く感じた（今出ている『英語学史』はいわゆる文法書の歴史の分だけである)。

そこでボールディング書店に入ってまずやってみたことは、セレクト・ソサエティーの出ている本を探してみることであった(これを書名にした本のないことはスコットランド国立図書館や大学図書館のカードで明らかである)。それを実際やってみると、日本にいた時は、どこを探しても、またどの本をひっくり返しても出てこなかったセレクト・ソサエティーのことに言及している本が何冊もたちまち見つかったから、やっぱりその土地に行ってみるということは重要である。一七〇七年にスコットランド議会がウェストミンスターのイングランド議会に合併してからは、スコットランドのことは、それがたとえエディンバラのことでもイギリス史全体から見ると一種の郷土史にされてしまい、イングランドでその後に出た本からではわからないことが実に多いことがよくわかったのも一つの発見であった。われわれはエリザベス一世の死後、ジェイムズ一世がスコットランドからやって来て即位した一六〇三年をもって、イギリスとスコットランドの合併と考えやすいが、これは日本人の持ちやすい一つの錯覚である。これは「王冠の統合」であって「議会の統合」でない。スコットランド議会はまったくイングランド議会とは別の立法をやり、別国として行動していたのである(今のコモンウェルス諸国と似ている)。スコットランド議会が併合され、スコットランド人が独立を失ったと感ずるのは一七〇七年の「議会の統合」なのであり、これが多くのスコットランド人にとっていかに痛恨事であったかは、今日なお、スコットランド独立運動として話題になっていることからもわかる。日韓併合ほどではないにせよ、併合されたスコットランドの恨みは深いのである。だからこのあたりの歴史書はエディンバラには山のようにあるのに、イングランドにはあまりないし、日本では研究している人はごく少数である。それら一連のことが、スコットランド史がイギリスの郷土史にされてしまったためと考えるとよくわかる。

そこでセレクト・ソサエティーを扱っている本を選び出し全部買い込んだ。そして読みやすそうなものから読んだ。赤線を引いたり、書き込みしたりしながら読む。これで一応のオリエンテーションができる。次にどんな本を読むべきか、あるいは買っておくべきかは、末広がりに明らかになる。もちろんこういうことは大学の図書館から借りてもできるけれども、借りた本には書き込みができないからあまり役に立たない。それにエディンバラにいる間に論文をまとめるのではなく、むしろ将来の研究や著述のための資料集めというのが主眼だから、日本に持って帰れない本はありがたくないのである。

こんなことをやっているうちに、十八世紀のスコットランド人が、どうしてこんなに言語の問題に興味を持ったか、というその背景が重大になってくる。十八世紀のスコットランドは言語哲学が盛んだったばかりでなく、英語そのものの研究も盛んであった。ジョンソン博士の辞典を実際に書いた下働きの人たち（amanuenses）は、ほとんどスコットランド人のはずである。予定説のカルヴァン神学から、どうして十八世紀にあれほど多くの人間知性論の本が出はじめたのか、ということはおもしろい問題だが、彼らの人間知性や人間理解の哲学は、言語哲学を内包しているから、結局、この時代のスコットランドの哲学者の書いたものもひとわたり眺めなければならないことになる。そしてあの峻厳なカルヴァン哲学の雪どけの中からさまざまの知力改善論や知的生活論の本の流れが出てくるのである。

こんなことをさりげなく書いているけれども、大学の研究室だけでは簡単にこういうパースペクティブは出てこないのである。というのは大学はその本質上、専門が細分化されている。スコットランドの十八世紀と言っても、英文学科、言語学科、史学科、哲学科、神学科などなどにわたらないとその姿は何もつかめない。しかも各科とも資料が膨大すぎて、ざっとひとわたり見るだけでも何年かかるかわからない。ところがボールディング書店くらいの規模の古本屋で、一冊一冊手にとって、知らない著者や本のことはその書店の参考文献で調べつつ三カ月くらいやると、だいたいのパースペクティブが浮き出る。そして財政の許すかぎり基本的と思われる本は買う。それが在庫にない時は、そこは書店だから注文すればよい。そのうちどこからか見つけてきてくれる。ロード・ケイムズの著作やフランシス・ハチソンの *Essays* などは、日本にいては手にすることはほとんど不可能である。リプリントはまだないし、こちらの図書館にゼロックスで取ってもらうにしても、膨大になりすぎて読む気にならないであろう。はじめから読むべきテキストもあり、参考文献のリストもある場合の勉強のやり方は、入念さと勤勉さがあればよいわけだが、わたしが知りたいと思っている十八世紀のスコットランドの言語論の状況などは、参考書が皆無なのだから、とにかくどういう人がいるのかからはじまり、どういう本を書いているのかを見つけねばならなかった。その著者はしばしば神学者として分類されているために、その人の論文集は大学では神学部の研究室にあったりする。その場合、われわれの視野には入ってこない。ところが古本屋で一冊一冊眺めていると、そこにおもしろい言語哲学の論考が入っていたりするのが見つかるのだ。そしてこういう相談には、専門的に分化した学者より、学問のある antiquarian bookseller の方が力になってくれることが多い。

8

先にジェイムズ・シン書店について触れたが、当地にフェローで研究に来ている日本人のスコットランド史の専門家が、この書店は antiquarian books の書庫に入れてくれないから不便だ、とこぼしていた。この書店は新刊書部がかり大きくて、地下にある古書部が小さいのではじめ失望したが、そこにガラス戸棚がいくつかあって飾り物のようにantiquarian books が並べてある。もちろんガラス戸棚にはカギがかかっていて、中の本を手にとって見るには、いちいち店員にその錠を開けてもらわなければならない。しかし皮表紙の本の背文字はうすれて見えなくなっているのが多いから、あまりいい顔をされそうもないと思いながらも開けてくれるように頼んだ。その中にはバーンズとかJ・トムソンとかボズウェルとかスコットランド人の詩人や作家のもののほか、英文学書の古いものが多くある。ずっと眺めているうちにわたしはタイトラーによるロード・ケイムズ伝のフォリオ版二巻と、ビーティの論集のフォリオ版を見つけた。前者は七十ポンド、後者は九十ポンドである。だいぶ迷ったが、日本で手に入るあてがないこと と、今考えているテーマに関係する文献なので買うことにした。

それから店員の態度が変ったのである。古書と言っても secondhand books の方は、いくら買っても店員は尊敬しない。それは金のない学生でもやることだ。しかし antiquarian books を買う人はイギリスではただの人ではないのだ。去年（一九七七）の消防官のストや警官の賃上げ問題で知ったところによると、イギリスのこうした公務員の週給は平均五十ポンド前後である。ほかの公務員でも同じことであろう。生活水準が次第に低下しているイギリスで、しかも収入が平均化してきているイギリスで公務員給与の半月分にもあたる値段のする古本を買う人はごく限られている。大学の先生でも若い世代の人たちは、自己の蔵書を持つこと、いわゆる to build up one's own library を断念しているのだ。もちろんペーパーバックの本を持つことなどはやるが、antiquarian books を並べた蔵書は経済的に不可能である。今のイギリスの若い学者の書いたものは、人文学の分野でもおもしろいのが少ないのは、一つは本格的な本を持ったことがないからだというイギリスの老学者の指摘もある。こういう現状だから、筋のよい antiquarian books を一冊買っても店員の目が変るとしてもおかしくない。

この時以来、わたしはいつでもシン書店の private という表札の出ているドアを押して書庫に入る自由を得たのである。シン書店はカタログで古書を売っている店だから、在庫によいものが多い。しかしボールディングのように若い学者が専任で値段をつけていることもないので、いいかげんな値のついているものも多い。わたしは内心わくわくしながら片っ端から買いはじめた。インフレ以前の値段のままで antiquarian books を買うという機会はめったにないことだ。ところが驚いたことに、間もなく老婦人の店員が、わたしが選んでいる傍にやって来て、わたしが選び出さなかった分の本の定価を書き換えはじめたのである。何しろ private（立入禁止）のところだから定価のつけ換えを長い間怠っていたのだ。それを最近の古書カタログに準じてつけ直しはじめたのである。自分のそばで価格を変えられるのは気持ちのよいものではなかったが、さすがにわたしの選んだものは値段もつけ直さなかったので、十六世紀や十七世紀のフォリオ版のいくつかを格安の値段で買い込むことができた。古本の価格のインフレについてはシグネット・ライブラリーの大放出のセリを例にしてのべてみよう。

9

今年の四月十二日から三日間、エディンバラのシグネット・ライブラリー（Signet Library）の蔵書の売り立てがあった。この事件は今のブリテン島の状況をさまざまな角度から具体的に示しているようであるので、この図書館の歴史からのべてみよう。

Signet Library という名称は直訳すれば「玉璽図書館」あるいは「印鑑図書館」ということになろう。といっても直接王室にも印鑑屋にも関係があるわけではない。スコットランドでは事務弁護士（solicitor）のことを writer to the signet と言い、弁護士は名前の後にタイトルとして W. S. を加える。たとえば John Smith, W. S. と言えば「弁護士ジョン・スミス」である。弁護士は文書を書くわけだが、それは契約文書、法廷文書、つまり国王の法治に関係ある文書であるので、この名があるのだろう。その弁護士協会の図書館が Signet Library となった。本当から言えばWriters to the Signet's Libraryとでも言うべきなのであろう。

この図書館の核となるようなものは、すでに一五九四年（エリザベス一世の在世中）にエディンバラにあったが、正式に図書館として発足したのは一七二二年で、一八〇五年には五千冊の蔵書があったことが知られている。その後、『エディンバラ・レヴュー』誌の編集者でもあり、『ブリタニカ百科事典』（第七版）の編集者でもあったマクヴェイ・ネイピアがライブラリアンになるに及んで蔵書数は飛躍して、一八三七年には四万部を超えるに至った。ネイピアが一種の書狂であった上に、イギリス経済の上昇期にあたっていたので予算がふんだんにあった。それで彼はこの図書館を弁護士協会の専門図書館というよりは、総合図書館として確立しようと決心し、「すべての分野における最善の本を集める」という方針を立てた。古書蒐集のためには何度も大陸に渡り、フランスやオランダやスペインの有名なコレクションも購入した。当時のポンドの強さをもってすれば有能なライブラリアンさえおれば、それは可能なことだったのである。また世界的な名声のある雑誌や百科事典の編集者としてのネイピアの名声はヨーロッパ中の知識層に広く知られていたから、彼の図書館には贈呈書もおびただしかった。

ネイピアはヴィクトリア女王の即位の年に退任し、ディヴィッド・レインがその後任となったが、彼はスコットランド史では最高権威の一人であったから、この図書館の内容はさらに充実することになる。レインが一八七八年に死んだ後、T・G・ローがライブラリアンになるが、ヴィクトリア朝の繁栄の余沢もあって予算も多く、蔵書数は十万部になった。そして彼は、「大英帝国のいかなる学会、学術団体、職能団体も、これと同じ手段でこれと同じ規模の蔵書を持つに至っていない」と公言することができたのである。そして第一次大戦以後ですらも、E・A・サヴェッジは「シグネット・ライブラリーは大英帝国の最善の調査研究図書館の一つであり、私立図書館としてはこれ以上のものはおそらくないであろう」と言うことができた。

しかしネイピアの頃とは違い、あらゆる分野の最善の書物を集めるというような贅沢はすでに不可能となって、蔵書の増加スピードはぐんと落ち、しかも購入の原則も、法律関係とスコットランド関係図書に限定されることになった。新しく出る法律関係の図書とか、スコットランド関係の図書とかは、数から言っても、値段から言っても知れたものである。つまり第一次大戦を境にシグネット・ライブラリーの特徴である間口の広さや善書購買主義や他の有名コレクションの買い取りなどはなくなった。

これが第二次大戦の後になるとさらに悪化する。財政の困難はますます深まり、一九五八年（昭和三十三）には法律とスコットランド問題に直接関係のない図書は処分することが決定された。当時、わたしはオックスフォードにいたが、そのニュースは知らなかった。何しろその頃のポンドはまだ日本円にして千円で、しかも日本人の収入レベルは極めて低かったから（大学の助手の給料は月一万円くらい）、由緒あるイギリスの図書館から出た皮表紙のフォリオ版やクォート版を買うことなどは、日本人の研究者にとっては夢物語であった。その頃、わたしが買った皮表紙の本は（皮表紙というのは布表紙の近代版が出る前の造本時代のものという、大ざっぱな時代区分である）、ファーステガンとホーン・トゥックとベーコン全集くらいのものであり、それも装幀がかなりいたんで、今から考えるとantiquarian booksとしての価値はほとんどないものであった。

シグネット・ライブラリーが実際に売り立てをはじめたのは翌年と翌々年（一九五九―六〇）であり、かの有名なセリ会社のサザビーズがロンドンで何度か連続して売り立てを行った。さらに一九六二年と六四年には副次的な売り立てがエディンバラで行われている。このロンドンとエディンバラの売り立てによって、約二万五千巻の図書と九千点のパンフレットがシグネット・ライブラリーから出ていった。この流出はやはり物議をかもして、一応、払い下げは中止された。その時点でのシグネット・ライブラリーの蔵書数は約十二万部、その中にはまだネイピア時代の、贅沢な買物がたくさん残っていた。「贅沢な買物」という意味は、法律関係とスコットランド関係以外の分野の貴重書という意味で、われわれにとってはよだれの出る本のことである。今でもエディンバラの古本屋のガラス・ケースに入っている皮表紙の本は、めくってみると一九六二年か六四年に売り出されたシグネット・ライブラリーのものが少なくないようだ。

売り立ての方針は中止されたものの、それから十数年経って、さらにポンドが低落し、図書館の維持が困難になってきた。それで今年（一九七八）再び、二十年前の方針を再確認して、在庫図書十二万巻のうち五万巻を処分しようということになったのである。そして今春二万五千巻、今秋二万五千巻を売り立て、最終的には七万部ぐらいの規模の図書館に縮小して、法律関係、スコットランド関係のみの図書に限って保持するという。

10

売り立ては三回続いた。四月十三日の『スコッツマン』紙（エディンバラの代表紙）は、"Selling Out" と題する社説をかかげて、「図書館の規模を小さくして使いよくするだの、何だのと理由はつけているが、この売り立ては敗北（defeat）である」ときびしい批判をしている。先祖から保管を委託された義務を果し得ず、もっともらしい口実を作って「国民的な宝」（national treasure）を蕩尽しようとしているのだ、と論調はきびしい。この原因はスコットランド人全員の古書に対する関心の不足によるもので、この売り立ては本年の一月頃から公表されていたのに、それを救おうという手はどこからもさし出されなかった。今やスコットランドにはろくな本屋は一軒もなく、図書館は軒なみ予算の不足に呻吟し、著作者たちは貧窮にあえいでいる。オペラや音楽には支援があるが（エディンバラ音楽祭は世界的に有名)、文学、劇、詩は財政難にもがくのみである。スコットランドの伝統から言えば、今あえいでいる方が主流であったのに。われわれはもっと先祖の偉業に対して尊敬を払うような体制が必要である云々、といった調子のものである。

たしかにエディンバラの一般市民はこの売り立てにはまったく無関心のようであった。古書などは音楽やオペラと違って若い者にはわからない。年寄りは生存で手いっぱい、学者たちも自腹を切って antiquarian books を買う収入のある人はまずはいないから、結局、大学人の多くも無関心である。関心のあるのは古本屋で、イギリス中から来ただけでなく、ヨーロッパのほとんどの大都市からも来ているほか、アメリカ、メキシコ、オーストラリアなどからも集まり、セリの場になった図書館の読書室の約二百五十の席は、ほぼ満席であり、異様な熱気であった。理由はいくつかある。その一つは、近頃とみに意識されてきた通貨不振とインフレ期待の風潮から古書に限らず不動産・骨董品は空前のブームである。不動産はそう誰にも買えないし、株式大衆化が日本ほど進んでいない国では、古書・骨董が重要なインフレ・ヘッジになると考えられてきたのである。たとえば、つい数年前までは、古本屋のストック商品の回転は極めて遅く、エディンバラ第一と言われた規模の古書店も、市の中心部の大きな店を手ばなして、古物商の多い通りの小さい店に移ったのだそうである。ちょうどその頃から商品回転が早くなり、前に言及した新興のボールディング書店などが有能なスタッフのおかげで急成長してきた、というぐあいにこの地方都市の古書界でも明暗が二つにわかれている。しかし今では、商品値段の高騰と、回転スピードの増大によって、古書店はいずれもうるおっているようである。

もう一つのセリ売り場の熱気の理由はカタログによる古書販売の繁栄であろう。シグネット・ライブラリーが本を売る羽目になったのは、ポンドの沈下と国民の図書への関心の低さのためであるが、カタログ販売では、お客は何もスコットランドやイングランドに限らないのである。十数年前の第一次処分の時の大顧客はアメリカだったらしいが、今回は何と言っても日本のようである。少し高くても筋のよい払い下げ品をせり落して、カタログをアメリカと日本のその筋に流せば、必ず売れる、という確信が業者にあるらしい。古書の仕入れは、新刊書や一般製造品と異なり、出たとこ勝負の仕入れであり、仕入れのやり方にその店の運命がかかっている。したがって雰囲気は上げ相場の時の株式市場と一脈相通ずると言えよう。

こういうセリのある時は、セリ日の前の何日間かは下見（reviewing）の期間である。カタログを買うことが入場券代りになる。今回のセリのカタログは百頁もある堂々たるものであった。ごく重要図書以外は、何冊かが一山にされ、「〇〇ほか何冊」ということで一山《ロット》いくらでセリにかけられるわけである。だからカタログ・ナンバーは1417であるが、それは山数（number of lots）であり、冊数ではない。実際の点数はその十数倍あるだろうし、冊数になるとさらに多い。そして各ロットには番号と、セリ元のサザビーズのつけた標準価格がついている。標準価格というのは、サザビーズの見解で、「この値段ならまずは入手できよう」（a fair chance of success）ということで、実際の値段がどうなるかは、実際セリにかけてみなければわからない。

わたしは下見の時には、スコットランド史を専攻している日本人の教授で、エディンバラに滞在している二人の方といっしょに見てまわった。サザビーズの標準値段は意外に安い。それに欲しい本がうんとある。「少し金が手もとにあって自分でセリ落せば、ずいぶん大きな蔵書を作れますな」などと話し合った。参考のために、英文関係の人のよく知っていそうなところをあげれば、"L. Stephen, *History of English Thought in the Eighteenth Century*, 2 vols., half morocco, 1876, and 38 others"が標準値段では二十ポンドから四十ポンドである。スティーヴンはヴァージニア・ウルフの父でまたDNBの編集者であった人で、その本はだいぶ前に岡本圭次郎氏が邦訳して研究社から出されたと記憶する。そのモロッコ皮の二巻本と、その他三十八冊（！）の同種の本がたった八千円から一万六千円という価格である。一冊平均の値段は四百円から八百円にしかならない。「これはしめたぞ」と躍り上がったとしても無理はないであろう。しかし実際にセリの日になってみると、セリ値は百三十ポンドと標準値段の高値の三・五倍にまでセリ上がった。これなどはまだよい方で、標準値段の四十倍などというのもあった。

11

シグネット・ライブラリーのセリの第一日目である四月十二日は快晴であった。その前日、ボールディング書店に電話して、下見の時に関心のあったいくつかのロットをセリ落してもらいたいと頼んだ。ただボールディング書店の方では、「サザビーズの標準値段はまったく参考になりませんよ」と念を押していた。そして当日の九時五十分頃に同書店に招待されて出かけてみたら、アメリカやイングランドの同業者が何人か来ていた。ここ数日というもの、カタログの検討と下見で、ボールディング書店のスタッフは、夜遅くまで多忙をきわめていた。他の同業者といっしょなのは、高価なロットを落す時の作戦会議だったのだろうか。何しろ一山でセリ落すので不要な本も多く混入してくる。その中には、例のトラッシュと言われる種類の本も少なからず混入するであろうが、A店では無用でもB店では欲しい、ということがよくある。そのために交換とか、譲渡とかが必要なわけで、業者同士の連絡は緊密のようであった。わたしはこの業者たちと同じ車に乗せてもらって、シグネット・ライブラリーについた。

十時半かっきりにオークションがはじまる。高い壇に座ってセリ値を言ってハンマーを打っている、頬ひげの見事な貫禄ある競売師（auctioneer）は、よく見るとK卿である。二十年前、オックスフォードにいた時、いつも食卓で隣りだった人である。彼はいつもかぎ煙草を鼻穴にすりつけていたが、それがわたしがかぎ煙草《スナフ》なるものを見たはじめであった。その彼が堂々たる恰幅になり、耳ざわりのよい声で、サーティ・パウンド、サーティ・ファイブ、というふうにセリ上げてゆく。さすがに風格があり生理的にも心地よい調子のセリだ。

　まず南北アメリカ史関係の図書からセリにかけられてゆく。カタログの最初のボウシャンの『ブラジル史』が標準価格の百五十―二百ポンドの約二倍の三百五十ポンドで落ち、次にシャールヴォワ神父の『パラグァイ史』が、標準価格の五十―八十ポンドの約五倍の三百二十ポンドで落ちると、場内に何とも言えない熱気が生じてくる。「高い、高い」というささやきが、約二百五十人のセリに参加した古本屋の間からささやかれる。このセリに参加した人たちは、それぞれ予算を持ってきていることであろう。しかしカタログによる標準価格の何倍もの値ばかりつくようでは、仕入れの見込みが狂ってくるであろう。

　とにかく十二日の午前中のセリは、百四十八ロットを一回のやり直しもなくスムーズにこなして、時間通り午後一時に終った。そして昼休みの後にまた二時半かっきりからはじまった。このセリをやっているシグネット・ライブラリーから大学のスタッフ・クラブまでは歩いて五、六分の場所である。ここのカフェテリアで食事しながらも憂鬱であった。最初、カタログの標準価格を見た時は、「安いぞ」と思ったのであるが、実際のセリを見ていると、その価格のものは十に一つもなく、本当に稀にあるだけなのである。少し「これは」と思うロットには五倍、十倍の値がたちまちつく。そして古書店のセリ人たちがこんなに強気なのは、一つは日本人が買うからでもあろうと考えていたら、外国でよく聞かれる日本人についての悪口を思い出した。

「日本人が関係すると何でもべらぼうに高くなる。レストランのメニューや通いのハウス・キーパーの値段からプロスティテュートの値段まで」

そして外国の本を買いたいイギリス人は、古書価格を高くしている元凶としても日本人を考えるようになるだろう。今、イギリスの不動産の値段を高くしているのはアラブの石油成金だと言われているが、そのアラビア人も古書は買わないであろう。何と言っても古書の大口の買い手はアメリカと日本であるらしいが、今は日本の方が人目を引くような買い方をしているのではないだろうか。カタログの標準価格を何日か前に読んで喜んだ時の気持ちは消えて、「手が出ないなあ」と思いながら再び午後のセリに戻った。標準価格に示されているくらいの値段なら、ロットで買って、不要の本は友人にくれてやってもよい。しかしこう高くては、欲しい本を狙ってロットを買うということはちょっとできない。その点、古書店なら、ロットの中のどの本でもそれぞれ後に売りさばき得るであろうが。

午後の部には、エディンバラ滞在中のT教授も来た。しかし同氏は三十分くらいいて、やはり「高いですなあ」と言って帰った。わたしは次の機会には自分自身も直接セリに加わって落してみたいと思っていたので、最後までよく観察することにした。この日の高値の一つは『人口論』のトーマス・マルサスの四巻本で三千八百ポンドであった。当時は一ポンド約四百十五円と考えると百五十七万七千円ということになる。これは標準価格としては六十―百ポンドとして示してあったから、予想の四十倍という落札値になった。有名な作者のよい版ともなればこんな値段になるのである。

同じくこの日の最高値になったのはモレレ神父の旧蔵書から出た十四巻であった。これはセリ値で五千八百ポンドになったが、標準価格では百―二百ポンドである。内容はフランスの大革命以前の経済に関するもののようであるが、その道の人にとっては貴重な文献なのであろう。マルサスとかリカードとか、一般に経済史関係のものが異常な高値を呼んでいるのは、日本のためでないか、とかんぐりたくなったりした。というのはこちらに来て、文献蒐集に異常な熱意を示す日本人個人や日本の機関代表者には、経済史関係の人が妙に多かったからである。それはともあれ、モレレ神父の蔵書は、シグネット・ライブラリーを当時の一流図書館に作り上げたかのネイピアが購入したもので、当時から評判の書物だったのである。それが国外に出てゆくのだから、やはり国の経済沈下ということは恐ろしい。ポンドが強い時にナポレオン戦争後のフランスから買った本が、ポンドが弱くなれば再び売られてゆくのである。幸いに円が強いので日本人は今は買い込んでいる。しかし「因果はめぐる小車の……」ということで、いつまでこれが続くやら、などという感想も浮んできた。

初日のセリの総売上げは十六万四千ポンド、当時の一ポンド四百十五円に換算して約六千八百万円である。これは予定した価格の四、五倍だったという。つまりサザビーズもシグネット・ライブラリーも、一千五百万円くらいの水揚げがあればよいというつもりだったのである。サザビーズがこのセリの手数料としてどれくらい図書館側からもらうのかは知らない。しかしハンマー料というのがあって、セリのハンマーを打つ人が、一つ打つたびに、そのハンマーで取り引きされた値段の一割はサザビーズが買い手から徴収することになっている。したがってハンマー料だけでもシグネット・ライブラリーの払下げ売りの初日で六百八十万円がサザビーズに入ったことになる。これが三日続き、しかも高価本は三日目の方に多かったのであるから、この三日間の売り立てでサザビーズがハンマー料として受け取った金だけでも二千万円は超したはずである。サザビーズやクリスティーズなどのセリ会社が高収益会社として新聞の経済欄をにぎわわす、というのもこの時代を示す一つの特徴かも知れない。

12

このシグネット・ライブラリーの売り立てでは、いくつかのこぼれ話みたいなのがあった。わたしはボールディング書店の若い人と並んで座っていたのであるが、すぐ斜め前のところにロンドンの代表的antiquarian booksellerのQ書店から来ているM氏がいた。年の頃は三十代の半ばといったところである。この人は椅子に半身になって座って、しょっちゅうこちらをチラチラと見ているのである。その時は「妙な男だな」と思っていたのであるが、その理由は後でわかった。このM氏はセリの後でボールディング書店の人たちと夕食をともにした時に、「セリでわたしの後ろに座っていた日本人が例のT氏か」と聞いたのだそうである。そしてわたしがそのT氏でないと聞くとこう言った、とボールディング書店の人が後で伝えてくれた。

「いやあ実は、あの時に自分の後ろに座っていたのがT氏だと思い、冷や汗がとまりませんでした。T氏とセリ合うようだったら予算が狂うので戦術を変えなければならないと思い、気が気でありませんでした」。

T氏は小生もよく知っている人だ。今、イギリスに来ていて、特殊な分野の研究をやっている好学の人であるが、家が富裕でそのコレクションはイギリスの古本屋仲間でも知られている。チョーサーなどもほとんど全部の古版を持っているそうであるが、そんなコレクションはイギリスの学者でも私蔵している人はまずないであろう。ロンドン第一の古本屋でも、一人の日本人の前の席に座ると、文字通り冷や汗が出るということは、イギリスの古書界における日本人の位置を端的に示すものである。そういえば、M氏は暑くもない部屋でしきりにハンカチで額を拭っていた。

Q書店について言えば、英文学関係のロットはほとんどこのM氏が落した。フィールディングとかスウィフトとか、日本人によく知られている文学・戯曲は、初版をのぞけば稀覯書の要素がないので、いずれも一山で買ってもたいした金額にならない。今時こういうものを購入する欧米のコレクターや大学は考えにくいので、たいてい日本向けだと思うが、東京での値段を見るのが楽しみである。

シグネット・ライブラリーのセリで、わたしの左側に座った、人のよさそうなおじいさんは、アムステルダムから来た古本屋であった。そして「高い、高い」と連発しながら、午前中のセリでは一つのロットも落せなかった。気の毒に思っていたら、午後のセリではいくつかのロットをセリ落した。その書目を見ると全部オカルト文書であった。昔のスコットランドの法律家協会の図書館に充実したオカルト・コレクションがあったというのもおもしろいし、それがオランダに渡ってゆくというのもおもしろい。それよりも当時の天文学（astronomy）の本よりも占星術（astrology）の本の方が格段に高価であるというのもおもしろかった。古い天文学書は現代の天文学から見て幼稚であろうが、占星術書は今も通用するからであろう。こうなるとピラトではないが「真理とは何ぞや」ということになる。

またこういう大きいセリを見ていると「資本は力だなあ」とつくづく思う。文学書などのロットではQ書店のM氏などははじめから指を上げっぱなしなのである。「値段のいかんにかかわらず落すぞ」という意思表示みたいなもので、予算力のない群小古書店は手が出ない。これでは強大古書店と弱小古書店の格差は広まるばかりであろう。実際、わたしの見た限り、初日でセリ落すことのできたエディンバラの古本屋はボールディング書店のみであった。ただロットにはトラッシュが多く含まれているので、後で弱小書店は業者値段でわけてもらうのであろう。日本の巨大商社がダミー会社を作り、億くらいの資本を出してくれれば、またたく間にイギリス一の古書店になれるのではないか、それに外貨減らしにもなることだし——などという空想も湧いてくる光景であった。

しかし結局、わたしはこのセリの傍観者であった。そして後でボールディング書店や、例のロンドンのQ書店から欲しい本をわけてもらうことになったのである。しかし自分でも直接セリで指を上げて欲しい本を落してみたかった。

13

シグネット・ライブラリーの蔵書売り立ては、スコットランド議会独立論をかかげる愛国的な『スコッツマン』紙を怒らせ、その社説が「スコットランドにはろくな（古）本屋は一軒もない」と憤慨したことは先にのべた。この新聞はエディンバラでは *the* newspaper であって、エディンバラの人はたいていこれを読む。したがってわたしも読んでいたのだが、この社説には義憤を感じて投書した。これは翌々日の新聞に出た。わたしの論旨は、「エディンバラは古書店の数と質から言って、イギリスの大学町では最善の部類に属する。たとえばボールディング書店は、un-reading public にこそよく知られていないが、外国にもよく知られており、今回のシグネット・ライブラリーのセリにおいても、ロンドンやパリやアメリカから来た大書店を向こうにまわして、立派な戦果を上げたし、ブラントンズ書店くらいの店も、他の都市ではそう見あたらないのである……」というようなもので、エディンバラの古本屋の弁護論であった。社説に対してはエディンバラ古書店組合からの反論も掲載されていたが、外人であるわたしの投書の方がよく扱われたようだし、反響もあり、おかげでいろいろなところに書物の知己を得た。そのうちでもガルブレイス氏との交友は、わたしの探書活動の質をいちじるしく高めてくれることになった。

ガルブレイス氏はケンブリッジで英文学を専攻、卒業してから中東で英語を教えていたが、後にエディンバラ大学に戻り法律を専攻、今は counsel である。イングランドとスコットランドは法律が違うので（スコットランドは大陸系の法体系に近い）、スコットランドで弁護士になるにはスコットランドの大学で法律をやらねばならない。counsel というのはイングランドの barrister にあたり、上級弁護士とか法廷弁護士とか訳されるが、日本人の感覚から言うと、counsel（barrister）が弁護士であり、solicitor（下級弁護士、事務弁護士）というのは、むしろ弁理士や司法書士の趣が強い。どちらもlawyerと言われるわけだが、エディンバラにsolicitorsは約三千人、counsels（barristers）は約百人である一事を見ても、counselの地位の重さが知られよう。このガルブレイス氏の夫人はオックスフォード出身の心理学者で、家庭問題のカウンセリング的な仕事をしている。末の子は天才的なギターの才能があり、うちの子どもたちと同じ音楽学校に通っていた。面識はあったが、しかし特に親しくはなかった。

ところがわたしのエディンバラの古書店の弁護論が新聞に出ると、ガルブレイス夫人からすぐ電話が来て、「主人も古書好きなので是非夕食に来て下さい」という招待をいただいた。家内も子どもたちもいっしょにということだったので、一家で出かけたのであるが、氏とわたしはもっぱら古書の話になった。氏が蒐集しているのは「釣」の本である。もちろんウォールトンの『釣魚大全』（*The Compleat Angler*）は各種の版がそろえてあった。しかもそういった古版の出所（ex libris）がすばらしい。これは某侯爵家の書庫のもの、これはサーなにがしの書庫のもの、といったぐあいである。われわれによく知られている釣書はウォールトンくらいのものであるが、イギリスには釣の本が昔からなんと多かったのかと驚かされる。それも釣がジェントルマンの生活に占めていた重要さを考えれば当然のことであるが。

この晩はいろいろな本を見せてもらって目の保養をしたが、そのほかに多くの貴重な古書情報も教えてもらった。親しい古本屋からもいろいろな情報は入っていたが、やはり通の買手側の情報というのは別の価値があるものである。たとえばおもしろそうな本のセリがどこであるか、などということは、売り手側の古本屋情報はなかなか教えてくれない。その晩、ガルブレイス氏が与えてくれた情報は、ノーサンバーランドのカントリー・ジェントルマンの蔵書の売り立てが、次の月曜にクリスティーズの主催で行われるから行ってみないか、というものであった。車で片道二時間くらいのドライブになろう、というのである。もちろん二つ返事でＯＫした。

14

セリの近くになってガルブレイス氏は「法廷のつごうで行けなくなった」と言って、例のカントリー・ハウスへの行き方を詳しく知らせてくれた。それでわたしは家内と出かけることにしたが、日本からエディンバラに留学している某医大のS氏も非常に本好きなので、声をかけてみたら、喜んでいっしょに行くとのことだった。

小雨模様の五月末のスコットランドから北イングランドにかけての自然は、嘆息が出るほど緑が濃かった。人家の散在度が、日本の鎌倉時代なみと言われる地方だけあって、まことに快適なドライブである。ウラーというノーサンバーランドの小都市から折れてさらにチャトンという村に向かう。村の小さい店でフォウベリー・タワーの方向を聞こうと思ったら、こちらから言い出す前に「フォウベリー・タワーならあっちの方です」と教えてくれた。朝からだいぶセリに出る人が道を聞いたのであろう。フォウベリー・タワーというのは、例のカントリー・ハウスの名前である。フォウベリー（fowberry）という単語は中世に仔馬を囲い込んでいた「とりで」、あるいは「やかた」のことであるが、その「やかた」が高い建物で、塔などがついていたために、そういう名称が生じたのである。こういう名家に屋敷を維持できない事情が生じ、管財人によって売り立てられることになったとのことである。さしづめ、日本なら酒田の本間家とか、それほどでないにせよ、三町屋敷くらいある大地主の邸宅の家具・蔵書の売り立てであるから、近郷近在の古道具屋や古本屋が集まってくるのは当然である。

大きな屋敷に入ると、庭にサーカスのテントみたいなものが張ってある。これが臨時の競売場である。日本のお祭りと似たところがあって、サンドイッチ、ケーキ、コーヒー、ビールなどを売っている。トレーラー式の公衆便所まで来ていた。霧雨のため、かなり冷え込むので、さっそく熱いコーヒーを飲んだが、それがインスタントでなく、かなりうまいものであるので感心した。午前中は家具のセリで午後が蔵書のセリである。家内は家具の方に熱心だったが、わたしには買う気も、そのための軍資金もなかった。だいいちそんな立派な家具など持って来ても、入れる家がないではないか。しいて「欲しいな」と思ったものは書庫、あるいは書斎用の脚立であるが、これは千ポンド以上で落札されたようである。

午後一時からいよいよ蔵書の落札である。聞きとりやすいように、わたしは競売師のいる高いところのすぐ下に席をとった。イギリスのセリのよいところで、参加は万人自由である。家具のセリだからといって古道具屋組合員でなければならないとか、本のセリだからといって古本屋の資格がなければいかんということでもない。誰が参加しても文句を言われることはない。

最初、わたしはシグネット・ライブラリーの売り立ての時のような緊張感が会場を支配するのではないか、と思って身構えたが、さすが広い野中の邸の中のテントでやるセリのせいか、和気あいあいたるもので、多少、ガーデン・パーティの趣がなくもない。セリをする人たちは、ビールを飲み、煙草を吸いながらやっている。「これなら素人でもやっていけそうだ」とわたしは少しほっとする。

売り立てられる書物のロットは五百二十であるが、一山の中には三百冊以上も含まれている場合もあるから、実際の冊数ではたいへんな数になる。たとえば

486　Literature and History, about 25 vols., various, *calf, 18th and 19th century*

487　Literature, History and Biography, about 125 vols.

といったぐあいである（数字はロット番号）。百冊以上が一山になっていても、いわゆる安本ではないのだ。といって骨董価値が出ているほどのものでもない。探せばこうした「山」の中にはわれわれの興味を引くものが、それこそ山

のようにあるのだが、そのためには下見をしておかねばならない。そうする時間もないし、「山」で買っても置き場所がないから、こうした「山」は敬遠することにした。ちなみに、上にあげたロット番号四八六はセリ前のクリスティーズの標準価格三十—五十ポンド、同じくロット番号四八七は標準価格では六十—九十ポンドであったが、いずれもセリでは百六十ポンドで落ちている。四八六の十八世紀、十九世紀の本の場合、一冊が平均二千五百円くらいになるし、四八七の本は一冊の平均値段五百十円くらい。こうしたロットをセリ落すのは、店を持っている古本屋であろう。

英語学史に直接関係ある本は約三十頁の蔵書カタログの中には見あたらない。ただ英語学史と間接に関係ある古事研究のものは相当あった。古事（antiquities）の研究をやっている人は、史学畑に入るであろうが英語英文畑ではどうだろうか。しかし古事研究家が英語の研究史に及ぼした影響は大なるものがあり、それはヴュルカーの *Grundriss zur Geschichte der angelsächsischen Literature* のような根本的研究書を見ればよくわかる。ただ古事研究家（antiquaries）の本は、しばしば大著であり、古書価値が高く、またスコラー・プレスのようなリプリント版も、まだ及んでいないものが多い。その分野の第一資料にもそろそろ手を出すべきだと思っていたので、いくつか狙ってみた。狙ったのをみな落せたのは円高に負うところが少なくない（去年、渡英した時は一ポンド約四百八十円、帰る頃には約三百八十円。一ポンドにつき約百円の差が出たから予算はうれしい誤算になる）。ここでわたしの落したものの一つに

Sir William Dugdale, *Monasticon Anglicanum* ... 1718 together with John Stevens, *A History of the Ancient Abbeys* ... 1772, *engraved plates, contemporary panelled calf, rebacked, folio.*

がある。標準価格では八十—百二十ポンドとあるのを百六十ポンドで落したから、まずはうまくやった方に属するで

あろう。こんなぐあいにしてこの日は六百五十ポンド分くらいセリ落した。セリ台の人は、三十五歳くらいで感じのよい声の男だった。わたしはわざわざ大げさに手を上げないで、セリたい本がある時は、彼の目を見て、ちょっと鉛筆を動かす、というぐあいに、シグネット・ライブラリーのセリの時にロンドンのQ書店のM氏がやっている通りにやった。同行のS氏は、「プロのように見えましたよ」と言ってくれた。そのせいか、セリの後で、長いあごひげの古本屋が、「あなたはエディンバラに店を持っているのですか」と聞いてきた。「いや、自家用です」とこたえる。サクラみたいな者もなく、愉快なセリだった。

15

「古本」と言う時には secondhand books と antiquarian books にわけて考えなければならない、と前にのべたが、最近のイギリスの古本屋には今までの本屋の通念ではまったく考えられないような古本屋が出てきている。市内にありながら、道を歩いていたのでは本屋だとは絶対にわからないボールディング書店などもその一つであるが、スコットランドにはもっと徹底した古本屋がある。

たとえばフリゼル（Frizzell）書店は牧場の中にある。エディンバラからA級国道七〇二号線を南に約五十キロ下がるとウエスト・リントンという村がある。この村はずれに牧場に入る道が何本かあるが、もちろん舗装はされてない。私有の牧場だから木の戸がある。その奥の丘のかげに農家が一軒くらいあるだろうと想像はしても、その深い渓流（スコットランドでは burn と言う）のそばに古本屋があるとは誰も考えない。

フリゼル氏を知るようになったのも、もとはと言えば『スコッツマン』紙に出したわたしの例の投書が取り持つ縁であった。というのはそれ以来、わたしのところにフリゼル書店のカタログを送ってくるようになったからである。その内容から見るとスコットランド史を中心としたものを扱っているらしい。その住所は市内でないのですぐには出かけなかった。ところが何回目かのカタログにJohn Ramsay, *Scotland and Scotsmen in the Eighteenth Century* (ed. by Alexander Allardyce), 2 vols. が載っているのを見つけたのである。これは稀覯書とは言わないまでも、めったに見つからない本である。わたしはエディンバラ市内のブラントンズ書店で去年の秋、上巻だけを見つけて読んでいたが、実におもしろい本であった。アレグザンダー・カーライルの自伝とともに、ヒュームやアダム・スミスの同時代人が残した直接体験による人物伝でもあり、その後も、ヒュームやスミスやケイムズやビーティに関する逸話はほとんどこれからとっていることもよくわかった。それで是非下巻の方も手に入れようと、エディンバラ中の古本屋に注文を出しておいたがついに見つからなかったのである。それがスコットランドを去ろうという十日ほど前に来た牧場の中の古本屋のカタログにあったのだ。

わたしはすぐに電話して、「とっておくように」と頼んで、その店に行く道を尋ねると「車で迎えに行きます」と言う。エディンバラのお客さんの時はそうしているのだそうで、日本人でも名古屋のM教授や東京のS助教授の時はそうしたと言う。「車はあるから自分で行く」と言ったら、では「牧場の戸をあけておきましょう」ということだった。

16

牧場の細い道を、馬を驚かしながらだいぶ入っていくと、大きな煉瓦造りの納屋の廃屋が見える。屋根が落ちて壁ばかりの建物が二つ三つかたまって立っている中に、一つだけ普通の家がある。教えられた通りに来たのだが、これがはたしてフリゼル書店だろうか、と怪しんだ。そうしたら勝手口みたいなところから、ニコニコと微笑を浮べた丸顔の品のよいおじいさんが出てきた。この人がフリゼル氏であった。

ちょうど、午後もだいぶ進んだ時刻になっていたので、「まずお茶でも」と言う。ボールディング書店でもそうであるが、午後に行けば、「まずお茶を一杯」ということになる。同じ古本屋でも antiquarian bookshop の場合は、客の数も少ないし、客種も一般によいから、お茶ではじまるのがふさわしいのだが、しかしフリゼル書店の場合はそれが友人宅を訪問した時のようになるのである。氏はこの牧場の中の一軒家に夫人と二人暮しであった。そしてまず窓の向こうになだらかな丘の見えるサンルーム風の客間に案内されて、まずはということでお茶になる。

フリゼル氏はなかなかの読書家で、日本のことはカーカップの本で知っていた。その昔、西洋人は日本のことをラフカディオ・ハーンを通じて知ったらしいが、この頃はカーカップになっているのをおもしろく聞いた。

「エディンバラの市内に店を開いていると、お客さんと話をするために時間をとられすぎるのでここに引っ込みました。わたしは本を売るのが仕事ですが、本を読むのはもっと好きです。」

なるほどそうか、と納得する。氏は言わなかったけれども、市街で本屋を開くと万引きが多いから、開店中はずっと見張っていなければならない、ということもあるのではないかと思った。

高価な古本を扱う antiquarian bookseller にしてみれば、一冊盗まれただけでもたいへんなことになる。新刊書なら値段は知れているし、高価なものはうんとサイズも大きくなるが、古書は小さい版でも数万金に値するものが少なくない。ボールディング書店でも、万引きの嘆きを聞いたことがあった。J・ウィルキンズの *Mercury*（1641）は、彼の大著 *An Essay towards a Real Character and a Philosophical Language*（1668）の序曲ともなった本であるが、主著の二十七年前に、しかも小さい形で書かれているために、彼の言語思想の萌芽と発展をたどる上で極めて重要なものである。主著の方はスコラー・プレス版のリプリントが出ているが、*Mercury* の方はまずは稀覯本に属する。わたしはこれをボールディング書店の中のP博士の個室で見出した。はじめはP博士の個人蔵書と思っていたが、そうではなく、万引きを恐れて、本当の貴重書は店に出さないのだ、ということであった。ボールディング書店はいわゆる店ではなく、普通のふりの客などはいないはずなのに、万引きに頭を悩ましているのを印象深く思った。二十年前のオックスフォードの古本屋では、二階、三階と古本を積んであっても、そこに入る時に、鞄を持って入っても何とも言われなかったし、番人もいなかった。それが今のエディンバラの古本屋では、どこでも鞄はカウンターのところに置くようにと言われるので、書店に来る人たちのモラルの低下を痛感せしめられたものであった。だから本当によい古本を見せてもらうためには、いわゆる店を出していない古本屋の、しかも研究員の個室にでも案内してもらわなければならないことになる。幸いわたしはそうして件《くだん》の *Mercury* を入手したのであったが。

フリゼル氏が牧場の中に隠退してしまったのもおそらく、お客相手に時間をとられすぎる、という理由のほかに、万引きということを当節のイギリスの古本屋は考えざるを得ないからだろう、と推察したのは、そのような体験からであった。フリゼル氏の客間に鞄を置いてからわたしは氏のコレクションを見せてもらった。古本屋の本を見る、というよりは個人の蔵書を見る、と言う方がぴったりする。スコットランドの夏の日はいつまでも暮れない。気がついたら三時間ばかり夢中になって見ていたことになる。

別れる時に、フリゼル氏は、「明日でもいつでも奥さんを連れて食事に来て下さい」と招待してくれた。何でも、よい本を買ってくれたお客さんを食事に招待して本の話をするのが楽しみなのだそうだ。

17

その言葉に甘えて、翌日、家内を連れて昼食をごちそうになりに出かけた。「近くの村によいレストランがあるので案内する」と言って車で先導してくれた。フルコースにモーゼル・ワイン。終ってコーヒーにリキュールと完全なもてなしであった。昨日も客はわたし一人だけだし、今日は半日その同じ客の接待である。何とも優雅な商法である。

わたしはこの商法に興味を覚えたので、「古書の仕入れはどうするのか」と尋ねた。

「セリにはほとんど出かけません。家内と二人でイギリス中、あちこちの本屋を回るのです。わたしから見ると貴重な本がうんと安い値をつけられているのを見つけるのです。そして家に持ち帰ってから製本し直したりして、カタログを作り、それをしかるべきところに郵送するのです。昨日、あなたからチェックをいただきましたが、これは全部本に使うことを約束します。また明日から旅に出かけます」。

なるほど、老夫婦二人で牧場に住む分には、何ほどの生活費がかかるわけではないであろう。使用人はいないから人件費もゼロである。これなら自分のペースで商売をやっていてよいわけだ。客はめったに来ない。注文の大部分はカタログを見てくるのだから郵送すればよい。平均したら、週に一人か二人くらいの客しか来ない、というからたしかに浮世ばなれした商売である。

フリゼル氏に限らず、エディンバラ市の郊外にポツンと一軒だけやっている古本の店は、ほかにもわたしの知っているだけで三軒もある。いずれもあらかじめ予約して、自動車ででも行くより仕方がない。エディンバラ市内にブックセラー（Bookcellar）というあまり大きくない古本屋があるが、ここも、田舎の家にストックがあり、それがカタログで出る。あらかじめ日時をきめれば、その田舎にあるコレクションを見せてもらえる。「良賈《りょうこ》ハ深ク蔵ス」という言葉を、昔、漢文で習った覚えがあるが、まったくその通りである。地価の安いスコットランドでも、田舎となればさらに安く、東京の地価の感覚で言えばただみたいなものだから、そこのファーム・ハウスを倉庫代りにすれば、収納の空間に不足することはないであろう。何しろイギリスは日本やドイツと違って絨緞爆撃も受けてないし、大震災もなかったから、潜在的な古本のストックは膨大であろうと想像される。フリゼル氏のところで買った例のラムゼーの本でも、天金に赤皮の装幀の美麗なる初版本であった。

イギリスの古本屋は田舎にある、と言えば必ず連想されるのがヘイ・オン・ワイというウェールズの片田舎である。このかつて無名の村は今やイギリスのインテリの間では一種の日常語になっている。フリゼル氏と食事している時も、この話題が出た。氏は「あれはブースという男が、辺鄙な村に古本のスーパーマーケットを作るという奇抜なアイデアを成功させたものだ」と言った。そしてヘイ・オン・ワイの近くの食事のうまい宿を二つばかり紹介してくれた。だいぶまわり道になるが、エディンバラからロンドンに行く途中、このウェールズの村を訪ねてみようと決心する。

18

シロプシャーのサロプに知人を訪ねて二泊した後、車をヘイ・オン・ワイに向ける。だいぶ昔から戦乱もなかったのであろうか、道路の傍の樹木が巨大で、それに蔦などからみついて、英詩に出てくる典型的な風景である。ワイ川を渡る時に、橋でお金をとられたがあまりひとけのないところで通行料をとられたのが妙な感じがした。ヘイ・オン・ワイのヘイ（Hay）は、元来は「囲い込み」（enclosure）という意味だから、以前は牧畜を主とした村だったのであろう。実際、周囲は牧場ばかりである。ウェールズとヘリフォードシャーの国境にあるこの村の名を知っている人は以前はイギリス人の間にも少なかったであろう。それがイギリスの全読書人のみならず、外国から来た者にも有名になったのは、一にかかって古本屋のためなのである。

この村の古本屋がいかに有名であるかは、前の晩に泊ったラドロウ（シロプシャー）の宿屋で、ヘイ・オン・ワイに行く道を聞いたら、カウンターの若い女子社員が、「ブースに行くのですか」と聞き返したことでもよくわかった。六十キロ先の別の州ならぬ、別の国の村の古本屋の名前を、ホテルの受付嬢が知っているということはめったにあることではない。

それくらいであるから、ヘイの村だろうと思ったところで、道をあるいている老人に聞いたら、ブースの店への道をすぐ教えてくれた。後でわかったことだが、この老人の教えてくれた店は、ブース（Booth）書店でも、シネマ本館（Cinema, Main Building）とシネマ別館（Cinema, Extension）というのが続いて建っているところだった。シネマと言うからには、もとは村の映画館だったのかも知れない。エディンバラに近い村の牧場の中にある例の古本屋の店主フリゼル氏が、リチャード・ブースを評して「古本のスーパーマーケットを考えついた男」と言ったが、なるほどこれはスーパーマーケットと言うにふさわしい。東京にある自宅の近くのボーリング場は、ボーリングが流行しなくなるとスーパーマーケットに変って主婦たちを喜ばせているが、ウェールズのブース氏は、映画館を古本スーパーにして購書族を喜ばせているわけである。

入口の看板には“Richard Booth (Bookseller) LTD. The World's Largest Secondhand Bookshop ...”とあるので、それの前で記念写真をとったりした。けっこう名所みたいになっているのか、親子連れなどもいく組か見える。

入っていくとただ広いだけで書棚などは粗末である。なるほど田舎映画館を改造したのか、と納得させられる。入口の近くに『ブリタニカ百科事典』の七版二十一巻が索引つきで置いてある。この版は一八二七年から編纂をはじめ、一巻が一八三〇年に出、最終巻が一八四二年に出るという、十二年がかりのもので、編集者は例のネイピアであった。彼はエディンバラのシグネット・ライブラリーの図書館長でもあったが、この図書館の蔵書は前にものべたように今、売り立てられている。ヘイでは彼の編纂した『ブリタニカ』を見て、ありし日のスコットランドの文化をちょっと偲んだことであった。この七版には、当時エディンバラにいたド・クウィンシーや、同じくスコットランド人で鉄道や蒸気機関の完成に大功のあったロバート・スティーヴンソンなどが得意の項目を執筆しているので珍重する人もいる。何しろ今から約百五十年前、日本では天保の頃のものだから、もし、この百科事典のセットを当時持っていたら、日本の最高の洋学者ということになったろうなどと空想すると楽しくなった。古い百科事典は何しろ場所をうんととるので、人は集めたがらない。つまり antiquarian books になりにくいのである。したがって幕末なら何万両か何千両したかも知れぬものが、それほどの値段でもなく買える。今まで、百科事典は新版が出ると図書館などではたいてい旧版を放出し、放出されたものはただ同様で古書店に引き取られたものだが、場所をふさぐのでいやがられ、しばしばパルプにされているから、それほど市場にないものである。ごく少数の人がその価値に気づけば値段は暴騰するであろう。昔のことでわからないことがあったら、それと同じ時代に出た百科事典を引くのがいちばんてっとりばやいのだから、そのうち狂気のごとく探し求める人が出てくるに違いない。

19

ブース書店のシネマ本館の一階は経済、社会、教育、外国語、法律など雑然としたものが多く、神田の普通の古本屋の感じとよく似ている。また子どもの本やオカルトの本もここに置いてある。うちの子どもたちも世界児童文学全集みたいなもののシリーズを見つけて一抱え買った。本のタイトルくらいは読めるようになっていたのであろう。かなり古いエディションであるが、子どもの小遣いで買える値段であった。二階には歴史、旅行記、探偵小説、エブリマンやペンギンやボーンなどの叢書などがある。イギリスでペーパーバックの古本というのは、日本の文庫本や新書版の古本のごとく、あるいはそれよりも安いようである。若い学生が、遠くウェールズの田舎まで来るのも、こうした安本もあることが一つの理由であろう。

シネマ別館の建物の一階は、絵画、美術、衣裳、カタログ、趣味の本などで、イギリス人にはそれほど珍しくなくとも日本にはそれほどの数は入ってないものも少なくなかろうと思われた。ここの二階にはわれわれにとっていちばん関係の深い英文学の研究書の部がある。英文学と言っても antiquarian books でないから値段は手頃で、しかも普通の英文科の学生などにはいちばん役に立ちそうなものが多い。期待したほど大量にはないが、何と言っても、古書でしか手に入らないものが散見するから、ていねいに見たらかなりの掘り出し物に出会うであろう。特にわたしの注目を引いたのはベロックとチェスタトンの本が一つのセクションになるほど多かったことである。これはブース書店におけるばかりでなく、他の地方小都市の secondhand bookshop でも目撃したことがある。二十世紀のはじめの頃に輩出した数多い歴史家や評論家のうちで、この二人のカトリック作家だけが、今なお、古書界における人気において抜きん出たものがあるのはわが意を得たものである。言っていることが半世紀経っても古くならないということはたいしたことである。以前から探していたベロックの *Europe and the Faith* をここでただ同様で買った。

ブース書店の建物はこの「映画館」とその「増築部」だけではない。この二つの建物で売られている本は看板通りの secondhand books である。ブースはこれを大量にさばくことによって成功した。そうすれば当然のこととして急速に金まわりがよくなる。そうすると antiquarian books も扱いたくなるのが人情であろう。ブース書店には同じ村の中でも「映画館」から相当はなれたところにフランク・ルイス・ハウスという建物を持っていて、ここは antiquarian books を扱っている。イギリス人の大好きな系図学の本や紋章学の本などもここにある。そのほか、軍事、アメリカ関係、神学、哲学、心理学、医学、書誌学などの本もここで扱われているし、ブース書店のカタログもここから出されている。つまりブース書店の本部みたいなのがここにあるらしい。さらに、この建物からほど遠からぬところに、自然科学、農業、技術、工学などの本を扱う別の建物があるし、そこからずっと南の方の村はずれには、プリント・ショップがある。ここでは骨董的な版画や絵画の類が取り扱われている。しかし日曜もあいているのは「映画館」だけである。

「どうしてこんな辺鄙なところに」と思われる村に、かくして戦後、忽然と古書のメッカが現出したのである。評判が高くなればなるほど、ますます古本も、また買い手もここに集中するであろうし、また仕入れのための資力も大きくなるであろう。それにわたしはもう一つおもしろい現象がここで起っているのに気がついた。それはこの村にブース書店でない別の古本店もできている、ということである。この書店は村のメイン・ストリートに面し、secondhand と antiquarian の両方を扱っている。ブース書店がイギリス中の古本好きを吸収する以上、そのお客を目当てに別の人がここに古書店を開けば、必ずあたるであろう、ということは容易に想像されるところである。そうすれば、第二、第三、第四と別の古本屋が開業するかも知れない。そうすればお客の吸引力はますます大きくなるであろう。これから十年後、二十年後のヘイ・オン・ワイの古本屋街を想像するのも楽しいことである。何しろ周囲は一帯の牧場だ。駐車場も広大なのがある。また新しい店が進出するにしても土地の手当ては容易につくであろう。

考えてみれば、古本好きというのは特別な人種だから、鉄道と車道があるところなら、田舎でよいはずである。千里を遠しとせずして、一泊覚悟で、あり金全部を懐に入れて出かける人だって少なくないであろう。特に自動車の発達した今日では、大量に買った本を運ぶ便から言っても、車ということを古本屋と結びつけて考えないといけない。今の古本屋で何が大変かと言えばスペースである。スペースさえたっぷりあれば、想像に絶する本の商売ができることを八重洲口のブックセンターは新刊本で証明した。古本だって書狂族を喜ばせるのみならず、よいビジネスになるであろう。

ブース書店で山のように積み上げた古本の代金を払おうとしたら、その値段を計算し、書名をつけたレシートを作るのは今すぐできないから、住所だけ置いていってくれ、と言われた。はたして日本に送ってくれるのかと思ったら、わたしが東京に帰ると間もなく全部無事に送られてきた。見ず知らずの外国人に、頭金もとらずに大量の本を送ってくれる信用の仕方には感銘を受けている次第である。

20

この頃はロンドンに行く人も多いが、多くの人は古本屋に関しては失望するのが常である。漱石の頃や、その後しばらくの間、チャリング・クロスが有名であったが今はそのおもかげがない。数年前に行った時、たまたまホテルの近くを散歩していたらラッセル・スクエアに近い裏通りに antiquarian books も扱うあまり大きくない古本屋があった。今回もその近くのホテルに半月以上いたので、その間に何回かその古本屋に行ってみたのであるが、いつも閉店だった。廃業するところなのだろうか。

その代りと言っては何だが、別の古本屋ができていた。入って少していねいに見たが、ついに欲しいと思う本が一冊もなかった。これは単なる secondhand bookseller だったのだが、それにしても、欲しい本が皆無というのは珍しい。いったいどういう客を相手にしているのかと首をひねったが、推測するところではこうである。このあたりはその昔、閑静な住宅地であったが、今では普通の住人はほとんど消えて、多くはベッド・アンド・ブレックファストに毛の生えたようなホテルになっている。地下鉄の便はよいし、治安も悪くはない。しかしここはもう外国人の町なのだ。日本では銀座や新宿がいくら混むといったって、歩いている人間はたいてい日本人である。ところがロンドンは混んでいるところを歩いている人間はたいてい外国人なのである。この膨大な外国人が宿泊する地帯があるが、ラッセル・スクエアの奥の方はそんなぐあいになっている感じだ。そこに古本屋が開かれるとすれば、そういう宿を経営している人とか、そういうところに宿泊している英語圏からの長期滞在者というのが主なお客さんということになるであろう。したがって扱う本も、日本で言えば貸し本屋にある種類のものと似てくるのではないだろうか。日本の貸本屋に入っても買いたい本というのはまずない。

ロンドン大学に留学して半年近くなる知人のA氏と会ったが、無類の本好きの彼も、どうもぴったりした古本屋がないのに首をかしげていた。ロンドン大学やブリティッシュ・ミュージアムの前の方にも、二、三小さい古本屋があるが、オカルト本屋だったり何だったりして、「これがロンドンの古本屋か」といったことになる。

いくら古本屋の疎開が進んでいるからといって、大英帝国の首府の古本屋がそんなにプアなはずはない、どこかにしかるべき筋があるはずだ、とわたしは思い続けていた。数年前に来た時も同じ思いでいたので、例のラッセル・スクエア裏の小さい古本屋のおじさんに紹介してもらって、Q書店などを知ったのであった。今度こそ、ロンドンでまともな古本屋に出会いたいと思い、エディンバラで親しくなった古本の友、ガルブレイス氏にロンドンの古本屋についてのパーソナルな情報を聞いておいたのである。同氏は法廷弁護士（barrister *or* counsel）であって、ウェストミンスターと関係のあるスコットランドの法律問題を扱っているため、時々ロンドンに出てくる。その時に古書好きの彼が立ち寄る穴場みたいなところがあるに違いないと思ってそれを聞いたのであった。彼とわたしは関心分野がずれているので競合しない。彼はすぐに二つの店の名前をあげた。いずれもわたしの知らないところである。

わたしが「Q書店はいかがですか」と聞くと、彼は「わたしはもう行かなくなっている」と言う。何でも建物を新しくしたり、扱う品目や商売政策も少し前あたりから変えたようだ、ということであった。わたしはロンドンでA氏を呼び出し、ガルブレイス氏の教えてくれた古本屋に出かけることにした。

21

それはまったく古本とは縁のない通りにあった。市街地でもわりと繁華街に近いところにある狭い間口の古本屋である。A氏とタクシーで行って（ホテルからはタクシーを使うほどの距離でもなかったが、住所を示して運んでもらったのである）、その番地の前に立ったら、ちょうど十二時をまわっていて店は閉まっている。ショー・ウィンドーに出ている何がしかの本を見ると、ピリリとした手ごたえがあった。釣師なら「魚影濃し」とか「魚信あり」と言うところであろうか。あまり格好のよいものではないが、窓に額を押しつけて奥の方を覗くと、目がとどかないくらい店が細長い。店が深いと言うべきか。「良賈ハ深ク蔵ス」などという例の旧制中学で習った文句が頭に浮んでくる。

「これはよさそうだね」とA君とにっこりする。近くの店に入って、簡単な昼食をして店の開くのを待つ。

さすがにガルブレイス氏がロンドンに来るたびに寄る店だけのことはあった。antiquarian books のほかに、われわれが最も欲しい secondhand books もふんだんにある。A氏は明らかに昂奮のさまを示してきた。ロンドンに滞在数カ月、古本好きの彼がまだろくな古本屋を見たことがなかったのだ。これぞロンドンにふさわしい古本屋と言わなければならない。A氏は棚からぞろぞろ本を下ろしては床に積む。わたしも負けてはいない。別に競争しているわけではないがそんな形になってしまう。

買った本のうち、secondhand books で言えば、たとえば Lecky, *The Map of Life*（二ポンド）などがある。レッキーはこの頃、日本でも読者が出てきたとみえて、崇文荘（東京・神田）の古書カタログにもよく彼の主著が入っているし、リプリント版も出ているようだ。しかし *Map* の方は晩年のエッセイ集で学術書ではないのでリプリントにはならないであろう。わたしは彼のエッセイをヴィクトリア朝時代の最善なるものの一つとして推すものであるが、今はあまり読まれていないようである。しかしヴィクトリア朝の保守的碩学のエッセイというものは何ともいいものだ。われわれはラスキンその他、ヴィクトリア朝の「進歩的文化人」の本を主として読み、ヴィクトリア朝をヴィクトリア朝たらしめた保守的な学者の書いたものはあまり読まないのではないだろうか。しかし三宅雪嶺の「妙世界建設」といったようなエッセイを読むのと同じような、読書の三昧境を保証するものがそこにあると思う。こういう本に出会うことこそ古本屋通いの醍醐味である。しかもこの金文字の堂々たる本が八百円以下とは。

専門の方では、T. O. Cockayne, *Leechdoms, Wortcunning and Starcraft of Early England*, 1866（十ポンド）にお目にかかったことをあげておいてもよいであろう。この本には Lacnunga（OE時代の魔術と医術に関する書）も収録されているが、この注解を Grattan and Singer, *Anglo-Saxon Magic and Medicine*（1952）で勉強した時、コケイ

ンの上述書のことを知り、何としてでも欲しいと思っていたところだったのである。ＯＥ時代の風俗の研究のためには座右に置きたい本である。

さて、たいした金額でもないのに、Ａ氏とわたしが選んだ本の小山が床に二つできた。本棚には目に見えてがたがた隙間が出てきた。Ａ氏も「こうなっては借金しても買わなくちゃ」と張り切っている。そんなふうにして五時半の閉店までの四時間半、文字通り時間を忘れてわれわれは書棚を見て回っていた。地下は本を整理するところらしく立入り禁止であるが、店の奥の方では二、三人の男子社員が研究（？）している。いわゆるレジにいた店員は若い女子であるが、彼女は明らかにわれわれに好意的だった。

この書店は前にも言ったように、ロンドン繁華街から近いのに、われわれのいる間、ほとんど他の客がなかった。やはりあまり人の知らない穴場だったのであろう。もっともカタログは出しているから、rare books の方はそれによる取り引きがあるのであろう。しかし rare とか antiquarian のカテゴリーに入る前の古本が充実しているというのが現地で古本屋を訪ねてみるおもしろさで、この書店はその資格を十分にそなえていた。

Ａ氏の家庭に招かれて行った時、Ａ氏夫人は、「渡部さんと古本屋を回りはじめてから、主人はもう、張り切っちゃって、張り切っちゃって」と苦笑していた。古本屋に時間と金を費やすことをいやがらないのが学者の女房の第一の資格であると思うのだが、Ａ氏夫人は有資格者のようだ。わたしの女房は超有資格者で、わたしがやや高い本を買うべきか否か迷っていると、いつも「本職の本を買うか買わないかを迷うなんておかしな人だわ」などとわたしの男としての沽券《こけん》を逆なでするようなことを言う。と言っても、山之内一豊の妻のごとく、鏡の裏から購入資金を出してくれるわけではないから、結局、その金はわたしが何とかしなければならないことになるが、ふんぎりをつける時は、亭主の優柔不断を嗤うような女房の方が、後から考えてみるとありがたい。

このロンドンの古本屋で、やや稀覯の部に属するある書狂が本について書いた本を見つけた。装幀から言っても、金でピカピカのものである。百九十ポンドはいかにも高い。それで買わないで帰ってきたが、どうもそれが忘れられない。ふと女房に洩らすと、例によって「買え、買え」とけしかける。そこで再びその書店に戻って思いきって買ってしまった。これと同じ書狂の別の本を後で触れる古本屋で見たら、やはり金ピカで二百二十ポンドであった。エディンバラではこの人の他の主著も買ってあったから、全部蒐集するつもりで、これも買ってしまった。本きちがいが本について書いた本が、二点で四百十ポンドとはいささかいい値段だと思って気分が少し重くなったことを覚えている。ところが日本に帰ってから某古書店のカタログで見たらこれがポンド換算すると千百ポンドくらいになっている。セリの値段はその時のはずみで、あってないようなものであるから、日本の書店が高いとはいちがいに言えないが、少なくともわたしは、ロンドンで買ったおかげで、二冊につき二十五万円ばかり得したことになる。チャーター機ならロンドンへ往復できる金額だ。それで今、もうけたような気になっているところである。

22

ガルブレイス氏が教えてくれたロンドンの古本屋は二軒である。先ほど紹介した店をA店と仮に呼ぶことにして、もう一軒をB店としよう。このB店もA店同様、古本屋とはあまり縁のなさそうな通りにあった。しかし掘り出し物がうんとありそうなことは、店に入った時からの感じでピンときた。まず店がたいへん奥深いのである。店の前の部分には、ケースもあって、そこには準 antiquarian books があるが、普通の secondhand books も多くある。そして店の奥の方には店主らしい老人が「研究」している antiquarian books だけの部分になっている。チョーサーのスペイトの改訂版（一六〇二年）が意外に安い値であるのに驚いた。もっともチョーサーのエディションを集め出すほどの資力もないから見送ることにする。

こうした古本屋には現代ばなれしたところがあってうれしくなる。膨大な本をていねいに見てまわるうちに、値段がまだシリングでついている稀覯書に出会うことがある。これは書店がインフレ前の値段、通貨整理（新ペンス導入）の前の値段をそのままにしておいたことを意味するにほかならない。本の数が多いので書店で値段をつけかえる時に見落したのだと思って、男の店員に、「シリングになっていますが、いくらですか」と尋ねた。

その店員はちょっとその本を見て、「シリングで値段がついているのなら、それでよいですよ」と言う。一シリングは新貨ではたった十ペンスである。インフレ以前、十二ペンスが一シリングの頃は相当使いでがあったが、今の十ペンスは日本の五十円銀貨よりも価値がない。戦前はもとより、戦後もしばらくの間はイギリスの本の値段はシリングでついていたものである。たとえばわたしが大学院生の頃にR. F. Jones, *The Triumph of the English Language* を思いきって買った記憶が鮮やかに残っているが、この大冊が三十シリングであった。これは当時の日本のお金で千八百円、一カ月の寮費（三食つき）にあたる金額であった。ところが今のレートで言ったらたった千百円くらいである。つまり、今のロンドンの古本屋でシリングの定価のままで買えるということはジョーンズの大著をたった千円で買えるというようなものである。あるいは日本の例で言えば、大学教授の月給が三万円くらいの時の定価のままで買えるということに匹敵する。そういうシリング定価のつけかえを忘れた（怠った？）本を客が見つけて、「これでいいのか」と念を押しても、「それでよい」と平然とこたえるところに、昔ながらのイギリス気質を見る思いがした。

一時が万事だから、こういう本屋で古本を漁るのは比類のない喜びであり、また実利もかねる。同伴したA教授も「とにかく買えるだけ買いましょう」とおおいに張り切った。このB書店には支店もあると言う。聞いてみるとロンドンのベッド・タウンで、車でなら一時間半くらいで行けそうである。翌日にさっそく出かけてみる。

その店は、ごく入口の狭い、やっと見つけなければならないような本屋だった。ところが中に入ってゆくほど広くなって、いちばん奥になると天井もうんと高く、倉庫か古い図書館みたいな感じさえするのである。しかし驚いたことに、この奥の方には、お客を見張る人はいないことの方が多いのだ。われわれは鞄を持ってきている。万引きするつもりならいくらでもできるのに、古本屋に万引きするためにやってくる人間はいないという昔の建前が通用しているらしいのだ。これは二十年前のオックスフォードの古本屋で体験し、最も印象深かったことだったのに、エディンバラの古本屋ではどこでも鞄をあずけなければならなかったので、イギリスの古本族のモラルの低下を嘆いたものだった。それがサリー州のベッド・タウンでは古本屋気質がまだ健在なことを知ってすっかりうれしくなった。

A教授とわたしはいつの間にか夢中になって時間を忘れてしまった。ドライブだというのでいっしょについてきたわたしの子どもたちはすっかり退屈して、携帯用のチェスを取り出してやりはじめた。ほかに客はあまり来ないので邪魔にならないということもあってか、店の人も気にしないし、そもそも気づいた様子もない。父親が高いはしごに乗って古本を漁っている下の方で、子どもがチェスをやって待っているなどというのはホガース風の絵になりそうだと考えたらおかしくなった。こんな呑気な古本屋のある近くに隠棲できたらなどと夢想する。ディズレーリの父親は、古本屋で本を読んで一生を送ったというが、こういう雰囲気の店だったとしたらよくわかる。「やはり新制大学生とか、観光客がいない町はいいなあ」としみじみ思う。

23

今（一九七九）イギリスの古書業界は殷賑状態にあると言ってよい。古書のみならず、骨董品なら何でも景気がよいのである。サザビーズやクリスティーズはこのところ、毎期、空前の業績を上げることを繰り返している。その昔、K卿がセリ屋のサザビーズに行くと聞いた時、ちょっと奇異な感じがしたものであった。維新の頃の没落旗本が古道具屋になった話は聞いているが、れっきとした称号のある人がその業界に入るのはおかしいと思ったのである。しかしそれはわたしが世の中を知らなかったからの話であって、この業界に動く金の額は、なみの企業の及ぶところではないのだ。レンブラントやストラディヴァリウスがセリにかかった場合のことを考えてみるがよい。それに今は、イギリスの斜陽族発生期である上に、慢性のインフレである。現金よりも骨董の方が価値があることに多くの人が目ざめてきている。古本屋の景気がよいのもそれと連繫した現象である。

昔は古本というものは至極、商品の回転率の悪いものであった。それがここ五年くらいですっかり変って、回転率が何倍にも上がったのである。当然、そういう時は優勝劣敗が明らかになる。エディンバラのような地方都市でも、ロンドンのような大都市でもその明暗はくっきり出てきているようだ。急に上昇してきた古本屋は、必ずプロの学者をスタッフに抱えており、販売政策もアメリカ的であり、しかもカタログ販売の比重が大きい、と言えそうである。エディンバラのボールディングの例はすでにのべたが、ロンドンのQ書店でも、アメリカ東部の名門大学の教授だったF氏を引きぬいて専門スタッフにしている。またこういう上昇している古本屋には、定価をあらかじめドルでつけている店もある。古本に関しては、いいおとくいさんは、アメリカの大学と、日本人が何と言っても目立つ。イギリス国内の古本の需要は意外に低いようである。何しろイギリスの大学や図書館には貴重本はほとんどそろっており、しかも、地震や空襲の損耗がないから、連続性が完璧に近い。研究者には不自由がないのだ。それに本を読む階級の相対的窮乏化ということが目立つ。

買いたいと思った本を、懐ぐあいの関係やら、何やらでふんぎりがつかないまま、買わないでおき、しばらく経ってからまたその古本屋に行ってみると、もう売れてしまっているということがよくあった。そういう時、わたしは好奇心から買い手はどこかを聞いたものである。するとたいていはアメリカの図書館か日本人であった。たった一回、ケンブリッジのイギリス人の学者に先を越されたことがあった。それは P. G. Hamerton, *The Isles of Loch Awe and Other Poems*（1855）という詩集である。今のイギリスにハマトン（*Intellectual Life* の著者）の若い頃の詩集に興味ある人もないだろうと高をくくって、数日、ぐずぐずしていたのが失敗だった。

買い手の側から言えば、やや落ち目の古本屋で掘り出し物を見つけるのがいちばんうれしい。上昇しつつある古本屋は、研究がゆきとどいていて、掘り出し物はほとんど期待できないからである。ガルブレイス氏が教えてくれた二軒のロンドンの古書店は、落ち目とは言わないまでも、上昇中というところではなかった。この二軒については、わたしは頭文字もあげずA書店、B書店とした。何しろロンドンには日本人が多い。うっかり教えたら短期間のうちに廃鉱同然になるだろう。松茸の出るところは誰でもかくす。わたしもそんな気分である。

しかしロンドンではホテルを借りて各地からの古書店が、しょっちゅう即売の市を開いている。田舎の店が多いから、ていねいに探せば secondhand books ではずいぶん珍しいものを安く見つけることができよう。エディンバラでも月に一度はそういう定期のセリがあった。たまたまケンブリッジを訪ねた時も古本市をやっていた。今後もこういう形式のものはますます頻繁に開かれるであろうから、短期の旅行者でも、しかるべきところから情報を得て、ブック・フェアーに出ることができよう。少し大きい古本市に行きあたれば、ともかく何十軒もの古本屋の個性的な在庫品を一望できる。

しかし古本探しのいちばんの楽しみは、小さな町を含めて、のんびりと全英を回りながら、しかるべき古本屋に半日くらい滞在することであろう。そういうビブリオグラフィカル・ツアーを知り合いのイギリスの古書店の人と、一週間ばかりの予定で計画したが、その人が急に発病したのでふいになった。今でも惜しいことをしたと思っている。

しかし古本屋など回らなくても英文学の研究はできるという人もある。一年イギリスに留学しているのに、研究に忙しくて古本屋に一度も行ったことがないという日本人の英文学者にも出会った。人さまざまである。彼は彼の道を行き、我は我の道をあゆむのみ。

[小説]

『マジョリー・モーニングスター』●通俗小説の楽しみ

マンガでない本、絵本でない本、つまり文字ばかり並んでいる本を「おもしろい」と感じたのは、小学校四年生頃、『少年講談』と南洋一郎を通じてであった――というような体験を、わたしと同じ年輩の人はたいてい共通して持っているのではないだろうか。わたしもその一人であった。読み残しの『少年講談』を読みたくて、学校から走って帰った時もある。

この体験が奇妙にあとあとまで「シコリ」として残った。家に帰って読むのが待ちきれず、思わず走り出すというようなものでないと自分の肌に合わないとして、無理には読まなくなるということが出てきたのである。学科の本なら、そんなにおもしろいことを期待しないから読めるのだが、文学書になると、いても立ってもおれぬようなゾクゾクした感じがないと中途で投げ出してしまうのである。中学生や高校生の頃に、いわゆるちゃんとした文学――漱石、鷗外、芥川、露伴、藤村――を何一つ読み上げなかったのはそのためであった。したがってわたしがゾクゾクする感激をもって読んだのは、通俗小説とか大衆小説とかである。村上浪六《なみろく》、菊池寛、佐々木邦《くに》、野村胡堂などを愛読する高校生を人はけっして文学青年と呼ばないであろう。

大学に入ってから、まず谷崎がおもしろくなり、その後漱石がおもしろくなった。ところが困ったのは専門の英文学の方である。同じ文学でもベーコンのエッセイとか、サウジーの『ネルソン伝』とかいったものはおもしろいのだが、イギリスの小説を読んでもゾクゾクしないのである。英語の力が足りないため、速く読めないこともあったろうが、日本の小説を読む時の、あの先を読むのが楽しみで、朝早く目が覚めるというような体験はない。それは大学院に行き、卒業し、留学し、帰国し、大学で教えるようになってからも同じであった。「大学の英文科で学びながら、英語の小説を読んで、小学校の頃に『少年講談』を読んだ時のような鋭い楽しみを感じることができないのは残念だ」ということが絶えず頭からはなれなかった。わたしの本職は英語学とか、言語学であるから、そんなに小説がおもしろく感ずることができなくてもいいと言えば言えるのだが、わたしは残念であった。

四十歳もそろそろ目の前に来た時、わたしはアメリカで教える機会を与えられた。大学院一コマ、学部一コマを教えると、その他の全時間はわたしの自由だった。この渡米が実現することになった時、わたしは一つの決心を立てた。「英語の小説がおもしろくなって帰ってくるぞ」と。まずアガサ・クリスティからはじめた。これは非常におもしろかったが、「推理物は特別だ」ということに気がついて、十数冊目でやめて、ベストセラーを読みはじめた。カポーティ、オヘイラと読み破っていった。おもしろいがもう一つピンとこない。このようにしてペーパーバックの小山をきずいていったが、渡米五カ月目の頃に、ハーマン・ウォークの『マジョリー・モーニングスター』（一九五五年）をたまたま読んだ。そこにわたしの長い間求めていたものがあった。小学生の時に南洋一郎に、中学で胡堂、高校で佐々木邦に、大学で漱石に見出したもの、つまり、ゾクゾクするおもしろさを体験したのである。最終章に至った時は、心臓のぐあいがちょっとおかしくなるほどおもしろかった。

それ以来、わたしはアメリカの通俗小説が本当におもしろくなった。それで毎年、英文科の基礎文献講読の時間は、「現代アメリカ通俗小説」ということにして講義している。今年は『ペイトン・プレイス』、去年は『リッチマン・プアマン』だった。『タイム』誌のベストセラー欄を見て探し出すのが楽しみだ。そしてアメリカの通俗小説をおもしろく感ずるという点では人後に落ちないという、あまり自慢にならない自信を持っている。

[小説]

『半七捕物帳』●江戸情緒の再現

捕物帳の記憶は英語の時間とわかちがたく結ばれている。わたしが最初に捕物帳と出会ったのは、友だちが貸してくれた『人形佐七捕物帳』でそれを読みはじめたのは英語の時間であった。そしてものの見事に先生に見つけられて取り上げられた。しかもその教師がクラス主任だったからたまらない。「退学してしまえ」と言ってきかないのである。この先生は英文科出であったが人形佐七であろうが何であろうが、教科書以外を読むのは犯罪と考えているふしがあった。わたしが中学一年生、日本軍がアッツ島で玉砕した頃である。

サイパンが玉砕した頃はわたしは銭形平次に夢中だった。学徒動員から二、三日の休みで帰省し、母が作ってくれたボタ餅をほおばりながら寝ころんで銭形を読むのは比類ない悦楽であった。敗戦直前の緊迫感や戦車に爆薬を抱えて突っ込むというニヒルな訓練と、この江戸の平和な時代の町家の生活を舞台にした物語の世界はまったく無縁であった。そこに出てくるおかみさんたちや娘たちの何と美しく感じられたことか。

戦後は宰相吉田茂が愛読書として銭形平次をあげてからこの捕物帳の知名度は馬鹿に高くなった。しかしその頃はわたしはもう銭形を卒業していた。何とならば『半七捕物帳』と岡本綺堂の世界を知ったからである。銭形は少し甘すぎて、大学生になってから繰り返して読むには退屈になったのである。しかし半七はまったく異質であった。その江戸末期の叙述は精確ていねいであり、その雰囲気も本物であることがひしひしと感じられる。それに文章がよい。甘ったるいところがなく、悪乗りせず、端正であり高尚とも言える。わたしは江戸の雑書が好きでよく読みちらかしているが、そのいずれにもまして「江戸」を再現しているように思う。

ではわたしはなぜ江戸情緒をそれほど好むのか、と言えば、そこに純日本的なものを感ずるからである。それに江戸時代は外界との交渉もなく、日本人が日本に沈潜した意味で、人間の胎内期に似たところがあるのではないかとも思う。そのせいか風邪をひいたり、厭世観に襲われたりすると、わたしは半七を持ってふとんにもぐり込む。外界から断絶されたところで胎内回帰願望を果すことになるらしい。そして半日もするとわたしは再び幸福感に包まれてくる。わたしはこうして約二十年間半七を利用してきた。これから何十年間もこうしてつき合ってゆくだろう。

Ⅵ 書評

［洋書］ R. H. Robins, *Ancient & Mediaeval Grammatical Theory in Europe.*

R・H・ロビンズ『欧州古代中世文法理論』

われわれがふつう目に触れる文法以前の文法はどんなぐあいであったろうかという疑問はしばしば起るのであるが、それにこたえてくれる書物は少ない。同じラテン語の文法にしても、われわれが今日習う文法と、ヴァロ（Varro）やクインティリアヌス（Quintilianus）の作ったラテン文法とはだいぶ違うに相違ないのだが、それが具体的にどの点で違っているのか、また、どのようにして変ってきたのかはちょっと知りがたい。少し古いところでシュタインタール（Steinthal）の『ギリシャ・ローマ言語学史』（一八六三年）やレルシュ（Lersch）の『古代言語哲学』（一八三一年）がこの方面の標準的著作とは聞いているが、おいそれと読める代物ではない。英語で書かれたものではイェスペルセン（Jespersen）の『言語学』（一九二三年）の第一部がこの題目を取り扱っているほとんど唯一のもので重宝がられているが、これも十九世紀以後のものに詳しく、それ以前のことはほんの素描にすぎない。この意味で、ロビンズの本は旱天の慈雨とでも言いたいところだが、惜しいかな標準的、網羅的とは言いがたいようである。

この本は著者R・H・ロビンズがロンドン大学バークベック・カレッジで二度講義したものを、彼が教えているアジア・アフリカ研究所の資金で出版したものであり、現代言語学、及び当時の知的雰囲気一般を斟酌しつつ古代ギリシャから中世末までの文法理論史の鳥瞰を試みている。ここで注意すべきことが一つある。すなわち、ロビンズは副題でもまた序文でも「現代言語学と関連させながら」と言っているが、彼の言う現代言語学とは、結局、「身分や教養のいかんを問わず、その国の人々によって語られる言語事実は神聖なり」という立場からすべてを見る言語学のことである。W・フンボルト（W. Humboldt）のような価値批判の見地を全然含まぬため、文法理論史を扱いながら、文法理論を好まぬらしい言説がこの本の至るところに顔を出している。たとえば文法の理論史でも形態論に重きを置けば進歩で、意味論に重点を置けば退歩と烙印を押されてしまう。

　この本は内容から言うと第一章がギリシャ人の文法論、第二章がローマ人の文法論、第三章が中世の文法論、第四章が結論となっているが、このうち、結論は文法理論史とは関係なく、著者自身の実証主義的、経験主義的文法観が披瀝されている。「古代中世」と銘打ってあるが、地域的にはヨーロッパに限られているので、古代においては最も学問的文法学者と言われているパーニニ（Pāṇini）などには触れていない。

　さて、すべての学問と同じく文法論も古代ギリシャに端を発するが、ソクラテス以前は修辞学のみあって文法論はなかったと見なされている。また、プラトンが文法を考えた時、それは今の文法と違い哲学の一分野で、言葉《ロゴス》は名詞《オノマ》と動詞《レーマ》より成り立つといったぐあいのもので、判断は主辞と賓辞より成り立つというのと同様、論理学だと思えばよい。アリストテレスになって品詞が三つになり、ストア派になって四つになったというのもやはり論理学の線で発展したものである。ロビンズはまさにこの点に、すなわち、文法の発生が経験的、実用的なものでなく、まったく先験的、理論的なものであったということに注意を促している。また、言語の発生は自然なものか（phūsei）、社会契約的なものか（thései）という議論は、ローマの時代にヴァロなどが血道をあげ、現代にまで及んでいる問題であるが、すでにギリシャの時代に活発であったことが指摘されている。ただ、時代が下り、学問の中心がアレキサンドリアに移ってからは、ホメロスの研究など、実際的必要に迫られ、形態的研究も出て、九品詞も一時はそろったが、再び思弁を事とするようになって堕落したところでギリシャの幕は閉じる。

　ローマ人にはとる道が二つあった。一はギリシャの学問をそのまま踏襲することであり、他はギリシャの学問に改良を試みることである。ヴァロがとったのは後者の方で、再び品詞が減少して四つになる。これはわれわれの目には退歩のように見えるのだが、ロビンズは必ずしもそう見ない。これはヴァロが形態論的考察をしているからであろうかと思われる。その他いろいろほかのローマの文法学者がいるが、いずれもギリシャ語の型をラテン語に押しつけようとしている点が指摘されている。これと類似の現象は十七世紀のイギリスの文法家にもあったし、日本でも明治の頃、B・H・チェンバレンの文法がそうであったと聞いている。その言葉自体の構成にもとづかず、先進国の型をあてはめようとするのは、二つの文化が接触する際に生ずる定跡的な現象と言うべきであろうか。このようにローマ人の間には独創性は少なかったが、没し得ぬ功績がある。それはラテン文法の集大成ということで、これがいかに完備したものであるかを示すため、著者は現代の標準的ラテン文法教科書たるケネディ（Kennedy）の『ラテン・プリマー』もプリスキアヌス（Priscianus）の範によっていることを例にあげて説明している。

　中世に入ってもはじめのうちはローマの延長にすぎないが、ただ、この頃になると文法を手段としてのみならず、教養の一部として文法のための文法が学校で教えられるようになった事実が紹介されている。そのうち、ルネサンスが近づくとアリストテレスの再発見がはじまる。このため、形態論の方向に進んでいた文法は一転して、再び発生当初のギリシャ文法に見られる観念的なものとなり、論理学、形而上学の一分野になった。ロビンズはこのアリストテレス転換を快く思わず、文法を文法の埒外にある論理に基礎を置くことは退化であると見る。しかしこの哲学的文法は各町、各村に浸透し大流行となっていたことを示す。要するに中世の文法の真髄は意味論（Semantics）にある。これは当時の文法が「意味様式論」（De Modis Significandi）という言葉で示されていることによって明らかである。しかしロビンズは、中世の文法学者たちの意味論及び普遍語（Universal Language）の基礎づけに対する努力とその成果を過小評価する傾向がある。そして中世の文法はルネサンス期においてスコラ哲学が排斥されるに及びそれと運命をともにしたと言っている。しかしどのような排斥運動が起ったかについてはまったく触れていないから、近代とのつながりがつかない。また、ウィルキンズ（Bisbop Wilkins）をはじめとする普遍語の運動や、エンプソン（W. Empson）らの最近の著書などと、中世の意味論中心の文法の比較もおもしろいと思われるが、著者は意味論に関するかぎり、「現代の言語学説を参照しつつ」という副題に沿っていない。

結局この著者は、近代文法は実証的、古代中世のものは観念的とはっきりわけているので、言葉にこそ出さね、古代中世のものは本物の文法になっていないと言いたいらしい。この点不満もあるが、類書の少ない点と、豊富な脚注がとりえである。脚注というものはだいたい相場がきまっているものであるのに、この本のものは独特なものが多く、著者がよほど広汎で特別な研究をしていることを示している。たとえば古代ギリシャ人の文法における性（gender）の考え方を示すために、プラトンの対話篇や、アリストファネスの喜劇などを、引用はしないが指摘している。だから読者の側で、著者が脚注に示す一般文学哲学の文献にいちいちあたっていったら、そのへんが手がかりとなって、研究を進めることができるのではなかろうか。

R. H. Robins, *Ancient & Mediaeval Grammatical Theory in Europe*, London, 1951.

［洋書］ Ewald Standop, *Syntax und Semantik der modalen Hilfsverben im Altenglischen.*

E・スタンドップ『古英語「話法の助動詞」研究』

本書は数年前、著者が西ドイツ・ミュンスター大学に教授資格論文《ハビリタチオンスシュリフト》として提出、採択されたものを、このたび「ピュピングハウス英語学叢書」第三十八巻（Pöppinghauser Beiträge zur englischen Philologie 38. Heft）として出版したものである。ちなみに同叢書はマックス・フェルスター（M. Förster）によってはじめられ、現主幹はエドガー・メルトナー（E. Mertner）である。さて本書は古英語の話法の助動詞 magan, motan, sculan, willan に関する意味論的、統語法的な徹底的研究で、キャンベル（A. Campbel）も古英語に関する最重要参考書を半ダースあげるとすればその中に入れたいと絶賛している（*The Review of English Studies*, Vol. x, No. 78, May 1958, Oxford 参照）。

著者はまず助動詞という名称について検討を加えている。助動詞とはそもそもラテン語を規範としてラテン語では語尾変化で示すところを分析的に示すゆえにできた名称であるから、ドイツ人やイギリス人には愉快なものでないであろう。そうかと言ってこの名称を捨ててやってみてもうまい結果は出てこない。それで彼は結局助動詞という名称を用いることにしたが、それを次のごとく定義している。

助動詞とは、動詞としての固有の意味を引っ込めたり喪失したりした場合、ある定まった統語関係内において、一つの新しい機能——元来の意味に用いられた時の機能からは、はっきり区別できるような新しい機能——を持つ傾向のある動詞のことである。

だから助動詞が元来の意味で用いられた場合には普通の動詞と区別はない。しかし元来の意味が後退してきてまったくの「話法」を示す機能になるのである。このため、どの助動詞の背後にもそれが動詞として用いられた時の意味が潜在しているわけだが、古英語が特徴的なのはまさにこの点においてである。古英語はちょうど、この元来の意味の後退がはじまり出した時期にあたるからである。古英語では今日の可能の助動詞 can が、まだ元来の意味である「知る」という動詞として用いられている場合が圧倒的に多いというのもその一例である。だから本書では、can はほんの一頁だけ言及されているにすぎない(p. 66)。まだ元来の意味の後退度が極めて微弱で助動詞として扱うほどのこともなかったのである。またスタンドップは、助動詞は根本的に言って二種類あることを認める。be 動詞、have 動詞、werden 動詞が一グループをなし、これに対し magan, motan, sculan, willan が別の一グループをなす。著者がここで取り扱うのはこの後者のグループであり、彼はこのグループのものを「話法の《モダール》」助動詞と呼ぶことに躊躇しない。また、同時にこれらはまだ完全に文法範疇にまで発展していないことをも指摘している。

資料について言えば、詩の全部と、散文としてはアルフレッドのもの、それに特に重視されるのは聖書の翻訳である。聖書は古英語のいろいろな時代に訳されているので、同じ内容がいかに違った表現となるかを歴史的に検討するにはこの上なくよい資料になる。(バイブルの翻訳が宗教改革者にはじまったというナンセンスは誰が広めたのだろう。)ついでこの分野における研究史の概観が与えられている。驚くことには、shall と will に関するものはそれこそ汗牛充棟もただならぬほどあるのに、古英語のこれに相当する助動詞 sculan と willan に関する本格的研究は、今から七十一年前キール大学に学位論文として提出されたカール・リュトゲンス（K. Lüttgens）のもの一冊だけである。そのほかには、個々の助動詞に関するものではないが、文法範疇論の面からのものでおもしろい参考書が紹介されている。

ところでスタンドップの方法論に重大なヒントとなったのはグンナール・ベッへの『標準ドイツ語話法動詞の意義発達史論』（G. Bech, *Grundzüge der semantischen Entwicklungsgeschichte der hochdeutschen Modalverba*, 1951）である。ベッへは四個の興味ある図式を掲げて標準ドイツ語の話法動詞を意味論的に解明した。彼の扱ったのは können, wollen, mögen, dürfen, sollen, müssen であるが、スタンドップはこの図式に若干手を加え、これらのドイツ語に対応する古英語の話法の助動詞をあてはめるのである。その結果、彼は「話法の助動詞は人間の言語活動の中心部門に導く」という有意義な（一見大風呂敷な）結論を導き出す。わかりやすいようにまとめてみれば次のごとくになる。

（例は対応するドイツ語）

（1）存在（一般）——sein
（2）所有（空間、静止）——haben
（3）行為（時間、運動）——tun
（4）認識と可能（自己意識）——können
（5）自由と強制
　（a）自由——wollen, mögen
　（b）条件付き自由——können, dürfen

（c） 強制—— sollen, müssen

話法の助動詞の関係するのは第四項と第五項であるが、これは人間の自己認識と世界認識がいかに言語に反映されているかを示し、この意味で話法の助動詞の発達とは、その言語にとっては叙述性の獲得ということにもなるのである。特に興味深いのは人間存在の本質的な精神条件が、話法の助動詞という形で、しかも両極構造をなして把握されていくことである。自由と強制、可能と必要、欲求と達成などなどである。これは「英語の世界像」とも称すべきものである。

さてこのへんで、英語史にこのような哲学臭のある用語が入り込んで文法を観念化することを恐れる読者が現れるかも知れない。しかし一個の助動詞につき平均四十頁ものスペースをさき、意味及び統語面の各種の場合につき、原典の的確無比な解釈から引き出された圧倒的な量の、しかも適切極まる例証を見られるなら、この心配がまったく無用であることがわかるであろう。印欧比較言語学の実証時代の洗礼をすでに受けた現代の文法研究の観念性は、十七世紀のそれと異なり、観念的であるがゆえにかえって個々の事実の認識が明晰になってきているのであり、これに反し、観念性、思弁性によって処理されていない研究は、具体的に見えてかえって曖昧になる場合が多いことは一考する価値があるところである。わが国でも、剴切な例文の最も豊かな関口存男のドイツ語文法が、一種の範疇文法とも言うべき思弁性を持っていたことを考え合せてみるとおもしろい（たとえば『独作文教程』）。ただスタンドップの研究に欲を言えば、ドイツ語と英語の地理的にも言語的にも中間にあるオランダ語やフリジア語との比較をなぜやらなかったのだろうということである。これによってさらに明確に説明される諸点も少なくなかっただろうと思われるのだが。

それはさておき、この徹底的な研究から明らかにされた点は、以上のごとき根本意識のほかいろいろあるが、やや一般的に重要なものを紹介しておこう。

第一に統語法と意義との相関関係である。すなわち、主文章の動詞と副文章の話法の助動詞が互いに関連しているということである。この現象に対するスタンドップの解釈もよい。これを発生的に、すなわち通時《ディアクロニッシュ》的に考察すれば、古い並立構文《パラタックス》のなごりであるし、これを共時《シンクロニッシュ》的に考察すれば古英語の文体の特色となるのである。また、話法の助動詞が、用いられ方で、すなわち統語法の面からの影響で意味が変ってくることがある。目的文章で、magan が können の意味から mögen の意味になった場合のごときである。

第二に話法の助動詞と条件法の二つがあるからと言って、前者が後者の書き換えであるというような主張は排されるべきである。なんとなれば前者は、明らかに明瞭化、解釈化への努力を示しているからという主張である。これは細江逸記博士の所説と比較してみると興味がある。博士が、その名著『英文法汎論』においてそれまでわが国においていい加減な説明しかなかった should, would, could などを明快に説き去ったのは「話法の動詞の書き換え」という今スタンドップが否定した見解にもとづいていたからである。

第三に今までどの辞書でも研究書でもピンとこなかった助動詞 motan を語源*med- に関連させてこの観点から説いたのは卓説と言うべきもので、これでどうして motan が may の意味から must の意味になったかがはじめてわかる。これだけでも重要な貢献と言えるだろう。

第四には、willan には完了した行為を意味するという妙な使い方があり、いわゆる will の意味に使われたのは案外稀だったろうという発見である。

第五には話法の助動詞が未来を示す「時の」助動詞として用いられたのは、古英語では常に第一義的ではなかったことを指摘し、第二義的にしろはっきりと時を示すために用いられ得たのは sculan では主語が第一人称の時のみ、

willanでは第二人称と第三人称の場合のみである。この場合のみモダリテート（話法的意味合い）が完全にかくれることがあり得たと言うのである。

第六に文語においてよりも話し言葉の方に話法の助動詞が多かったであろうという推測がなされている。これはバイブルの翻訳には説教集におけるより、話法の助動詞の使われる回数がうんと少ないという事実からの話であるが、おそらく間違っていないだろう。（中国語にもこれを思わせる現象がある。）

とにかくこのような緻密な研究書は、批判よりも、感謝と尊敬をもって紹介することになってしまうのは仕方のないことであろう。特に興味深く思われるのは、方法論的に狭い実証主義の時代はもう過去のものだという感じのすることで、一般文法、思弁文法と軽蔑されていた方法論が生き返ってきたということである。数年前、現筆者が書評に取り上げて批判したR・H・ロビンズの『欧州古代中世文法理論』（本書所収）に見るような反一般文法的態度は、どうもやはり時代遅れだったようである。

Ewald Standop, *Syntax und Semantik der modalen Hilfsverben im Altenglischen*. Bochum-Langendreer, 1957.

［洋書］ Vinzenz Rüfner, *Unsere grammatikalischen Ausdrücke und ihr philosophischer Hintergrund.*

V・リューフナー『文法と哲学の間』

著者はまず第一にギリシャ哲学、特に論理学の認識論に関する著書（すなわち、*Grundbegriffe griech. Wissenschaftslehre*, 2 Aufl. 1949）を持つ哲学者である、と言えば、その文法論の傾向もだいたい推察し得るというものである。近代の文法学の理論の流れには明瞭に二つの方向がある。一つは心理主義——特に連想心理学に源を持つ——にもとづくものであり、他は論理主義にもとづくものである（本書所収の「最近の西独における一般言語学の志向」参照）。前者はヒューム（D. Hume）にはじまり、連想を重んずるところから、言語事実の史的実証的研究、心理的説明に用いられ、大きな成果があった。また、ブレンターノ（F. Brentano）、マルティ（A. Marty）らからは近代の意味論が出た。ところが一般哲学史が教えるように、心理主義に対する反動として十九世紀末よりフッサール（E. Husserl）らの論理主義が台頭してきた。そうして一般文法の要請を明らかにした。この流れの中には、ハイデガー（M. Heidegger）のような人から、ヴァイスゲルバー（L. Weisgerber）やポルツィヒ（W. Porzig）のような言語学者がいる。リューフナーもこの系列の中に入る学者のようで、したがってフッサール、ハイデガー、ヴァイスゲルバーなどへの言及が多い。

リューフナーはまず、文法の中でも特に統語法（syntax）と論理学との親近性を指摘し、文法の研究は分析、総合の力を養成する点でもけっして必要悪（notwendiges Übel）ではないことを主張する。むしろ人間の精神構造が意味ある形態に相応じているのである、という点はまさにフッサール的である。ついで文法と論理学、認識論の関係をギリシャ時代から歴史的に概観することを試みている。

第一節は文法と論理との根本的関連についてであるが、特に興味を引くのは、ロゴスの語源をヘラクレイトスによって示していることである。この語は「集める、並べ置く」という源義を有するところから、「秩序あり、意味ある構造を持つ存在」を意味することとなり、まさにこの「存在」の探究の点で、論理の構造も、言語の構造も共通の基盤を持つとする。ただこの節でのアレキサンドリア学派やベルガモン学派についてのリューフナーの記述は扱う場所としても適当でないと思うし、また、簡に失しているようで、すでに知っている人には参考にならず、知っていない人々はさっぱりわからないであろう。また、プラトンが、対話篇『クラテュロス』の中でヘラクレイトスの説に同意しているとリューフナーが言っているのは明白な速断である。この対話篇の後半でプラトンは、ヘラクレイトスの説の弱点を指摘し、「この問題をさらに考究しようではないか」というソクラテスの言をもって終らしめているのである。

第二節ではアリストテレスの文法、論理学、範疇論を紹介している。ここでリューフナーが、アリストテレスの文法論において主語は形而上学における質料に相当し、述語は形相に相当すると言うのは卓見であり、こういう見方をするとはじめてアリストテレスの学の中の文法論の地位が判然とするし、また、主語（*ὑποκείμενον*＝lat. subjectum）、述語（*κατηγορούμενον*＝lat. praedicatum）という語源もすっきりする。ロゴスが統語法そのものの中にあって、これが存在と関係していると考えたアリストテレスの思想も明快に説かれている。ただ、名詞に時間の属性を与えなかったのは、アリストテレスが名詞によって存在を無時間的に考えたからだとしたのはリューフナーの考えすぎである。この点に関するアリストテレスの記述（『ペリ・ヘルメネイアス』第二章及び第三章）は、単に、名詞は格と数の変化があって時の変化を有せず、動詞は格と数の変化のほかに時の変化もする、という簡単な文法変化のことを言っているにすぎない。また、名詞のほかに動詞にもアリストテレスは「格」を認めているが、動詞の格という概念に対する考察がちょっとものの足りない。

第三節はストア派の文法に対する貢献である。ストア派は文法学に非常な貢献をしたが、この原因がそのヘラクレイトス的ロゴス観にあるとしたのは肯綮《こうけい》にあたっているし、しかも一般の言語学史の本ではたいてい見落されているものである。特に、ストア学派の文法の時制論の特徴は、学派のリーダー格のゼノンやクリシッポスらがセム語を母国語にしたゆえであるとしたのは示唆に富む発言である。また、「格」（πτῶσις）の意味は、アリストテレスの注解者アモニオス（Ammonios）以来、地面に立てた棒を眼前に画いて正格、斜格などと言い出したという通論（同時に俗論）を排して「普遍的なるものの特殊化」の意味に解しているのは我が意を得ている。最近ヒルシェ（Rolf Hiersche, “Entstehung und Entwicklung des Terminus πτῶσις Fall”）も、格に関するアモニオス以来の誤解をとき、“fallen” “ausfallen”（すなわち、特殊的現れ方を示す）の意に解しているが、リューフナーはそれと一致している。

第四節は、中世の言語論理学と一般文法の理念についてのべている。主としてグラープマン（M. Grabmann）にもとづいたものと推定され、グラープマンの特徴も欠点もよく出ている。すなわち、中世の理論的文法（grammatica speculativa）には詳しいが、これにもとづいて作られた中世の実用文典（Doctrinale）にはまったく触れるところがない。したがってこのDoctrinaleにつけられたライヒリンク（D. Reichling）の卓抜した論文は参照されておらず、したがって中世と近世のつながり、すなわちルネサンス期の文典にはリューフナーは触れていない。ただ、聖トマス・アクィナスの言語観を紹介しているのは興味を引く。唯名論者の言語観に触れる言語学史はあっても、聖トマスに触れている例は他に類を見ないことだろう。聖トマスが言語的表現は直接存在の把握にはならぬが、人間の認識したものの認識になると言っていることは、後世の批判哲学の考え方と一脈相通じ、したがってフンボルト(W. v. Humboldt)の言語観とも根本的には同じ流れに棹していると見ているリューフナーの視野の広さには敬意を表したい。リューフナーがヴァイスゲルバーを盛んに引用するのはもっともである。ヴァイスゲルバーこそフンボルトの近代版のような学者であるから。

第五節は、前にのべた理由で、ルネサンスには触れず、ただちに、近代の心理主義の台頭によって、文法の論理的、哲学的意味が不当に軽視され、言語哲学は遺伝的悪疾(Erbübel)と称する学者さえ出てきた状態を批判する。すなわち序論の趣旨を詳論し、哲学界にフッサール転換のあったように、文法界にも、先天的一般文法の構想があるべきだと主張する。リューフナーは連想心理学が語に力点を置くに反し、ゲシュタルト心理学が統語法に力点を置いていることを喜んでいる。ここで彼は語学学習論に触れ、統語法の重要性を強調してやまぬ。そして世界に言語多しといえどもその多様性は見せかけにすぎず、根本的、範疇的なことを、ドイツ語ではこう、ラテン語ではこう、中国語ではこうという表現法の相異にすぎないと見る点、ハイデガーや関口存男の見方に似ている。したがってリューフナーは一つの外国語を学ぶことは存在へのもう一つのアプローチを得ることであるとし、母国語を外国語に訳したり、また、その逆をすることに高い教養的な価値を置いている。また、言語を必要とする純霊なる天使と、言語を使えぬ動物との間にある人間の全存在における地位を、言語ほどよく示すものはないとして、ダンテを引く。最後に神と言語の問題にちょっと触れているが、これはだしぬけで、普通の読者はついていけない。

文法史をギリシャの昔から扱うという著者はけっして少なくなく、近年出版されて日本でも広く読まれているものにもロビンズ（R. H. Robins, *Ancient & Medieaval Grammatical Theory in Europe.* 本書所収の「書評」参照）などがある。しかしこれらに見られる一般的傾向は、いわゆるフッサール以前的なもので、哲学的、論理的思弁を文法に導入することを幼稚、あるいは堕落と見ているのである。これに反しリューフナーはフッサール的見地から、まさに逆の見解を抱いて同じ資料に対面したことになる。古代や中世の文法は、元来フッサール的なものであるから、ロビンズ的な概説よりも、はるかに小冊子ながらリューフナーの方がよくわかるのである。この意味で、眇《びょう》たる小冊子ながらも、リューフナーの啓蒙的役割は大きい。ロビンズなどを読んで反感を持ったり、不透明さを感じた読者には、いろいろの点で天啓的なヒントと洞察を与えてくれるであろう。

Vinzenz Rüfner, *Unsere grammatikalischen Ausdrücke und ihr philosophischer Hintergrund.* Wissenschaftliche Beilage zum Jahresbericht 1959/60 des humanistischen Gymnasium Aschaffenburg. Aschaffenburg, 1960.

［洋書］ Ian Michael, *English Grammatical Categories and the Tradition to 1800.*

I・マイケル『一八〇〇年までの英文法の範疇と伝統』

第二次世界大戦後までイギリスで書かれた英文法の通史が一冊もなかったことは一つの驚異と言ってもよく、特に十七世紀までの英文法の研究らしい研究はほとんどすべてドイツ語で書かれるという異常状態にあった。戦後もその状態はたいして変っておらず、英文法の研究はスイスのフンケ（Funke）、チェコスロヴァキアのポルダウフ（Poldauf）、ベルギーのフォーラト（Vorlat）、日本の渡部といったぐあいで、イギリス本国からはここに取り上げるマイケルの本まではまとまったものは出ていなかった。この意味で本書は画期的である。

本書の強みはまずその厚さにある。イギリスで書き上げられたものだけに、参照している一八〇〇年までに書かれた英文法書二百七十二点という数は圧倒的である。フンケや渡部のものは通史でないから目的が違っていて比較にならないが、ポルダウフは約百点、フォーラトは十四点（ただし五百頁に近い精論である）にすぎぬことを考えれば、だいたいの想像がつく。第一部「伝統」（約百四十頁）は古代から中世に至る文法範疇の歴史を扱っていて参考になる。第二部「英語の範疇」（約四百八十頁）は十九世紀までの英文法書において、文法範疇がどのように扱われてきたかの精細な歴史と分類である。それに巻末には百頁以上の文献目録や索引がついており、極めて便利である。英文法史をやる人でなくても、英文法の研究にたずさわる人は、一種のレファレンス・ブックとして座右に備えておく必要があろう。

欠点は簡単に言って、この著者はドイツ語が十分に読めなかったのではないか、と首をかしげるところが多いことである。たとえばグラープマン（Grabmann）を使っているところでも、このテーマにいちばん関係のあるものは落ちているし、中世のラテン文法を論じる時も、ライヒリンク（Reichling）に言及しながら、彼の言っていることは全然考慮していない。これほど根本的なものを無視する（反論するのでもないのだ）ということは、中世のラテン文法の本質から何もわからなかったにひとしい。わたしにも著者から論文作成中問い合せがあったので、わたしの論文のあるイギリスの図書館、個人所有しているイギリス人の学者の名前を知らせてやったにもかかわらず、わたしのものはunpublishedとしてあり、全然読んでいない。彼の英文法史はフンケ―ポルダウフと同じ誤りを繰り返していると言わざるを得ない。つまり文法における中世の意味が見落されているのである。資料の豊富さと洞察の欠如がコントラストをなしている大著である。

Ian Michael, *English Grammatical Categories and the Tradition to 1800*. Cambridge: Cambridge University Press, 1970.

［洋書］ Richard Foster Jones, *The Triumph of the English Language.*

R・F・ジョーンズ『英語の勝利』

本書の意義

最も便利な英語学大観と目されるボー（Albert C. Baugh）の英語史の文献目録は詳細をもって知られているが、その文芸復興に関する項の中にR・F・ジョーンズ「リチャード・マルカスターの英語観」があげてあるのに気づかれた人も少なくないと思う。というのはエリザベス朝前後の時代に英語が直面した諸問題について、当時の学者文人がいろいろ論争したことは知られていても、その議論の内容に立ち入って教えてくれる書物は稀なので、イェスペルセンの「ジョン・ハートの英語の発音」とか、今あげたジョーンズのものとかがひどく目につくのである。しかしジョーンズのこの研究は一九二六年に出たが、単行本にならなかったため手に入れがたかった。しかし彼がこの特殊な分野で研究し続けていたということは、その後に出された一連の研究、たとえば「十七世紀後半における科学と英語散文体」（一九三〇年）、「十七世紀中葉における英国の科学と言語」（一九三二年）、「書物合戦の背景」（一九三六年）、「単純さの道徳感」（一九四二年）などによって知られている。しかしこれらの諸研究はいずれも学術誌にそのつど出たもので利用しにくいという難があった。こうした矢先、スタンフォード大学で書き上げたという今度の大著によって彼の学問が一冊にまとめられたことは実によろこばしいことと言わねばならない。

英語を書く人は現在でこそその表現手段をあたりまえのものとして別に考慮を払わないが、近代英語成立の初期にあっては、はたして英語で文学ができるか、学問ができるか、という可能性そのものが大問題だったのである。しからば当時の人が母国語をいかに考えていたか、また、その考えの背景には何があるのか、またどの考えが結局勝利を占めたか、これは思想史、文学史、英語史にまたがる題目であったにもかかわらず、従来本格的な研究がなされていなかった。もっともW・プライン『十六世紀清教徒の諸動向――英語への貢献』（一九〇九年）及びJ・L・ムアー『英語の過去・現在・将来に関するテューダー・ステュアート時代の諸見解』（一九一〇年）があるが、いずれも不十分なものである。すなわち、前者は問題のほんの一部をとらえたにすぎず、また、後者は、企図はよかったが方法論的欠陥もあって皮相的との譏りをまぬかれない。かえってボーのごとき概説書の方が肯綮《こうけい》にあたっているとの評のある所以である。そこでジョーンズのこの書の意味は、この問題を正面から取り組んだ最初の総合的、野心的著作という点にある。

対象・方法・資料

ジョーンズがこの書で考察の対象としたのは、一四七六年から一六六〇年まで、すなわちカクストンが印刷機をウエストミンスターに据えつけて以後、チャールズ二世の王政復古に至る約二世紀にわたる「英語が当面した諸問題に関する思想の歴史」である。方法論としては、美しい論理を構成し理性に気持ちのよい結論を導き出すよりは、多少まとまりが悪くても事実の蒐集に重点を置くことを志しているようである。このため、ひどく読みづらい本になったが、その反面、実に有益で頼りになるものとなった。彼は資料を扱うに際して、自然科学と思想史の方法論的差に注目している。自然斉一律にもとづく自然科学においては、一つの矛盾した事実が出てくればその理論の全体系がだめになるわけだが、思想史においては、反対意見のあること自体、反対されている思想が当時有力であったということの証明になることがままある。どれを主潮と見、どれを小さな反対と見るかは著者の器量次第ということになるが、彼は、優勢な意見を識別するために二つの標準を立てている。その一つは「頻度」である。これは誰でも考えつくことだが、これに頼りすぎると単なる統計に堕する危険がある。慣習になっているにすぎない言いまわしをいちいち積極的な意見として数えたら妙なことになるだろう。この点ジョーンズがムアーの轍を踏まなかったのは賢明である。第二の標準は「時流」と合っているか否かである。英語に関する意見それ自体が純粋なものとして存在したものでなく、当時の時代思潮、歴史的大事件——宗教改革、経験科学の発展など——の視野から吟味されるべき思想の複合体として存在したのだという見解であるが、この方法はすでに一世代前に名著として謳われたマクナイト『近代英語の成立』(一九二八年)と同傾向のものと見なしてよいであろう。

彼の方法に関してもう一つ見落しのできないことは、大陸、ことにフランスにも類似の思想があったことを認めつつも、それにあまり重点を置くことを避けていることである。彼の見解によれば、英仏に時を同じくして同じ現象が起ったとしても、必ずしも後者が前者に影響を及ぼしたのだと言うことはできないというのである。このように、類似現象の並行的発生に泥み、相互影響の比較を多少ゆるがせにした結果、十七世紀初頭から澎湃として起ってきた英語の文法運動に対するラムス学徒や、I・C・スカリゲルなどの刺激がまったく見落されてしまう結果となり、比較研究が盛んな現代に出た書物ながら、マクナイトの上掲書よりもかえって視野が狭くなった面も出てきた。画竜点睛を欠くとでも言うべきか。

ところで、この種の本では、結局資料が生命となる。彼自身イギリスまで出かけて原本にあたったとのことであるから、引用は信用してよい。また、引用文をモダナイズしていないのも一つの識見と言える。さらにこの本の特徴と言うべきものは無名の作家からの引用が豊富なことである。試みに索引のAの項の最初から少し並べてみると、Adair, E. R./Adams, Thomas/Althmer, Andrew/Andrew, Lawrence/Apuleius, Lucius/Argentine, R. 等々である。こんな名前を知っている人はまずいないと思うが、引用の大部分がこれらの人々の発言からとられているのである。「ミルトンの教育論が当時の思想に及ぼした影響を探し出すことは可能であろうが、だからといって彼の意見が無名の人たちによって書かれた無数の教育論の代表と見なすことはできぬ」というのが彼の見解である。すなわちある論文に本質的価値があるかどうかということと、それが当時の輿論であったかどうかということとはまったく別問題であることを認めたのだろう。徳川中期の史実家伊勢貞丈は「古の目をもって古を見ること」をすすめたが、ジョーンズもここで、現代の目で見た価値批判でなく、文献学的に、すなわちアウグスト・ベックの言う「認識されたるものの認識」の立場から、古代の目をもって資料の蒐集をしたわけである。

内容

著者はまず、十六世紀の中葉まで、英国人は自国の言葉に劣等感を持っていたことを指摘することから筆を起している。文芸復興の頃は、まだ今日の意味での文芸批評は存在せず、ただ修辞学の伝統のみあった。その見地からすればカクストンとその同時代人が英語を古典語及び大陸の諸国の言語から劣ること数等と考えたのは当然である。ノートンのごとく英語で劇を書くのは無礼と考える人もざらにおり、また、一般教養人も英語で物を書く時は何か序文にその言い訳を書くのが常であった。チョーサーは讃えられているが、英語で書いたのでは文学にならぬという意見が圧倒的で、この風潮は十六世紀の半ば頃まで続く。ただ、このような空気の中にあって強く英語の必要を唱えたのは宗教改革者たちである。彼らは聖書が元来民衆の言葉で書かれたものであること、また、カトリック教会がラテン語を盾にして真理を民衆から隠蔽したことなどを論拠として、民衆教化の手段としての母国語を主張する。しかし彼らとても英語で文学が作れるなどとは考えていない。英語は民衆のもの、ラテン語は知識階級、カトリック教会と不可分のものと見なされていた。ニコラス・サンダースの聖書翻訳反対の論拠も、第一に言葉の問題であったことは興味が深い。

この頃の英国では、文学史の示す通り翻訳流行の時代である。そして翻訳者が第一に気づくことは古典語に相当する語彙が当時の英語にないということである。特に学問、芸術の分野に関する高級な言葉はまったくないと言ってもよい。それでこれに対処する三つの態度が出てくる。一つは外国語を輸入することである。だから十六世紀の半ば以前の作家は文学のために創作したのでなく、母国語を豊かにするために創作したとジョーンズは考える。しかしどこの国にもあるようにこれを潔しとせぬ人々がいるものである。その一つは今までの単語を利用して合成語を作ろうという運動である。他の一つは古語を復活させようという一派（Revivalists）である。この復古派は大陸のゲルマン狂徒（Continental Germanophiles）の流れを汲むもので、ナチス的な考えを持った一派である。ゲルマン語はアダムが楽園で用いた言葉であり、また、バベルの塔の厄をまぬかれた唯一の言葉であることとまた、ゲルマン民族はローマ人に征服されなかった唯一の民族であったことなどを主張する。そして英語が古代ブリトン語と関係なく、ゲルマン語から派生してきたことに限りない誇りを持つ。だから彼らは英語史の系譜を明らかにしたという功はあるが、その文学評価は独特である。フランス語を多く使ったチョーサーは非難され、スペンサーは讃えられる。だから当時のスペンサーの人気は今日われわれが考えるのとだいぶ違った意味を持っているようである。このような事実の発見は、文学史によほど書き足しや書き直しを要求するのではなかろうか。

これらの運動中、外国語輸入が大勢を決して、十六世紀後半になると、英語は十分豊饒になったとの自覚が皆に生じ、劣等感が消え去る。これが突然咲き出たエリザベス朝文学の心理的・言語的な基盤である。

しかし十七世紀になると反省がはじまる。英語の豊かさにちょっとの間酔いしれたエリザベス朝の人々も、乱脈な綴り字法、定まらない文法を気にし出す。これを古典語や大陸諸国語のように整備しようとするのが辞書運動、文法化運動である。はじめラテン語の規範によったが、ついに手を切るに至る。したがって当時の文法家はたいてい清教徒であり、新しい実証科学の洗礼を受けた人たちである。

清教徒は近代資本主義発生の母胎になったと言われるが、彼らの実利実用主義は言語問題にも遺憾なく現れる。まず時間ばかり食って実用にならぬラテン語を学校から追放するような教育案を作る。大学で古典の勉強をすることも無用である。この点からも清教徒が目の敵にしていたものが古典教育、人文主義であったことが暴露される。彼らにとっては古典語は「獣の言葉」であり、古典作家はプラトン、アリストテレスを含めて悪魔の弟子である。民衆の語を尊重する点で彼らは一世紀前の聖書翻訳の主唱者たちと同じ系統に属している。しかし清教徒の社会における比重の増大、また、平明な文法を要求する自然科学の発達とともに、英語は「有用な言葉」に改変されて次の時代に入っていくのである。

このように、「母国語に対する見解の歴史」という、今まで等閑視されていた事実の一系列は、英国思想史、教育史、文学史、批評史、英語史、英語学説史などにたずさわっている学徒に、興味ある、また、意義深い知識を提供してくれるであろう。

Richard Foster Jones, *The Triumph of the English Language.* London: Oxford University Press, 1953.

［洋書］ E. J. Dobson, *English Pronunciation 1500–1700*, Vol. I & II.

E・J・ドブソン『近世初期英語音韻史』

わずかに数頁の書評をもって学界の耳目を聳動し、一国、あるいは世界の研究者にその態度の決定を迫る、ということは、およそ書評に手を染める者の快心事であることに違いなく、また、元来すべての書評がそうあるべきなのであろうが、同時に稀有のことであるに違いない。筆者の知るかぎりではこのような「稀有の書評」が二つある。一つは『アングリア』誌（*Anglia*）に発表されたフラスディーク（H. M. Flasdieck）によるワイルドの『近世口語体英語の歴史』（H. C. Wyld, *A History of Modern Colloquial English*. Oxford, 1920）に対する書評であり（*Beiblatt zur Anglia*, Bd. 48, S. 257-64 参照）、他の一つは、数年前E・J・ドブソンが『レヴュー・オブ・イングリシュ・スタディーズ』に発表したキュケリッツの『シェイクスピアの発音』（H. Kökeritz, *Shakespeare's Pronunciation*. New Haven: Yale University Press, 1958）に関する書評である（*Review of English Studies*, Vol. VI, pp. 404-14 参照）。

前者はドイツの学界におけるワイルドの地位を決定し（否定的な意味で）、後者は果てしなく広がっていくように思われたキュケリッツの賛美者たちに、ざぶりと冷水をあびせて、音韻史の批評とはかくあるべしとの方法論的な面に目を開かせてくれたのである。ともかくドブソンの書評を読んだほどの人は誰でもこれまで無名のこの評者は（ドブソンは当時まだ著書は一冊もなかった）、いったいいかなる者ぞと関心を向けざるを得なかった。そしてこの書評が出て二年後、天下の英語界は二巻本千頁を超える近世初期の英語の音韻に関するドブソンの研究書の出版を見た時、まずその圧倒的な量と、精緻な考証と、そして例外的に高いその値段を見て啞然としたのである。

本書は二巻より成り、第一巻（四四四頁）は、徹頭徹尾資料の検討にあてられており、第二巻（四四五頁より一〇七八頁まで）には個々の音についての詳細な記述がある。第二巻の個々の音についての検討は、今ここで書評として扱う範囲を出たものであると思われるので、ただ、中世英語の［ɛː］が近代英語の［ʌ］になった過程の説明は従来のいかなる本に書かれたものよりも説得力に富むものであることだけ言っておこう。一方、中世英語［ɛː］が近世英語［iː］になった過程の説明には全然賛成することができないが、これは彼の方法論及び言語観そのものの問題となると思うので、項を改めて立ち入った考察をしたいと思う。

ドブソンは第一に、近世初期の標準英語には——いつの時代でもそうなのだが——多くの要素が入りまじっていること、第二に英語の発音には、社会階級や方言などにより、いろいろの水準や種類があること、第三に発音の「標準」というのは変りやすいものであり、かつ、前の時代の「標準」とはしばしば何の関係もないことを念頭に置かなければならないところから話をはじめる。そしてこのことを曖昧にしておくところから議論の行き違いが起るのだと言い、自分は「標準英語の音韻」、すなわち「教育ある人が注意深く用いた言葉」の研究をするのであって、大衆の卑俗な発音でもなければ、また、教養ある階級がふざけた場合に用いた時の発音でもない。教養ある人たちがその意識の中で「かくあるべき」と考えていた発音のことを問題の中心とするというのである。しかしこのことによって他の種の発音が無視されたどころか、いろいろの比較がしやすくなるので、かえって十六、七世紀の発音の多様性がよく示されるに至ったと言ってよいだろう。

第一巻では一五〇〇年より一七〇〇年に至るまでの英文法家及び正音学者（Orthoepists）の作品を再検討することに費やされている。著者がオックスフォードの学者であり、ボードリアンや各カレッジの図書館を容易に使用することができ、また、ブリティッシュ・ライブラリーにも遠くないという理由もあって、これ以上の文献解題集はほかに望んでも得られぬところであろう。この点からもドブソンの第一巻は英語学説史の学徒の必携の書となる。この点ザクリソン（R. E. Zachrisson）→ワイルドの線で伸びてきた英語音韻史の有力な一系統――彼らは近世初期の文法家や正音学者の書いたものを蔑視する――から画然と区別される。キュケリッツがこの系統の現代のチャンピオンであることを考えてみれば前に触れたドブソンの彼に対する書評もうなずかされる。ドブソンの見解は、ワイルドの系統の見解が有力と思われる日本の学界にも参考になると思う。ついでの話だが、ワイルドはオックスフォードの教授であったので、今同大学のリーダー（Reader）であるドブソンはその後継者と見なされる恐れがあるが、ドブソン自身語るところによれば、ワイルドは地方の大学から来たので、系統から言えばオックスフォード・スクールには属しておらぬとのことである。

さて、ドブソンはこの時代の文法書、音韻書が、現代の学者たちによって不当に軽視されてきたことに対して極めて不満である。当時の学者たちの書物は、しばしば専攻論文《モノグラフ》のテーマにはされてきたにもかかわらず、エリス（A. Ellis）以後、これらの文献を系統的に研究した者はほとんどおらず、ましてやこれらの資料を歴史的に満足に扱った者は一人もいないと断言している。これはドブソンのこの本が印刷中に出版されたホルン（W. Horn）の音韻史（*Lant und Leben*, 2 Bd.）を知らなかったためであるが、このことはドブソンにとって非常な損失を意味するが、これは項を改めてのべることにする。ここでひとことつけ加えておくならば、ドブソンが「専攻論文《モノグラフ》」と言っているのは大部分がドイツのものであることは、その豊富な脚注が、この国の文献で占められていることから明らかである。

ともあれ、ドブソンがエリス以降、英語音韻史の資料の扱い方に満足な通論書が一つもないと断言していることは注目に値する。彼の見るところではこれまでの音韻史家、特にワイルド亜流の人には、古い文法学者や正音学者が「何を意図して書いたか」を無視したのみならず、細部の点に至っては「何を書いたか」さえも理解しなかったと、すこぶる手きびしい。だからもう一度、このオーソドックスな資料に帰ろうではないか、というわけである。そしてこの浩瀚な第一巻の中に、その時代のすべての参考文献を検討する——いちいちの書の目的、価値、誤解されやすい箇所、解釈の方法、発音の階級的、地域的種類など、恐るべき精力を示しこの分野における学界空前の仕事を示した。ただ同時代の大陸の文法書、音韻書を検討していないのは画竜点睛を欠く恨みがあり、上述のホルンの資料に対して一籌《いっちゅう》を輸している。

資料の点から言えばワイルドは近世初期の学者の書いた文献を軽視し、ドブソンはこれを重視する、ということになるのだが、この資料評価の差が具体的には彼らの学説にどう現れるかを簡単に説明しておこう。

ワイルドがこれらの文献をつけたのは、近世初期の学者たちは保守的であり、当時すでに使われなくなった過去の発音を主として記載しているので、当時の発音をこれより推察することはできないという理由からである。だから日記、断片、洒落、手紙、不注意に書き記された綴り字などから推察しようというわけである。ドブソンはこれに反し、文法書、音韻書は、俗語でなく、教養ある人士が注意深く話す時の発音を書いたものであるから、それと違った発音がほかにあってもかまわないわけで、教養のない階級だとか、あるいは方言のある人たちが偶然の機会に書き記した発音を集めて、その時代の発音だと誇称することの方がおかしいと言うのである。当時の文法家、正音学者は宮廷と関係があったり、また上流子弟のための学校で教えたりしていたのであるから、その著書は一応信用して然るべきである。そして事実、これらの本には卑俗な発音、方言に近い発音をあげて注意まで促しているのだが、これは不当に見過ごされてきている。そのためザクリソン→ワイルド系の人たちはその当時の文献でたまたま発見されるいちばん新しい発音を蒐集して得々とする。そして現代英語に近い発音が早い時期に時に現れていることを理由にエリザベス朝の発音と今日のそれとの差を不当に縮めるのである。すなわち、数百年前の発音が今日のそれに非常に近かったことを示すため、全精力を傾けるのである。地口(pun)なども援用されているが、元来、地口というものがおかしいのは、それがこじつけられる場合で、それをもって当時その発音が一般的であったと推論することは許されない。キュケリッツなどはザクリソン→ワイルドの線を大胆に歩んだので、シェイクスピアもテニソンもあまり変らない発音をしたことになるのである。だからドブソンに言わせると、ワイルド一派のやることは現代英語の発音に似たように発音されていたと考えられる例をできるだけ早い文献に見つけ出す競争にすぎなくなり、その例がいかなる場合、いかなる階級、いかなる方言で用いられたかについての考慮は、妥当よりはほど遠いものだということになる。

音韻史を扱うには必然的に方言にも注目しなければならない。ドブソンは方言に関する限り、ライトの『英国方言文法』(J. Wright, *The English Dialect Grammar*)に準拠したと言っている。そしてこの書を「英国方言全体にわたっての唯一にして不可欠の概観」と言っている。しかしリューイックがその画期的名著『英語音韻史研究』(K. Luick, *Untersuchungen zur englischen Lautgeschichte*)でライトを使ってないことを思い出す人もあると思うので、ここでライトの信憑性に関する両者の意見を検討してみたい。この問題は今より一世代以上も昔、当時国際的英語研究誌であ

った *Englische Studien* 誌上でリューイック、イェスペルセン、ヴェステルンなどがこもごも立って論じ合ったところで、その問題性は今度の場合にも重要と思われる。

リューイックは近世英語のいわゆる「大母音推移」に関して「排除説」(Verdrängungtheorie)を唱え、この変化がまず中世英語の[ō]より生じたと考えた(*op. cit.*, §142参照)。これに反対してイェスペルセン、ヴェステルンらは中世英語[ī]と[ū]よりはじまったと考え、いわゆる「昇進説」(Nachrücktheorie)を立てた(*Engliche Studien*, Bd. 45, S. 432-37参照)。リューイックはイェスペルセンらの意見を駁して、彼らの説は素人好きのする見解であるが、これはライトの方言文法という危険な資料によって構成されたものであるとしたため、問題は方言資料としてライトかエリスかの問題となったのである。しかしこの論争はその後間もなく発表されたマリク(J. Mařík)の研究で終止符を打たれたようである。すなわちマリクはライトの方言文法は学問的研究には使いものにならないと断定を下したのである(*Englische Studien*, Bd. 46, S. 188参照)。その理由としてエリスはその方言を部落を単位に記載したのに、ライトは地方単位でやっていることをマリクは指摘している。この点ライトを使った人は間違った結論に導かれる恐れが多分にある。特にライトは大地域的に音を統括せんとして一般化した書き換えを行っている、と言うのである。

そこで当然問題となることは、今ドブソンがライトのみを使うとすればその理由は如何、ということである。彼はリューイックやマリクの見落した価値をライトの著書に新しく発見したのだろうか。筆者はこの点を明らかにしたく思いドブソン自身に問い合せたのであるが、その返事は大要次のごときものである。

(1) このような古い論争には興味がない。

(2) リューイックがイェスペルセンやヴェステルンよりすぐれた学者であったことには疑問がない。

(3) エリスを用いるかライトを用いるかということは本論とたいした関係がないことである。この本は方言の本ではないからおそらくエリスの方が方法論的にすぐれていたかも知れないが、彼の音韻の分析には時に疑問がある。ライトを用いた理由はたいていの人々がそうしているからであり、また、その方が便利だからである。この解答は第二の点を除けば感心できない。第一の答えで古い論争に興味がないというのはおかしい。自然科学のように対象がいつも同じものと異なり、音韻史、特に方言の問題などは対象が時とともに消えてゆくものであるから、古い論争ほど考慮の価値があるのではなかろうか。少なくとも筆者の質問があった場合には、この論争を読んでいなかったことを表明して他日の検討を約するか、あるいは検討してみてもやはりライトの方がよいということを納得させてくれるか、あるいはマリクの説を容れるか、そのいずれかに決すべきであったろう。第三の点についての答えはまったくなっていないと言うべきだろう。ライトの方が便利だからというのでは学問にならない。研究の目的は真理をこそ求めるので、その過程の難易は第二義、第三義の話である。そしてドブソン自身、序文の中で、エリスやスウィートを引用しなかったのはすでに時代遅れだからその必要はないと言いきっている。しかしリューイックやマリクの説から見るとそうでもないようである。ただドブソンがエリスを検討したことがなかったということだけの話である。こうなると、ドブソンの本論(特に第二巻)の中でも方言に触れる箇所――それはけっして少ないものでない――を読む時はかなり警戒を要するということになる。

筆者は先に中世英語[ɛː]が近世英語[iː]になった過程についてのドブソンの説明に賛成できないと言った。この点においてホルンとドブソンはその方法論、言語観において根本的な、また、研究者にとっては極めて興味のある相違を示すので、具体例を一つあげて考察を進めてみたい。

ギル(A. Gill)というミルトンの先生もしたことのある人の書いた大部な英文法書(*Logonomia Anglica*, 1619, 1621)

があるが、その音韻論の部にモプセ（Mopsae）という語が出てくる。辞書ではちょっと見つからない語であるが、これは上流階級の婦人たちを指していたと考えられる。ところがこのモプセが「薄い」発音をしたというのである（nostrae Mopsae, quae quidem ita omnia *attenuant*）。「薄い」というのは母音を発音する際の聞き手に与える特殊な効果を示す術語で、中世ラテン文法家から借りた言い方であるが、それではいったい「薄い」発音とは何であろうか。ギルの例によればモプセはcambric（白麻のハンカチ）を正常な発音である「カンブリック」と言わず「ケンブリック」というような発音をするという。すなわち母音が普通より一段上昇する現象を指しているようである。このような発音は東部方言（Eastern dialect）より引き出されたとドブソンは推断している。これを読んだ時、筆者は当然次のごとき疑問を起した。

なぜモプセの発音のみが東部方言の影響を受けたのか。そこには何らの必然性もないではないか。もしその時代の上流階級一般とか、特殊なグループが一定の方言の影響を受けたというのなら歴史的事情から説明の可能性もあろうが、女性のみというのは不可解である。法則的な説明が難しくなると方言を持ち出すのはリューイックのしばしばとったデウス・エクス・マキナ的な方法であるが、それをリューイックの向こうを張ろうとするドブソンが使うのはおかしい。これはむしろホルンの見解に従うべきではないのか。すなわち、声の調子が高くなることは、生理的に見て喉頭の高くなることである。喉頭が高くなると必然的に舌の位置も高くなり、したがって高母音化の現象が起る。「カム・オン」（come on）を婦人が甲高い声で言うと「ケム・オン」に近く聞こえる。モプセが上品ぶって発音すればいきおい甲高くなり、高母音化が起り、これが子どもに伝わったりして一般化したのではなかろうか。——

この筆者の質問に対するドブソンの答えは次のごときものである。

（1）　モプセの発音が東部方言より出たと考える理由は、ギル自身彼らの発音を東部方言を扱った節の中に取り扱っており、モプセは東部方言特有の「薄さ」を気どっている云々の由を冒頭にのべているからであります。

（2）ギルは「音調《トーン》」については何も語っておりません。すべての例は、ギルが発音のことのみを考えていたことを示しており、音調のことではありません。

（3）ギルがモプセと言った時、彼はもちろん女性のことを考えていたのでありますが、しかし彼はこの発音を女性に限定したわけではなく、ハート（J. Hart）もモプセの発音を用いたゆえに非難されております。

（4）ついででありますが、ギルは自分の生徒の母たちをモプセだとは明言はしておりません。彼は単に「たとえば時々人がわたしにピーピー話しかけてくるように」(sic enim aliquoties ad me pippiunt) と言っていますが、誰がピーピー話しかけてくるか (peeped at) は不明です。生徒の母と見るのは妥当な推測であるが、推測にすぎません。女性であるに違いないけれども。

（5）高い調子の音は偶然「進歩的」な発音と同じであったので、これが原因となって母音変化が起ったとは考えません。

（6）東部方言が進歩的なロンドン語に影響を与えたことは、ロンドンの地理的条件を考えればまったく正当な仮説であります。ロンドン方言も元来はエセックス方言だったのであります。

ドブソンのこの答えは詳細に見える。しかし少し立ち入って考えてみれば答えになってないことがわかる。

第一に、なるほど、ギルは東部方言を扱っているところでモプセに触れている。もしギルのこの項をそのまま文字通りにとるならば、当時のロンドンの上流階級の婦人たちには東部方言を真似る流行があったことになるが、はたしてそうか。むしろギルはここで、両者がただ似た発音をしていると言いたかったのではないだろうか。

第二にギルが音調について何も語っていないというのはあたりまえの話である。音調と発音との関係は、W・ホルンの率いるベルリン大学のスタッフが、音声学の実験の結果を音韻史に適用してはじめて脚光をあびたので、つい戦後の話である。十七世紀のギルはどうしてこの問題に触れ得たであろうか。

第三にハートがモプセの発音を使ったゆえに非難されているからとて、モプセを女性に限らない理由はない。それどころか、あまり女性特有の発音で、標準と認められないものをハートが記載したから非難を受けたのであろう。むしろこれは次の第五項にのべる事実を裏づけるものとして解釈されるべきである。

第四に、ギルにピーピーと話しかけた人が女性、しかも生徒の母であることは疑いを容れる余地がない。何となればギルの原本には（1621. ed. by O. Jiriczek. Q. F., Bd. 90. Strassburg, 1903）、ドブソンのあげた文章の次にはちゃんと具体例がついているのであり、ドブソンはこれを見落したか考慮に入れなかったかである。すなわち、“Si enim aliquoties ad me pippiunt: I pre ya gï yar skalerz lïv ta plï; pro I prai you giv yür skolars lëv tu plai. Quaeso concede tuis discipulis veniam ludendi.” この大意は「『どうぞ生徒に遊戯の許可を与えて下さい』とピーピー声で時々わたしに向かって話しかけてくる」というのである。モプセが上流の女性であり（男性ならモプシーとでもなるはず）――ドブソンはこの明々白々の事実を認めることさえあまり気が進まないらしい――しかも高等学校の校長先生のところに「生徒に遊戯の許可を与えて下さい」と甲高い声で言いに行くとすれば、それは母親か、親しい伯母さんかにきまっているではないか。

第五の点は見解の相違とでも言うべきものであろう。しかし一言しておきたいことは、筆者の見解はドブソンが高く評価している近世初期の文法家、正音学者の中にも、ギルのほかT・スミスなどこれを支持するような見解を持っている者がいるし、さらに、同一現象はフランスにも見えることが知られている。すなわち、スミスは彼の一五六七年の著書に、愛嬌ある若い娘たちの中には上品に話していると見られたいために、そのような発音をする――すなわち気どって高母音化させる——者がある（mulierculae quaedam delicatiores, et nonnuli qui volunt isto modo videri loqui urbanius）という事実を指摘しており、フランスでも、一七〇〇年頃、婦人たちがaの代りにeを発音したとイェスペルセンも指摘している（*Language*, p. 244）。たとえばB*a*rnabéは「男流の発音」（façon de prononcer mâle）であり、B*e*rnabéは「丁寧で高雅な人々……中でも貴婦人において」（les gens polis et délicats ... les dames surtout）と説明されており、また、「この宮廷の商人たちはm*a*dame, boulev*a*rtの代りにm*e*deme, boulev*e*rtと発音する」（ces marchandes du Palais, qui au lieu de *madame, boulevart*, etc., prononcent *medeme, boulevert*）という記録もある。このような一連の事実を無視する勇気があるならば、近世初期の「進歩的」な発音と婦人の発音との類似を偶然の一致としてもよかろう。

第六に、東部方言が地理的関係上、ロンドンの進歩的方言に影響を与えたと言うが、要するにその影響がなぜ婦人たちにのみあったのか、と聞いているのである。この点ドブソンの答えは全然要点に触れていない。

今はたった一例をあげて検討しただけであるが、ドブソンの書にはかなり不備の点があることが知られる。この原因はだいたい三つ考えられる。第一には方言資料の不備（リューイックとの関係において既述）、第二の理由は先にちょっと触れたように近世初期の資料として大陸のもの、すなわちフランスやドイツで十六、七世紀に出た英文法書、英語発音法の本を参照しなかった。しかし第三の原因はより重要な、言語観そのものの問題である。

ドブソンはリューイックを当面の仮想敵国と見て研鑽したことは疑いを容れない事実であり、したがって十分の敬意を払っているようで、彼のキュケリッツ批判の中でも、彼がリューイックの勉強不足であることを責めているくらいである。そしてドブソンはリューイックと同じ方法論と言語観をもって、すなわちポズテヴィズムに従ってリューイックを超えようとした。そしてたしかにそれ以上の、少なくともそれに匹敵する労作をものした。しかしわれわれはここでもう一度リューイックは一世代前の学者であり、その方法論にすでに行きづまりを感じたドイツの学者たちは、リューイックを方法論的に克服することをはじめ、それに成功していたことを思い出さねばならない。たまたまそれらの研究が戦中戦後のどさくさでドブソンの目に触れなかったのだろう。そしてドブソンが長年の拮据勉励の末、リューイックまで到達し得たと確信して今度の労作を出した時、当のドイツでは方法論的にも言語観的にも一歩進んだ形で、リューイックのポズテヴィズムの限界からぬけ出ていたのである。ここで筆者が特にドイツの学界を引き合いに出したわけは、ドブソンの音韻史の極めて冷静な学的外面の下に、かなり激しい愛国心が感ぜられるからである。由来比較言語学がドイツの学問であり、英語をも西ゲルマン語の一方言と見なす高次の立場が生じ、このためドイツにおける英語研究は英国を凌駕した時代がかなり長く、スウィート、ライト、ワイルドなど、ドブソンの先輩のオックスフォードの英語学者たちも皆ドイツに留学したものであった。ワイルドは後にドイツの文献をほとんど読まない、ある意味での逃避的な態度をとったが、若いドブソンは敢然とこれを徹底的にマスターして鋭いメスを加え、リューイックで典型的な形をとるに至ったドイツのポズテヴィズムの英語音韻史に摩する体系的音韻史を建設しようとした。その意気はもって壮とすべきも、リューイック以後のドイツの学界の動き——これはW・ホルンとM・レーナートによって代表される——を見なかったことは、かえすがえすも惜しまれるのである。

このようなわけで、ドブソンの高貴とも言うべき丹念な研究は一種の悲劇的な姿をもって、出発点に遅れた国の学者が、その分野の先進国に追いつくことのいかに難しいかを示している。しかし少なくとも、本書の第一巻の資料の検討と解題だけは、この分野の学者の必携の書として珍重されるであろう。

E. J. Dobson, *English Pronunciation 1500–1700*, Vol. I & II. Oxford, 1957.

[洋書] Margaret Schlauch, *The English Language in Modern Times (since 1400).*

M・シュラウフ『近代英語』

非英語国民によって書かれた英語史は、昔から名著が多く、リューイック、ブルンナー、モッセなどいろいろあるが、たいていは独仏の学者である。ここに取り上げるM・シュラウフ女史のものは、ポーランドのものである点、しかもポーランドの修士課程卒業をめざす英語英文学の若き学徒に対する必須の知識として視点をはっきりさせている点、珍しくもあり、かつおおいに参考になる。

作者シュラウフ女史は、一九二七年コロンビア大学よりPh. D.を得、その後、多年にわたってニューヨーク大学の英文科で教えていたが、一九五一年以来、ワルソー大学教授、一九五三年以降は英文科々長である。視野は広く、ヨーロッパ中世文学一般に通じた各種論文があり、特にイギリスとアイスランドのものに関してすぐれていると言われる。本書はその目的上、自説の開陳というよりは、権威ある専門書からのバランスのとれた要約であり、自らの序文でも、「包括的であるよりは示唆的であろうと志した」と言っている。

英語史には内的言語史を重んずる行き方と、外的歴史をも考慮する行き方と二つあるが、女史は断然後者の行き方をとる。これは彼女のマルクス主義的世界観によるものであることは読んでいけばわかる。ところが言語の背景をなしている社会全般に対するマルクス主義者的関心が、案外有益なものであって、Ａ・Ｃ・ボーのような網羅的な英語史さえもよく扱っていなかった現象へ光を投じている箇所もところどころにあって興味深い。

ところで本書は多くの専攻論文のサマリーを提供している色が濃いのであるが、このことはとりもなおさず、女史の諸論文に対する評価、判断、立場を示すことになる。そこで、主立った論争点に関して章を追って簡単に解説してみることにする。

第一章では英語が一つの国語として形成される背景を扱っている。シュラウフ女史は、ＯＥからＭＥへの移行は英語の内的な力による自然展開的なものであって、ノルマン・コンクェストその他によるフランス語、ラテン語の影響はあまり問題にならぬと見、作詩法に多少影響があったにすぎぬとしている。英語に対するロマンス語の影響に関しては、古くはＬ・ケルナー（内的展開説）とＥ・アイネンケル（外的影響重視）の対立にも見られるように、だいたい二つの見方がある。シュラウフ女史は断然ケルナー的な見方をしているわけであるが、このようにロマンス語の影響を軽視しすぎることには疑問がある。もしノルマン・コンクェストの英語に及ぼした影響がそれほど少ないものであったら、ＭＥと古いニーダー・ドイッチェの差がどうして出てきたのかさっぱりわからなくなるのではなかろうか。この点、アンドレ・モロアのような専門の言語学者でない人の発言に常識的な正しさがあるような気がする。すなわち「……民衆は依然としてサクソン語を話す。およそ三百年の間、英語は文学をも文法をも有しない、単に民間の会話に使用されるだけの言語としてとどまるであろう。この言語は非常に急速に変化するであろう、というのは、言語に関して保守的なのはひとり支配階級のみだからである……英語も非常に急速に、選ばれた人々の監督から脱して、その驚くべき柔軟性を獲得する。教養のない者や外国人が発音すると、単語のアクセントのある音節《シラブル》だけが残るものである……」。MEの発生に関してこれ以上の強い原動力があり得たであろうか。ケルナーの流れを汲む見方すなわち内的展開説は、学問的に深遠に見えて、その実、歴史の核心をはずしている。木を見て山を見ない憾があるが、シュラウフ女史もこの点、同じ謬見に災いされているように思われる。

一方シュラウフ女史は、一四〇〇年という年の重要さを力説する。言語的にはこの年代を境として母韻の変化が起るし、語尾《ファイナル》のeが消えてくる。文学的にはチョーサーの死、その他ラングランド、ガウアーや、パール、サー・ガウェインの著者などもこのあたりまでである。十五世紀に文学が不振だったのはシュラウフ女史によれば、すでにチョーサーの言語で文学が書けなくなったことによる。一方ロンドンの言葉がますます強力になる。このようなわけでシュラウフ女史は一四〇〇年の言語、すなわちチョーサーの言語の記述をもって話の出発点とする。音韻に関しては最近の研究を要領よくまとめてあり、形態に関してはモッセに負うところが多いらしい。日本の学者の桝井博士の名前が脚注にあげられているのが目につく。また、文体を説く時、古典修辞学には三種の区別(stylus altus, medius, humilis)があったが、MEではこの修辞学上の区別が変えられて、三つの階級上の区別、すなわち廷臣(curiales = courtiers)、市民(civiles = citizens or burghers)、田舎の住人(rurales = countrymen)になったことを指摘している。そしてリズムや語彙や、文法構成上の区別がそれぞれのレヴェルで異なっていたが、チョーサー以外、庶民の言葉を使った作品は十四世紀にほとんどなく、これこそ大天才の一つのしるしであると言う。

第二章は、十五世紀と十六世紀のはじめの方を扱っている。この時代はチョーサーとシェイクスピアにはさまれた文学的不毛の地と言われるが、言語的には極めて重大な時代で、大母音推移などが起った時代である。シュラウフ女史は、大母音推移が[e]と[o]から、すなわち中母音から起ったとしている。大母音推移がどこから起ったかについては、古くから学者の議論が喧しい。主なるものは、まずイェスペルセンのもので、彼は上母音[ī]と[ū]から起って、ここが空いたので他の母音も引き上げられた（Nachdruckungstheorie）とした。K・リューイックはこれを素人考えであると批判し、中母音からの突き上げがあったのだとした（Verdrängungstheorie）。シュラウフ女史はリューイックの説だけをとり、他にはいっさい触れていない。その根拠を訊きたいところだが、こういう通史では無理であろう。その他マロリーやカクストンの音韻、語形の記述や、スコットランドの言葉についてよくのべられている。

第三章は十六世紀の文語であるが、その背景的記述は、R・F・ジョーンズの *The Triumph of the English Language*（本書所収の「書評」参照）などを主なよりどころとして記述しているらしい。ヘンリー八世を新文化の推進者と見なしたマクナイト（*Modern English in the Making*, 1928）などとは異なり、シュラウフ女史はヘンリー八世を修道院没収、ギルド解体などで多数のヴァガボンドを作り出した王としている。また、ドブソンの *English Pronunciation 1500–1700*（本書所収の「書評」参照）の資料の取り扱い方を高く評価し、その説に従ったところが多いようであり、また、彼のキュケリッツ批判の要点も十分考慮に入れられている。またシュラウフ女史の音韻史観で注目を引くのは、近世初期の英語をチョーサーからの発達とは必ずしも見ないで、突然現れてきた流行、突然入り込んできた方言というものにも考慮の余地を与えていることである。

第四章ではルネサンス後期の英語の文法構造とスタイルが扱われている。ここでシェイクスピアが大きく扱われることは当然であるが、何といっても異常な感じを受けるのはシュラウフ女史のエリザベス朝下層社会（Elizabethan underworld）に対する関心の強さである。貧民、窮民への同情が紙面に躍り出ており、ここに採録された語も極めて大量である。おもしろい例ではその人たちの言葉では Rome は good を意味し、Rome ville と言えばロンドンということである。こんな例は当時の下層社会の住人がカトリック系であったことを暗示するのではあるまいか。また、シェイクスピア、ベーコン、リリー、エリオットなどを文体面から扱っているのは有益で示唆に富む。

第五章は十七世紀後半と十八世紀であるが、この時代を清教徒革命というブルジョア革命とフランスのブルジョア大革命の間の社会と規定し、マルクスを援用してクロムウェル党の内部の説明からはじめる。ホイッグの長期政権を、衣服、ファッション一般、造型美術一般にも触れつつ、「固定」「変化を憎む」というメンタリティの形成と関係づけ、これが言語に対する英国人の態度の基盤とする。ジョンソン博士の仕事もミセス・マラプロップもこの見地から扱われる。シュラウフ女史は一般に文法家の影響力は学校を通じて働きかけるところから、これを重視する。ネオ・クラシシズムの英語を一つの成功と見て、明瞭な規律、自在な柔軟性、適切なバランスがあると讃える。また、ウォーカーの文法書の衒学的な規則が、英語と米語の差を作り出す有力な一因となったという説明は、最近の学説に鑑みても興味がある。

第六章は近代英語の諸方言とその文学的用法を扱い、ロマンティシズム以来、方言への興味が出てきたと言っているが、特にスコットランドがよく扱われている。また、英国北方訛の民謡の英語が「フリードリヒ・エンゲルスが一八四四年に描いた英国労働階級の状態」を示すというのはいかにもコミュニストの国の本らしい。

第七章はアメリカ英語の記述である。ここでもレーニンの名が出てくるし、帝国主義、植民地主義への反感が現れている。インディアンとの闘争史はヨーロッパ人の立場からのみ書かれていること、南北の差は生産手段の差であるなど、また、黒人に対する強い同情など、いずれも著者の世界観の反映であろう。しかしアメリカ英語の記述自体には傾聴すべき点が多い。特に階級方言を重んじた記述は有益である。読者はアメリカ英語と言われたら「何階級の」と問わねばならぬことを教えられる。また、黒人の言葉は、彼らが主人と同じ言葉、文法的な言葉を用いると身の危険があったという背景に成り立つとしたのは卓見であろう。また、メンケンを批判して、米語をもって新しい国語の誕生とは見ない。そしてアメリカ語の保守的な面も見落していない。

第八章は今日の英語全体の記述である。ピジン・イングリッシュなどに対する同情は黒人語に対するそれと同質である。しかし参考になるのは、英語の諸方面における最近の学説史が重点的に扱われていることである。ここに出てくる程度の学者の説には一応の理解を持っておけ、ということらしい。意味論ではブレアルやトリアの名前も見える。そして近代の言語学が通時的研究から共時的研究に向かってきていることを認めるが、言語の研究が終局的には哲学的立場に衝突することも率直に言いきっている。そして最近の構造主義のごとく、「言語構造以外に触れる必要なし」という立場と、「言語と、言語が示している対象物との関係を考慮する必要がある」とする立場と二つの立場が示される。そしてマルキシズム言語学は断然後者をとるのだと言っている。マルクス主義にもとづく言語学が構造主義に批判的であるというのはおもしろい。これは中世のノミナリズムとリアリズムとの論争を想起させるものであり、かつ、それがプロトタイプになっていると思うのだが、最近の言語学者たちはあまり気づいておらぬらしい。

また、アメリカ言語学は、歴史的素材をまったく欠く土着インディアン語の記述より生じたものなるがゆえに、必然的に共時的であった、というのは事の核心を衝いている。この見地からトレーガー・スミスや、フリーズの説が手ぎわよく説明されている。また、ロシアの英語学はアメリカの構造言語学を完全に駆使して行われているらしく、その紹介がある。しかし、英語の構造記述では、満足すべきものがまだ現れていない、というのがシュラウフ女史の結論である。

最後に、近代の英語文体と文体論についての鳥瞰図を与えている。英語は以前には規則にもとづいて書かれようとされていたのだが、わざわざ計画的、意図的に英語の慣用法を変えて書こうという努力があるのが近代の特徴である。英語自体が創作的実験材料になったのであるが、英語の文体論は独仏露語のごとくには開発されていないことが指摘されている。現代の英語は、広く映画、絵画の動向と関係があり、有機的なシンタクスで論理的な複文を構成するよりも、心象の連鎖を与える傾向が強く、絵画の印象主義と同じ基盤に立っている。散文ではV・ウルフ、フォークナー、詩ではホイットマンなどがそれである。この点では独露語のごとき変化のはなはだしい言語は不利で、英仏語が有利だという。また、他の面では、ジョイス流の「意識の流れ」派の言葉、スタインベック、ヘミングウェイなどが作中人物に、リアリスティックな方言卑語をしゃべらせる場合の言葉など、いろいろな実験が英語に対してなされている。これらの実験の成果の恒久的価値は疑うべきものではあるが、考慮の必要があるとするのは中正な意見であろう。

巻末には、約五十頁にわたり五十個の各時代、各方言からの例文が掲げられている。中には珍しいものもあってなかなか貴重である。「レーニンに寄す第二賛歌」とか、十九世紀の工場労働者のストライキの歌、メキシコ米語、野球選手の手紙、J・ジョイスの『ユリシーズ』『フィネガンズ・ウェイク』からの抜粋などは著者の関心の領域の広さを示す好例である。ポーランドの学生ならずとも、日本の学徒にも心から推薦したい英語史概説である。

Margaret Schlauch, *The English Language in Modern Times* (*since 1400*). Warszwa, 1959.

[洋書] F. T. Wood, *An Outline History of the English Language.*

E・T・ウッド『英語概説史』

本書は一九四一年以来、多くの版を重ねてきた旧著の改訂新版であるが、根本的構想は変っていない。しかし新語の取り扱い、アメリカ英語のイギリス英語への影響、標準英語の「標準」の意味の変化、階級方言、マスコミの影響などの点で、きめ細かい改訂がなされて、すっかりアップ・トゥ・デートになった。

著者が対象として考えている読者は英語史の予備知識のほとんどない人、もっと具体的に言えば高等学校修了試験を受けようとしているイギリスの青少年や、英語の歴史についての常識的知識を得たいと思っている一般成人である。したがって「啓蒙的」と言えばその性格をよく示すことになろう。したがって衒学的、アカデミックな気取りがない。参考文献目録一つを見ても、イェスペルセンの著作のうちであげているのは *The Growth and Structure of the English Language* だけである。したがって近頃の新しい英語史が取り入れようとしている「新言語学」的な工夫がない。それで初歩の読者も、知らない術語に出会う恐れがまったくなく、すらすらと読める。明らかにブラッドレーやウィークリーの線である。語彙・文法・発音・音韻変化・語源など、トピックは網羅的に扱いながらも、「音声学の使用は極力さけた」と著者自ら言っているという、今日では珍しい態度である。

しかしこのような著書の有用性は高い。新言語学のアプローチを導入した英語史は、今までのところ初級者には無用の負担であることが多く、かえって学習者の意欲をそぐ場合が少なくなかったようだ。それに反してブラッドレーなどのものは、初級者に興味を起させると同時に、記憶に残るような例があげられてあった。ウッドのものには、このような英国の伝統的な英語史のよさがあるので推薦したい。

また、第一章が「言語の起源」であるのは珍しい。そして代表的な言語起源説をあげて説明しているが、このような知識も初歩の人にはおもしろいのではあるまいか。たとえばワンワン説（bow-wow theory）、ドンドン説（ding-dong theory）、プープー説（pooh-pooh theory）、ジェスチャー説（gesture theory）なども、一応知っておいてよいことだからである。

脚注もそうとう多くあって、読みごたえのあるおもしろいものが少なくない。たとえば言語は話し言葉が一義的で書き言葉が二義的であるのに、いつの間にか逆であるように思われてきたため、十九世紀には、発音はy [j] であるのにuの字ではじまる語の前の不定冠詞はanとすることが稀でなく、ニューマン枢機卿ですら *The Idea of an University* という標題を自著に与えているといったような指摘がほうぼうにちりばめられている。

英語について、イギリスの教養人の持つような教養的知識を求める人にとっては、本書は好適であると思う。またこれくらいの知識は英語を学ぶ人はぜひ身につけてもらいたいものである。

F. T. Wood, *An Outline History of the English Language* (second revised edition). Macmillan, 1969.

［洋書］ W. F. Bolton, *The English Language: Essays by English & American Men of Letters 1490–1839.*
Hans Aarsleff, *The Study of Language in England, 1780–1860.*

W・F・ボルトン『英米文人の英語観』／H・アースレフ『イギリス言語学説史』

『ソフィア』誌の一九五五年冬季号（第四巻第四号）に筆者はR・F・ジョーンズの『英語の勝利』と、J・H・スレッドとG・J・コルブの『ジョンソン博士の辞書』という二冊の本をかなり詳細に書評した（本書所収）。これらの本は、それぞれの「母国語に対する見解の歴史」と「英語に関する思想の歴史」という題目を扱っていた。これはそれまでほとんど本格的に研究されたことのない新分野であり、しかもいろいろおもしろい問題を含んでいそうであったので、興味を引かれたのであった。その後この分野の研究の発達についてはかなり注意を払っていたのであるが、あまり業績は上がっていないように見えた。ところがたまたま去年から今年（一九六七）にかけて標題の二冊の本が相次いで英国と米国から出たわけである。

まず『英米文人の英語観』は一種のアンソロジーである。十五世紀末から十九世紀中頃、すなわち英国ルネサンスから近代的言語学の誕生までの間の英国、米国の文筆家たちが「母国語」について書いたエッセイを、時代別に二十個集めたものである。だからテーマはたいへん多岐にわたり、文学語としての英語を弁護するものあり、文体論あり、言語と心理の関係についてのべるものあり、言葉と事実の関係をのべるものあり、用語法論あり、アカデミー運動擁護論あり、辞書論あり、綴字改革論あり、規範文法論ありである。これを手がかりに、自分の求めるテーマを探してさらに深めていくのも可能であろう。編者ボルトンは英国レディング大学の英語の教授である。各エッセーには同教授の手短な紹介の言葉があり、また、巻頭には一般的概観があり、巻末には研究課題（Study Questions）が各エッセーにつき六題か七題ついている。また、索引もある。引用されている二十のエッセーのうち、ベン・ジョンソン（*Timber; or Discoveries* より）とダニエル・デフォー（*An Essay upon Projects* より）のものを除けば、抜粋はなく、すべて全文であることが本書の価値を著しく高めてくれる。以下、収録されている文献を簡単に紹介する。

（1）カクストン（William Caxton）の *Eneydos* の翻訳（1490）につけた序文は、英語のような洗練されていない言葉が文学や学問に用いられ得るだろうか、という深刻な疑問をなげかけている。こういう意見は今では問題にならないが、エリザベス朝頃までそうとう有力で、ベーコンさえ、『エッセー』や『ヘンリー七世伝』をわざわざラテン語に訳させたくらいであった。

（2）マルカスター（R. Mulcaster）は *The First Part of the Elementarie*（1582）の第十三章で英語のスペリングは慣習を重んずべきことを主張しているが、現在の英語スペリングは彼の理念に沿っているわけである。また、カクストンにこたえて、英語は文学をになうに足る言葉であるという自信を示しているが、これは、カクストンと彼の間によこたわる時間差とその間の英文学の活動の実績が物を言っているのであろう。

（3）ハリソン（William Harrison）の『ブリテン論』（*The Description of Britaine*, 1587）はホリンシェッド（Raphael Holinshed）の『年代記』（*Chronicles*）の二版に採録され、シェイクスピアやスペンサーにも読まれたらしいのであるが、この第六章で、ハリソンはマルカスターに見られる愛国的自信を英語に対して示している。

また、英語方言のうち南部方言を讃えているのは、彼が語源に詳しく、したがって古英語に比較的近い南部方言を系統的に正しいとしたのであろう。

（4）キャムデン（William Camden）の *Remains Concerning Britain*（1605）のうち「言語」（Languages）の一章は最も注目すべきものの一つである。彼は古い言語を客観的に調査し、諸国語を千年以上にもわたるさまざまのテキストの校勘によって論じている。彼の英語に対する愛はその弟子ベン・ジョンソンに継承されている。

（5）ベン・ジョンソン（Ben Jonson）は、『英文法』（*English Grammar*, 1640）が出たのと同じ年に、随筆集 *Timber* を出しているが、ここでは文体と言語の関係を考察し、「妥当」と「慣習」を重んずることを主張する。

（6）ホッブズ（Thomas Hobbes）もその大著 *Leviathan*（1651）の第一巻第四章（Of Speech）で言語について考察している。彼は言葉というものは過去と現在、個人と個人を結びつけ、学習と教授を可能にするもので、組織化された社会への前提であると見なす。彼の言語の歴史に関する知識はエデン、バベルといったものであるし、また、言語を「名称」の集団と見て「構造」と見なかったことは、ノミナリズム的傾向を示すと言えよう。

（7）ドライデン（John Dryden）は英国学士院（Royal Society）の「英語改良委員会」の委員でもあり、また、桂冠詩人でもあり、言葉に対する関心が旺盛であった。彼はベン・ジョンソンと同じく伝統を重んじたが、自分の時代はエリザベス朝、ジェイムズ朝の黄金時代よりも文運隆盛と信じていた。この英語論は彼の *The Conquest of Grammar*（1672）の初版に付されたものである。

（8）ブラウン（Sir Thomas Browne）は博識にまかせその『随筆集』（*Certain Miscellany Tracts*, 1682）の中で世界

の言語の変化の諸原因を考察し、かつ、ヨーロッパ諸語の共通起源論をうちたてたのは立派だが、ここにヘブライ語まで入れたのは間違いであった。特にゲルマン諸語に関心があるのはキャムデンの流れを引いているわけであろう。方言の中に古い言語のあとを認めるのはまったく近代的で、その洞察力に驚かされる。

（9）ロック（John Locke）は、『人間悟性論』（*An Essay Concerning Humane Understanding*, 1690）の第三巻第一章及び第二章において、言語は人間のコミュニケーションのための神授の手段であるということから説き起し、観念と言葉、経験と観念の関係を考察し、人間の理解力における言語の役割を検討する。ホッブズと一致する点が多いが、観念と言葉の結合を恣意的であると指摘したのはソシュール（F. de Saussure）を思わせる。問題自体が今日なお古くなっていない点、さすがである。

（10）デフォー（Daniel Defoe）は、『計画論』（*An Essay upon Projects*, 1697）の中で、カクストン以来二百年目に、再び、英語は文学語たり得るか、という疑問を提出し、この蕪雑な英語の矯正のためにフランス流のアカデミーの必要を説き、そのもくろみを示した。彼は理性（reason）と慣習（custom）が相剋していることを指摘して、理性の味方をした。この習慣と理屈の対立はマルカスターの綴字論、また、後のジョンソン博士にも見られるところで、英国には古くからあるところのものである。そして常に慣習が勝ってきたのが英国の特色である。

（11）アディソン（Joseph Addison）も言語についてスウィフトと論じたことがあった。これが『スペクテーター』（*Spectator*, No. 135, Saturday, August 4, 1711）に載ったエッセイのもとである。彼は英語にモノシラブルが多いことを讃えているが、これはキャムデンの系統である。また、近年語尾変化がおとろえてきているのを嘆いているのはベン・ジョンソン的である。アカデミーの設立を願うのはデフォー的である。

（12）スウィフト（Jonathan Swift）はエリザベス朝、ジェイムズ朝、チャールズ朝を黄金時代と考え、以後、英語は堕落してきているから、アカデミーを作って規制すべきであるとし、オックスフォード伯に寄せて書いた一文がここにとられている（"A Proposal for Correcting, Improving and Ascertaining the English Tongue," 1712）。一七一四年トーリー内閣が瓦解してこの希望はなくなったが、アカデミー論としてはこれは代表的なものである。

（13）チェスターフィールド卿（Philip Dormer Stanhope, Lord Chesterfield）はジョンソン博士が辞書のため支持をもとめた時はあまり助けようとしなかったが、その後数年してジョンソン博士が独力これを完成しようとしていると聞き、あらためてパトロンになりたそうな横目を使って二度ばかり雑誌に書いている。その一つがここに採録された"Letter to *The World*"（28 November, 1754）である。この中で彼はフランスとイタリアのアカデミーのようなものがないことは英国人の恥であり、英語には権威的な文法も辞書もないため、英語は「古典的言語」にまだなっていないと言い、スウィフトの提案に言及している。

（14）ジョンソン博士（Samuel Johnson）は一七五五年に画期的な『英語辞典』（*A Dictionary of the English Language*）を完成したが、これにつけた長文の序文もまた、非常におもしろい。そこには英語を「固定」（fix）しようという意図が歴然としているからである。時代思潮として見のがせないところである。

（15）ウェブスター（Noah Webster）は辞書家として英語におけるスペリングと発音の乖離に大きな関心があった。「スペリング考」（"An Essay on the Necessity, Advantages and Practicality of Reforming the Mode of Spelling, and of Rendering the Orthography of Words Consistent to the Pronunciation," Appendix to *Dissertations on the English Language*, 1789）の中では、現在、イギリス風綴字とアメリカ風綴字との区別となるいくつかの提案をふくめた議論が展開されている。

（16） フランクリン（Benjamin Franklin）の改革論（"On Modern Innovations in the English Language and in Printing," 1789）は国際語としてのフランス語の有利さを考え、外国人が英語を習う際に邪魔になる要素をすべて取り除くべきだと主張する。これは元来ウェブスターに宛てたものである。

（17） コベット（William Cobbett）の文法（*A Grammar of the English Language*, 1818）は息子に与えた書簡の形式をとる変ったものであるが、これは規則をかかげては古来の著名人の文章を片っぱしからやっつけるといったふうのもので、彼の急進思想が反映している。

（18） ハズリット（William Hazlitt）の「英文法」（"English Grammar," *The Atlas*, 15 March, 1829）は当時新興の言語学の影響を感じさせるものである。彼はラテンやギリシャの文典にならって英文法を構成することや意味によって品詞を定義することに反対している。ホッブズやロック流に、言語を「名前」という見地から見ることに反対なので、全体が新言語学的と言えよう。

（19） エマソン（Ralph Waldo Emerson）はトランスセンデンタリストであるから、その言語観（*Nature*, 1836, chap. 5）もこれによって規定されている。言葉が事物の符号であるという点ではホッブズやロックに一致するが、彼にとっては事物や世界自体が真なる実在の符号なのである。象徴としての言語に関する考察は吟味に値しよう。

（20） ド・クインシー（Thomas De Quincey）は、学問の分野をいろいろ見わたして、英語とフランス語がいちばん軽視されている分野であると指摘している。そしてまだ英語史の本さえないのは愛国心の欠如だと考える。しかし外国語と比しても、英語は文学語として十分適していると自信を持っている。

このように、カクストンの英語不信論ではじまったこの本は、ド・クインシーの「英語論」（"The English Language," *Blackwood's*, April 1839) では自信になっている。本書で扱われた三百五十年間、最初と中頃と二度ばかり英語に対する自信の揺らいだ時代があったが、だいたいは自信を増してきているようである。ド・クインシー以後になると言語学の発達のため素人は口を出せなくなってしまう。

しかし、以上見たように、著名な文人の英語観を時代的に並列することは、それ自体に思想史的意味があるのみならず、一つの文体史としても扱い得ると思う。この点、大学院の教科書としても適当と言える。また、近代言語学の発達後でも、文学者や哲学者の英語に関する発言はいろいろの点で採集しておくに値すると思われるので、続編が望まれる。

*

アースレフの『イギリス言語学説史』は、これまでベルン大学のフンケ教授（Otto Funke）の独壇場であったテーマを扱ったもので、類書が少ない点、本書自体が非常な力作である点で注目に値しよう。これで、ドイツ語以外でも近世のイギリスの言語学説史が読めるようになったわけである。本書のもとはミネソタ大学に提出した学位論文とのことであるが、その後、おおいに手を入れたものという。

第一章は「言語と精神」に関する十八世紀の諸学説の概観である。人間の精神と言語の関係とか、言語の起源などは、狭義の言語学説史では扱わないことになっているが、アースレフはその重要性を力説している。これが、本書の題名を *The Study of Language in England* として、*The Philology in England* としなかった理由と言う。十八世紀は言語研究史の上から言うと一種の断絶の世紀である。十七世紀にはキャムデン、ファーステガン（R. Verstigan）など、古英語の研究が盛んであった。十八世紀はそのような文献に残っている言語の起源を、歴史に求めず、理論的、哲学的に人間の頭脳の中における言語発生起源を求めていたのである。この時代の問題は大きくわけて二つになる。一つはデカルトやライプニッツの系統を引く「一般文法」(universal grammar) に対する関心であり、もう一つはロックによってはじまりコンディヤック (Condillac) によって極端まで進められた経験論的、感覚論的言語起源説への関心である。この十八世紀に関しては、先に触れたフンケに、『十七、八世紀英国の言語哲学と文法』(*Sprachphilosophie und Grammatik im Spiegel englischer Sprachbücher des 17. und 18. Jahrhunderts*, 1941) と、『十八世紀後半の英国言語哲学』(*Englische Sprachphilosophie im späteren 18. Jahrhundert*, 1934) という労作がある。特に後者は百五十頁以上もの詳しいものであるから、アースレフの第一章はこの要約にならざるを得ない。ただ、アースレフは、フンケがあまり重視しなかったコンディヤックの影響をよく扱っていること、また、ライプニッツよりロックの影響が大きかったと断定している点など、傾聴すべき意見が多くある。

イギリスの言語学説史上では一七八六年が極めて重要な年である。この年にトゥック (Horne Tooke) が『パーレイ瑣談』(*The Diversions of Purley*) の第一巻を出したのであり、また、一方、ジョーンズ (Sir William Jones) はカルカッタのアジア協会で、「ヒンドゥーについて」(On the Hindus) の講演をしたのであった。この二つはその後の言語研究に重大なる影響を与えた。トゥックの本は奇妙な題名であるが、これにはさらに epea pteróeuta (winged words) という副題がついている。これはトゥックがサリー州のパーレイで友人ビードン (R. Beadon) と対話した形式をとっているからである。内容は十八世紀の言語哲学と英語の起源論 (etymology と言っている) の二部より成るが、この本は英国内での影響が大きかった。一方、ジョーンズの方は、印欧諸語の類似性を指摘し、その共通祖語の存在を仮定した点、近代比較言語学の最初の狼煙であり、特に欧州大陸にその影響が大きかった。それでアースレフは、第二章を *The Diversions of Purley* にあて、第三章をそれが英国の言語研究に及ぼした影響の跡をたどっている。第三章はこれに反してジョーンズと新言語学（the New Philology）についてのべ、第五章はさらに一八四二年までの英国における新言語学のあゆみがのべられている。これによると、ジョーンズの影響はまず大陸、特にドイツとデンマークで厳密な近代比較言語学に成長し、一世代後に英国に逆輸入され、トゥック流の言語学に取って代ったということになる。そして最終章（第六章）では、一八六〇年までの新言語学の状況をのべ、EETS（Early English Text Society）の背景やロンドン言語学会（The Philological Society of London）の*OED*（*The Oxford English Dictionary*）編集計画に説き及んでいる。そして*OED*は新言語学の方法と結果を取り入れたものであるが、その背景は、トゥックの伝統と、功利主義哲学の中に占めるその人気に反対し、これを圧伏する意図が秘められていたのだと指摘する。

新言語学の発達をのべるにあたってペデルセンの『十九世紀の言語学』（Holger Pedersen, *Linguistic Science in the 19th Century*, 1924）やヴュルカーの『古英文学史大系』（Richard Wülker, *Grudriss zur Geschichte der angelsächsischen Literatur*, 1885）のような、万人が認める根本資料に言及がないのは、ほんとうに使わなかったのか、それとも使っても言い落したのかは知らないが、ちょっと気にかかることである。しかし、言語哲学的研究と実証的な狭義の言語学の二つの流れを、"Study of Language" ということで統一的にまとめ、その相互の関係を明らかにした通史として、著者の労を多としたい。英語学徒のみならず、英国哲学史畑の人にもおおいに参考になるであろう。

W. F. Bolton, *The English Language: Essays by English & American Men of Letters 1490–1839*. London: Cambridge University Press, 1966.
Hans Aarsleff, *The Study of Language in England, 1780–1860*. Princeton: Princeton University Press, 1967.

［洋書］J. H. Sledd and G. J. Kolb, *Dr. Johnson's Dictionary.*

J・H・スレッド
G・J・コルブ

『ジョンソン博士の辞書』

サミュエル・ジョンソンが一七五五年に『英語辞典』を出しDoctor JohnsonからDictionary Johnsonになってから今年（一九五五）で二百年になる。これにちなみ、さっそくアメリカでは『ジョンソン博士の辞書』（*Dr. Johnson's Dictionary*）と『若き日のジョンソン』（*Young Sam Johnson*）という二冊の研究書が出た。前者は語学的なものであり、後者は文学的なものである。

本書は「書物の生い立ちに関する試論集」(Essays in the Biography of a Book) という副題が示すように、ジョンソンの辞書がどのようにしてできたかを扱っている五つの章から成り立っている。これらは約三年間にわたり、互いに関係なく発表されたものとのことであるが、排列その宜しきを得ており、多少の記述の重複を除けば不自然な点はない。著者は二人ともシカゴ大学で教えている。ちなみにスレッドにとって、この著書はロックフェラー財団及びグッゲンハイム財団の援助によって進められている「英語に関する思想の歴史」の研究の中間報告となるものである。

構成の面から見ると、第一章がジョンソン以前の辞書の伝統と、ジョンソンの辞書との関係をのべる。第二章より

第四章までは、彼の辞書そのものの考証的な研究である。すなわち、第二章ではジョンソンの辞書のプランがどうして作られ、どうして公表されたかの経緯を示し、第三章ではチェスターフィールド卿（Lord Chesterfield）との問題を扱い、第四章では初期の諸版がいかに改訂、増補されたかを考証している。第五章で再び辞書史の問題に返り、ジョンソン以後、OEDの完成に至るまでの辞書の歴史と、彼の辞書との関係をのべる。アメリカの本の特徴として、注は詳細だが、全部バック・ノートになっている。語学的な興味のあるのは辞書の伝統とジョンソンの辞書との関係を論じている第一章と第五章、文学史的興味のあるのはチェスターフィールド卿とのエピソードを扱う第三章である。第二章及び第四章は純然たる文献の考証で、特殊な人にしか興味がないであろう。細かな改訂の経過や、チェスターフィールド卿のことについては別に取り立てて言うこともないと思うので、ここでは著者らが特に主張した二つの点に対象を限ることにする。すなわち、

（1）ジョンソンの辞書は本屋が企画したものであり、時代の要求にこたえたものであった。

（2）ジョンソンは何の新機軸も出していない。

第一の点は、ジョンソンの辞書とコマーシャリズムとの関係とも言えよう。当時、英語のスペリングなどに混乱がひどく、文筆家や一般人がいかに当惑したか、またこのため、標準的な辞書の出現がいかに望まれたかは、ボー（A. C. Baugh）の英語史がこの時代を扱った章に「権威への訴願」（The Appeal to Authority）という名を与えたことからも知られる。すでに大陸では、イタリアのアカデミア・デラ・クルスカ、フランスのアカデミー・フランセーズがそれぞれ母国語の醇化に乗り出し、よるべき規範を示したのに反し、英語は野放しの状態にあったので、その当時の英国人の間に、語彙の多い、意義の解釈に詳しい、文法・言語史の概説のついた権威ある辞書への渇望があったことは理の当然である。ジョンソンが彼の辞書に着手する約一世紀も前に（一六六五年）、王立科学院はすでに英語改善のた

めに委員会を任命しているし、そのほかイヴリン、ドライデン、スウィフト、ポープ、アディソン等々、英文学史上の大物たちもそれぞれ英語を「固定する」（fix）ことの必要を力説し、もしこのまま放置すれば、一世代後には自分らの書いたものが読まれなくなるであろうと心配している。ある心配性な詩人は、自分の作品を後世長く伝えるためには、ラテン語かギリシャ語で書かなければなるまいとまで言っている。当時の本屋たちが、この熟しきった市場の状況と、ロンドンに住むサミュエル・ジョンソンを見過ごすはずがなかった。ジョンソンは辞書にとりかかる十年も前にすでに、『悲劇マクベス襍記』により、本屋の間に編纂者としての能力が知られていたらしい。それでイタリアやフランスのアカデミーに範をとった辞書の刊行を前々から考えていたロンドンの資力豊富な本屋たちは、ジョンソンこそこの仕事への最適任者と目をつけていたわけである。だからジョンソン嫌いのホーン・トゥック（Horne Tooke）はこの辞書を評して、「一団の本屋どもの出版物」（A publication of a set of book-sellers）と呼び、この辞書の成功もまさにそのためだったのだと言っている。しかしジョンソン自身は最初そんな仕事を引き受ける気はなく、本屋のドズレー（Dodsley）にすすめられた時はことわったとボズウェル（Boswell）は書き残している。今の言葉で言えば、つまり、コマーシャリズムに担ぎ出されたのである。したがってその宣伝も当時としては稀なほど猛烈なものであったことが紹介されている。前にのべたような需要の状態であったから、当時そのほかに競争相手になる辞書がなかったわけではない。ナサニエル＝ベイリー（Nathaniel Bailey）の『ニュー・ユニバーサル辞典』などはその尤なるものであったが、ジョンソンの辞書の陰にかくれてあまり伝わらなかったのは、質において劣っていたこともあろうが、何よりもジョンソンの辞書の出版者の宣伝がよかったのである。出版に先立ち、当代第一の名士たるチェスターフィールド卿の名前を借りて計画を発表したのも、その宣伝計画の一部であったなど、這般《しゃはん》の消息が詳しく紹介されている。

第二の点は、ジョンソンの辞書の辞書史上の意味と言えよう。ジョンソンはこの辞書において何らの独創性を示さなかったと主張されているが、これは従来の見方を覆すものである。「この辞書の持つ新機軸の一つは、各語の意義用法を文学作品からの引用で示したことである」（研究社『英語学辞典』）とか、「ジョンソンの辞書の特色の一つは語源にある」（同上）とかいうことは、定説として受け入れられてきていたが、本書の著者らは、これをいちいち否定する。

まず英国の辞書の伝統においては、「剽窃」ということが問題にならなかったという事実の例証からはじまる。独創性のない書物に対する非難の言葉として今日用いられている「鋏と糊のつぎはぎ細工」（scissors and paste）という熟語は、辞書に関する限り文字通りそうだったのである。ジョンソンの場合、ベイリーの辞書（*Dictionarium Britannicum*）を主として用いたが、一方ベイリーの辞書も鋏と糊の力でできたものであった。したがってジョンソンの仕事の意味はその独創性にあるのでなく、先人の業績を総合利用した点にあったとするのである。

ついで著者らはこの主張を裏づけるため、個々の点に入るが、そのためにはどうしてもその他の辞書に触れなければならないことになる。すなわち烘雲托月《こううんたくげつ》の手法というわけで、ジョンソンの辞書を検討することによって結局は英国の辞書の史的概観をすることになっている。

普通ジョンソンの辞書を論ずる場合、そのボディのみ問題にされるのであるが、著者らはこの辞書が四つの部分、すなわち序文、英語史、英文法、本文から構成されていることに注目することからはじめ、この構成そのものからして模倣であることを示す。辞書に英語史などを加えることは、ウォリス（Wallis）以降のならわしであり、英語辞典のみならず、蘭英辞典などにもついていた。もちろん、英語史や英文法についてジョンソンがたいして知っていたわけでもないから、内容の斬新性は望むべくもない。ただヒックス（Hicks）らの影響でゲルマン語の研究の必要性を意識していた点、また、ウォリスの流れを引いて統語論を軽視し、たった数行で片づけている点など、ところどころに興味深い部分が散在するにすぎない。また、論敵であるトゥックまで称賛した序文も百科辞書家チェンバーズ(Ephraim Chambers)のそれとそっくりだし、その前にできた計画もフィリップス(Edward Phillips)のそれと酷似している。しかもこれらはたいていの十八世紀の辞書に見出される共通点なのである。さらに、これらを通じてうかがわれるジョンソンの言語観もつきなみである。

それから辞書の内容そのものの検討になるが、結論としては平凡であり、それ以上のものを作るには十九世紀の史的言語学の発達が必要だったということになる。ここで著者らが繰り返して主張することは、今まではジョンソン以前の辞書とジョンソンのそれとの差を大きく見すぎて、辞書の伝統の連続性が軽視されてきたということである。マクナイト(McKnight)らがジョンソンの辞書の影響として見ていることも、実は彼自身の影響でなく辞書の伝統全体の影響だったと言う。特徴の一つに数えられている語源にしても、彼自身が専門に研究する暇があったわけでない。また、文学作品からの引用で説明する方法は、なるほど英国ではジョンソンが最初であるが、これも彼の独創とは見なしがたい。というのはイタリアのアカデミーがその前にこの方法によるもっと完璧な辞書を作っており、ジョンソンはこれを読んでいたからである。また、意義の分類をもって彼の辞書の一特徴と見る人——たとえばウィートリー(H. B. Wheatley)のごとき——もいるが、この方法を採用した数種の辞書が、ジョンソン自身の蔵書の中に入っていた。こうなると彼の辞書の意味は、日本における『大言海』以下のごとくにも思われてくる。

このように本書はジョンソンの辞書の意義、影響に対する従来の過大評価の傾向を戒めることに主力を置いている。しかしそれにもかかわらず、ジョンソンが大陸のアカデミーの学者何十人分の仕事を独力で成し遂げたことを否定していないし、また、ジョンソン以後ウェブスターをふくめて幾多の辞書が輩出したが、ついにＯＥＤの完成まで、彼の辞書に及ぶものがなかったことも認めている。

最後に、この書が「英語に関する思想の歴史」という題目でなされている研究の一部であることにもう一度注目したい。R・F・ジョーンズ以来、単なる英語史でも、学説史でもないこの種の題目の研究書が、最低二、三アメリカに姿を現していることは、われわれに示唆するものがあるのではなかろうか。

J. H. Sledd & G. J. Kolb, *Dr. Johnson's Dictionary: Essays in the Biography of a Book*. Chicago: University of Chicago Press, 1955.

［洋書］ Hans Marchand, *The Categories and Types of Present-Day English Word-Formation.*

H・マーシャン『現代英語の語形成——範疇と類型』

語形成の伝統とマーシャン

去年（一九六八）の夏、約十年ぶりで西ドイツの大学の英語・英文学の講義やゼミナールに出てみた。主任教授の講義が“Englische Wortbildungslehre”（英語の語形成）であった。そういえば昔もそうだった。その時、突然、「日本で主任教授の講義題目が語形成という大学はないだろうな」という感想が浮んだ。そういえば英米の大学でもちょっとないと思われる。

これと関連して思いあわされるのは、Hans Krahe, *Germanische Sprachwissenschaft* の第三巻のことである。二、三年前に独文科の大学院生たちとこの第一巻（Einleitung und Lautlehre＝introduction and phonology）を読み上げて第二巻（Formenlehre＝accidence）にとりかかった頃、第三巻が出たのであったが、これがWortbildungslehre（＝word-formation）になっていて、しかも他の巻の二倍もの厚さなのである。この時も、第三巻の充実した取り扱いを見て、語形論は伝統的に印欧比較言語学の中心分野であったことを憶起せしめられたのであった。それで比較言語学で鍛えられたドイツの英語学者が、英語における語形成を書き、また主要講義題目としているのに反し、英語学者が比較言語学を必ずしも修めていないドイツ以外の国で語形成があまり本式に取り扱われないのもわかるような気がした。

日本は英語学の活発な国であり、あらゆる分野で業績が上げられているが、語構成の面ではあまり耳にすることがない。上野景福教授の『語形成』（「英文法シリーズ」研究社、一九五五年、九八頁以下）がほとんど唯一のものであると言ってよいであろう。

諸外国でも英語だけの語形成（word-formation）を扱った単行本は少ない。H. Koziol, *Handbuch der englischen Wortbildungslehre*（Heidelberg: Carl Winter, 1937）がほとんど唯一で、そのほかは、O. Jespersen, *Modern English Grammar* の第六巻（morphology）に語形論とともに、語形成が扱われている程度であった。雑誌論文では一九五一年頃から、アーンス・マーシャンの論文が、*Neuphilologische Mitteilungen, Anglia, English Studies, Word, Indogermanische Forschungen* などの雑誌に続々と発表されていたが、それほど学界の注目を受けなかったと思われる。すぐれた文献解題をかねている太田朗『構造言語学』（研究社、一九六〇年）、宮部菊男『英語学』（研究社、一九六一年）のいずれにもそれに対する言及がない。ところがマーシャンが従来の研究を総括して標題にある本書の第一版（Wiesbaden: O. Harrassowitz, 1960）を出した時、それはいわゆるインスタント・サクセスとなった。そして多くの言語学関係の雑誌の書評者たちは、本書の圧倒的な量的充実と明晰な取り扱いに敬意を表した。初版の時から本書は標準的文献（standard work）、あるいは不朽の作（monumental work）という声価を得たものである。

ここで著者に触れておくと、アーンス・マーシャンは西ドイツのノードハイン・ヴェスト・ファーレン州クレイフェルトの出身で、インスブルック、ウィーン、パリ、ケルンなどの諸大学において古典語やロマンス語を修め、一九三三年ケルン大学でPh. D.を得たロマンス語学者である。一九三四年から五三年までイスタンブール大学で俗ラテン語とフランス語を教えると同時に、同市のロバート・カレッジで英語とドイツ語を教えた。一九五三年に渡米、イェール大学でフランス語講師となり、翌年バード・カレッジの言語学助教授、一九五六年にフロリダ大学のロマンス語教授となった。一九五七年の夏に帰独、チュービンゲン大学に迎えられ、現在ここの正教授である。英語は元来彼の専門でなかったが、その豊かな言語研究の背景と滞米経験から、この名著を生んだ。

本書の構成と第二版の改訂点

本書は次の十章から成り立っている。

I　Introduction
II　Compounding
III　Prefixation
IV　Suffixation
V　Derivation by a Zero-Morpheme
VI　Backderivation
VII　Phonetic Symbolism
VIII　Motivation by Linguistic Form: Ablaut and Rime Combinations
IX　Clipping

Ⅹ　Blending and Word-Manufacturing

これは内容的に見ると二分することができる。つまりⅠ—Ⅵは多かれ少なかれ文法と関係があり、Ⅶ—Ⅹは文法とあまり関係がない。今回の改訂・増補は、Ⅶ—Ⅹの各章にはほとんど関係なく、文法と関係ある諸章、特にIntroduction（Ⅰ）、Compounding（Ⅱ）、Zero Derivation（Ⅴ）、Backderivation（Ⅵ）が大幅の改訂を受け、Prefixation（Ⅲ）とSuffixation（Ⅳ）の各章が少しばかりの改訂を受けている。これは初版から十年近く、方々から受けた批判などを考慮して筆を加えたものなので、学問的メリットはさらに大きくなっている。「考えぬいて整理してある」というのが本書の特徴であったが、それがいっそう強くなっている。

また、参考文献表はさらに増強され、約八百点あげられている。また索引のみでも五十頁に及ぶ精密なものとなり、ハンドブックとしての価値もさらにいっそう高められた。

語（Word）とは何か

Word-Formationという以上、まず「語とは何ぞや」という厄介な問いに一応こたえないことには話にならない。上野景福教授（上掲書、一頁）はヘンリー・スウィートの「究極の独立した意味単位」(ultimate independent sense-unit) という簡明な定義をよりどころとして話を進めておられる。マーシャンは「最小の独立した、不可分にして意味を有する言葉の単位で、文中での転換が可能」(the smallest independent, indivisible and meaningful unit of speech, susceptible of transposition in sentence) としている。この場合、強勢 (stress) は単語の定義にはあまり重要なものでないとされている。これはブルームフィールドやマルティネの定義を巧みに使ったものと言えよう。

コツィオルは"Irrtümliche Wortabgrenzung"（=erroneous word-demarcation: *op. cit.*, §683-88）の中で、a napron, a nadder が誤ってそれぞれ an apron や an adder ができたことなどを重視している。しかしマーシャンはこういう現象は「単なる言葉の偶然」（nothing but accidents of speech）として片づける。というのは adder であろうと nadder であろうとそれは音形（phonic form）がちょっと違っているだけで、歴史的に一つの形が別の形に変ったにすぎないのであるから。

ここに見られるように、マーシャンは語を見る時、共時的な立場に重点を置いている。これはドイツの伝統的語形成（たとえば Koziol, *op. cit.*や W. Henzen, *Deutsche Wortbildung*. Halle, 1947[1]; Tübingen, 1957[2]）の本に比べて新しく、新言語学の方法と成果が取り入れられて、しかも成功している。以下、そのいくつかの解説例を見てみよう。

ゼロの派生（Zero-derivation）

マーシャンは史的言語学から入って新言語学を修めた点、ソシュールの経歴とちょっと似ている。それで共時的な立場が十分消化されていながらも、けっして歴史的な立場の長所を捨てているわけでない。その点、新言語学者のある人たちに見られるように理論のために理論をもてあそぶことなく、一見、混乱しやすいような言語現象を明快にときほぐすために有効な場合のみ、使われている。

たとえば zero-morph はゼロの概念自体について異論もあるところである。ところがマーシャンの場合、「ゼロの派生」というちょっと怪しげなテクニカル・タームがまことに巧みに使われている。たとえば *atomize* も *cash* (v.) もそれぞれ「原子に変える」(convert into atom)、「現金に変える」(convert into cash) の意味である。これを atomizeやcash-ϕと見て、さらに*legalize, nationalize, sterilize*と、動詞として用いられた*clean, dirty, tidy*の間にも同じ統語・意味的パターンを認めるのである。これはスウィートによれば品詞の転換（conversion）であり、コツィオルによれば機能の変化（functional change）でありバイ（Charles Bally）によれば機能ないし範疇の転換（transposition fonctionelle ou hypostatique）であるが、マーシャンは、そういう考え方の妥当性も認めた上で、*government official*の*government*と上にあげた*clean*とが品詞転換の意味を異にすることを明らかにする場合などを考えると、やはり「ゼロの派生」を考えた方がより有効と主張する。

逆成（Backderivation）

「ある語に接辞が付加することが派生（derivation）であるのに反し、その逆の現象、つまりある語から接辞と誤認した部分を切除して新語が形成されることがある。これを逆成（backformation）と言う」（上野、上掲書、八二頁）。たとえば*peddle*（行商する）は*peddler, pedlar*（行商人）からのbackformation（= backderivation）であると言われる。というのは*peddler*の方が一三七七年の文献に残っているのに対し、その動詞形は一五三二年に最初に記録されているからである。これは文献にどちらが早く残ったかを見、その「時間」という非言語的要因（extra-linguistic factor）を基点にして派生を決めることを意味する。それでマーシャンは逆成には通時的な意味しか認めない。上の例ではpeddler: peddle = writer: writeの等式を成立させるべきであって、共時的には、*peddler*を*peddle*の派生と見るべきであると言う。しかし似たような例でありながら*laze*と*lazy*, *televise*と*television*は異なった分析を受けている。こういう点に著者の緻密性がよく現れている。

音象徴（Phonetic Symbolism）

マーシャンは基本的姿勢としては鋭敏周到な共時的言語学者である。しかし語根創造ともなれば、正統的インドゲルマニストの立場をとる。言語はいかにして生じたのか。それは契約によってであるか（thesei）、それとも本質にもとづいてであるか（physei）、という問題は、プラトンの対話篇『クラテュロス』以来の問題であるが、アリストテレスが thesei の立場をとり、また近代の言語学者、特にソシュールを含むフランス系の人たちが「言語は恣意的」（arbitrary）ということを公理の一つにしあげてからは、音表象をもとにした語根創造はいわゆる近代言語学の網の目からもれてしまった。しかしグリム以来ドイツを中心とする印欧比較言語学者は一度も音象徴と造語問題を忘れたことはなく、また見るべき成果を上げている。たとえば本書においては"**/sk/** is frequent with verbs implying quick, brisk movement, as *scour* 'rush violently', **skip** ... *scuttle, scuddle, scud, scutter, scoot, (helter-)skelter, skedaddle, scamper* ..."といったふうに書かれているが、この章だけに三十頁以上も豊富な実例が集められている。このように近代言語学によって忘れられたプラトン言語学の一面が、英語の研究分野として復活させられたことは注目すべきである。

いずれにせよ本書は、通時的な研究者にも共時的な研究者にも、座右必備の書と言ってよいであろう。

Hans Marchand, *The Categories and Types of Present-Day English Word-Formation* (second completely revised and enlarged edition). München: C. H. Beck, 1969.

［洋書］ T. B. W. Reic, *Historical Philology and Linguistic Science.*

T・B・W・リード『史的言語学と言語科学』

これはロマンス語学者リードが一九五九年十一月にオックスフォード大学教授就任講演としてのべたものである。したがって量としては小冊子にすぎないが、内容的には近時、言語学界にうるさく論議されている諸問題に、簡潔な鳥瞰と成熟した判断を与えており、言語に関心を持つ人々の一読に値するものである。

近代言語学は、その最初の契機を印欧語は共通の祖語を有していたということの発見に負うがゆえに、史的な雰囲気のもとで発達してきており、十八世紀流の規範的文法からの脱皮がめざされた。十九世紀には一般思潮の中心であった進化論の影響下にあり、言語の進化、音韻変化の法則が唱えられる。この頃にはその「法則」の証明のためには古い文献を用いたから、研究の資料としては古い文献ということになる。そのうち目をもっと新しい、生きた資料である方言に向ける人々が出た。ジリエロン（J. Gilliéron）などの言語地理学がそれで、その一派は一時「音韻法則」の否定の方にまでいった。しかし、今日では、視野を広くして文化的・歴史的背景を考慮に入れれば否定する必要はないと思われるようになった。そして音韻変化も「法則」というようなものでなく「対応の仕方の型」というように解釈されるようになった。このように史的言語学は、今日に至るまで着実な成果を収めつつ展開してきている。

ところが、三十年前くらいから、言語学の新派が現れはじめ、強大な潮流になってきている。そのきっかけになったのはソシュール（F. d. Saussure）であるが、彼は言語学を通時（すなわち史的）と共時にわかち、後者の方から、歴史的契機をふくまざる記述の学としての言語学が生じた。さらにトルベツコイ（N. S. Trubetzkoy）は音素論をのべ、アメリカにおいてはブルームフィールド（L. Bloomfield）がビヘイヴィアリズムの心理学にもとづいて言語分析を行った。これらの学者の説から、一般に「構造言語学者」（structuralist）の諸派が流れ出てきている。その特徴は「閉鎖されたる」組織ということであり、歴史・文化その他一切の背景から切りはなして、言語組織を一時点において記述するのである。その学派はインディアン語記述ということもあってアメリカで最も隆盛である。イギリスではロンドン大学がその中心である（それに日本を加えるべきであろう）。しかし盛んであるからとて、理論上の実質的成果は上がっていないのだ、とリードは指摘する。彼の批判をまとめてみると

（1）構造言語学は主として音素論《フォネミクス》と形態素論《モーフィミクス》に集中し、音声学《フォネティクス》や意味論《セマンティクス》をやっていない。

（2）範疇《カテゴリー》や基準《クライテリア》についての一致がない。言語の分析単位に客観性を認める者とまったく認めない者がある。また、網羅の原則で、penny（singular）、pennies（plural）、pence（collective）の三形ある名詞をもってきて、すべての英語名詞は潜勢的に三形を有すとする発想をしたり、また反対に単純の原則をもってきて、比較的頻度の少ないものは例外として片づけたりしている。（不規則形の説明は、元来は史的言語学の成果である。）

（3）範疇や基準は目的次第でつごうのよいものを使っている。しかし構造言語学の目的というのがまた、明確でない。教授法やテキスト編纂などには有益なものがあるが、それは実用上の工夫なのであって、学問というものではない。（たとえば巧みにできた受験参考書は英語の習得に有益であるが、それは英語学とは呼ばれな

い)。

(4) 構造主義は、これを徹底的に押し進めると、すべての比較を不能にする。「閉鎖された組織」内での語の相互関係のみにたよればいきおいそうなる。(認識論上の絶対的観念論と似ていて、自己の主張の中に自己破壊の原理をふくんでいると言えよう。)

このような構造主義の病根に対するリードの洞察は正鵠を射ている。すなわち、構造主義者たちは、言語学を無理に「科学化」、しかも「自然科学化」したがったことによるとするのである。このことは百年くらい前の自然科学の急速な発展時代にもドイツの言語学者たちが試みたことであったが、今、テクノロジーの王国アメリカの言語学者たちが、しきりに自然科学づいているのを見ると、「またか」という感慨が出てこようというものである。精密な科学にはまず与えられた対象がなければならないが、構造言語学の「閉ざされた体系」の対象は何か。英語といっても地方、階級によりさまざまに異なる。一方言をとっても個人によって異なる。個人もその時によって異なる。かりにその一つを記述し得たとしても、その記述の意味は、他のそれと比較してはじめて意味があるが、比較は構造言語学にあっては理論的に否定されることは前述の通りである。

もちろん構造言語学にもとるべき点はある。一時点における言語の状態は本質的に言って一組織であるという仮定は有益なものである。しかし、言語の組織が時計の機械のごとき相互関連をなしているというのは明らかにいきすぎである。言語は絶えず変化するが、その際、全体がそっくり変るのでなく、個々の音、個々の語、個々の言い方が変るのである。そして新要素の出現は遅かれ早かれ旧要素の死ということになる(「外国人」という語が流行すると「異人」という語が駆逐されるように)。言語はゾレン(Sollen)としては体系的、構造的であるが、ザイン(Sein)としてはけっしてそのようなものではない。

さらにもう一つ加えるならば、構造言語学は音素をやかましく言い、これが言語伝達の本質のごとく主張する。しかし現実には、われわれは音素を聞くのではなく発声を聞いているのである。だからひどい風邪をひいた人の言うことでも聞きとれるのである。

このことが示すごとく、言語という対象は、構造主義者の言うような明確な研究対象ではない。明確な対象なきところに明確厳密な自然科学的研究をうちたてんとすれば、いきおいそれは嘘になる。嘘と言って悪ければ非現実的なものになる。その兆候はすでに現れていて、構造言語学は、現実の人間の言語の研究から離れて記号論理の演習みたいになるのである。構造主義者が「意味」に弱い、あるいはこれを扱わぬのも、このことと無関係ではない。意味というのは元来明確な対象物でないから、構造主義者の望むような「自然科学」になってくれないのである。しかし「意味」のない言語は文字通り無意味である。さらに悪いことは、構造学者は意味を除いた分析をすると称しながら、その分析する文の意味はわかっていることを前提とするから矛盾もはなはだしい。

一方、構造主義者による史的言語学に対する批判もある。曰く非科学的、曰く現実との接触に欠く、と。しかし科学的ということは言語学では自然科学とは違うことはのべた通りである。そうすれば史的言語学が古い文献を対象としても、「現実から遊離している」とは簡単に言えないであろう。言語という不明確なものを対象とする際、「言語現実」というのは、構造言語学にあっても史的言語学にあっても本質的相違はなく、程度の差にすぎないのではないか、というのがリードの意見である。

事実、一種の「雪どけ」は昔からあった。ヴァルトブルク（W. von Wartburg）が一九三一年に記述言語学と史的言語学の関連についてのべているし、ポープ（Pope）嬢も、ラテン語から近代フランス語に移る変化に関する論文（一九三四）で、通時言語学の学説を利用している。しかし一般的に言って、構造言語学者の方が偏狭である。（別言すれば、史的言語学者は実質的《ソリッド》な知識を持っているので、構造言語学のよいところも利用できるが、構造言語学者はその学説上、史的言語学の豊かな、実のある成果も利用できかねるというのが本当のところであろう。もちろんソシュールのごとく元来史的言語学者であった人もいるわけだが。）

リードは、言語学は厳密科学たり得ず、またそうであるべきでもない（"The study of language as a whole ... can and should be scientific in the looser sense."）という根本認識にもとづいて、二種の言語学の総合《ジンテーゼ》、または協力を要請する。彼は大ざっぱに言って、共時言語学はパロール（parole）に、通時言語学はラング（langue）に相応しようが、どちらにも「絶対的」などというものはなく、同一対象に対する二つの違った態度といったものだとする。この二つは相反的なものでなく相補的なものである。だから史的言語学者がある一つの古いテキストを編纂し解説することは、その時代、その国、その作家の言語を記述言語的に扱っていることになる。一方、史的言語をやる人も、言語的な訓練は記述言語的に受ける必要がある。

リードのこの小冊子は、和解の提案である。そしてその和解の基盤に、人間に関する学問を自然科学化することの愚を悟ることを置いたところに、彼の成熟を見る。公平に言えば、彼の口調は構造言語学者のいきり立ちをたしなめているところがある。科学の厳密（rigour）が死後硬直（rigor mortis）にならぬよう繰り返しのべている。本書を読めば、構造熱にうかされている人は反省する余地が出てくるであろう。史的言語学をやっている人は、バスに乗り遅れる恐れはないことを知って安心すると同時に、構造言語学のよいところは一つ学びとってやろうという気になるであろう。公平中立な見解と言えようが、どちらかと言えば史的言語学に有利である。

T. B. W. Reid, *Historical Philology and Linguistic Science*. Oxford: Clarendon Press, 1969.

［洋書］ Peter Berghaus & Karl Schneider, *Anglo-friesische Runensolidi im Lichte des Neufundes von Schweindorf* (*Ostfriesland*).

P・ベルクハウス K・シュナイダー『アングロ・フリジアの古代貨幣とルーン文字の新研究』

本書は二人の専門を異にする学者の対話と共同研究から生じた二つの論文を収めたものである。ベルクハウスは古銭学の権威、シュナイダーは言語学、特にルーン文字と古英語の権威である。古銭学については批評する資格がないので、まずシュナイダーのルーン文字の方から見ることにする。

一九四八年にドイツの東フリジア地方、シュヴァインドルフ（Schweindorf）で新しく金貨が発見されたが、これが学問的な検討と解釈を受けるのは本論文が最初である。この新しい金貨によって、今までもしばしば論ぜられながらも十分解き尽されていなかった二つの金貨——ハーリンゲン金貨（Harlingen オランダのフリジア地方で出土）とスカノモドゥ金貨（Scanomodu 大英博物館蔵）——にも新しい光が投げかけられることになった。

これらの金貨に刻まれたルーン文字を言語史的に詳細に研究してみると、この三つがいずれも六世紀のアングロ・フリジアのものであることがわかる。これにさらに傍証的な文書の記録を用いて年代を詳しく見ると、大英博物館のものは五〇〇—五二五年、ハーリンゲンのものは五五〇—五七五年、シュヴァインドルフのものは五七五—六〇〇年頃と推定される。ここで驚くべきことは、言語学的、文献学的な年代推定が、まったく別の学問である古銭学の推定とほとんど誤差なく一致することである。方法をまったく異にする学問の結論の一致ということは、両方の論文の信憑性を著しく高めてくれるように思われる。

金貨の絵とルーン文字は内容的にそれぞれ関係がある。解読はほとんど今まで手のつけようがないとされていたものであるが、古代ゲルマン人の宗教信仰の解明という手段によって、すっかり解きほぐされたと言ってもよい。これらの金貨は西ローマの金貨の真似をして作ったものであるが、それぞれに、吊り下げるための輪がついているので、異教徒であったゲルマン人の戦士のお守りだったと思われる。

ところで、こういう「お守り」に現れてくるゲルマン人の神はどんな神であろうか。それは意外にも、ウォーデンでもトールでもティウでもなく、二人の若い兄弟神なのである。この兄弟神はあまり有名ではないが、五、六世紀頃のアングロ・フリジア人にとっては最も人気のある神であった。この兄弟神については、拙論「ヘンギストとホルサについて」（本書所収）を参照されたい。イギリスに渡ったアングロ・サクソン人の二人の酋長の名前がヘンギストとホルサであり、その両者が奇妙なことには「馬」という意味であること、しかもこの馬は、若い兄弟神を表していることなどは、歴史家によってはしばしば見落されていたことであるが、今度のシュナイダーの論文で、この神の重要性について、さらに有力な傍証を得たことになる。

また、純粋に言語史的な見地から見て注目すべきことは、語幹の長母音の後には、まだ西ゲルマン語の〈u〉がついていること、また、〈a〉ステム名詞が、〈u〉語尾の単数助格を示しているが、これはアングロ・フリジア語の特徴で、古英語の年代推定にも関係がある。また、ルーン文字の音価について言えば、ᛟが古い［o］音を保持してまだ〈i〉ウムラウトを受けていないこと、またᚨが大英博物館の金貨の場合は古いアングロ・フリジア語の音価

［æi］であるのに、ハーリンゲンとシュヴァインドルフの方は、比較的新しい音価［a］を示しているなど、興味深い。

サザランド（C. H. V. Sotherland, *Anglo-Saxon Gold Coinage in the Light of the Crondall Hoard*, p. 40）は、ルーン文字の彫ってある金貨は、ルーン文字と古銭学の専門家の協力がなければ解明され得ないであろうと言っているが、今度、本書によって徹底的な分析を受けたのはよろこばしい。また、言語学や宗教学や考古学や古銭学がそれぞれの成果を持ちよることによって、疑問とされていたことを次々に解明してゆく態度はおおいに参考になる。シュナイダーやベルクハウスが、隣接諸科学の成果を的確に消化していることは驚嘆すべきものであって、このような研究を読むと、専門を深くほり下げることは、その門を広くすることにほかならないというパラドクスに到達せざるを得なくなる。

Peter Berghaus & Karl Schneider, *Anglo-friesische Runensolidi im Lichte des Neufundes von Schweindorf*（*Ostfriesland*）. Köln und Opladen: Westdeutscher Verlag, 1967.

［洋書］

『K・シュナイダー古稀記念論文集』／『P・ハルトマン還暦記念論文集』

Festschrift für Karl Schneider zum 70. Geburtstag am 18. April 1982.
Allgemeine Sprachwissenschaft, Sprachtypologie und Textlinguistik: Festschrift für Peter Hartmann.

今年（一九八三）の春、二つの堂々たる記念論文集がとどいた（シュナイダー教授のものは出版年が一九八二となっているが、実際に出たのは一九八三年である）。前者には三十六編の論文（一編平均約十六・五頁）、後者には四十一編（一編平均約十一頁）、両者合計すると実に七十七編になる。一つ一つ取り上げるわけにはいかないので両教授の紹介と個人的な立場から収録論文のいくつかに言及するにとどめざるを得ないと思う。それぞれの分野で傑出したこの二人の教授に、二十代の後半に三年近く、学問的に、経済的に、また個人的に徹底的に面倒をみていただいたことは今から考えても奇跡のような幸運としか言えない。あれから四分の一世紀を経た今年、両教授の記念論文集が揃って出たのを見てまったく感慨無量である。

シュナイダー教授は一昨年上智大学で三カ月間講義と演習を持たれたほか、東京と京都で講演もなされたから、直接お目にかかる機会のあった日本の英語学者もそうとう多い。シュナイダー教授は印欧比較言語学の泰斗ヘルマン・ヒルトの最後の弟子で、師の家に住み込んで勉強する機会を得た人である。原始ゲルマン語の動詞に関する研究でギーセン大学より学位を得（一九三八年）、しばらくはトカラ語など比較言語学に従事、次第に古英語のルーン文字へと関心を集中させ、画期的な大論文『ゲルマン・ルーン文字名考』（一九五六年）で教授資格を得た。この論文がマールブルク大学に提出された時、あるゲルマン語教授は審査を辞退した。「もしここに論じられていることが本当ならば、ヤーコプ・グリム以来の大事件だ。わたしはそう思いたくないが、さりとて反駁する準備もない」と言ったことが語り草として伝えられている。結局、九学科の教授が共同審査したという怪物的な論文で教授資格を得られた。

したがって今回の記念論文集の第一部は「ルーン文字学」関係である。シュヴァルツ（Hans Schwarz, Münster）がキルファー（Kylver）の墓葬に関するものを寄せ、また *Historical Linguistics* の著者としてわが国にも広く知られているレーマン（W. P. Lehmann, Texas）がルーン文字を魔法の見地から見ようと論じているのが目につく。

第二部は印欧比較言語学及びそれに関連する語彙論が九編収められている。本記念論文集の編者ヤンコウスキー（Kurt R. Jankowsky, Georgetown）がゲルマン語と印欧語における時間の観念の扱われ方について、また、もう一人の編者ディック（Ernst S. Dick, Kansas）が古英語の名詞 drēam が種々の動詞と組み合さった場合の意味論的考察をしているが、わたしにはこの論文集の中でこれがいちばんおもしろかった。この二人はシュナイダー教授の下で学位論文を書き、後に渡米してそれぞれアメリカの主要大学で正教授や学科長になっている。ヤンコウスキーは去年東京で開かれた国際言語学者会議に出席してシンポジウムの座長も務めていたことを記憶される方もあるはずである。*The Neogrammarians* の著者として知られる。去年はわたしの家に滞在していたので、彼の研究の近況をつぶさに聞いた。ディックはその昔シュナイダー教授宅のコロキウムでいっしょだった。古英語の語彙研究で傑出しているが、今回のもふくめ、主要論文がドイツ語で書いてあるため、わが国の英語学界に知られることの少ないのが惜しまれる。グノイス（Helmut Gneuss, München）の古英語辞典に関する論文、シェーファー（Jürgen Schäfer, Augsburg）

の十七世紀の辞典における古英語と中英語の扱われ方の研究は英語学史的に見て注目に値する。ゲケラー（Horst Geckeler, Münster）の franglais に関する論文は、この問題についてこれまで読んだもののうち最も本格的であった。

第三部は一般言語学の論文が三点あるが、今回の記念論文を受けた側のハルトマン（Peter Hartmann, Konstanz）が新しい意味論の展望をのべ、また、サピア＝ウォーフの理論をホピ語から本格的に検証して見せた著者で日本に知られるギッパー（Helmut Gipper, Münster）が「いかにして〝意味〟が決定されるか」という古い問題に対して新しい考察を提供している。

第四部は文法的研究三編が入っているが、古英語時代の文法研究の今日的意味に関するわたしの小論はここに入れていただいた。

第五部は文化史に関係するもの五編であるが、ベッカース（Hartmut Beckers, Münster）の年代記作者から見たアングロ・サクソンの地名論がおもしろい。メルトナー（Edgar Mertner, Münster）は諸大学の歴史の中の典礼的なものと反典礼的なものの考察をしている。

第六部は古英語及び中英語に関するもの四編である。ケラーマンとハース（Günter Kellermann & Renate Haas, Duisburg）のものはこの頃よく話題になる古英語対話詩 *Salomon und Saturn* を扱っているが、これを魔法と神話から考察しているのはいかにも彼らしい。彼の古英語詩に使われた「神」及びそのケニングの研究は基本的なものである。またベニング（Helmut A. Benning）がハーレイ写本（Ms Harley 2253）の研究を寄せている。彼はシュナイダー教授が最も高く評価した弟子でわたしの留学当時は助手だった。コロキウムではただ者ならぬひらめきを示していた。後にすばらしい研究書を出版し、大学で教えていたのだが、心境に変化が生じて退職し実業界に入った。しかし恩師の記念論文ともなればこのようにアカデミックな論文が書ける人なのである。

第七部はシェイクスピアに関するもの二編で、シュペヴァック（Marvin Spevack, Münster）も注釈論を寄せている。彼は実際上、シュナイダー教授の後任ともなった人である。シェイクスピアの標準的コンコーダンスを作った人として知る人も多いと思う。

第八部は近世・近代文学畑から七編の論文が寄せられている。シュナイダー教授は若い頃にイギリスのマンチェスター大学で教えられたこともあって、近代英詩を好まれ、ユニークな講義もされていた。コープマン（Helmut Koopmann, Augsburg）は英米詩のイマジズムとドイツの表現主義詩との比較を論じた論文を寄せているが、これは彼がかつてシュナイダー教授のイマジズムの講義を聞いたことに関係がある。シュナイダー教授はドイツ文学のヘーゼルハウス教授と共同ゼミナールを試みられたことがあり、その時のテーマが「英米イマジズムとドイツ表現主義」であった。わたしも影響を受けたが、それを専門にするようになった学者が出ているのを見て感銘が深い。

シュナイダー教授の記念論文集でおもしろいのは、著書論文などの業績リストのほかにその指導の下に書かれた博士論文とその書き手のリストがつけられていることである。一九五三年にミュンスター大学の教壇に立たれてから十六人の博士を作られた。古英語関係九名、中英語関係一名、文法関係二名、近代詩関係四名である。ドイツでは博士論文の指導教授を Doktorvater（＝doctor-father）と呼ぶ習慣があるが、学者の業績の中に弟子を作ることも入れるならば、博士論文を指導した弟子は、師の業績ということになろう。シュナイダー教授がまことにすぐれた論文指導者であることを体験した編者たちがそのリストをつけたことに共感を覚える。

＊

シュナイダー教授の記念論文集が七十歳を記念するのに対し、ハルトマン教授の論文集は六十歳の記念である。学会的な活動も多い方であるから、もう十年後にはさらに大きな記念論文集ができる可能性がある。比較言語学はドイツの大学のお家芸であるが、大戦のせいもあって後継者に悩んでいた。大学当局とシュミット（A. Schmidt）教授が首を長くして何年も待った後にはじめて現れた天才青年がハルトマンだ、というのが当時の噂であった。日本語の構造に関する論文で学位をとった後、サンスクリットの名詞の研究で教授資格をとり、古代ギリシャ語方言論のゼミナールをやると思えば、エドムント・フッサールの現象学における言語の地位についての講義をなさるといったふうに、言語の実証にも、言語哲学や言語理論にも強い、秀才肌の人である。

ゼミナールの学生が「先生は何カ国語できるのですか」と聞いたので数えはじめられたら六十八くらいあったのでたまげてしまった。こんな人を見ると印欧比較言語学をやろうなどという気はなくなる。そんなことを言ったら「君はドイツ語で論文を書けるけれども僕は日本語では論文は書けないよ」と言ってなぐさめて下さった。

まず一般言語学の論文は、言語理論、文法理論に関するものが七編、意味論と応用言語学に関するもの七編、命名論に関するもの五編、言語学説史に関するものが五編、言語タイポロジーに関するものが九編、テキスト言語学に関するものが七編である。

第一部の一般言語学ではフェルブルク（P. A. Verburg, Groningen）の「言語理論の背後にある哲学」がいちばん読みごたえがあった。彼には言語学史の大著があるだけ目くばりが広い。コーン（Kurt Kohn, Konstanz）の言語習得における文法の役割に関する論文はわれわれ英語教育を考える場合にも参考になる。パウゼ（Eberhard Pause, Konstanz）の翻訳論は、かつてハルトマン教授がのべておられたことの展開であるが、翻訳論を通じて言語の本質を考えさせるところはさすがである。命名論は旧約聖書やプラトンの『クラテュロス』以来の問題である。ハルトマン教授もこの問題がお好きであったが、『クラテュロス』のゼミナールでいっしょだったハールヴェーク（Roland Harweg, Bochum）が固有名詞と普通名詞の問題を扱っている論文を見てなつかしかった。彼の家には一週間ほど遊びに行ったことがある。東ドイツから来た家族でルール地方の炭鉱住宅に住んでいたが、ひどく寒かったことを記憶している。彼は今そのルール地方の大学で言語学を教えている。言語学説史ではロビンズ（Robert H. Robins, London）がファース（J. R. Firth）を取り上げ、二十世紀の言語学における彼の地位を考察しているのが目につく。

第二部の言語タイポロジーではコゼリウ（Eugenio Coseriu, Tübingen）がタイポロジーの理論面を扱っているが、日本語と印欧語の比較に関するものが三編ある。フェルハール（John W. M. Verhaar, S. J., Spokane）のVO統語論と岸谷ショウ子（東大）の動詞と用言、小生（上智大）の語源と音訓の関係のものである。

第三部のテキスト言語学は当然ながら修辞学と詩学のものが多い。

還暦までに業績目録が十四頁に及ぶ多産なハルトマン教授が、七十歳まで、どれくらいこのリストを増加されるか楽しみである。

Ernst S. Dick und Kurt R. Jankowsky, hrsg., *Festschrift für Karl Schneider zum 70. Geburtstag am 18. April 1982.* Amsterdam/Philadelphia: John Benjamins Publishing Company, 1982.

Manfred Faust, Roland Harweg, Werner Lehfeldt, Götz Wienold, hrsg., *Allgemeine Sprachwissenschaft, Sprachtypologie und Textlinguistik: Festschrift für Peter Hartmann.* Tübingen: Gunter Narr Verlag, 1983.

［洋書］ Helmut A. Benning, „*Welt*" *und* „*Mensch*" *in der altenglischen Dichtung.*

H・A・ベニング『古英詩における大宇宙と小宇宙』

本書は数年前、ベニングが西ドイツミュンスター大学に学位論文として提出したものを、このたび学術奨励会の資金援助を得て「ピュピングハウス英語学叢書」第四十四巻（Pöppinghauser Beitiäge zur englischen Philologie 44. Heft）として出版したものである。内容から言えば、古英語の単語十五個ばかりの語源研究書であり、いわゆる専門馬鹿（Fachsimpel）のやることと従来は考えられやすかった部門の研究である。しかし、その実際は広大な精神史的視野と精密な比較言語学的検討を兼備した迫力ある論文であり、語学研究者のみならず、文学思想の研究者にも新鮮な、時によっては革命的な資料を提供してくれるし、その解明の過程には名探偵が謎を解きほぐすようなおもしろさがある。

第一に本書の構成であるが、これは三つの章より成る。第一章は古英詩に現れた「天」を示す四個の単語 heofon, sweg(e)l, rodor, neorxnawang の研究、第二章は「地」を示す五個の単語、eorþe, grund, hruse, molde, folde と、「命」を示す二個の単語 feorh, fierhþ の研究、第三章は「世」を示す二語 middangeard, worold と、「人」を示す

ieldeと「命」を示すealdorの研究である。そしてこれに若干の付説が挿入されている。なぜベニングが以上の諸語を研究対象として取り上げたかと言えば、いかなる時代のいかなる人種にあっても、外界（大宇宙）と自己（小宇宙）には関心があり、その中でも、天地、現世、人間、生命はその中核観念（kenzone）なのであるから、それを解明するのが先決だと考えたからである。なるほど今までもこれらの諸語の語源をたどった著作、辞典はあるけれども、それは甲語ではこれこれ、乙語ではこれこれ、丙語ではこれこれの語形を有していたということを音韻史的に連ねるだけであって、それがいったい、何を根源的に意味していたのであるかは不問に付されていたと言ってよい。これに着目して語源研究に新指標を示したのはトリアー（J. Trier）とシュナイダー（K. Schneider）であったが、ベニングはこの二人の成果を徹底的に利用して、古代人の生活の中心核をなす語の語源を解明せんとするのである。

　ここからベニングの方法論も必然的に出てくる——すなわち語形（音韻）変化史という外形にその内容を充塡した語の歴史を究めようとすること、これである。そして語の内容とは、それを用いた人間社会の世界観、人間観である。そして一社会共通の世界観、人間観とは結局その団体の文化ということであり、さらに一歩進めて、文化とは啓蒙時代以前の人間においては、特に古代人においては「宗教」である。要約すれば、ベニングの方法論には左右二輪の車がある。すなわち一つは従来の印欧比較言語学の成果たる音韻史、他は、今まで言語学の研究にはほとんど導入されることのなかった宗教史である。彼は古語を研究して古い宗教を明らかにしようとすると同時に、古い宗教を研究することによって今まで曖昧に、またはいいかげんに、または誤った解釈のままに放置された古語に、正しい、本源的な意味を与えようとするのである。

　言語と宗教を両軸にして考える——と言えばわれわれは江戸時代の国学を思い出す。国学の創始者荷《か》田《だの》春満《あずままろ》は「創学校啓文中」に、「古語不㆑通、則古義不㆑明焉、古義不㆑明、則古学不㆑復焉」と言って、言語学的研究を古道探究の基礎とした。そして国学は儒仏を排斥する。儒仏が入る前の純粋の古道を見ることを欲したからである。この点においても、ベニングの研究態度や研究法には国学と一脈相通ずるものがある。国学における儒仏に相当するのはゲルマン人の社会においてはキリスト教である。ベニングは、同じ学統に属するシュナイダーやケラーマン（G. Kellermann）とともに、古くからのゲルマン語が、キリスト教的な意味を付加される以前にはどのような原義を有していたか、どのような宗教観を背景に持っていたかを剔抉することに主要関心がある。同じ「天」といっても、古代ゲルマン人はキリスト教の「天」とは違ったものを考えたはずである。それはいかなるものであったか。その影響が残っているかいないか、残っているとすればどのような形で現れているか、等々である。たとえばここにベニングが取り上げた「天」を示す古英語だけでも四個あり（これにはラテン語からのfirmamentなどはふくんでいない）、古代人の天に関する観念がそうとう輻輳したものであるという見当がつく。この際、ベニングは重ねて「古代の目」（Blick der Frühe）をもって物を見るべきであり、けっして啓蒙された目をもって見てはならぬとしている。これもわが国の江戸時代の学者、伊勢貞丈が言った「古の目で古を見る」と同じことである。

ベニングが、自己の考察する文学の範囲をゲルマン＝イングリッシュ古代文化圏（Kulturkreis germanisch-englischer Frühzeit）としたのは、当然のことながら正しい。古英語を話した人は欧大陸からの移民であり、これを切り離して考えることは、ニュー・イングランド時代の米文学を英文学に関係なく考察するのと同じことだからである。彼が常に「古英＝ゲルマン人」（altenglisch-germanische Menschen）という複合形容詞を用いて語っているのは好意が持てる。しからば、啓蒙されざる目をもって見た古ゲルマン＝古英文化圏とはいかなるものであったろうか。それはラートショー（C. H. Ratschow）のいわゆる、「魔的統一体」（Unio Magica）である。この統一体中の人間の思考、想像、行為はすべてその宗教に規定され、また、言語に反映される。民族、言語、宗教は一つの有機的全体の異なった面にすぎない。ところで、ベニングが古ゲルマン＝古英文化圏という「魔的統一体」の中に発見した表象（すなわちそれをになっている言語）は比較的単純である。それは大別して人間自体（小宇宙）に関するものと、人間をとりまく外界（大宇宙）に関するものにわけられる。そして後者に見られる根本的表象は、「建築」に関する表象群か「植物生長」に関する表象群かである。一方前者に関する表象群は、人間と部族、生と死にわけられ、その中心には性がある。これらの表象群は時代とともに、互いに交じり合ってもいるが、大筋はなおたどり得るものである。そしてすべての表象に特徴的なのは、極めて具体的であること、日常の行為に直接関係があることであり、はじめから抽象的なものは何もない。具体的な例を詳細に紹介することは紙面が許さないが、その結果だけを手短にのべてみる。

heofon（天）は「蔽う」意味で現代ドイツ語でHemd（シャツ）と同語源である。しかしこの語と常にいっしょに用いられる動詞には「つっかい棒をする」というのがあり、神が「天を創造する」というのは、古英語では、「大工が材木で木造の屋根のつっかい棒をする」という語源的な意味になる。ところが、語の組合せによっては、「屋根を編む」という意味も出てくる。さらに「編む」という語と「細枝」とは語源的に同じく、さらに、「疲れる」「完成する」も同様である。したがって、古代ゲルマン人、否、インド・ゲルマン人は、世界を一つの木造家屋と考え、天を細枝で編んだ屋根と考えていたということが、諸語の文献で例証される。同じ「天」でもsweg(e)lは、「よき車」という語源になる。これは古代インド・ゲルマン共通の神話では太陽を車輪と考えるという事実によって解明される。そう言えばなるほど、swegel（天）には「太陽」の意味もある。さらに「天」を示す別の語rodorは、今日のドイツ語Radが暗示するように「車輪」である。swegelとの相違は、この語は木を丸切りにした車輪であり、rodorの方は、スポークのついた車輪である。さらに「天国」に用いられるneorxnawangも「光り輝く柴刈山」といった意味から、「柴で囲みをした光り輝く場所」となる。paradise も元来囲みを意味しているのは根本表象が同じだからである。wang という語が現代ドイツ語 Wange（頬）と同義なのは、原義が矮林、あるいは柴刈山なので、その表象として、そってもそっても髯の生えてくる頬と、切っても切っても枝の出てくる矮林が共通だからである。neorxna という「光輝」を意味する形容詞がつくのは、古代人は植物の色に目を向けるより、新緑の輝きに宇宙生命的神秘感を有したためである。また、「地」を意味する諸語も、極めて具体的な諸例をもって解明されている。eorþe は、木造家屋の下部である。この語は「作る、組み合せる、つっかえ棒をする」などという動詞にその語源を持っている。だから、ラテン語の artus（関節）も ars（術）も、earth と同語源で、「木を組み合せる」という原義なのである。同様な推論から、grund は「根太」のことであり hruse は「土間に塗ったしっくい」のことである。いずれもゲルマン人の世界建築物から派生したもので、「地」を意味するに至ったものである。「地」が悪い意味で用いられる molde は、元来は「母なる大地」を示すいい言葉であったが、あまりにも異教的連想のために、キリスト教伝播後、下降せしめられたものである。folde は矮林を示すところから出た語である。middangeard はエッダなど北ゲルマンの文献にも見えるもので、彼らの理解できる範囲の世界、コスモスで、人間界である。だから夜になれば middangeard ではなくなる。また「世」を示す worold は現在まで、「世界」「世代」というかけはなれた意味があり、語源学者の頭を悩ましたものであるが、ベニングはこれを、インド・ゲルマン的「世界木」という宇宙観を入れて解決する。これは宇宙を示すと同時に、植物的生長も意味することを確かめることによって了解される。「人間」を示す ielde「生命」や「永遠」を示す ealdor はいずれも植物的「生長」に関係ある。特に樫の木であり、これから人間が成ってきたのである。この生長という空間表象から、時間的永遠を示す語ともなるのである。

以上、ほんの瞥見にすぎないが、ベニングの方法と結果をうかがうことができよう。直接解明の光が向けられたのは十五個の単語であるが、彼は、その語がいかなる語列において現れるかに絶えず注目している。いかなる動詞が続くか、いかなる形容詞がつくか、どんな語が対照的に用いられるか、等々であるから、実質的にははるかに多くの語の源泉を明らかにしたことになっている。同時に、われわれが常に古英詩を読む際に驚かされる基本的概念を示す同義語の多様さも、そのニュアンスの差も、起源も了解できるのである。また、彼が古英語の散文を用いず詩のみを対象にしたのも、そういう相関関係語がしっかりと結びついたまま伝承されているからであろう。枕詞の研究が散文の資料ではできないのと同じことである。さらに古英詩を読む者にとってうれしいことは、この研究により、今までいろいろの編者により、「意味が通じない」としていろいろ修正が提案されていた写本の箇所の多くが、無修正のままではっきり意味が通ずるようになったことである。筆者の労を多とする次第である。

Helmut A. Benning, *„Welt" und „Mensch" in der altenglischen Dichtung: Bedeutungsgeschichtliche Untersuchungen zum germanisch-altenglischen Wortschatz*. Bochum-Langendreer: Pöppinghaus, 1961.

［洋書］

H・F・ブルックス『チョーサーの巡礼者たち』 Harold F. Brooks, *Chaucer's Pilgrims.*

中世英文学の研究には従来二つの研究法があったと思う。一つは純粋に語学的、本文批評的なものであり、もう一つは、いわゆる中世学者（medievalist）とか、好古家（antiquarian）とか言われる人のやる時代考証、有識故実、背景知識などである。両者を合せると、いわばドイツ流の文献学（Philologie）的なアプローチと言えよう。この方面の研究はアメリカでよく言うリサーチなのであって、研究成果はますます累積してゆき、主立ったものに目を通すだけでも大仕事になり、肝心の文学作品を味読する時間も気力もなくなる、という現象さえ起ってくる。文学研究におけるこのような学者的《スカラリー》な傾向にあきたらず、作品を作品だけとして、現象学的に解釈しようとする運動が出るのは当然で、これが新批評《ニュー・クリティシズム》と言われるものの底に流れている。このような文学研究の態度はドイツのシュレーゲル、イギリスのコールリッジあたりに淵源を求められようが、この二人がシェイクスピアの大家だったところから、シェイクスピア研究においては古くから鑑賞的、新批評的研究がある。A・C・ブラッドレーの『沙翁悲劇』（*Shakespearean Tragedy*）などもこの系列に入れて考えてよいであろう。このようなわけで沙翁以後の時代、すなわち近代文学では、狭義の文学的研究も当然成り立つと考えられ、その方の業績も多いわけである。

ところがチョーサーとなるとシェイクスピア以後のようなぐあいにはいかない。まずテキストを読むこと、中世の事物を知ることからはじまり、研究も、いきおい文献学的にかたよることとなる。実際『カンタベリー物語』のリサーチ的研究の発達は目をみはるものがあり、たった八百五十八行のプロローグだけに対して、三百頁を超える大冊 (M. Bowden, *A Commentary on the General Prologue to the Canterbury Tales*. New York, 1948) が出るようになった。ちなみに戦後わが国で出た二冊のプロローグに関する書物、すなわち大山俊一注釈『カンタベリー物語――プロローグ』(篠崎書林) および御輿員三著『二十六の群像』(南雲堂) と、戦前からある市河三喜注釈『カンタベリー物語――プロローグ』(研究社) との最も著しい差は、ボーデンの上掲の書物に由来すると言ってもよいくらいである。このように文献学的研究が進んで、ある程度の成熟に達すれば、それを基礎にした狭義の文学的研究が出てくることが予想されたわけであるが、ブルックスの今回の本は、そのはしりの一つであると言えるであろう。その副題「プロローグにおける肖像の芸術的排列」は彼の意図が文献学的ではなく、「芸術的《アーティスティック》」(狭義の文学的) であることを示す。

著者ブルックスはロンドン大学バーベック・カレッジで英語を教え、また、*Arden Shakespeare* の共同編集主任であることから、彼は沙翁学から方法のヒントを得たのではないかと想像される。元来、本書はサザンプトン大学の英文学会支部で発表したものに手を加えて増補したものとのことで、分量も少なく、一気 (at one sitting) に読めるものであるが、チョーサーの文学の今まで無視された面 (one aspect of his art in them《i. e. *Canterbury Tales*》has been largely neglected) を扱っていると称するものなので多少詳しく紹介してみたい。

著者の主眼は『カンタベリー物語』のプロローグに出てくる二十数人の巡礼者の登場順がいい加減なものでなく、

入念な芸術的配慮からなされている、その構図を明らかにしようというのである。まず登場人物の出場順序であるが、これは社会的にも道徳的にも最高なものから、社会的にも道徳的にも最低のものに至るようになっている。すなわち第一は軍事階級、第二は宗教関係、第三は中産階級、第四は美徳ある庶民、第五は無頼漢どもであり、だいたい、社会階級と道徳的高さはほぼ比例しながら下降するが、ただユーモアのクライマックスと美徳のクライマックスと、低い社会的位置が、第四グループとその直前に現れてくるのを例外とする。さらにこのグループ内の排列も機械的、無雑作になされたものでなく、十分神経がゆきとどいており、ブルックスに指摘されると今さらチョーサーの完璧な構図に驚かされる。

まず軍事関係では騎士《ナイト》は典型的キリスト教的武人として描かれ、ついで近習《スクワイアー》が若々しい青年武人として描かれる。この二人は父子という近親関係の地盤の上に、対照的に取り扱われているが、後者の方が、貴婦人への愛やら宮廷風のしつけやらで父よりも世俗に一歩近くなっている。この二人には当然従士《ヨーマン》がいる。以上三人はいずれも男性的であり、それぞれが騎士、近習、従士の理想像である。特に単純で武辺一徹のヨーマンには女子修道院長《プライオレス》が続く。この人は特に優雅な、女性らしい女性として描かれている。それに修道院士《モンク》と托鉢修道士《フライアー》が続くが、その道徳水準はだんだん程度が下がってゆき、それにつれてだんだんチョーサーの皮肉の鋭さが上がってゆく。プライオレスの欠点は、ただその修道生活があまり厳格ではないらしく、愛玩動物などを飼っているくらいである。モンクは一歩進んで、修院規則は少しも守る気がなく、狩猟という世俗的興味が彼にとっては聖ベネディクトの戒律以上のものである。しかし彼は普通の在俗の男子として考えれば悪人ではない。ところがフライアーになると修道会人としてのみならず、普通の人間としても許せない点が出てくる。ここで注目すべきことは、チョーサーは一つとんで前の登場人物との照合を絶えず考えていたらしいことである。プライオレスと一つとんで前のスクワイアーはいずれも洗練という点で似ており、同じようにモンクとヨーマンは戸外のスポーツを好むという点で似ているといったぐあいである。この手法はプロローグ全体にもしばしば出てくることが指摘されよう。

次の一群は中産階級であり、顔ぶれも実社会を反映して最も多様である。商人《マーチャント》はすぐ前のフライアーと同じく著しく金儲けに関心があるが、ただ、フライアーは宗教を種としてやり、マーチャントは本職としてやる、しかも前者はその社交性（外向性）により、後者は慎重性（内向性）によって、その対照が顕著である。次に学問を使う中流人としてオックスフォードの学生《クラーク》が出るが、彼は世俗的関心の完全欠如の点ですぐ前のマーチャントと対立し、学問をやっている点でその前の宗教グループと関連する。次の高等法院弁護士《サージャント・オブ・ザ・ロー》は、知的職業である点ではクラークと同じであるが、世才にたけ蓄財の道に長じている点、一つ前のマーチャントとつながる。彼が知的職業の中産階級で最上位にあるとすれば、それに続く地主《フランクリン》は中産階級全体で最上位にある。前者は内向性、後者は外向性という相違が目立つ。この社会的なピークの前にはクラークの道徳的ピークがあった。次にギルドの代表者たちが来るが、ここで地理的推移が現れる。マーチャントとクラークはそれぞれミッデルバラとオックスフォードという地方出身、サージャントとフランクリンは、地方とロンドンの両方に関係がある。前者はロンドンにいながら地方に土地を持ち、後者は地方に本拠があってロンドンの議会に席を持つ。一方、ギルド人は完全に都会人だ。彼らが連れてきた料理人《クック》は、ナイトに対するヨーマンと類比されるが、その関係は近代的、一時的であるのにヨーマンの方が封建的、恒久的である。このクックの中に無頼の要素が出るが、これは次の船長《シップマン》に連なる。シップマンと次の医者《ドクター・オブ・フィジック》は、専門職を身につけていながら、道徳的にいかがわしい点があるのが共通の特徴をなす。これはその次のバースのおかみさんとも共通だ。このおかみさんも、機を織らせては近郷無双なのである。シップマンもドクターもともに占星術、天文学を修めていることはおもしろい。また、シップマンもおかみさんも、地理的には西の方であり、再びロンドンを離れる。

ギルドの代表者やクックの前に登場した人がみな東部出身であったのとも対比が見られる。巡礼中の二人の女性像――プライオレスとバースのおかみさん――が両極端であることは一目瞭然だ。

第四のグループはプロローグ全体のクライマックスとブルックスは考える。身分は低いが、間然するところのない二人の人物が登場する。すなわち田舎司祭《パーソン》と農夫《プラウマン》である。第三のグループすなわち中産階級のグループが叙述も長く、しかも多様性に富んでいたのに対し、第四は、たった二人で、しかも簡潔単純なのであるから、構成上の効果が大きい。バースのおかみさんがユーモアのクライマックスとすると、この二人は道徳的クライマックスである。しかもこの田舎司祭は広い区域に点在する信者を風雨を冒して訪ねるだけなのに反し、バースのおかみさんの方はヨーロッパ中の旧跡に巡礼している。しかし信仰の方から言うと雲泥の差がある。また、この立派な二人、すなわち田舎司祭と農夫が兄弟であるところにもキリスト教で言う兄弟の本義を見られるとする。この兄弟の精神性とその前のバースのおかみさんの肉欲性の対比はきわ立っている。

第五グループの粉屋《ミラー》、賄方《マンシプル》、農地管理人《リーブ》、宗教裁判所召喚人《サモナー》、贖罪符売り《パードナー》は全部、無頼の徒輩である。このグループの前にちょっとした休止があるのは、チョーサーの肖像並列技巧として注目すべきである。ミラーは一行の先頭に立つと書いてあることによって、読者はもう一度、巡礼者全体に目を向ける機会が与えられる。ミラーはまた第四グループを越してバースのおかみさんに連なるタイプである。この順序は、だいたい、肉体的にも道徳的にもだんだん下がっていく。ミラーは頑健なだけ、マンシプルは狡猾であるがまだ正常と言える。リーブはすでにやせ方が異常になるし、サモナーとパードナーは身体的にいろいろな悪い病気の徴候が見えるのみならず、宗教を食いものにしている。この道徳面では奈落、皮肉という意味では絶頂でプロローグの登場人物の紹介は終っている。このグループの中では、さらにその他の細かい排列にも（たとえば世俗の法律に本職としてでなく仕えるマンシプルと教会の法律に本職として仕えるサモナーなど）チョーサーの配慮がいかによく行きとどいているかが示されている。

いっぽう『カンタベリー物語』の本編における各物語の排列は、ブルックスの考えではチョーサーの最終案ではないので、ここにはプロローグに見られるような緊密な芸術的構成は見られないとされている。したがってこの部門に対するブルックスの言葉には迫力がない。このチョーサーの芸術的研究というささやかな出発を見るにつけても、われわれはG・K・チェスタトンの天才を思い起さずにはいられないのである。彼の『チョーサー』は一九三二年に初版が出たが、その方法論は、学者先生たちの文献学的考証とはまったく異なり、狭義の文学的なものであった。質量ともに堂々たるもので、ブルックスの今回のものと比べると、この三十年間の時間の隔りが逆であって、チェスタトンの頃にブルックスのものが出て、今、チェスタトンのものが出たら自然と思われるくらいである。ここで思い合されるのは、チェスタトンがホーム・ユニヴァシティー・ライブラリーから、*The Victorian Age in Literature* (1913) を出した時、あまり風変りで、当時の支配的な考えと相容れなかったため、編集者が、わざわざ、「本書はヴィクトリア朝文学の権威ある歴史をのべようとするものでないことを説明したい、云々」という弁解がましい言葉をつけなければならなかったことである。この言に反して、戦後、同ライブラリーを見ると、戦前のもので復刊に耐えるものはまことに寥々としているのに、ひとりチェスタトンの同書のみが、光彩奕々《えきえき》とし、戦後も多くの版を重ねている事実である。学界の潮流とか流行とは関係ない天才の働きを目のあたりにするような気がする。チョーサーの文学的、芸術的研究はこれからますます盛んになるであろうが、その先駆者がチェスタトンであり、それが先駆者的仕事であるにとどまらず、質的にも最高峰のものであるかも知れないのである。チェスタトンの『チョーサー』は最近もしきりに版を重ねているようであるが、三十年も前のものでは「書評」するわけにはいかない（同書の書評はおそらくわが国では出なかったのではなかろうか、また、その影響を示す論文も寡聞にして知らない）。しかしブルックスの小論にチョーサー学の新風を感ずるにあたり、チェスタトンを記憶することは後学の義務であると思われるので一言した。ちなみに、ブルックスの本は、脚注が多いのに、チェスタトンにはひとことも触れていないのは奇異である。

Harold F. Brooks, *Chaucer's Pilgrims: The Artistic Order of the Portraits in the Prologue*. New York: Barnes & Noble, 1962.

［洋書］ Mircea Eliade, *Mephistopheles and the Androgyne.*

M・エリアーデ『メフィストフェレスとアンドロジン』

博識（polymath ないし polyhistor）という言葉で指されるようなタイプの学者は、今日のような細分化された専門の時代には稀になりつつあるようであるが、ブカレスト生まれの宗教史学家、エリアーデはその稀なるタイプの学者の一人であるに違いない。ブカレスト大学で学位取得後、カルカッタ大学でインド学を研究、その後ヒマラヤ地方の宗教を踏査研究してヨガに関する論文（"Essai sur les origines de la mystique indienne"）を世に問うたのが一九三六年、二十九歳の時であった。その三、四年前からブカレスト大学でインド哲学、一般宗教学の教授に任ぜられていた。第二次大戦勃発の年、ロンドン、ポルトガルなどに外交官として活躍、大戦終了後はパリに住んで宗教史の研究に従事、欧米各国の大学で客員教授として活躍していたが、十年前、シカゴ大学の「ハスケル講座」を担当したのが機縁で、今、同大学の教授で比較宗教学科の科長である。彼は話せる言葉が六カ国語、流暢に書ける言葉が三カ国語という語学の天才でもあるが、それを駆使した彼の比較宗教学の業績は、単に宗教学の分野にとどまらず神学、哲学、心理学、文化史、民族学、社会学、言語学の各分野に深甚な影響を及ぼしつつある。わが国ではまだそれほど有名になっておらず、『ソフィア』八巻一号の書評欄で、デュモリン教授が、彼の *Patterns in Comparative Religion* を取り上げ、その邦訳をすすめておられるが、今のところ、彼の小論文の一つが他の学者の論文といっしょにまとめられて出ているくらいで、主要なものはまだ翻訳されていないようである。しかしパウル・ティリヒのような神学の大家やトマス・アルタイザーのような急進的神学者、それにカール・シュナイダーのような印欧比較言語学の権威が強く推してやまない彼の諸著作は、人文学の諸方面にますます深刻な影響を強めてゆくことは間違いないであろう。

ここで取り上げる書には五個の論文（元来フランス語で出たものの英訳）が収められている。第一の論文、「神秘的な光の体験」は「神秘的な光」というものが、時代や宗派を超えて、いろいろの人によって体験されていること、しかもこの体験が、日常的体験の世界とまったく関係のない別次元の世界、すなわち聖なる世界の存在を顕示するものであり、被体験者の精神生活を根本からひっくり返すものになることをのべている。雷に撃たれたためにシャーマンになるイヌイット人、座禅で光体験を持ったインド人や中国人など、地域としてもアジア、アフリカ、ヨーロッパ、オーストラリアにわたり、宗教としても仏教、ユダヤ教、キリスト教などの大宗教はじめ土俗の宗教にも及んでいる。そしてインドやイランや中国などでは、光は窮極的存在としばしば同一視される。ただ、キリスト教の聖パウロなどの体験と、仏教の聖者との相違は、キリスト教のごとき一神教にあっては光が神それ自体ではなく、光も神による被造物とされるのに反し、イランや東洋では光自体が神自体とされ、太陽崇拝や星の崇拝になることである。また、光体験の主観と客観に対する考察もおもしろい。たとえば、キリストの変容は、キリスト自身から客観的に光が出たのか、それとも、それを目撃した信者の側の光体験なのかなどの問題である。何はともあれ、光体験によって見た宇宙は、その体験者にとっては日常の宇宙ではなく、文字通り別世界である。そしてその体験者にとっては、宗教の世界、霊の世界、神聖なる世界の存在は疑うべからざるものであり、物質主義的世俗は問題でなくなる。この体験は今日でも、特に宗教的でもない普通の実業家などに起る場合があることも注目に値しよう。ただゲルマン人の光体験については触れられていないが、古代ゲルマン人が花よりは若菜の輝きを崇拝したこと、宗教詩などに光の用語が多いことなど、エリアーデの示す立場から考察すれば、新しい視野が得られそうである。

　第二の論文「メフィストフェレスとアンドロジン」は、ゲーテのファウストにおいて、神がメフィストフェレスに同情を示していることの異常さに目を向けることからはじまる。そしてメフィストフェレスは神に反抗しているのではなく、神の主要な被造物たる生命に敵対していると考える。メフィストフェレスは生命の流れの邪魔をすることによってかえって生命を促進する、すなわち、メフィストフェレスは被創造の世界においては必要な刺激物なのだ。間違いや悪は人間の存在にとってのみならず、ゲーテが「全一」(All-Einheit=All-One)と呼んだ宇宙にはなくてならないものである。この内在性《イマネンス》の形而上学はジョルダーノ・ブルーノ(Giordano Bruno)、ヤーコプ・ベーメ(Jacob Boehme)、スウェーデンボリ(Emanuel Swedenborg)などの系譜に連なるものであろうが、特に有限物の対立はすべて世界の無限なる全一性に消えてしまう、つまり世界とは本質的にはあらゆる諸対立の解消であり、最も欠点の少ない神の定義は「反対の一致」(coincidentia oppositorum)であることを主張したニコラウス・クサヌス(Nicolaus Cusanus、彼の没後五百年にあたっての小林珍雄教授の論文が『ソフィア』十三巻三号にある)の思想がこの解明に最も役に立つ。この全体性の問題はユング(Carl G. Jung)ものべているが、エリアーデは独自の立場から、この「哲学の先史時代」を解明するのである。

　まず神と悪魔が元来兄弟であったとか、宇宙の創造にはサタンの協力が必要であったとかいう民話がヨーロッパの各地に散在しており、また、同じ思想が東洋にも見られる。これがゲーテのメフィストフェレスの原型である。こういう善悪やそのほか男女、明暗、天地、霊肉という対立ができる前には、「全一」あるいは「混沌《カオス》」があった。この全一が分極化していくのが「宇宙《コスモス》」の出現であると、どこでも考えられていたらしい。インド人が歴史に価値を与えなかったのは、歴史以前の、対立の一致した超越界、真の実在の世界に昇ることこそ、窮極の目的と考えていたからである。「全一」においては当然、男女の性別がなく、この状態こそ「聖」なのである。これは「同性体《アンドロジン》」として表象されるが、理想としてのアンドロジンを用いて成功している近代の小説はバルザックの『セラフィータ』(*Seraphita*)のみである。そのほかデカダンの作家などで、男女両性器をそなえた人物(hermaphrodite)を扱った作品があるが、これは元来の聖なる意味がなくなってしまっていて、性感の量的増加を想像した堕落した作品でしかない。ドイツのロマンティックにとって、アンドロジンは将来の理想人として表象されている。リッター(Karl Ritter)、フンボルト(Wilhelm von Humboldt)、シュレーゲル(Friedrich Schlegel)、バーダー(Franz Xaver von Baader)などがそれである、J・ベーメはキリストのおかげで人間はイブができる前のアダムのように、また、天使のようなアンドロジンになれるとしている。そのほかゲーテに影響を与え十七世紀の神智学者《セオソフィスト》たちもこの思想を持っていた。また、錬金術師の「哲学者の石《フィロソファーズ・ストーン》」(Rebis)も語源的に両方の存在(double being)という意味である。時代を中世に遡らせると、エブレオ(L. Ebreo)など多くの哲学者がアンドロジンを人祖と考えていたし、初期のグノーシス派にもおおいに人気があった。聖パウロもアンドロジンの状態を精神的完成の特質と見なした。ギリシャではプラトンの説が有名であるし、ネオプラトニスト、ネオピタゴラス派、ヘルメス・トリスメギストス一派の錬金術師にもこの思想が濃厚である。

インドや古代ゲルマンの神話にもこれが原素神となっている。この思想が現代の習慣になっている例としてはカーニバルがある。カーニバルで男女衣服を変えるのもそのしるしとされる。また、この「反対の一致」の状態は「物のはじまり」と見なされることから、未開人の成人式の行事にも取り入れられ、青年男子にわざわざ女陰の形をつける習慣のところもある。また、このような「反対の一致」は、常にこの「宇宙」や「歴史」の中では想像しがたい状態を示すのにも用いられる。終末論的なイメージとして天国回復の状態を示すにも、ライオンと子羊がいっしょにねそべっているというような形で用いられる。

いずれも、この「反対の一致」は、宇宙開始以前か、宇宙終末以後の状態を指すものであって、人間が「人間の条件」に深い不満を持っていることを表すものであろう。バルザックもゲーテもヨーロッパ文学のみならず、世界文学を考えていたが、彼らの作品が、中世、古代のみならず、近東、アジアとも連なるイメージにもとづいていたのはおもしろいことである。この論文標題は全巻の標題とされているだけに迫力があり、エリアーデの博学ぶりが遺憾なく発揮されたもので、「学は古今を通じ東西にわたり」という文句がそのままあてはまる。日本でも幸田露伴や三宅雪嶺以後は、こういうスケールの大きいものはほとんど姿を消したような気がする。また、アンドロジンの考察こそは学界多年の謎であった「フランクス・カスケット」の右面の解読（一九五九年）を可能ならしめたもので、英語学徒にとっても、無視しがたい。

第三の論文「宇宙的、終末的再生」は、ニューギニア周辺のメラネシア土人の、われわれの目から見れば滑稽な宗教行事の記述からはじまる。世界の珍奇な風俗を集めたイタリア映画を見るような気がしないでもない。彼らの間には、中世ヨーロッパでも紀元千年に来ると思われて大さわぎがあった宇宙終末論的動揺がある。彼らは家畜を殺し、貨幣を海に投げ込んだりして世の終りを待つ。そしてその時現れるのはサタン——白人の神の反対者——である。ここに彼らのキリスト教からの影響とキリスト教を彼らに教えてくれた白人への反感がある。メラネシアには元来、終末思想があって、その時は先祖の霊が死者の国からお土産をいっぱい船につんで帰ってくる、そして食に労することのない天国が出現すると信じた。これがいわゆる「船荷祭式《カーゴー・カルト》」であるが、大戦中に日米の空中戦を見てからは先祖の霊が飛行機で帰ってくると思うようになった連中もある。彼らがキリスト教の宣教師から聞いた話のうちで最も気に入ったらしいのはキリスト教の終末論、「聖ヨハネの黙示録」である。彼らはそこに先祖伝来の考え方を見たのだった。しかし白人はキリスト教徒のごとく、すなわち終末を期待しつつ生きる人として生きていないことに気づく。特に白人はバイブルを信ぜず進化論を信じていることを知った時、漠然と猿を先祖と考えるくらいなら、と言って昔からおなじみのトーテムの動物信仰にかえってゆく。このような宇宙の終末、新しい世界の出発という信仰は世界の各地にあることが示される。新年の祝宴は新しい世界の再生の行事であった。ヨーロッパでもクリスマスから公現までの十二日間がきたる十二ヵ月の象徴として特に重んじられていた。古代人は「食物」というものを、人間がそれを食べることによって宇宙の生命に参加する手段と考えており、それにいろいろの宗教行事が付帯してくるのは当然なのである。マルキシズムはこの考え方の十九世紀的表出であるという。そこには共産主義の勝利によって歴史の終末がもたらされるのだ。「マルキシズムは宗教だ」と言われるが、エリアーデのような比較宗教学者に特徴をあげつつ論証されると、特に説得力がある。

第四の論文「ロープと人形」は、世界各国の神話における綱とか紐のイメージの意味の解明である。話は例によって具体的なところからはじまる。インドの魔術でもロープを立てて天の彼方まで伸ばし、術者がするすると昇って見えなくなってしまうというのがある。この背景をなすものはこの現世のほかにもう一つの本物の世界があるという信仰なのだ。釈迦が階段を通って人界に下ったというのもそれである。この場合、ロープや階段が「世界の柱」(axis mundi) なのであって、同様の思想はチベット、オーストラリアなどにも見出される。さらにインド・ヨーロッパ全体に通ずるかくされた神話のモティーフに、「宇宙の紐」というのがある。これは風のことであるが、風は、呼吸が人体の諸要素をむすび合せるがごとく、宇宙の諸要素を結合していると考える。ゲルマン人の後期神話の主神ウォーデンが元来風神であったことを考えればその重要性が知られよう。死者は神とのつながりの糸の切れた人間のことで、「玉の緒」という日本語が想い出される。また、「夜」と「夜明」の姉妹が、この糸をつむいで「時」を織り出すという神話は、ゲーテのファウストの地霊の唄にも現れるテーマであった。また、太陽は蜘蛛にたとえられ、宇宙の織姫にもなる。蜘蛛の巣の規則正しさが宇宙を示し、また、方角を示す。宇宙が蜘蛛の巣にたとえられる時、神に支えられた「人間の条件」が端的に表現されるのだ。これはカルマの世界であって、これから解脱のテーマが出てくる。ヨーガ（yoga）が語源的にラテン語 jungere、jugum、フランス語 joug、英語 yoke と連なり、いずれも「しばりつける」という原義であることは注目に値しよう。ホメロスやプラトンの「黄金の糸」（aurea catena）は有名で、これは十八世紀に連なり、若いゲーテの形成に貢献する。また、現代でも超心理《パラサイコロジー》の世界では「宇宙糸《アストラル・コード》」があって、人間には「宇宙体《アストラル・ボディ》」とつながる糸があるのだと主張されている。糸のイメージから当然、操り人形が何を意味するかは容易に想像されよう。いずれも人間の不自由な実存を指しているのであり、また、特殊の人がロープを昇るということは瞑想と思索の人が、この人間存在のレベルから脱出できることを暗示し、精神科学の万能が意味されているのである。

第五の、最後の論文「宗教的象徴について」は、今までの四つが元来講演のためのものであり、文体も平易な語り口調であったのに反し、論文体のやや硬いものである。簡単に言えば一つの比較宗教学方法論と言えよう。宗教的シンボルをいかに扱い、いかに解釈すべきかを、解釈学的に、また、経験論的に、具体的にのべたもので、啓発されるところが少なくない。ここでは、「世界」が、宗教的象徴によってわれわれに語りかけ、また、それによって自己顕現をやっているのだということが、巧妙に、いきいきとのべられている。

ホワイトヘッド（Alfred N. Whitehead）は、西洋哲学史はプラトンに対する脚注の連鎖にすぎないと言っているそうだが、エリアーデは、本書で西洋の閉ざされた意識に、「外来者」として入り込むことを目的としている。この点、ユングの深層心理学と似たような意義を持つ。事実、この種の研究は、洞窟学や海洋学の研究が一般地表からは消えてしまった動植物の原形をわれわれに示してくれることに類比される。エリアーデはこの種の研究が東西の理解のもとになることを主張し、新しいヒューマニズムの準備をなすものだと言う。ちょうど、五十年くらい前、原始芸術の発見がヨーロッパの芸術に新しい見方を開いてくれたように、西洋の哲学にも新しいパースペクティブをもたらすことを彼は期待するのである。この点においてエリアーデは、『金枝篇』（*The Golden Bough*）の著者フレイザー（Sir James Frazer）とは似て非なる者である。フレイザーは彼自身が不可知論者であり、異教の中に残酷さと迷信を見たのであったが、これに反し確信あるギリシャ正教徒であるエリアーデは、古代異教神話の中に、宇宙の神秘を理解しようとする宗教人の実存的努力を認め、そしてそれを、ちょうど、ホメロスの世界や、イスラエルの預言者の言葉や、マイスター・エックハルトの神秘哲学を理解しようとする場合のように、まじめに、知的努力を傾けて把握しようとするのである。単なる宗教学者のための書としてでなく、人間の実存とか、精神一般に関心ある人すべてに、一読の価値あるものと思う。

Mircea Eliade, *Mephistopheles and the Androgyne: Studies in Religious Myth and Symbol*. New York: Sheed & Ward, 1965.

［翻訳］ Johann G. Herder, *Abhandlung über den Ursprung der Sprache.*
Claude Lancelot et Antoine Arnauld, *Grammaire générale et raisonnée.*

J・G・ヘルダー『言語起源論』／C・ランスロー、A・アルノー共著 P・リーチ編序『ポール・ロワイヤル文法』

人文学のうち最も自然科学に似ているのが言語学で、また自然科学において最も人文学に近いのも言語学である、とよく言われている。つまり言語学は自然科学と人文学との境界領域の学問みたいに思われているわけだ。そして自然科学において最も本質的特徴は進歩ということである。したがって自然科学では新しい研究は古い研究を必ず一歩進めたものとなる。十年前の大家の書いた著書よりも、専門雑誌の今月号に書いた助手クラスの論文の方がより価値があるということになろう。自然科学ではそれでよいのであろうが、人文学ではその逆であるのが常である。学会の紀要に載る若い人の研究などはどっちみちたいしたものは少なく、古いものにそれこそ古典があるのである。ところが近代の言語学は自然科学に近づくことを理想とした面がそうとう強く、文献を見る目にも、自然科学的発想が入っていた。つまり「新しいものほどよいはずだ」という確信が支配的であった。それで言語学では過去を振り返ることが少ない。現役の自然科学者にとって自然科学史は本質的関心の対象にはならないであろう。せいぜい趣味か教養の対象である。これと同じようなわけで言語学史はあまり研究されなかった。哲学科における哲学史の重さは言語学にはまったく欠如していたのである。

ところがここ数年、少し風向きが変ってきた。その一つの理由はチョムスキー（Noam Chomsky）の『デカルト派言語学』（一九六六年）が出て、過去の文法的業績の高さを顕彰したからである。チョムスキーと言えば生成変形文法論の生みの親として、その論文の一つ一つが世界中の研究者に鶴首して待たれるといったふうの学者で、「新しいものほどよい」という発想にぴったり合っていたのである。その彼が突如ポール・ロワイヤルやフンボルトに積極的再評価を与えたのであるから、世界中の言語学者がショックを受けたと言ったら多少誇張になるにせよ、少なくともそれまでは少数の篤志家がこつこつと地味にやっていたにすぎない言語学史的研究が、重大な関心事になり出し、言語学上の古典の再刊も続々と企てられるようになってきた。このような世界的な動向を反映して、言語学の名著翻訳の最初のものとして、ドイツからヘルダー（J. G. Herder, 1744-1803）の『言語起源論』が、フランスから『ポール・ロワイヤル文法』（*Grammaire générale et raisonnée*）が選ばれ、美麗な装幀で同時に出版されたわけである。

言語はいかにして発生したか、という問題は人間の魂がいかにして発生したかという問題同様、多分に仮説を必要とする。ベルリンのプロイセン王立学士院が一七六九年に懸賞論文を募った時も、そういう仮説を求めたのであった。つまりそのテーマは、「人間はその自然的能力に委ねられて自ら言語を発明することができるか。そして、いかなる手段によって人間はこの発明に到達するのであろうか。この問題を明快に説明し、すべての難点を満足させる仮説を求む」というのであった。ヘルダーには「このすぐれた、偉大な、真に哲学的な問題はまさに自分のために出されたように思われた」とのことである。そして幾度かの改稿の末、若いゲーテとの出会いによって意義深い一七七〇年の十二月にシュトラスブルクにおいて完成し、翌七一年六月六日の学士院会において、三十編の応募論文中、最優秀と認められて学士院賞を授与されたのであった。その時ヘルダーは年齢わずかに二十六、その熱病にうかされたような文体の中には、その後二百年間ついに何人によっても超えられることのなかった言語の本質についての洞察がふくまれていたのである。天才の直観というものは単なる学識でないことを示すいい手本であろう。

ヘルダーの洞察というのは深さであると同時に広さでもある。彼は、人間と動物の言語は感嘆語の面では同じでありながらも、言語の本質的なところでは動物の叫び声と人間の言語の間には断絶があるとする。その断絶の真因が理性であり、理性の起源が言語の起源ということになる。これが彼の言う第一自然法則である。それから人間が欠陥動物《マンゲル・ダーザイン》のゆえに、家庭をはじめとするいろいろの社会を必要とし、その各社会が言語を前提としてのみ成立する、というのが第二自然法則であるが、現代ドイツの哲学的人間学の権威ボルノー教授の言っていることの本質をあらかた言い尽していることに今さらながら驚く。彼の第三自然法則は複数の言語の起源である。このあたりが多くの人の言う言語起源論なのであるから、ヘルダーの広さの意味がよくわかると思う。第四自然法則になると彼の歴史哲学とも結びつくのであるが、多数の中の進行的統一ということになる。たとえばドイツ語では『ファウスト』のようなものはできるが俳句みたいなものはよくできない。逆に日本語は和歌や俳句や連歌のような表現に適してはいるが、シラーのような趣きは出しがたいということがある。ところがドイツ語も日本語もそれぞれ人類の違った可能性を展開しているわけなのであるから、全体として見れば、言語の分化も人類の進歩と見なし得るであろう。これが彼の「漸進的全体」の意味であると考えられる。

これだけの壮大な規模の言語哲学が今まで翻訳されなかったという理由の一つには、原文の読みにくさ、訳しにくさということがあったと思うが、これを日本の読者の知的財産と化された訳者の労を多としたい。訳注も解説もまことによくできていて、教えられるところが少なくない。

＊

チョムスキーのおかげで現代言語学者の注目をあびるようになった古典的言語学書のうち、最も顕著な例が『ポール・ロワイヤル文法』である。これは一六六〇年、文法学者ランスロー（Claude Lancelot）と論理学者アルノー（Antoine Arnauld）の合作で、元来はジャンセニストの学校のために作られたものであるが、その論理性のゆえに文法史上独特の地位を占めているものである。大修館書店から出た訳書にはリーチ師の「現代の言語学にとってポール・ロワイヤル文法とは何か」という解説的論文と、ポール・ロワイヤルの『論理学』（一六六二年）のうち、『文法』と関係ある部分からの抜粋がつけられている。リーチ師の論文は現代のフランスの言語学者や哲学者のポール・ロワイヤル文法に関する見解を紹介している点ではなはだ有益であるし、『論理学』からの抜粋は貴重なものであり、この訳書の価値をおおいに高めるものである。さらに欲を言えば、この文法書が成立する歴史的背景の解説が欲しかった。というのは「ポール・ロワイヤルというのはいつ頃の人ですか」というような質問をする人がいる国だからである。そしてジャンセニズムの学校の教科書が、むしろイエズス会的な学問の伝統を引いていることが明らかにされたらなおよかったと思う。いずれにしろわが国の言語研究に従事する者にとってはありがたい出版であった。なお「訳者のあとがき」によると、ポール・ロワイヤルの『文法』は伝統的文法とはまったく違った構想に立っているとしているが、それはむしろ逆である。中世のラテン文典の伝統を最も正確に伝えようとした国語文典がポール・ロワイヤルの『文法』なのであり、伝統文法と言われる近代の英文法や仏文法はポール・ロワイヤルを核にしているのである。「伝統文法」という語の使い方についてはもう少し注意深くあってよかったと思う。

Johann G. Herder, *Abhandlung über den Ursprung der Sprache*, 1772.

Claude Lancelot et Antoine Arnauld, *Grammaire générale et raisonnée*, 1660.

J・G・ヘルダー、木村直司訳『言語起源論』大修館書店、一九七二年

C・ランスロー、A・アルノー共著、P・リーチ編序、南館英孝訳『ポール・ロワイヤル文法』大修館書店、一九七二年

［翻訳］　Edward Sapir, *Language*

E・サピア『言語——ことばの研究』

なぜサピアをすすめるか。それは実力の充実した学者が楽々と書いた感じのする本だからである。オタワにおけるサピアの後継者ダイアモンド・ジェニスの伝えるところによれば、サピアは急いで書きつけた何枚かのメモを見ながら、二カ月ばかりでこの本を口述したのだという。

概論書を書く人の第一の資格は、直観力の鋭さである。こつこつやって業績を上げるのも立派な学者の仕事である。しかし概論書はなるべく多くの分野に対する目配りが必要である。そこに必要とされるのは各専門分野の本質に対する直観的把握なのだ。多くの学者はこつこつやるが、自分のごく狭い専門以外には理解力や洞察力が欠けている。サピアはこの点、天才と言っても過褒ではないと思う。

サピアが専門としたところはゲルマン語学とアメリカ・インディアン諸語、及びその人類学的諸側面ということになるが、彼の学問の特色は、専門が狭く深くなるとともに、研究の範囲もどんどん拡大していったことである。アフリカ語もその対象になったし、印欧語にも興味は深まり、特にトカラ語の研究を進めた。またシナ・チベット語やセム語の研究も続行した。特にタルムード（ユダヤ律法大成）に関する人種的・言語学研究は晩年の最大の関心事でもあった。中国のユーモアや民話の研究もあるし、フランス系カナダ人の民謡の研究もある。英文学にも造詣が深く、音楽の研究や作詩もあるといったぐあいである。これら学問の諸分野でサピアは専門家として語ることができた。考察は極致に及ぶと同時に、楽々と高く舞い上がって全域を鳥瞰することもできるという才能があった。

専門家は自分の狭い領域こそ最も大事であるとして研究を深める。そういう蛸壺式の穴掘りは学問の進歩に不可欠であり、けっしてその価値を軽く見てはならないが、概論書を書くには向かない。概観、つまり鳥瞰しなければならない。鳥瞰のためには舞い上がる能力がなければならない。サピアこそは至るところの地域でモグラのように穴を掘ることもできながら、ワシのごとく舞い上がって鳥瞰することもできた人なのである。

サピアは言語や音韻構造の微細な検証や考察のできる人であると同時に、人間精神や文化と言語の関わりという巨視的考察もできる人であった。言語の考察に文化的視点を入れるのは邪道と考える純粋派もいるし、関係ないと言う人もいる。サピアは両者の関わりを重んじた人である。これがいわゆるサピア＝ウォーフの仮説と言われたり、メンタリストと言われたりする立場にもなるのであるが、これこそフンボルト以来の言語学の太い流れなのである。この視点のふくまれていない言語学の概説書は価値が少ないとわたしは考えるが、サピアの『言語』を読めばその視点は自然と身につくであろう。

またサピアは自分の頭の中にあることを口述したので、ちょうどその時彼の気になっていたことが書かれていておもしろい。たとえば言葉はどうして変化するのか、ということについてdrift（「駆流」と訳されている）という概念を持ち出したことなどがそれであろう。学問的発想が新鮮な形で出ているよい例であり、それだけに刺激的である。

これと関連して出てくるgeniusという概念も「精神」などと一応訳されているが、読者を興奮させるものを持っている。鉱物学における結晶格子の概念と似ているところもある。これが各言語の深層にあるという指摘は、たくさんの語族を異にする言語をやってみた人の実感であろう。

サピアがこの本を書いた時は、彼自身がまだ若かったし、言語学や人類学自体も若い学問であった。若い時にはその独特の新鮮な視野があるもののようである。ちょうど、夜明けの光は真昼の光よりも光量は少ないはずなのに、全風景が新鮮に見えるがごとく。

サピアの単行本は『言語』一冊であるが、彼の主要論文は David G. Mandelbaum, *Selected Writings of Edward Sapir in Language, Culture and Personality* (University of California Press, 1949) に収められていて便利である。この中にはユダヤ語やアメリカ・インディアン諸語に関係あるものなど、その専門家以外には用のないものも多いが、言語の本質、言語と文化、言語とパーソナリティ、言語と実生活の心理に関するものなど、いかにもサピアらしい刺激的な洞察を含むものも少なくない。デンマークのイェルムスレウのごとく、サピアを読むことによって目からうろこが落ちたような気がして自分の言語学を建設するに至った人が少なくない理由もわかるであろう。

Edward Sapir, *Language*, New York: Harcourt, Brace & Co., 1921.
E・サピア、泉井久之助訳『言語——ことばの研究』紀伊國屋書店、一九五七年

［和書］　鈴木孝夫『日本人はなぜ英語ができないか』

発信型英語教育の究極にあるもの

鈴木孝夫氏はわたしの最も共鳴する英語教育論者である。同志と言ってもよいかとも思う。それで鈴木氏の主張の眼目である「発信型の英語教育」を実践するために、「何」が必要か、その「何」を求めるとどうなるのかの実例を示して、形式的な書評に代えたいと思う。

鈴木氏は戦前の植民地だらけの地球に多数の独立国ができたことに対する日本の果した役割に言及しておられる（同書八〇頁、九二頁）。これは戦後の日本においては、主要ジャーナリズムから「右翼」とレッテルの貼られる考え方である。戦後の日本の言語空間、主要メディア空間は、いわゆる東京裁判史観のマインド・コントロール下にあり、それに反する主張は「右翼」とされているのである。日本の特徴・美質を発信することは極めて難しいのだ。

たとえば日本の歴史教科書を見れば、発信すべきものは何一つ含まれていないのである。これをわたしは谷沢永一氏との共著『こんな歴史に誰がした』（クレスト社）の中で、「部落解放運動・コリア史観」と呼んだ。こんなものを発信すれば、南京では三十万の市民大虐殺が行われたことになり、存在の一例も証明されていない占領地区売春婦

（〝従軍慰安婦〟という当時なかった名称を与えられている）の強制連行もあったとしなければならない。中国という自己主張型の国に対応する気なら、「日華事変は中国側がはじめたということは、東京裁判でも認めている」ということを発信するガッツを持たなければならない。日本を侵略国と言うならば、「満州には満州人の皇帝を立て、朝鮮王の王号、王族などの称号・特権は保証したのに、現在の中国は満州族を消し、チベット族を消しかけている悪逆な侵略国である」ということを指摘するガッツを持たなければならない。発信型ということは、敗戦国日本では命がけの仕事なのである。

なにも現代史だけではない。もし外国人に、「仏教を認めた最初の天皇は誰か」と聞かれてその場でこたえられる日本人が何人いるだろうか（欽明天皇では間違い——念のため）。仏教のような外来宗教を公認した国家元首（天皇）を知らないことに日本人は平気だが、外国の知識人なら不思議に思うだろう。両部神道はなぜ日本で可能になったか。二つの宗教を同時に信仰することは外国人には痴呆に見えるだろう。どう説明したらよいか、それができる人は日本人にも例外的に少ない。

誤解されることを恐れずに言えば、鈴木氏の発信型外国語教育を考え、「何を発信するか」と追いつめたところに、この三十年間のわたしの著作活動の半分くらいが向けられている。アメリカの諸大学で比較文明論（Comparative Civilization）の講義をしていた時、アメリカ人と、そこにいる日本人たちの無知に驚いて書いたのが、『日本史から見た日本人——古代篇』（祥伝社）だったのだから。

鈴木孝夫『日本人はなぜ英語ができないか』岩波新書、一九九九年

［和書］霜山徳爾『人間の限界』

哲学的人間学

戦後しばらくの間、上智大学の学生の間でヘッセンの『人生の意味』が盛んに読まれていたことがある。倫理学の指定参考書みたいなものであったのでわたしも読んだ。そして今でも残っている印象は、「西洋にはこういう哲学の本があるのだな」ということであった。「こういう哲学の本」というのは、その書き出しが詩の一節だったので、ひどくしゃれたものに見えたことである。たしかその詩は、「人はいずこより来るを知らない、またいずこに行くかも知らない」といったものであったと記憶している。こうした西洋の哲学書を使う授業が田舎から出てきたばかりのわたしにはひどく新鮮に、またハイカラに見え、大学生になったことのよろこびに連なったのであった。そしてその頃、霜山徳爾先生は三十歳になるかならぬかの若い講師で、わたしはその先生の経験心理学の授業を受けていた。

今、霜山教授の『人間の限界』を読んでわたしがまずヘッセンを連想したのは、学問的思索者が、一般読者のために書いた本を、まず詩の引用ではじめているからである。それはまず「宿かさね　火影や雪の　家つづき」という蕪村の句ではじまり、「しらゆきの　日ごとにふれば　わがやどは　ゆききのひとの　あとさへぞなき」という良寛の歌で終っている。全編にわたって東西古今の詩歌の引用で満ちているのは、この分野の本ではあまり例がないであろう。ヘッセンが二十代のわたしに新鮮であったごとく、本書は四十代のわたしに新鮮である。

わたしの持つ乏しい知識によれば、臨床心理学はアブノーマルなケースを観察することによって発達してきたはずである。しかし霜山教授はまず正常を語る。「味わう」「遊ぶ」「手」「足」「めまい」「旅」「地平」「大空」といったわれわれが日常体験するありふれたことを、哲学的な詩人が語るごとくに語るのだ。そこには正常人が、正常に深く考える姿勢がある。しかしそこここに、正常を失った人間はその点でどう異なるかの症例がちらりと示される。たとえば「空を仰ぐ」というような行為が、うつ病の人に忘れられたり、古い欠陥分裂者が、お月見の時に、団子を見て月を見ないというような例を、「空は太初の青さ　妻より　林檎うく」というような句とともに与えられる時、われわれはエリアーデの比較宗教学も与え得なかった洞察を与えられた気がするのである。

フロイト以来、文学研究者が心理学を文学解釈に使う例はあまり多くて陳腐になっている。しかし臨床心理学者が、心理の解釈のために文学を使う時、それはすでに心理学ではなく、哲学の次元に迫るようである。もっと正確に言えば哲学的人間学ということになろうか。著者の文学に関する博捜はまことに驚嘆すべきものであり、小著ながら独自の完結した世界を展開している。赤ん坊が母の乳房の乳を「味わう」ところから、「祈り」と「死」に至るまでの人間の諸相を、珠玉の引用と、透徹した観察と、明解な文章でまとめられた著者に、深い敬意を表明せずにはいられない。

霜山徳爾『人間の限界』岩波新書、一九七五年

［和書］　林甕臣（遺）著、林武編『日本語原学』

家学としての語原学書

むかし「家学」という言葉があった。先祖伝来、何代もやってきている学問のことである。今日学問が個人の才能だけの問題となっており、親がやった学問を子が継ぐということはむしろ稀であるし、特に親が教えていた大学で親と同じ学科を教えるということが何代も続いたら、縁故乱用《ネポティズム》として非難されるであろう。しかし林甕臣《はやしみかおみ》『日本語原学』は林家の家学の産物である。林家は本居宣長の学問を継承してきて、甕臣翁はその三代であり、編者として本書の出版をした武臣はその子である。林武臣は文化勲章受章の洋画家で今年（一九七六）亡くなられた林武氏のことであることは知っている方も少なくないであろう。

甕臣翁は家学を学び、当時のイギリスの外交官アーネスト・メースン・サトウ（年譜のメーンスは誤記）に国語や国学を教えた。サトウは当時としてはほとんど唯一の知日家であり、後にはオックスフォードやケンブリッジからそれぞれD・C・L及びLL・Dの学位を与えられた学者であるが、彼は若き日の甕臣の学識と頭脳を見込んで、イギリスに行くよう切にすすめたが、甕臣は辞退した。これは明治二、三年（一八六九、七〇）頃の話であって、この英国留学が実現していたらその後の彼の生涯も、また国語学界に対する貢献もまったく異なったものになっていたろうと惜しまれるのである。その後も三十年ほど英国公使館で教え、辞典（『日本新辞林』）、日本文典、日本語速記術など多数の著書があり、また言文一致運動にも重要な役割を演じたが、生来の超俗・狷介の風はますます深まり、よく知っている人は奇人と呼び、よく知らない人は半狂人と見なすこともしばしばだったという。この甕臣が晩年、最も力をそそいだのは日本語の語原（彼は語源と言わない）についてであった。これは原稿のままであったのを、林武氏が氏の関係していた独立美術の方面の本を出していた建設社という本屋から出させたのであった。これは昭和七年（一九三二）の暮れであり、第二刷（筆者所蔵）が昭和十三年に出、さらに第三刷（コピーにて筆者所蔵）が昭和十五年に出ている。部数は明らかでないが、少なくとも戦前に三刷を重ねたことは確かであるから、六百頁を超える大著にしてはよく売れたと言ってよいであろう。これは語原のみならず、語源までが学界で白眼視されていた時代のことであるから特に注目する必要がある。おそらく序文などに見られるかなり激しい国粋主義的な主張が、時代の趨勢に受け入れられたのかも知れない。

もちろんこのような国学のラディカルな面を持つ語原論が戦後の学界で顧みられる余地はまったくなかったと言ってよい。しかし戦後の国語改革に対する反省が起り、国語問題協議会が結成され、それが次第に有力になると別の面から甕臣翁の仕事が思い出されることになった。というのは国語問題協議会の会長は故林武氏であり、氏の国字論である『国語の建設』（講談社、一九七一年）はそうとう広い範囲の人に読まれ、若い研究者の間の反響も意外に大きかった。そしてこの『国語の建設』はその多くの紙数を甕臣翁の伝記と、『日本語原学』に捧げているのだ。そして明治時代にもあった国語改革に反対して歴史的仮名遣いを採用せしめるのに甕臣翁は与って力あったのであるから、国語問題協議会の主張する点とも連なっているのである。

わたしは本書を読んだ時、まずイギリスのホーン・トゥックの二巻本の語源学書を連想した。彼の学説の中心は、現行の単語ができるまでには著しい短縮があったに違いないということである（詳しくは拙著『英語学史』大修館書店、四四〇—四四頁参照）。この本は比較言語学出現以前のものであるから、具体的内容の多くは「時代遅れ《オブスリート》」になってはいるが、スキートのような碩学も、「その原則の多くは正しい」と言っているのである。『日本語原学』の内容の大部分は「時代遅れ」ではあろうが、しかしそれは依然としてヒントを与え、原則としても重んじざるを得ない主張が多いように思われる。たとえば母音や子音のほかに祖音や父音を認めることを今の学者は嗤うであろう。しかしよく読めば祖音は呼気柱《コラム・オブ・エア》を意味している。また日本語の母音をアイウエオとし、その他の五十音図の音も子音とした場合には、カ行サ行タ行……などのｋｓｔ……など、西洋音声学の子音を父音と呼んでいたことが明らかである。「父音は子音を母音に孕ませる胤音である」という奇妙な記述も、「コンソナントと母音が合して日本語の音素的シラブルができる」ということなのである。とにかく六百頁にわたって体系的に日本語の語原を考察しようとした点、文字通り無類の書である。

林甕臣（遺）著、林武編『日本語原学』講談社、一九七五年

［和書］　佐藤直助『西洋文化受容の史的研究』

史家の三長をかねた歴史書

本書は、佐藤教授が今まで発表された論文のうち、日本の近代化を指向する西洋文化の受容に関する論文二十三編を収めたものである。内容は二部にわかれているが、第一部は日欧交渉史についての諸論文、第二部は特にカトリック関係の問題にしぼってある。

まず二十三編という数に敬意を表したい。このうちの数編、たとえば「わが国における西洋文化受容の史的展開」「江戸時代におけるマス・コミの歴史」「本多利明の人口論の背景」「わが国の近代化における徴兵制度と軍部」「わが国における一夫一婦制の源流」などは、『ソフィア』誌に発表されたものであるが、そのような論文が二十編以上も一冊に集められているのは一種の壮観と言えよう。筆者のレパートリーの広さを端的に示すものである。本書を読みながら、故辻善之助博士の『海外交通史話』（一九三六年）を思い出した。両者とも話題の広さとおもしろさが抜群である。

しかし佐藤教授の本からは、辻博士の『史話』にない主旋律が聞こえてくる。それは、日本は鎖国によって――それはキリシタン・フォビアにほかならない――西洋の精神文化を入れることを忘れる習慣がついてしまったということに対する慨嘆である。日本は最初、西洋の天文・数学・医学など、ついで国防に関係ある軍事科学、維新になってからは科学のみならず政治・軍事・法律・教育などの諸制度、さらに後になっては文学まで導入した。しかもその導入たるや徹底的なもので、それこそ出藍の誉れといったものであった。ところが西洋の精神文化、特に宗教に対する理解となるといたって粗末である。

日本が西洋の物質文明を入れるに急で、精神面をゆるがせにしたという指摘は、戦後もしばしばなされている。ところが、こういう指摘を亀井勝一郎やその他の評論家によってなされた場合、一応、そう思っても、彼ら一流のレトリックで、案外信用できないのじゃないかなという気持ちが生ずる。これに反し、佐藤教授の論文の一つ一つには、諄々たる説得力がある。論旨の展開にけれん味がなく、安心して啓蒙を受けることができる。

さらにつけ加えるべきことは、教授の関心が単なる歴史的事件を追うに限らず、西洋とのぶつかり合いによって生じた日本人の精神構造への変化に犀利な観察が払われていることである。このようなアプローチは、マンハイムなどの主唱する知識社会学が重視し出したところであるが、佐藤教授は、おそらくマンハイムらとは独立に自らの方法を開拓されたものであろう。この意味で、日本史の門外漢にも貴重なインフォメーションを与えてくれている。

また日本とカトリックとの関係が、単なるキリシタン物といった以上の立場で扱われていることも注目すべきである。明治以後の日本人の精神史を扱ったものには、新島襄、内村鑑三等々、プロテスタントのものばかりで、カトリックのものはほとんどなかった。この意味で、本書の第二部は、日本の近代史に、カトリックの市民権を与えた貴重な記念碑になるであろう。

次に佐藤教授の独特な観察眼の一例として徴兵制度の問題を取り上げてみよう。わたしはこの論文を学生の時に

『ソフィア』で読んだ。当時はいわゆる復古調の頃で、西ドイツも徴兵制にするのだから、日本みたいな貧乏国も金のかからない徴兵制をやるべきだという議論が出はじめていた。安上がりの軍隊ということはわかっても、徴兵制には本能的な反感と危惧が感ぜられたが、その何故かはよくわからなかった。その頃、佐藤教授の「わが国の近代化における徴兵制度と軍部」を読んで、自分の不安の実体がすっかり解明された感じがしたのであったが、それは今も変っていない。つまり日本には、キリスト教につちかわれた個人の尊厳という伝統がない。だから自衛隊幹部が今は低姿勢でも、徴兵制などというものを復活したら、せっかくの民主主義も、もとの木阿弥になるだろうということを、旧軍部を歴史的に考察して指摘しておられるのである。要するにわが同胞は、徴兵制度を施行しても心配ないほどの精神ができていないということなのだ。これは単なる宗教論でもなければ、軍制史でもない。日本の制度と日本人の精神構造との相関関係を、歴史によって光をあてたものである。その手続きは学問的であり、その結果するところは警世である。昔から「史家の三長」、つまり、識見・学問・才力をかねてはじめて歴史家と言われているが、本書の筆者は三長をかねている。

「三長」のうち、まだ才力には触れていなかったが、これは文体のことを指すものとしたい。本書に収めるところの二十三編、ことごとく平明暢達である。しかも文章におのずからなるリズムがあって、少しも読者を退屈させない。文書に神経を使わずに、史実だけ書くような人を、英語では元来アンティクェーリアン（尚古家）といってヒストリアン（史家）とは呼ばなかった。近頃はヒストリアンらしいものが少なくなって、どこを見てもアンティクェーリアンが多くなっている。ところが、本書や、これより少し前に出た橋口倫介教授の『騎士の城』などは、史家の筆で書かれている。これは東洋の左国史漢の伝統に通ずるものではなかろうか。

明治百年を契機として、いろいろな歴史の本が出され、また出されようとしているが、佐藤教授の本書は、内容の点でも、その内容を盛る文章の点でも、最良のものの一つであることは確かである。専門を問わず、近代の日本と日本人に関心ある人に一読をおすすめしたい。

佐藤直助『西洋文化受容の史的研究』東京堂、一九六八年

文那学の巨人

［和書］　青江舜二郎『竜の星座――内藤湖南のアジア的生涯』

昭和九年（一九三四）九月、文部省派遣で数名の社会教育主事が新興躍進の姿を見るために満州国に渡り、時の礼部大臣羅振玉《らしんぎょく》のところへ挨拶に行った。その時、この学者大臣羅振玉は、「今年はお国にとって本当にいたましい年でした」と悲痛な顔をした。しかし、こう言われた文部省派遣の人々は誰一人としてこの意味がわからない。羅振玉はその時、内藤湖南の死をいたんだのであり、その時そこらに積んであった湖南の立派な拓本や書物を示してくれたのであったが、それを見せられた日本人の方は、湖南のことはいっこうに知らなかったのである。

戦前のインテリにあってすら、湖南はこのように「有名でなかった」とすれば、一昨年（一九六五）の湖南の生誕百年も、昨年の漱石の生誕百年のようにさわがれなかったとしても不思議はない。しかし日本における支那学の建設者、弘法大師以来と言われる書家、日本文化一般に対する博洽《はっこう》的確な理解者（この点に関しては『ソフィア』第十五巻第三号、一〇三頁参照）としての湖南を考える時、三代にわたる巨人として、これまでまとまった伝記のなかったのは不思議なくらいのものである。この意味からも、本書の刊行は歓迎すべきものであった。

湖南内藤虎次郎は、慶応二年(一八六六)、秋田県に祖父以来漢学をもって知られた家に次男として生まれたが、幼くして母と兄を失い、後、教養の低い継母に育てられたが折り合いははなはだよくなかった。そのため彼はほとんど家の中では物を言わぬ陰気な子どもになり、青黒くやせた顔をして、三白の目で上目づかいに人を見るような癖がついた。そこで女の子を持つ町内の親たちは、「言うことをきかないと虎さんに嫁にやるぞ」と言って叱ったという。その虎次郎は中年以後はまことに堂々とした、温容あふるるばかりの顔になったのだから、立派なものである。

師範学校に進みこれを卒業した神童虎次郎は、さらに東京高等師範学校を受けるが、二度落ちて断念、上京してジャーナリズムの世界に身を投じた。そして生まれつきひどいどもりで遅筆な三宅雪嶺の口述筆記者に起用される。『真善美日本人』『偽悪醜日本人』『我観小景』などはこうしてできたわけだが、これは雪嶺自身の書いたものより立派と言われるくらいだから、二十四、五歳の頃の湖南の学問もたいしたものであった。二十八歳で大阪朝日に入社したが、この頃からの湖南の学問の成長はまことに顕著で、周囲の人をも驚かすようになる。三十歳の時出版した『近世文学史論』や『諸葛武侯』は彼の名を天下に高からしめたものであり、特に前者は出版当時から「古典的名著」と言われたものであった。一高校長狩野亨吉から一高にまねかれたが、ことわっている。狩野という人は漱石を一高に呼んだ人でもあるわけだが、この伝記中でも、漱石と湖南がたえず比較してのべられているのが有益である。後に湖南は朝日新聞から京大すなわちジャーナリズムから学府に移ったのに、漱石は東大から朝日新聞、すなわち学府からジャーナリズムに移った。湖南は三十二歳の時火災に遭い三千とも三万とも言われる蔵書をすっかり焼いてしまったが、これを機に、彼は今までの雑学を整理して支那学に集中、「支那についてては誰にも負けないようになろうと決心した」――そして事実そうなったのである。

日本と大陸との交渉が多事になるに及んで、湖南の支那学も政府にいろいろ役立った。たとえば小村寿太郎を助けるために外務省嘱託にもなった。支那の伝統では学者、文人を政治家や軍人よりもはるかに高級な人間として尊敬する風があり、当時の清朝も今の中共とは違っていたので、湖南はその学識によって相手国におおいに重んぜられた。外交に参与したといっても、政治的かけ引きが上手だったのではない。一例として、果然、間島問題が起った時のこと、その頃の清朝には湖南ほど支那古代の文献に通じている学者はなく、そのおかげで明治四十二年（一九〇九）の日清新協約で日本の主張がかなえられたのである。外交のことはともかく、この間島問題は湖南の学問の勝利とも言えるものなのである。このことは、今日、英米の学者にまさる英文学者が日本におらず、またそれを志す人もまずいないのに反し、湖南は四千年の文化を持つ支那の学問をやり、しかもその支那本土の学者を越えようと志し、明らかに越えたとも言えるのだから、やはり明治の日本人の気宇というものにうたれるのである。

明治四十年（一九〇七）、四十一歳で再び狩野亨吉のすすめで京大に移ってから、湖南の外面的生活は比較的平坦であるが、学問的活動は盛んである。普通の学問のほかにも、『支那絵画史』の著者でもある湖南は、その鑑識眼によって多くの美術品を国宝、重要美術品に指定させ、このため、多くの貴重な美術品が海外に流出しないですんだ。この絵画史も、支那人自身によって書かれたどのものよりもすぐれ、「美術史論として世界の一級品である」と言われている。

また、本書の第四章には「支那学の系譜」という一節があってたいへん有益である。たとえば、秋田南部からは平田篤胤、佐藤信淵、安藤昌益、根本通明などの学者が出ているが、いずれも人間的に激越、高慢、ハッタリ屋的なところがある。根本は東大教授になり、周易を講じ、東大の支那学はここからはじまると言われる。一方秋田北部には狩野良知父子、長井行、那珂通世《なかみちよ》それに湖南がいる。ここから、明治維新から昭和の敗戦に至るまでの日本の思想の変遷、東大と京大の学風の差とその分布を、「秋田学」の「北」と「南」の違いとその関わり合いから整理できるのではないか、という仮定がなされているが、詳しい検討に値しよう。

本書の著者は東大印度哲学科を出て劇作に志し、数年中国大陸に過ごしている人で、視野も広く書き方も正直で歯に衣をきせないところがあっておもしろい。ただ巻末に『アッシャー家の没落』をつけた意図はわからないし、本書の標題が「竜の星座」というのもわからない。湖南は虎次郎というのだから、竜ではちょうど反対になるのではなかろうか。その他、本文中でも、何のため挿入してあるのかわからない部分があるが、そういったところは無視すれば、十分に一読に値する書物である。ここに登場する漱石、蘇峯、雪嶺、そのほか学者たちの横顔も明治、大正の日本人の群像として興味深いものがある。

青江舜二郎『竜の星座——内藤湖南のアジア的生涯』朝日新聞社、一九六六年

［和書］松岡譲編著『漱石の漢詩』

漱石の心象風景

漢詩が漱石理解のための王道であるかも知れないということは和田利男『漱石漢詩研究』（人文書院、一九三七年）に、十分な説得力をもって説かれているところであり、また、この面が軽視されていることは「教養の伝統」（『教養の伝統について』講談社学術文庫、一九七七年所収）でわたしも指摘したところであった。今度、その漱石研究の未開地とも言うべき漢詩が漱石の女婿、松岡譲氏によって、読みやすい形で出版されたことは慶賀の至りである。

本書に収録されたものは、漱石の漢詩の全部であり、これまでの全集のいずれにも入れられていなかった学生時代のものも八編含まれている。松岡氏は漱石の漢詩を愛誦し、その一割くらいは暗誦できるという。書き下し文を上にして、下にその原文を置く、というふうに組まれているので、漢文を知らない読者でも比較的さらさら読むことができる。解説の方は、訓詁の方が少なく、評釈、背景の説明が主である。著者自身、作家のせいもあってか、流麗で読みやすい。

本書では、漱石の二百六首の漢詩を五編すなわち五つの時期にわけている。第一期は学生時代の五十一首、第二期は松山、熊本時代の二十四首、第三期は修善寺大患時代の十七首、第四期が題賛時代の三十九首、第五期が『明暗』時代である。これは和田氏のものと本質的に変らないし、誰が見てもそうなる分類である。ただ和田氏は、第一期を洋行以前としているが、松岡氏はこの時代を学生時代と松山、熊本時代にわけている。和田氏は学生時代の詩は知らなかったのであろう。この点、松岡氏の方が資料的にはるかに有利なわけだ。また、松岡氏が「題賛」としたのを、和田氏は「南画趣味時代」と言っているのは、内容的には同じである。漱石は南画に凝り、これにつける詩を書いた時代があったのである。

和田氏の方が学術的、考証的であったとすれば、松岡氏の今度のものは入門的で通読に便利である。たとえば南画趣味時代のものに、

春日偶成

渡尽東西水　　渡リ尽ス東西ノ水
三過翠柳橋　　三タビ過グ翠柳ノ橋
春風吹不断　　春風吹イテ断タズ
春恨幾条条　　春恨幾条条

があるが、和田氏はこれを高青邱の

尋胡隠君　　胡隠君ヲ尋ズヌ

渡水復渡水　水ヲ渡リマタ水ヲ渡ル
看花復看花　花ヲ看テマタ花ヲ看ル
春風江上路　春風江上ノ路
不覚到君家　覚エズ君ノ家ニ到ル

から影響、あるいはヒントを受けていると指摘する。また、別編において、漱石に及ぼした支那の詩人の主なる者四名、その他何人かをあげて考証しており、いろいろ教えられるところがある。今度の松岡氏のものには、そういった点の考証は欠けている。これは両者の書の性格の相違からくるものであろう。

このように両著をならべてみると、松岡氏のものは漱石の漢詩の世界（それが漱石の心象風景の最重要部と思われるのだが）へのすぐれた案内書であり、和田氏のものは、さらに一歩踏み込んだ研究書であると言えよう。いずれにせよ、漱石の漢詩が示す世界は、香気あふるるばかりに東洋的である。特に小説『明暗』を執筆中にほとんど毎日のように作られた七言律詩群は、一種の鬼気せまるような迫力があり、生前、「則天去私」を口にしていた漱石が、どのような精神の「冴え」を持っていたかを示すに十分である。この意味で、漱石生誕百年記念のもろもろの行事、事業のうちで、本書は最も価値あるものの一つと言えよう。

松岡譲編著『漱石の漢詩』朝日新聞社、一九六六年

［和書］ 安藤英男『雲井竜雄詩伝』

雲井竜雄——詩と生涯

戦前の日本の少年は『少年倶楽部』に血を湧かし肉を躍らせたものである。その感激がいかに大きいものであったかは、その頃この少年雑誌に連載されていた漫画、小説、挿絵などが近頃再出版になってたいへんよく売れているらしいことによっても証明されている。そのうちでも佐藤紅緑の少年小説は最も人気のあるものの一つであった。その一つに雲井竜雄の詩を吟ずる旧制高校の先生が出てくる。紅緑の小説を読んでいた頃はこちらも小学生だから竜雄の絢爛たる詞藻などにはついてゆけなかったのだが、たいへん痛快で、何となく生理的に快感を与えてくれるていのものであった。

ところが不思議なことに、この子どもの時から知っている雲井竜雄という名前は、小学校でも中学でも高等学校でも大学でも一度も正規の学校の授業に現れてこなかった。日本史も日本文学史も、日本漢文学史も高校や大学のカリキュラムにあったのであるが。これはわたしの小さな疑問としてずっと頭にあった。

雲井竜雄の名前に再び触れたのは、彼の「棄児行」が戦後十年くらい経ってから方々で人の口の端にのぼるようになってからである。

斯身飢斯児不育　　コノ身飢ユレバコノ子育タズ
斯児不棄斯身飢　　コノ子捨テザレバコノ身飢ユ
捨是耶不捨非耶　　捨ツルガ是カ捨テザルガ非カ
人間恩愛斯心迷　　人間ノ恩愛コノ心迷ウ

ではじまる十二行詩はどの流派の詩吟の団体のテキストにも入っているようだ。この頃多少心がけて竜雄の詩をさがして、塩谷温『興国詩選――皇朝篇』（弘道館、一九三二年）に七言絶句一首、七言古詩四首を見つけた。塩谷博士は竜雄を「気節の士」と言い、またその詩才を「雄肆変化」と讃え、高い評価を与えておられる。また、井上哲次郎『日本陽明学派の哲学』（冨山房、一九〇〇年）は竜雄の詩を「悲壮淋漓」と言い、その人の「尋常ならざるを想見すべきなり」と言っておられる。これらを読んで、竜雄の全貌を知りたいという欲求がますます強くなってきたが、今年（一九六七）、標題の大著（五二七頁）の出版を見て、わたしの小学校以来の疑問すなわち、少年小説に引用されるくらいの人が、なぜ学校のカリキュラムでは名前も出てこなかったか、という疑問が氷解したわけである。西郷や大久保、木戸や伊藤、三条や岩倉など、薩長公卿出身の人傑が維新の陽の面であったとすれば、河井継之助や雲井竜雄はその陰の面であったと言えよう。維新百年を前にして、この種の著はまことに歓迎すべきものである。

雲井竜雄は米沢藩士、本名中島守善、通称竜三郎、後に小島氏に養子となり、明治元年（一八六八、二十五歳）頃から雲井竜雄と称した。生まれた弘化元年（一八四四）三月二十五日が辰の年の辰の月の辰の日であったので、竜雄の名もこれに由来する。父は六石三人扶持、養父は七石十俵三人扶持であるから、両家ともひどく低い石高である。極貧の生活なるべきところだが、米沢藩では鷹山公以来、内福になっており、石高の割には豊かであったようだ。竜雄も幼少の頃から学問だけは家計に心配なくやっているようである。下級武士である点では反薩長運動の首領となった竜雄も、維新の元勲たちも共通である。

竜雄は十二歳の時に発奮しそれから娯楽を抑えて専心攻学、睡魔をふせぐため棍棒をもって頭を打つ方法をとり、ために、いつも頭じゅう瘤だらけだったというからすさまじい。『春秋左氏伝』を一晩で読み終るという激しさだ。後、感ずるところあって藩学の朱子学をすて、断然陽明学に転向、知行合一、理気一元、火の玉のような生涯に入る点、ほかの維新の志士と共通である。

江戸に出て安井息軒の三計塾に入門する。この時代は竜雄の最も平穏で幸福な日々だったらしく、よき師とよき学友を得て充実した生活を送った。ただ竜雄は身長五尺一寸五分（約一五六センチ）、中肉よりやや痩せ、白皙、眉目清秀、風采女子に近し、ということである（彼の写真が本書の巻頭にかかげられている）。それで竜雄はよく初対面の人になめられる。しかしつき合ってみれば、識見高邁、気鋒鋭利、腕力も強くて一目置かれるようになる。しかし京洛の風雲急となり竜雄は米沢に呼び戻され、意見を徴されることになる。去りたくない江戸を去るに及んで、師の息軒に呈した別離の詩の冒頭の四行に

家在羽山路万里　　家ハ羽山ニアリテ路万里
一別何年侍氈几　　一別何レノ年カ氈几《センキ》に侍《ハベ》ラン
魚児恋藻去還来　　魚児ハ藻ヲ恋ヒ去ッテマタ来リ

　蝶意惜花飛且止　　蝶意花ヲ惜シンデ飛ビ且ツ止マル

がある。竜雄二十三歳の四月である。ロマンティックな抒情があふれてくるのが感じられる。

　翌年竜雄は藩命によって京都に行った。この年十月、将軍慶喜は大政を奉還し、十二月王政復古令が渙発されるや、竜雄は米沢藩を代表して新政府の貢士にあげられた。しかしこの新政府の一員になる頃から竜雄は薩摩に批判的に、幕府に同情的になる。元来竜雄は師の息軒が幕府に睨まれていたのに反感を持ち、反幕的だった。しかし実際京都に出てきて、会津藩に同情し、薩摩のずるさを憎む。

　欲刺秦王有此戈　　秦王ヲ刺サント欲スレバコノ戈《ホコ》アリ
　誰教斉趙共連和　　誰カ斉趙ヲ教エテ共ニ連和セシム

などという詩が作られる。詩のオクターブがだんだん上がってきている。だが、そのオクターブの高さが少しも耳に逆らわない。というのは、竜雄にあってはオクターブの高いのは彼の詩だけでなく、彼の人生そのものなのであるから。すなわち彼の詩は彼の人生と遊離していない。学者や文人が頭でこねただけのものとは違う。われわれは『失楽園《パラダイス・ロスト》』の書き出しみたいな荘重な詩をコールリッジが作ったとするならばちょっと癪にさわるかも知れない。しかしその作者がミルトンであるので納得するのと同じようなものである。

　薩摩のやり方に反対し、会津に肩を持った奥羽北越の諸藩が同盟して立ち上がる。いわゆる「戊辰の役」であるが、このために竜雄は渾身の努力をする。彼の「討薩檄」はこうして書かれたが、これは古今檄文中の白眉と言われ、文章自体が迫力あるのみならず、当時、なぜ徳川の譜代・親藩より成る関東諸藩が簡単に官軍に下ったのに、外様の多い奥羽北越諸藩が抵抗を試みたか、その理由もわかるような気がする。この頃、竜雄が相馬中村城下で作った三十行の長詩（平潟ノ湾　勿来《ナコソ》ノ関／石路縈《メグ》リ廻《メグ》ル巌洞ノ間／怒濤雷ノ如ク噴雪起リ／淘《ナガ》レ去リ淘《ナガ》レ来ツテ海山ヲ嚙ム）は中里介山の『大菩薩峠』に引用されていて有名である。しかし戦争は官軍に有利であった。竜雄は「生キテハ生ヲ聊《ヤス》ンゼズ死シテ死セズ／呻吟声裡仆《タオ》レテ又起ツ……満山ノ風雨　波　花ヲ生ズ」というような述懐を尾瀬沼を見ながら作っている。そしてこの頃、すでに肺を冒された竜雄は吐血した。

米沢藩は奥羽北越列藩同盟の主謀者であったのみならず、同時に降参の音頭をとり、官軍の友軍として出動もしたので、戦後の措置はわりに寛大であった。竜雄は謹慎となる。ところが明治二年（一八六九）、薩長土肥の四侯が連署して版籍奉還を奏請した。米沢藩は驚き、竜雄を招き、封建・郡県の利害得失を訊ねた。日をあらためて竜雄が提出した「答《フ》二下問《ニ》一」という奉答文は、封建制度が自然発生したものであって急に変えることは不可であり、版籍奉還は薩摩が「虎狼の心を以て」する陰謀であるとする。文辞堂々として説得力あり、また、薩長に対する執拗な不信の表明として注目に値する。このため藩の方針は奉還慎重論に傾いた。しかし時勢の推移はとどまるところを知らず、その後間もなく藩は急に奉還を決定した。これで竜雄は藩によって二度、すなわち戊辰の役と奉還問題とで二度煮え湯を飲まされたこととなり、悶々とした日を送った。こうした悶々の情をやるところは、竜雄にとって詩しかない。藩のいわゆる「ダラ幹」を批判して「狗鼠ノ骨　斬《ケズ》ツテ斬《ケズ》ルベシ／狗鼠ノ皮　剝《ハ》イデ剝グベシ」などという詩もある。しかし何といってもこの頃のものでいちばんよいのは、「雨中海棠ヲ観テ感有リ」と題する十六行の七言古詩であろう。

緑湿紅沈悄無力　　緑ハ湿《ウルホ》ヒ紅ハ沈ミ悄トシテ力ナシ
恰似楊妃啼後色　　恰《アタカ》モ似タリ楊妃啼後ノ色
花容如愁何所愁　　花ノ容《スガタ》愁フル如シ何ノ愁フル所ゾ
我対花問花黙々　　我花ニ対シテ問ヘバ花ハ黙々

という書き出しで、昔の思い出を悲痛な言葉で綴り、最後に「今コノ花ニ対シテ往時ヲ思ヘバ　血涙　雨ニ和シテ紅　巾ヲ湿《ウルホ》ス」で終っている。志士の詩というのはしばしば荒っぽいだけのものが多いが、竜雄は天成の詩人であって、「咳唾自ラ珠ヲ成ス」風があり、けっして粗豪でなく、中国の故事に対する言及も適切である。塩谷博士も「この一篇、情あり涙あり、絶唱となす」と評されている。

　藩でも気の毒に思ったか、また、英才を惜しんでか、謹慎を解き、藩校である興譲館の教師とした。しかし間もなくそこをやめ上京する。新政府も竜雄を野に放っておくことは不利と見たか、新設の集議院（衆議院と異なり官選）の議員にされた。ここには三計塾の同門生もいるし、また、後の文部大臣森有礼や後の帝大総長加藤弘之などもいたのであるから、相当の地位と言ってよい。

　しかし新政府は欧化一点張りである。竜雄は同僚と議論をやってゆずらない。たちまち憎しみを買うことになる。そして「かれ雲井はなまなましい奥羽の賊酋ではないか」というような批判も出てくる。そこで内諭をもって退院を命ぜられることになった。竜雄は憤然、集議院の壁に「天門ノ窄《セマ》キハ甕《カメ》ヨリモ窄シ／射鈎《シャコウ》ノ一管仲ヲ容レズ」ではじまる七言古詩を大書して去った。そしてひたすら詩を作り、文墨に親しみ、歌舞に興じ、また、華道などを学んだ。そして師の息軒を訪ねて三計塾で代講などをやったりした。そして生まれつきの親分肌を出して、来るものをこばまず面倒をみたりしているうちに、地方の同盟者まで加えると万をもって数えるようになった。彼らを養うためには各藩知事の浄財を仰いだらしい。

こうするうちにも薩長閥の政府のやり方にはますます秕政《ひせい》なところが見えてくる。「誤ツテ貪《ドン》兵ヲ認メテ義兵トナス」などという言葉が、この頃の詩に見える。そしてついに政府転覆を志すようになる。しかし武器はない。そこで竜雄らが考えた方法は、東京に同志を集め、一団とし、そっくり政府軍に売り込んで、軍装を貸与してもらってから、軍隊内から反乱を起そうというのである。

しかし政府は当初から竜雄らの動きを用心しながら見ていたのでうまくゆかない。大久保利道が直接事態の処理に乗り出してくる。大久保のやり方は例によって明敏である。竜雄は政府の命により米沢藩邸に移され、さらに米沢に護送されることになった。その時の絶句に

俠骨至今猶未摧　　俠骨今ニ至ルモナホ摧《クダ》ケズ
任地刀鋸迫肌来　　サモアラバアレ刀鋸肌《ハダエ》ニ迫リ来ル
漢廷従是知高枕　　漢廷是ヨリ知ル枕ノ高キヲ
寂莫世間無郭隗　　寂莫タル世間郭隗ナシ

「漢廷是ヨリ知ル枕ノ高キヲ」というのは痛快である。自分が東京からいなくなれば、政府も枕を高くして眠れるだろう、というのだ。

後、竜雄は小伝馬町の獄舎に入れられ、ひどい拷問を受けたが、最後までよく耐えたようである。そして結局、明

治三年（一八七〇）十二月二十八日梟首《きょうしゅ》（さらし首）という極刑を受けた。年わずかに二十七歳。当時の日本の刑法にない残酷刑を受けたわけである。そのほか斬刑が十三人、ほかは有期刑である。竜雄は書類を焼きすてておいたため、犠牲者は、同志の多い割には少なかった。辞世は古詩の形式によるものが伝わっているが、その終りの二行に「渺然《ビョウゼン》タル一身／万里ノ長城」とある。これも竜雄らしい言葉である。竜雄の首のない胴体は大学東校（後の東大病院）に交付され、医学用の屍体の第一号となった。遺髪は米沢に持って帰られ、妻ヨシ女によって葬られた。ヨシ女はその頃妊娠していたが、国事犯の子を産んでは将来その子のため不安として人工流産したと言われ、竜雄の直接の子孫は伝わらない。戊辰の役の時、道ばたで拾ってきて育てた子がいたが、この子も夭折している。逆賊の名が払拭されたのは、明治二十二年の憲法発布にともなう大赦令によってであった。しかし、竜雄が断罪されてからこの方、一人の人見寧をのぞいて米沢藩の人で竜雄と関係あることを示した人はいない。その弔祭にも参加していない。いかに当時の人が、政府を恐れ、びくびくしていたか、また同時に彼らのいかに多くが竜雄と関係していたに違いないかを示す事実である。

明治維新はさまざまの失望者を生んだ。それは尊皇攘夷のはずだったのが、いつの間にか極端な欧化政策に変っていったからである。藤村の『夜明け前』の青山半蔵はその象徴的な学者である。竜雄も廃藩置県などの急進策についてゆけぬ人の一人であった。特に竜雄の場合は亡びゆくものへの同情と、新たにのし上がってきた者の専横に対する反感が彼の侠気をかりたてた。その後の佐賀の乱、萩の乱などと地方の不平分子の武力叛乱が起るが、そこにはいずれも共通のものが流れている。この種の武力蜂起は西郷の西南の役をもって終り、その後は、もっぱら言論機関を通じての反政府闘争、民権運動になってゆく。

このことは竜雄の計画に一つの解釈の光をなげかけるものである。すなわち、西南の役以前の日本においては、言論機関はほとんど発達しておらず、新聞の権威などというのもゼロである。民衆の輿論は現しようがなく、結社の自由、民権の保証など何一つなかった。とすると、この時代に倒閣の手段は唯一つ、武力蜂起あるのみ、ということになる。竜雄は単なる反動的人物でもなく（竜雄は攘夷論をとなえたことはない。常に反薩論である）、単なる佐幕的人物でもなく、また、由井正雪流の山師的人物でなく（竜雄は正雪のごとく町を焼いてクーデターを起すことなど考えない）、生来、反逆好きの人間でもなく、大言壮語の誇大妄想的人物でもない。竜雄は粗豪なる人間どころか、平生いたって温和で、そのていねいな動作は一身渾《すべ》てこれ胆なる人とはどこから見ても見えなかった。ジャーナリズムさえ当時発達していたら、竜雄は政府攻撃の最も精鋭なるものとなり、その筆力は天下を動かしたに相違ないのだ。果然、西南の役の後、民権運動が澎湃として起るや、この民権運動の志士たちが最も好んで口にしたのが竜雄の詩であったのは偶然ではなかったのである。佐藤紅緑の少年小説に竜雄の詩が出てくるのはこの時代の雰囲気を示す。また、『杉浦重剛座談録』（岩波文庫）でも、最も頻繁に言及される詩人は竜雄であり、彼、天台道人が明治九年にイギリスに化学研究の留学に赴いた時、船中たえず朗吟したのは竜雄の詩であった。後、東宮御学問所御用掛になってからも、今上陛下が欧州御游歴の際、どうかして竜雄の「生キテハ当ニ雄図四海ヲ蓋フベシ／死シテハ当ニ芳声千祀ニ伝フベシ」ではじまる七言古詩を天聴に達して、御首途を壮にしようと思ったが、時機を得ず、やがて御帰朝の後、側近奉仕の諸員と御内宴に召された折、謹んで朗吟の宿願を果たし、御嘉納をこうむったので、さっそく自邸に戻ってこれを蓄音器に吹き込んだ。それでその後ずっと称好塾では彼の記念会には必ずそのレコードをかけて追慕するとのことである。

ここで著者安藤氏のまったく触れていない点でありながら、この本を読んでいる間どうしても抑えることのできなかった一つの感慨をのべてみたい。それは伊藤博文などの、維新を生き残り明治政府の首領となった人たちと竜雄の差である。

　比較を博文だけに限ってみても、両者ともに下級武士、漢詩をよくし、書をよくし、性格は剛凌強直である（博文は中年になってから細案精思に傾く）。しかし両者は、欧化に対するヴィジョンがまるで違うのである。竜雄の学問は主として漢学であるが、西洋のこともかなり勉強していた。安井息軒の三計塾にいた頃（二十三歳）にも「君見ズヤ西風　潮ヲ捲イテ　蓬瀛《ホウエイ》　腥《ナマグサ》キヲ」という詩がある。また、この頃の竜雄の論策に「西洋学の説」というのがあって、その文の中で「支那は益々尊大にし、随って又、益々魯鈍となりたり……方今の強大国は魯か米と云ふに至る」と言っているし、また、「魯西亜地誌」「ペートルゼ・ケレト活世之記」などあって、啓蒙君主としてのピョートル大帝の偉業を讃えている。しかし竜雄は、米露が強大であると知っても、どのように強大かはまったく知らなかった。一方、博文は維新前に井上聞多（馨）らと国外に出た。こちこちの攘夷論者の二人も上海まで行ってすっかり目がさめ、ロンドンに半年ばかりいる間に、「何が何でも開国主義」ということになって帰朝した。彼は当時のヨーロッパ、特に大英帝国の船に乗り、その主都に住んでみて、文明というものを実見したのである。日本の中で争うことほど愚かなことはないと胆に銘じたのである。竜雄は外国を見なかった。具体的なヴィジョンを持ち得なかった。自分の目の前にあったのは薩長の専横である。あわれな会津である。こっちの方が強烈な印象であった。そう思って見ると、明治初年の武装蜂起した人は西郷も含めて外国を直接見ていない。政府要員の暗殺者も然りだ。幕末から明治初頭にかけて、自分の目をもって外国を見ることの意味を、これほど顕然と示してくれる例は少ないであろう。

　また、廃藩置県に関しても竜雄と博文は両極端にある。竜雄は封建制自然発生説で、むしろ急激な廃止はよくないとする。しかし博文は急激な中央集権郡県主義者である。ところで博文自らの言葉によっても、このアイデアに到達したのは頼山陽の『日本政記』によるとのことである。竜雄は読書万巻と言われ、その愛読書もわかっているが、山陽は入っていない。山陽の明治維新への影響の一例である。杉浦明平『維新前夜の文学』（岩波新書）は山陽をプレイボーイでジャーナリズム的タレントといって、シニカルな、気のきいた批評をしいて示そうとする書きぶりで山陽をあげつらっている。杉浦氏はしかし山陽のことをじっくり調べた跡はまったくないし、山陽の著作自体もゆっくり読んだ形跡がない。このような軽薄な本が岩波新書として広く読まれ、山陽評価像を狂わせてしまうことは、明治の理解のためにも嘆かわしい。竜雄と博文を決定的にわかつものは、外国見聞と頼山陽であると言ってよかろう。

ともあれ、竜雄の生涯は詩と切り離せない。「詩ハ志ナリ」とは竜雄のごときを指すのであろう。この点、安藤氏がこの大著を「詩伝」と、詩によって生涯を説くといったふうにしたのは著者のなみなみならぬ洞察を示す。しかも、各節は、その時代の竜雄の代表的な詩句からとっているのもすばらしい。たとえば第五章は

一、漢廷是より知る　枕の高きを
二、天日照さず孤臣の心
三、渺然たる一身　万里の長城
四、汗青照らすところ芳か臭か

といったふうである。目次を見ただけで、竜雄の精神生活、詩魂の動き——これが彼の場合は外的生活と一体をなす——が、ボルテージを下げることなく与えられている。重ねて著者のセンスを称したい。

この大著には竜雄の肖像のほか二十数頁にわたって竜雄の筆蹟が載せてある。竜雄は尊円親王の書風を学んだというが、特に晩年の筆勢はまさに雲中の竜のごとく、その高邁な詩格・詩情をさながらに示しており、人によっては

「史上第一」と言う人もあるくらいであった。今までは塩谷博士の上掲書の中に一頁とられているだけで、しかも写真が小さく読みにくかったが、この本では、それがたっぷりと与えられているのもうれしい。系図、年譜、参考文献、索引なども完備し、まったくゆきとどいた本である。また、有名な「棄児行」が竜雄のものでないという考証も一考に値しよう。ただ小さい注文を一つつけるならば、明らかに塩谷博士の本と同じ点は、その言及があってしかるべきであったろう。また、文献目録に井上哲次郎『日本陽明学派の哲学』が落ちている。

この感嘆すべき大著が、昭和二年（一九二七）東京生まれ、法政大学経済学部卒業の銀行員——日本相互銀行電子計算課長——によって書かれたことはさらに驚くべきことである。その文体は硬質ないい文章だ。チャールズ・ラムが銀行員として文筆活動したと聞いて、「イギリスは文明国だな」と思ったものであるが、日本でもこういう手堅い学術研究が大学外のビジネスマンによって行われていることは注目すべき現象であり、これだけの資料（その多くは躍るような毛筆草書体）を読みこなした実力だけでも頭が下がる。稀に見る良書として推薦したい。

安藤英男『雲井竜雄詩伝』明治書院、一九六七年

［和書］ 杉田有窓子『天の窓』

日本のジェントルマン・スカラー

この前の戦争はわれわれにとっていったい何であったのか、日本人はそれぞれの人がそれぞれ違った受け取り方をしてきていると思う。わたしも小学生になって間もない頃から中学三年まで、戦時の「小国民」であった。そしてみんなのように『少年倶楽部』を読み、講談社の絵本を眺め、国定教科書を使い、全国紙を読んで育ってきているので、ほかの人とたいして違っているはずはないと思っている。ところが戦後、日本史に関して書かれた多くのものを読むと、どこかわたしの実感と根本的にくい違っているのを感じさせられるのが常である。そういう苛立ちを持つようになって久しいが、今度、杉田有窓子の大冊をひもとく機会を持ち、ほとんどすみずみに至るまで、わたしが大戦から受けたのと同じ印象を受け、同じような解釈を持っておられる詩人がいたことを発見してすっかりうれしくなった。著者は本名杉田英一郎、明治四十年（一九〇七）豊橋市に生まれ、新聞雑誌などを発行し、カトリック関係人にはエーリッヒ・プシュワラ編『ニューマン宗教体系』（一九三三年）の訳者として知られている。有窓子の号は故岩下神父がライプニッツの単子から無窓子と号されたのに対してつけられたもののとのことである。

有窓子は漢詩に対して特別な見解を持っている。日本人が漢詩を読む時は、どっちみち書き下し文で読むのであるから、韻とか平仄は、ベーコンのいわゆる「市井の群像」のごとく、まったく無用ではないか。中国人すら平仄にこだわらなくなっているのに、どっちみち漢語読みにしない日本人がそれにこだわっているのはおかしい、というのである。そういうのは漢詩と呼べないというなら、漢語詩と言ってもよい、と言う。そしてこの漢語詩がこの本の約半分、つまり百八十頁近くを占め、それは成功しているようである。特にこの漢語詩で綴った史詩はちょっと類例がない。元来、「史」と「詩」は語源的に通うところがあり、英語でもヒストリー(history)というのはストーリー(story)と同一語源だし、ドイツ語では物語と歴史がいずれもゲシヒテ(Geschichte)である。歴史は元来、語り手のある物語であり、物語の最も凝集度の高いのが史詩になるわけだ。有窓子は今次大戦を、詩として結晶するところまで凝視している。まず「日中事変」と題するものから一例をとってみる。

君知ルヤ豆殻《マメガラ》ヲ束《タバ》ネテ豆ヲ煮ルノ嘆
兄弟垣ニ攻メテ人コレヲ侮ル

この二行の書き出しについては解説の必要はあるまい。第一行は『三国史』にあり、第二行は宣戦の大詔をふまえている。三、四行目は、

部長手ヲ挙ゲ出兵ヲ阻《ハバ》ムモ
曾《カツ》テ自ラ垂範《スイハン》ノ責アルヲ如何ニセン

とあるが、部長というのは事変勃発当初の大本営の作戦部長をしていた石原莞爾を指す。石原は満州は歴史的に関外の地であり、ここに清朝の末を立てて別国家を作ることは、日本のためのみならず、日本人としての正統観にも合ったものとしてその建国を画策した。しかし石原は中国本土と戦うことには絶対反対なのであった。ところが石原に反対された日中事変の画策者たちは、中央の命令を無視した。満州事変を起した石原に、中国事変を制止する資格なし、として事変は拡大に向かった。有窓子は満州国建国の合理性を認めながら、その時の中央無視のくせが大戦につながった、という見方である。東京裁判以来、満州建国の意義などはタブーになってきている。しかし満州の地は日清・日露の主戦場であり、その勝利者が権益を持つのは当時の国際常識であった。その後清朝に革命が起り、その皇帝が廃された時、元来満州出身の皇帝のために独立国を作ってやったことは筋としてはそんなに間違っていない。満州事変と日中事変とは根本的に違った意味があるのだが、前者の時の方法論が日本を敗戦に導いた、というのが有窓子の史観である。そして東京裁判の方針や、共産主義のイデオロギーを用いずに見る普通の日本人にはだいたいそう見えたはずである。そしてこの三十二行の詩は次の四行をもって終る。

悲雨一過ス　アジアノ天
協力政権　惨トシテ地ニ斃《タオ》ル
孫文ノ幽懐　人知ルヤ否ヤ
中山陵下風凄々

日本人たるものは、汪兆銘《おうちょうめい》やチャンドラ・ボースなど、日本の友好政権に対する同情がもっと強くてよいはずだ。

戦後の歴史にはこれが欠けているが、詩人有窓子はそこを忘れない。また孫文を新しい中国の父と見るならば、その後継者が台湾にしりぞき、さらに国連からも追放された現状はどう考えるべきなのか。まことに中山陵のあたりの風は凄々たらざるを得ないではないか。

同じように簡潔ですぐれた史詩に「太平洋戦争」「第二次大戦」「三国同盟」などがある。いくつかすぐれたイメージを拾ってみよう。

真珠湾頭　大凱歌
誰カ想《オモ》ワン統領　腹中ノ噦《ワライ》

などは複雑な開戦当初の事情を端的に喝破しているし、

大義高揚ス東京ノ空
太平洋中　魚腹肥《コ》エタリ
兵ハ草ヲ嚙ンデ枯骨啾《シュウ》ヲ放《ハナ》チ
肉ハ百里ニ消エテ筋骨《キンコツ》進ム

などという箇所は、大本営がいい気なことを言っている間に、船が沈んで魚の餌食になったり、大陸に骨をさらす兵士が続出した状況を痛切に描き出していて、今さらながら漢詩の歴史描写力に驚く。

また本書の前半約二百頁は有窓子の随筆集、小論集であるが、二段組みなので非常な量になる。これを通読してまず驚くことは著者の顔の広いことである。宇垣一成、石原莞爾、長与善郎、阿部次郎、吉田茂、松井石根などの政治家や文化人の憶い出のほかに、岩下神父との交友記などもあって貴重である。

筆者は乗馬をよくし、また昔は自宅に鶴を飼っていたという。日本には珍しいが、イギリスなどにはよくあるジェントルマン・スカラーといった著者の風貌がこの数多いエッセイの一つ一つによく出ている。そして個性の豊かな独創的な所見が至るところにひらめいていて、読む者を楽しませる。近頃の大量出版書のように編集部が企画したり書き直したりして口あたりがむやみによい本と違って、けっしてベストセラーなどになるタイプのものではないが、本格的な読書人にはたいへんこくのあるユニークな詩文集として推薦したい。

杉田有窓子『天の窓』東海日日新聞社、一九七二年

性語辞典

［辞典／事典］　R. A. Wilson ed., *Playboy's Book of Forbidden Words.*

これはいわゆる「卑語・俗語辞典」の一種である。もっとはっきり言えば『性語辞典』である。類書はいくらでもあるし、現在ではまたファーマー・アンド・ヘンリーの古い大部な俗語辞典などのリプリントなども入手できる。そうした中にあっても、この *Forbidden Words* は小冊子ながらユニークな価値を持っている。卑語辞典の提灯を持つみたいな形になることは、譏を士林に獲ることにもなり、はなはだ気おくれがするのであるが、やはりそれが通読に耐える稀な辞書であること、また記述が良心的で、神経がゆきとどき、啓発されることが多大である点、言葉に関心のある人に是非一読をおすすめしたい。もちろんこれは「引く」ことのできる辞典でもあるが、第一頁から最終頁まで「読める」辞典でもある。

たとえば性語の代表とも言うべきf××k（性交〔する〕）については四頁を費やして考証してある。全訳すればいちばんよいのだが、それもどうかと思われるので、要点を摘んでみよう。

この字は *for unlawful carnal knowledge*（法で許されざる肉体交渉のゆえをもって）の省略だと一般に信じられている。というのはかつて強姦事件においてこの表現が使われたことになっているからであるが、これは根拠のない説である。本当の語源は不明としても、他の言語からそのおおよその見当はつく。ドイツ語 ficken（こぶしで打つ）、ラテン語 fustis（棍棒、これはペニスを意味するフランス語 foutre の語源と推定される）などと連なると思われるが、その共通点は、その行為の対象になっている女性に対する敵意があらわになっていることである。後期ラテン語で性交を意味する futuere も、もとは battuere（打つ）であり、残忍な意味を持っている。

そしてこの単語はずっと辞書にも入れることができず、印刷もできなかったので、作家は苦労した。たとえば『アラビアン・ナイト』を訳す時にサー・リチャード・バートンは futter という新語を代りに作った。これは他の作家にも利用された。たとえばラブレーの作品の英訳書などがそれである。f××k を最初に使った文学作品はジョイスの『ユリシーズ』である。（ちなみにOEDの補遺によると、中英語時代のスコットランド作家に最も古い使用例が見られる。スコットランドとイングランドでは語感の強烈さが違っていたのかも知れない。匿名のポルノ作品である *My Secret Life*, 1888-94 などにこの語が見えるのは当然だが、いわゆる文学作品では本書の言うごとくジョイスの『ユリシーズ』が最初で、次がロレンスである。）

ノーマン・メイラーが『裸者と死者』を書いた時は fug というような綴り方で妥協していたが、数年後ジェイムズ・ジョーンズは『ここより永遠に』にこのタブー語をうんと使ったが（実例をあげている）罰せられることがなかったので、他の作家や出版社も大胆になった。ジョン・オヘイラがその例である。この語をホモに使ったのはアレン・ギンズバーグである。（このあたりの記述はOEDにもないし、引用文も強烈である。）

またこの語から派生した現在進行形はどんな目的にも使える形容詞であるとして実例を示す。またこのタブー語を使ったジョークの典型的な例もいくつか示す。（こういうことはＯＥＤにはけっしてありませんぞ。）

現在（一九七二年頃）ではこのタブー語もすっかり大丈夫（acceptable）になって、映画俳優のポール・ニューマンは「プレイボーイ・インタヴュー」（月刊雑誌『プレイボーイ』に出る有名人との大型インタヴュー。トインビーなども出ていた）の中で、その分類までして見せている。たとえば sport f××king, mercy f××king（「独身女性や図書館員女性のために」言う）そのほか。hate f××k, prestige f××k, medicinal f××k などあるとのことである（ここでは××を用いたが、本書の中では××は用いていない）。ちなみに、このタブー語を用いた最も有名で機智に富んだ表現としては、ドロシー・パーカーが言った次の言葉だそうである。“Tell Mr. Ross that I'm too f××king busy and vice versa.” これは『ニューヨーカー』の編集長ハロルド・ロスが、使いの者を彼女の家に出して、「いつ会社に出て仕事をやるのか」と聞かせたら、こうこたえたのだという。すぐ吹き出せたらあなたはアメリカの通俗小説が楽しめるだけの語学力があると言えよう。

さらにこの辞書は、困惑を示す時、不快を示す時、敵意を示す時など、いろいろな状況の下でいかにこのタブー語が使われるか、その用法を列挙する。（Roget, *Thesaurus* にもない試みですぞ。）しかしこの語を使わないために、歴代の作家は種々の言い替えを工夫したことをもまた列挙している。たとえばシェイクスピアは do the act of darkness, make the beast with two backs, plough, pluck, trim などと言っているとのこと。

一例をあげればかくのごときものであって、本書一巻を通読すれば、英米人よりもタブー語に強くなれます。

R. A. Wilson ed., *Playboy's Book of Forbidden Words*. Playboy Press, 1972 (hard cover), 1974 (soft cover).

［辞典／事典］　近藤春雄『中国学芸大事典』

シナ学の情報革命

日本はシナの文明に接してから千数百年の歴史があり、しかも熱心な学者も少なくなかったので、本場のシナの学者が知らなかった分野を、日本のシナ学者が拓いたというケースがいくつかあると聞く。そういうことは西洋の諸国の研究の分野にはまだほとんどない。やはり学問の年輪というのがあるのであろう。明治の帝大に来たラファエル・フォン・ケーベルは、日本人の国文学者や漢学者の何人かは、直観的に本物の学者と認めて敬意を示したが、西洋哲学者や西洋文学の学者に対しては、まがいものに対する時に示す軽蔑をかくさなかったという。同じく学問の年輪のなせるわざである。

日本のシナ学者がやったことで、シナ本土にもない仕事の一つに、シナ学のエンサイクロペディアがある。これは昭和十一年（一九三六）に出された近藤克堂『支那学芸大辞彙』である。この日本が誇るべき独創の仕事を徹底的に発展させた新しいシナ学のエンサイクロペディアが、近藤春雄『中国学芸大事典』である。この著者は『大辞彙』の著者の御子息とのことである。家学を受け継ぎ、この世界的な仕事を首尾よく完成された著者に満腔の敬意を捧げたい。

辞典（ディクショナリー）と事典（エンサイクロペディア）の区別は西洋ではすでに確立しているから、イギリス人のことを調べるのにOEDは引かない。しかしシナ学にはそれがなかったから、今までわれわれは人名や書名などまで、『諸橋大漢和』で引かなければならなかった。しかし今度、この『大事典』の出現によって、われわれのシナ学及び日本の儒学に対するインフォメーションは質的な大変化を起した。シナ学の専門家なら、研究室に出入りするとか、専門書を持っているとかで比較的容易に調べられることでも、われわれのような、シナ学についてはジェントルマン・スカラーにもならない程度の素人にはなかなか容易でない。それが、本『大事典』でただちに輪郭がつかめるのである。この分野における一種の情報革命とでも言うべきか。

たとえば司馬光を『諸橋大漢和』で引くと「宋の人……世に涑水先生といふ。書室を読書堂といふ。著に資治通鑑……」とかなり詳しく書いてある。しかし『大事典』の方には、まず「一〇一九—一〇八六」と生年と没年が西暦で書いてある。これは素人には今までなかなか調べられないことであった。そして司馬光についての日本人学者の研究の文献までついている。さらにその著『資治通鑑《しじつがん》』及びこれに続く『資治通鑑綱目』を見れば、前者を日本人で最初に読んだのは玄恵法師であり、北畠親房もこれを愛読し『神皇正統記』はこれに淵源すること、徳川の古学派はこれを読み、朱子学者は『綱目』の方を読んだこと、前者は津藩で、後者は阿波藩で刊行されたことまでわかる。

新しいところでは、一昨年（一九七七）の三月二十六日の夜に林語堂が香港のクイーンメリー病院で死んだこと、及び彼の著作の邦訳や彼に関する論文までいっきょにわかる。本書はこれからわたしの最もよく使う本の一冊になるであろう。そしてわたしの受ける学恩ははかり知れないものになることであろう。「袖珍本」の項に「きんしょうぼん」（巾箱本）を見よ、としてありながら、そこには何もないようなこともあるが、取るに足りぬ瑕瑾である。

近藤春雄『中国学芸大事典』大修館書店、一九七八年

〔辞典／事典〕諸橋轍次、鎌田正、米山寅太郎共著『広漢和辞典』

『広漢和辞典』を手にして

大きな漢和辞典を見ると今でも何となく血が騒ぐような気がする。敗戦の色が南の海の方から広がりはじめた頃、塩谷温先生の『新字鑑』（弘道館）が一クラスに数冊だけ配給になった。その厚さの辞典は生まれてその時はじめて手にしたのである。無性に欲しかったのだが、クジにあたらなかった。何とも残念でたまらず、クジにあたった友人にそれを貸してもらった。家に帰って拾い読みしているうちに、たまらなくなって、「これを写そう」と決心したのであった。

当時は勤労奉仕が多くてしばしば授業がなかった。家に帰ってくると、まずは『新字鑑』を写す。特に用例としてあげられている漢文を書くのが楽しかった。何日続いたか記憶にないが、偶然、父親にそれが見つかった。「馬鹿なことをやめろ」と言われて、やめたが、実際は、その時根をつめすぎて目も疲れていたし、あまりにも前途遼遠なことが実感としてわかってきたからである。二千頁以上もの漢和辞典の書写という馬鹿げたことに、やみくもに突進させたものはいったい何だったのだろう。戦争中の旧制中学という特別な外的条件ということもあったと思うが、やはり字が好きだったからだと思う。

戦争中にはあれほど欲しくても手に入らなかった『新字鑑』も『字源』も戦争が終ってからはいくらでも古本屋に出た。もちろんすぐに買ったが、当用漢字の時代の英文科志願の中学生としては珍しい行動だったろう。

そのうち諸橋先生の『大漢和』が出た。大学院を卒業した年だったが、もと上智大学の学長をなさっていた土橋八千太先生が、その全巻を通読して誤植・誤記を書き出されたという逸話が週刊誌などに出た。それを読んで、二、三の漢字についての疑義をたずさえて上智の神父館に土橋先生をお訪ねしたところ、高齢のはずの土橋先生は中年のごとく若々しく、漢字の細かい点に至るまで、精細明確に説き明かして下さった。厳しい修道生活を送っていると、かくも齢をとらないものであるかと、感銘した記憶がある。その後間もなく留学したので、わたしが諸橋先生の『大漢和』を入手したのは帰国し、本を置くべき空間ができた時であった。

何しろこれは世界一の大漢和辞典であるから、引いて失望することはまずない。それでも二、三の記載洩れなどを発見したから、これはわたしがいかに『大漢和』を愛用したかの証明にはなるであろう。大漢和愛はわたしの学生にも及んで、何人かはこれを買った。OEDならいざ知らず、『大漢和』を買う英文科の大学院生は珍しいのではあるまいか。

『大漢和』が出て二十六年目、その縮写版が出て十五年目に、大修館書店は四巻本の『広漢和辞典』を出すことになった。発行日が『大漢和』と同じ「文化の日」であるのは偶然ではないであろう。その広告を見ただけで、また血が騒ぐのを感じたわけである。今、『広漢和』の上巻を卓上にのせて拾い読みしてみると、何とも惚れ惚れするようなよいできばえである。紙質も活字も目に快い。これは『大漢和』の大修館書店なればこその経験の積み重ねからくるものであろう。

この『広漢和』の特徴を見るには、『大漢和』と比べてみるのが便利である。まず目につくのは用例の精選である。「一」という字の熟語や成句のために、『大漢和』は七十一頁強の紙数であるのに対し、『広漢和』は十六頁弱である。約四・五分の一になっているわけであるが、これは十三巻vs.四巻という大きさの差から来る必然的な結果である。どれをはぶき、どれを残すかは、編集者の見識・手腕の見せどころである。入手以来、日が浅く、まだいろいろの場合に使い比べていないので判断はできないが、編集者を十分信頼してよいと思う。

引きやすさについては、『広漢和』が『大漢和』にまさることは明らかである。たとえば〔一刀三礼（禮）〕の読み方は、「イットウ（タウ）サンライ」になっていて、「〔一途〕（イット）」と「〔一等〕（イットウ）」の間に来る。これは今の読者からすれば当然の配列である。ところが『大漢和』は、旧仮名で配列しているから「〔一刀〕（イッタウ）」と「〔一途〕（イット）」や「〔一等〕（イットウ）」とは五、六頁も離れている。戦前派なら、イットウのところに〔一刀〕がなければ、「刀」がタウと仮名を振られていた時代のことを思い出してそこをさがすであろうが、戦後の人たちや、これからの人たちは困惑するであろう。また〔三礼（禮）〕も、大漢和は「禮」しか出していないので、戦後派には不自由であると思われる。こうした点で『広漢和』は『大漢和』より「引きやすく、使いやすい漢和辞典」になっていることは確かであり、宣伝パンフレットに偽りはない。

同じ例を使ってさらにのべれば、「一刀三礼」の引用文に送り仮名がついているのはありがたい。『大漢和』の「……來二于當寺一、瞻二禮尊像一、手親一刀三禮……」は広漢和では「……來《タリテ》二于當寺一《ニ》、瞻二禮《シ》尊像一《ヲ》、手親《ヲ》一刀三禮《シ》……」となって、ぐっと読みやすくなっている。特に「瞻二禮」がありがたい。これからは漢文力は弱まる一方と考えられるから、いくら親切でも親切すぎることはないであろう。

もう一つ『広漢和』の特徴は語源的、字源的説明に詳しいことで、この点ではしばしば『大漢和』にまさる。たとえば「佳」という字であるが、『広漢和』には『大漢和』にもない「解字」という項目があって、まず音韻史的記述がある。つまり㊤$k\varepsilon g^1$ ㊥$k\ae i^1$ ㊨$ki̯a^1$ ㊪$t\acute{s}i̯a^1$というふうに時代別に発音が違っていたことが示されているが、これは『大漢和』もやっていない。さらに「佳」という字は形声語で、「人＋圭声」である。「圭」にはまた均整がとれているという意味がある。つまり「均整がとれて美しい人の意」となる。これも『大漢和』にはない説明である。藤堂明保氏などの著作が現れてからは、漢字の語源に対する関心がはなはだしく高まってきている。『広漢和』はその方面の成果をよく取り入れているようであって便利である。また『大漢和』と意見の違う点も多い。たとえば「信」の字は『大漢和』では「人と言との合字」とするが、『広漢和』は「人＋口＋辛声」であり、語源の解釈がまったく違う。『広漢和』は『大漢和』の単なる簡略版ではなく、内容も新しい画期的な業績である。

諸橋轍次、鎌田正、米山寅太郎共著『広漢和辞典』全四巻、大修館書店、一九八一―八二年

Ⅶ　対談・座談会

［対談］森岡健二（国語学）

英語／日本語文化論

発音と綴り

森岡　渡部さんがこのたびお出しになった『英語学史』をたいへん興味深く読ませていただきました。そこで、英語研究の起りについてお尋ねしたいのですが、いったい英語研究というのはどのようにしてはじまったのでしょうか。ラテン語を学ぶ必要から英語のことが意識され出したのか、古い英語を解釈する必要から英語研究が行われるようになったのか、それとも、非常に日常的に身近な問題である綴り字と発音の分離をどうするかということから英語研究が必要になってきたのか、どうなのでしょう。日本の場合は、古語や外国語（漢文・漢字）の研究の必要から起ってきたようですが……。

渡部　近代における英語研究を促したのは宗教改革だと思います。ローマ教会から独立したのであるから、ラテン語からも独立すべきである。ラテン文法があるのだから、英文法もなくてはおかしい。こういった考え方に立って、人為的に学者が作り出したという感じです。

森岡　それは何世紀頃でしょう。

渡部　十六世紀後半です。それ以前にも英語研究はありましたが、理論とまではいかない幼稚なものでした。

森岡　そうすると英語研究の起りは、ラテン語離れだったのですね。

渡部　そうです。

森岡　この本のはじめに、綴り字の問題を取り上げていらっしゃいますが、ラテン語との関係はどうだったのでしょうか。綴り字改革の問題にはラテン語はあまり影響しなかったのですか。

渡部　英語の個々の単語の綴りには影響がありました。しかし、それはともかくとして、ラテン語は発音通りの綴り字になっているのに英語は発音通りの綴り字になっていない、という劣等感が根本にあったのです。ですから、綴り字改革運動は、劣等感の裏返しと言えるでしょう。

森岡　綴りについては、発音通りの綴り字を主張した人々と、慣習的な綴り字を温存することを主張した人々（保守主義と渡部さんは呼んでいらっしゃいます）との対立があって、結局は後者が勝利を収めたわけですね。わたしは、発音通りに綴ることはそもそも無理ではないかと思うのですが、どうでしょう。はたして発音通りの綴り字というのは進んだ考え方、進歩的な考え方なのでしょうか。

渡部　イギリスでも、古英語や中英語の時代には、耳に聞こえる通りに綴っていました。かなり不完全ではありましたが、意図としては表音綴りでした。ですから、古英語も中英語も、綴りの通りに発音するのが原則です。日本のローマ字表記のようなものと考えていただけばよいでしょう。ところが、イギリスでは、十五世紀になって急に発音が変化するという現象が起りました。しかし、印刷術はすでにありましたから、印刷された文字と、その発音との間の乖離が非常に大きくなってしまったのです。そこで十六世紀になりますと、国語改革運動が起って、実にたくさんの国語改革書が現れました。その国語改革者たちの主張の中心は"Ut pictura, orthographia"（絵のごとく、また綴り字も）というものでした。つまり、絵は風景を写すものであり、それと同じように綴り字は発音を写すものでなければならない、と主張したのです。そこで、いろいろな新しい綴り方のシステム、発音通りの綴り字のシステムが提案されました。

森岡　日本の仮名遣いは、やはり文字と発音の不一致のため問題が生じ、結局、歴史主義の立場をとったのですが、イギリスでは発音を忠実に写すために新しい文字まで作ったようですね。

渡部　ええ、三十数文字のアルファベットとか、文字の上に線を引いたり、下に点を打ったりしたものなど、実に複雑ないろいろなシステムが作られました。しかし、ずっとこのような試みは続くのですが、結局は成功しませんでした。これに反して、今まで通りの綴り字でよいのだという意見を最初にはっきりとのべたのがフランシス・ベーコンだったのです。ベーコンは、「英語はしょっちゅう変化していくので、英語でものを書くのは砂の上に文字を書くようなものだ、時の波がくればみんな流されて消えてしまう」というような、英語に対する不満の気持ちを持っていました。そのようなわけで、自分自身の著作もすべてラテン語に訳させたほどなのです。このように、ベーコンは言葉が変わることに対して不信の念を抱いていたものですから、今までの綴りを変えたのでは、さらに不便になるだろうと考えたのです。ベーコンの意見は学者よりも一般の人々に影響を与え、ものを書く人は今まで通りに文字を綴りましたが、学者の理論は相変らず発音通りの綴り字を説くものでした。最終的にこれに結着をつけたのは、一七五五年にできたジョンソンの辞書と考えてよいでしょう。この辞書ができたことによって、綴り字が発音とずれていてもかまわないということになりました。今まで通りの綴り字が国民的な大辞書に記載されたのですから。これによって大勢がきまったと思います。その後も、英語を発音通りに書こうという運動はありますが、主流になったことはありません。

森岡　文字というのは、発音の代表というよりも、むしろ意味の喚起性が非常に重要な要素となりますので、さきほども言いましたように、発音通りに綴ろうというのは空しい試みのように思うのですが、いかがでしょう。

渡部　理屈から言えば、発音通りに綴った方がよいという意見の方がすっきりするのです。ところが一般人からすると、どうもついていけない。なぜついていけないのかと言えば、森岡さんがおっしゃったように、読む時に不便だという実感があるからです。

森岡　そうでしょうね。

渡部　ようやくこの頃、アメリカの言語学者が、読むスピードということを問題にしはじめて、不規則な綴り字があった方がよほど読みやすいと言っています。その点からすると、日本語は特に読みやすい言語だということになります。

森岡　日本語のことで言いますと、明治時代にローマ字論、仮名文字論が出てきて、とにかく読みやすいように発音通りに書こうという運動が非常に盛んになりました。ところが、ローマ字にしようと主張する人たちがその主張を漢字仮名混じり文で書かざるを得なかったように、また、ローマ字による辞書を作ろうとしても、そのローマ字の見出し語に漢字を添えなければ意味がわからなかったように、実際には発音通りの綴りはほとんど成立しませんでした。そういう点で、空しい努力という気がします。発音と綴りがずれてくるのは当然のことでして、そのずれてくるところに文字の表意性が強く出ているのではないでしょうか。

渡部　そうですね。

森岡　ちょっと余談のようになりますが、わたしが昨年（一九七五）訪問した韓国のことについてお話ししようと思います。ご存じのように、韓国にはハングルという表音文字がありますが、日韓合併の時に、日本の総督府は一九一二年から三回にわたってハングルの綴り字を学習用に指定しました。それは発音式です。つまり、発音通りに綴るように指定したのです。ところが、あちらの民族主義的な色彩の濃いハングル学会（戦前は朝鮮語学会）が歴史主義の立場から、歴史的仮名遣いとも言えるハングルの綴り字法を作り、それが今日でも標準になっているのです。ですから、表音文字というと便利に思えますけれども、意味をつかむためには、習慣によって伝えられてきた歴史的な綴り字の方が、かえって能率的だと思うのです。

日本語の能率

渡部　イギリスでも日本でも、国語改革は劣等感からはじまるように感じます。明治時代には森有礼が、日本語をやめて公用語を英語にしようと言っていますし、戦後にもローマ字化、仮名文字化などいろいろの議論がありました。明治には、西洋から進んだ自然科学が入ってきたという意識があり、戦後は、負けたという意識があったわけです。負けた時に、「お前たちはこんな厄介な言葉を使っていたから負けたんだ」と言われて、みんな恐れ入ってしまった。(笑)

森岡　そうですね。

渡部　しかし最近は、今まで日本語に与えられていたマイナス評価の要因は、すべて消えてきているように思います。その一つは能率ということです。日本の戦後の復興のスピードは、人類の歴史上、他に例を見ないものだそうですが、そのような急テンポの復興をとげた国の国語が非能率というのは、常識的に考えておかしいですね。また、さきほども話しましたが、言葉の能率というのは、書く能率やそれを学ぶ能率ではなく、情報伝達の際の能率であるとするなら、日本語の情報伝達のスピード、つまり読む時の効率はずば抜けてよいという認識が、言語学的にも出てきました。書く時の面倒くささも、昔はタイプが打てないと悪口を言われましたが、今はコピーで補えます。また、急ぎの時はテープもあります。このように、日本語に与えられていたマイナス要因はすっかり消えたという気がするのです。

森岡　すっかり消えたというのは言いすぎかも知れませんが、たしかに新聞の組でもこの頃はタイプもできるし電送もできるといったように、急速に改善されましたね。

渡部　自然科学の発達が、日本語の欠点と考えられていたものを大幅に補いつつあるわけです。どうでしょう、日本語の未来は明るいと考えてよいのではないでしょうか。

森岡　さあ、どうでしょう。日本人の国内での言語生活に関するかぎりは、たしかに能率的だと言っていいと思いますが、この問題を国外までも広げてみると、つまり国際的な関係からながめてみると、ちょっと評価が変ってくるのではないでしょうか。話がとぶようですが、日本人の子どもが外国で生活すると日本語がだめになるという現象がありますね。例外なくだめになるようですが、このあたりに日本語の一つの問題があると思います。この原因は、日本人の親が日本語を大切にしないからではなく、環境のせいではないかとわたしは考えています。日本ではわれわれは街を歩いても新聞を開いてもテレビを見ても、漢字に囲まれた生活をしているのですが、ひとたび外国へ行くと漢字を見る機会がなくなってしまいます。このようなことが、外国へ行くと日本語が弱くなる原因なのではないでしょうか。

渡部　なるほど。それも一つの要因かも知れませんね。そのほかにわたしはこういうことも考えています。今の親たちは戦後育った人たちで、海外へ行くほどの人なら、英語をマスターするのに文字通り骨身を削った人たちだと思います。ですから、英語を覚えるのは子どもたちにとって非常に得になることだと意識しているようです。わたしの知り合いにも、せっかく外国で英語を覚えてきたのに日本に帰って日本語をやるのは損だという発想をする人がいます。そこで、そういう親たちは日本へ帰ってから、子どもをインターナショナル・スクールへやったりしているのです。

森岡　親の意識も大きな問題でしょうが、日本語というのは視覚的な要素が重要なので、外国にいたのではどうしても自然修得できない言語のように思うのです。

渡部　そうですね。漢字などは視覚から入る要素が強いですね。

森岡　逆に言いますと、この島国にいるとどうも外国語に強くなれないという悩みがあります。島国にいると外国語に強くなれない。島国を出てしまうと、今度は日本語が弱くなってしまう。いったい、日本人にとって日本語は強いのか弱いのか、どうでしょう。

渡部　さあ、どんなものでしょう……。戦後ずっと母国語軽視が強かったのは確かですね。わたしは、戦後に英語がよくできるようになった人をたくさん知っていますが、その人たちの日本語に対する意識は、実に寒々としたものです。百人一首もろくに知らない人たちが外国へ行くと、その後どうなるかは目に見えているわけです。元来が日本語から離れたくて仕方のない人たちなのですから。わたし自身について言えば、外国へ行って日本語が弱くなったということは全然ありませんでした。

森岡　自分の中にすでに日本語ができ上がっていればなかなか抜けなくて強いですね。しかし、それだけに子どもが日本語を一応マスターするまでには時間がかかります。外国へ行った子どもがなかなか日本語をマスターできないのも、そういうことに関係があるのではないでしょうか。

渡部 そうですね。おっしゃるように外国へ出てしまうと環境がなくなるというのは大きいですね。しかし、わたしは、やはり根本的には親の意識や心がけによって成功すると思います。実際にうまくいっている例も知っております。

森岡 在外の親ごさんに、それこそ一大決心をしてほしいものですね。

国語純化のイデオロギー

森岡 ところで、渡部さんの『英語学史』を読みながら、わたしは韓国における漢文のことを思い浮べました。韓国のインテリは漢文を読みますが、その読み方は日本のようにひっくり返して読まないのです。どんな長い漢字の文章でも、朝鮮式に音読してそのまま読み続けます。わたしが日本式の発音で英語を読むのと同じです。その点、韓国では漢字・漢文は外国語なのです。日本では漢字・漢文を外国語とは思いませんね。訓をつけ、ひっくり返して日本語の語順に直して読んでいるのですから。

渡部 そうそう。インスタント翻訳しながら読んでいるのですから。

森岡 しかも、漢文の読みでは、意外に音読の漢語よりも訓読の和語が多いですね。ですから漢文は日本語になってしまうのですが、韓国では、漢文を読むのはラテン語や英語を読むようなもので、インテリしか勉強できません。そういうわけで、韓国ではハングルができるまでは、長い間、自分の国の言葉で読んだり書いたりする文字を持たなかったことになります。

渡部 なるほど。ヨーロッパでは宗教改革の前後の頃から、ラテン語の言葉を意識的にゲルマン語に訳し直すという運動がありました。たとえば、「地理学」のGeographieはGeo-は「地」で、graphieは「描いたもの」なので、これをErdkundeに置き直すといった運動です。この運動は、特にオランダでは徹底的に成功しましたし、ドイツでも半分くらい成功しました。それと同じようなことが、日本でも過去においてあったのではないかとわたしは考えています。日本で最初の勅撰集は、『凌雲集《りょううんしゅう》』『文華秀麗集』『経国集《けいこくしゅう》』といった漢詩集でしたね。それが日本語の勅撰集の出る九十年ほど前にできたわけです。そうしますと、『万葉集』以後、『古今集』までの約百四十年ほどの間は、日本語で書いたものは実際上何もないことになります。それが突如として『古今集』ができ、物語ができるというぐあいに、ほとんど漢語読みの漢字の入らない文字が出現したわけです。

森岡 『万葉集』は七五九年、『古今集』は九〇五年ですね。

渡部 その間の百四十六年間には日本語で書かれためぼしいものはほとんど何もありません。弘法、最澄のお経は漢文ですね。嵯峨、淳和の聖代は漢文の聖代で、作品はすべて漢文で書かれているのではないでしょうか。

森岡 そうですね。歴史にはミッシング・リンクがあって、どうしてもつながらない部分が出てきます。日本語の場合でも、奈良朝の言葉と平安朝の言葉にはつながらない面があります。上代仮名遣いで八つあった母音が、平安朝になると五つになってしまうというようなことも、なぜなのか説明がつけにくい。でも、大局から見ると日本語はずっと持続していると思うのですが。

渡部 そこで、わたしは次のような仮説を立てているのです。つまり、『古今集』が作られる十年ほど前から、ヨーロッパの「ゲルマン狂徒」(ゲルマノファイルズ)に相当するようなイデオロギーが日本に生じたのではないか、そして、そのイデオローグが菅原道真だったのではないか、という仮説を立てています。菅原道真がなぜ天神様として祀られたのかと考えますと、もうひとつはっきりしません。藤原氏に挑戦して流されたから、というのは根拠薄弱ですし、学問の神様として祀られたからには学問的にすぐれた人だったに違いありませんが、しかし当時は漢詩人など、はいて捨てるほどいたはずです。そこで道真のことを少し調べてみるために彼の『類聚国史《るいじゅうこくし》』を見ますと、そこには『万葉集』や大化の改新以後はじめて国家意識が出ているのがわかります。『類聚国史』の最初の方の二十巻は神祀です。三、四巻は伊勢、五巻は八幡というふうに神様が続き、仏教はずっと後の方で風俗の上なのです。当時は仏教に帰依した天皇や上皇もいたにもかかわらず、道真は仏教を外国の一つの風俗程度に考えていたようです。このような考えは、ある種のイデオロギーではなかったかと思います。そのイデオロギーが遣唐使廃止という外的事件にもつながっているのです。宮廷で道真あたりを中心にして、「遣唐使はもう必要ない、われわれはわれわれの国ぶりをいちばん重んじなければならない」というイデオロギーがあったのだと思います。『新撰万葉集』によって道真は、歌合せの秀歌をとって歌集を作るという習慣に先鞭をつけ、同じ頃、大江千里の『句題和歌』も出ました。そして、その直後に『古今集』編纂があったわけです。『古今集』になれば、「仮名序」にはほとんど漢語が入りませんし、歌自体にもほとんど漢語が入りません。何かそこに、十六世紀のオランダを中心としてイギリスにも見られた、外国語を排斥して文学をやろうという国語改革のイデオロギーと同じものがあったのではないかと思うのです。

森岡　たいへんおもしろい御意見ですね。平安朝を興した時のイデオロギーは、外国風のモダンな社会を作ろうというものであったかも知れませんが、それでも宮廷においては『日本書紀』の講義はずっと切れ目なく行われていたようです。しかも、当時、漢文全盛といっても、その漢文に訓点をつけて日本語で読み書きしていました。たしかに、新しくできた日本語の文学作品はなかったのですが、『日本書紀』の講義をはじめとして古伝、古語、和歌を書きとめたものがないわけではありません。ですから、日本的なものへの関心が絶無ではなかったし、日本語は亡びることなく続いていたのですね。もっとも、おっしゃる通り『古今集』を契機として日本風のものがどっと登場してきたのは事実で、これは一種の外国離れというか、大きな価値観の変換、変動と考えてよさそうですが……。

渡部　戦時中、看板から外国語を一掃したことがありましたが、あれで戦争に勝っていれば、看板だけでなく日本語からヨーロッパ語をすべて取りはらったことになっていたかも知れません。オランダなどもエラスムスを生んだ国であるのに、国語からほとんどラテン語を取りはらってしまいました。そんなことを考えますと、日本でも道真の頃に同じことをやったのでは、と思うのです。

森岡　たしかに、日本的なものを志向するイデオロギーというのか、価値観があったと思うのですが、日本的なものと外国的なものが対立し、衝突するというより、互いに分野をきめて両立しているように思えますね。女性は意識して漢語を避けたのでしょうし、男性は『土佐日記』で、「女もしてみんとて……」とことわって和文を書かなければならなかったように、言葉の分担が男性と女性とで異なっていたと思われるのですが……。

渡部　しかも、大江匡房や菅原道真は、和歌を作る時になると、せっかくの漢語を使わなくなるのですね。そのあたりのメンタリティがどうなっていたのか、どういう国語意識だったのか、現在からはよくわかりませんね。

統制と放任

森岡　イギリスの場合は、十三、十四世紀頃までは、インテリや上流階級は自国語を使わずに文章にはラテン語を用いていたのですか。

渡部　特に一〇六六年のノルマン征服以降は、王様、貴族、大司教、司教、修道院長、騎士はフランス語しか知りませんでした。英語は被征服民族の農民や羊飼いが使う言葉になってしまったのです。ところが百年戦争でフランスと戦うようになったために、英語はじりじりと復活しはじめ、ようやく一三六二年に、法廷に訴えを起す際に英語を使ってもよいということになりました。

森岡　英語ですべての用がまかなえるようになったのはいつ頃ですか。

渡部　どんなことでも英語で書き表せるようになったのは十六世紀の後半と考えていいでしょう。また、語彙を増やすために外来語をどんどん取り入れて、これでもう十分だなと感じられるようになったのはやはり十六世紀の半ばだと思います。語彙が十分にあるという意識があったので、シェイクスピアはあれだけ奔放自在に書けたのです。しかし、学者の中には、英語で書けるようにはなったが、ラテン語文典のような文法書が英語にはまだないという劣等感がずっと続いてありました。

森岡　十六世紀頃からそうやって急上昇した英語が、ついに国際語になった秘密はどこにあるのでしょう。

渡部　それは難しい問題ですが、一つは、一七二〇年代から四〇年代にかけてヨーロッパ大陸が戦争をしている時に、イギリスだけが平和で、経済的に完全に差をつけたことがあります。金があるとそれが自信につながるもので、自分たちはフランスのような真似はやるまいと考えたのです。つまり、フランスは国語統制をしましたが、イギリスでは国家がすっかり国語統制から手を引いたわけです。国家が手を引きましたから、英語は自由に変っていきました。これが、どうも活力になったようです。フランス語には歯止めがかけられてしまっていたので、外来語を取り入れるのにもいろいろ厄介なことが多くあったのですが、英語はそんなものは捨て去って、奔放自在に必要に応じて勝手にやっていって、落ち着くところに落ち着いた、という感じがします。それだけに、弾力性や活力をとどめることができたのです。このことと英語国の世界における比重が高まったことがからみ合って、英語が国際語になったのだと思います。

森岡　わたしは高等学校時代に、一つのセンテンスが蜒々と一頁も続くようなJ・S・ミルの『自伝』や『自由論』を教室で読まされて、ひどく苦労した記憶があるのですが、どうも最近の英語の文章は短くて平易なものが多いようですね。そのような、英語の表現の改善はどのようにして行われたのですか。

渡部　これも同じようにほったらかしだと思います。国がきめた辞書とか国定の文法書などありませんので、結局、いちばん売れる文法書が標準になるわけです。みんなが買うということは、それが一種の民主主義的コンセンサスですので、実状から離れた理屈をこねた文法書は、どんなに学術的にすぐれていても売れないのです。だから、文法書は、大多数の人々が実感から見て、こんなところなら妥当であろうと納得する線で変化してきています。

森岡　言葉に対して国家が干渉してくるというのは、日本の場合は戦後のことだと思います。当用漢字などは、まさしくそれですね。明治以降はいろいろな国語施策や国語運動があって、文部省でも常用漢字を作ったりもしましたが、実際にはちっとも利用されませんでした。特に江戸時代までは、日本語はまったくほったらかしと言ってよさそうですね。

渡部　そのようですね。

森岡　現在、外来語が氾濫しすぎているという声を時々聞きますし、国語を純化せよという意見もありますが、考えてみますと、江戸時代などもほったらかしの時代で、馬琴の小説などには中国の白話小説からとった漢語がたくさん用いられています。しかし、おのずから淘汰されて、白話小説に出てくるような言葉は現代の日本語にあまり伝わってはいません。わたしたちが今日使っている漢語は古代漢語とでも言うべきもので、四書五経を中心にして日本人が長い間勉強してきた漢字の使い方が現在の漢語の根本になっていると思います。「山」とか「川」とか「人」とか「犬」とかいった日本語の基礎になっている言葉はちっとも変っていませんし、外来語はいくら入ってきてもわたしは心配ないと思っているのですが……。

渡部　わたしも心配ないと思いますし、心配しないのがよいと思います。さきほども話に出ましたが、あれだけ奈良・平安前期に漢詩、漢文化が入ってきても日本語は何ともなかったのですから、今の外来語の流入などは、どうということもないでしょう。日本語は、十分に淘汰していって適当なものだけ残す力のある丈夫な言葉だと思います。

森岡　入ってくるのは非常に特殊な語ばかりですね。ファッション関係の語のように、小さなグループだけで通用するものばかりで、一般語として普及する前に消えてしまう語が多いのです。

渡部　常にそのような言葉がある方が、かえって健全なのかも知れません。

森岡　このことについて、また韓国の話をしますが、韓国は一九四五年に日本から独立すると、国語の純化運動が起りました。そこで、「学校」のことは「学ぶ家」、「胃」のことは「食べ物の櫃《ひつ》」といったぐあいに、漢語を使わずに自国語で言おうとしたのです。そういう試みは、実際には普及しませんでしたが、しかし韓国では、若い国ということもありまして、そういう運動が絶えず蒸し返されています。どこの国でもこのような愛国主義にもとづいて国語の純化をはかろうとするようですが、イギリスにはそのような運動はまったくなかったのですか。

渡部　いえ、あったのですが、常に少数派だったのです。

森岡　すると、ゲルマン狂徒はいつも少数派で主流にはならなかったのですね。

渡部　ただ、学校にはゲルマン狂徒が多いものですから、十七世紀には、ついにチョーサーの全集は一度も出ませんでした。チョーサーという人は、英語の中に大量の外来語――フランス語ですが――を入れた人です。彼の詩は、なしたのです。そんなわけで、十七世紀には彼の全集は一度も出ませんでした。

形態も語彙もラテン系の傾向が強く、そのために宗教改革後のゲルマン狂徒は、彼のことを国語を乱した張本人と見

森岡　現在の英語の中で、借用語と本来の英語との占める比率はどのくらいなのでしょうか。

渡部　使用頻度を別にしますと、七対三ほどで、借用語が圧倒的に多いでしょう。

森岡　日本語の場合も、漢語が和語よりも多いですね。

渡部　英語ではしかし、使用頻度は在来語がうんと高くなっています。人称代名詞とか基本動詞といった在来語は、しょっちゅう使われるのですから。

森岡　それは日本語の場合も同じです。

渡部　自国語が弱い国では、自国語のシンタクスの中に外来語を入れるというプロセスができないということがあります。ところが日本語の場合は、漢文を読み下すやり方が確立しているので、外来語がいくら入ってきても怖くないのです。

森岡　自国語のシンタクスに外来語を取り入れて文章を作るということのできない国は、自国語で文字を書く習慣がなかったところに多いようですね。

渡部　日本語の場合でも、最初は文字に書く習慣はなかったのですね。ところが、これまた空想に近い仮説なのですが、日本の場合には、どうしても残さなければならない言葉があったので、自国語が生き残ったのだと思います。日本には天皇家というものがあって、天皇家は民族の根本ですので、どんなにハイカラになっても、祝詞をやめるわけにはいかなかったし、また、和歌の伝承も続けなければならなかったということもあって、自国語が細々ながら続いていったのです。細々ながらでも続いていたので、そのうちに語彙だけ外来語を混ぜて使うというスタイルができ

たのだろうと思います。ところが、そのような伝統のない国では、上流階級がすっかりフランス語になったり英語になったりすると、全部が外国語になってしまうのです。日本は島国であるということも大きいと思いますが、とにかく皇室という石器時代からの王朝が続いているという条件があったので、細々と続いていた自国語がいつの間にか強くなったのだと思います。

森岡　日本語の文法の基本的なきまりや、「山」とか「川」とかいった基本的な単語は、奈良朝と変りません。そういった部分が日本語の土台として長く続いてきているのは確かですね。ですから、そういった基本語層が早くから確立していることと、語順なども、文字言葉として『古事記』『万葉集』『祝詞』『風土記』などが日本語で書かれましたので、早い時期に自国語がしっかりしたのでしょうね。そのため、後から来た外来語は荷物のように、ただ自国語という列車に乗せるだけでよかったのだと思います。

渡部　本当に日本語に危機があったとすれば、『古事記』『日本書紀』、あるいは『万葉集』が書かれる百年ほど前にあったのではと思います。日本語は、その時期に生き延びてしまったので、後は何が来ても怖くない（笑）、というわけです。

森岡　文字言葉が保守的なのに対して、音声言語は非常に速い速度で変化していきます。その点で、日本語は、早くから文字言葉を持ったことと、漢字を取り入れたこともあって、語源が崩れなかったということがあったと思います。文字がなくて音声言語だけだとしますと、語源がわからなくなってしまいます。「日本にはどうして語源辞典ができないのか」とよく尋ねられますが、漢字が語源のようなものですから、漢字で書けば大部分の語源はおのずから明らかなのです。たとえば、小さな皿のことを、「てっしょう」とか「おてしょ」とか言いますが、耳から聞く音声言語では意味がわかりませんが、文字言葉で「手塩」と書けば一目瞭然です。それから、わたし自身のお恥ずかしい体験をお話ししますが、わたしは子どもの頃からの耳の言葉として「さくらんぼ」のことを「オート」と聞き覚えていまして、それがてっきり英語だとばかり思い込んでいたのです。そこで、以前アメリカへ行った時に、英語のつもりで「オート、オート」を連発してアメリカ人にきょとんとされました。（笑）これなども、「桜桃」と文字言語で記憶しておけば何でもなかったのです。音声言語ではすぐに語源がわからなくなりますが、文字言語で書いておけばいつまでも語源は保存されます。ですから、日本語は早くから文字言語を持ったので、長い歴史の中で変化しながらも、結局は崩れない確かな言語として確立し、それが標準語の成立にも非常に役立ってきたのだと思います。

渡部　そうでしょうね。

標準語の成立

森岡　渡部さんの『英語学史』によりますと、イギリスにも、綴り字に忠実に発音するのが標準語であるという意見をのべている人がいるそうですね。おもしろいと思いました。

渡部　結局、十八世紀になりますと、綴り字に比較的忠実に発音するのが英語の標準語になります。当時、教育を受けなくとも世の中をわたっていける階級が二つあると言われていました。つまり、上流の世襲貴族と下層の農民・羊飼いの二つの階級です。彼らは、別に言語訓練を受けなくても食うに困らないわけです。ところが、両方の中間の階層は、教育を受けることによって食べていく道を得なければなりません。そこで、この中間の人々は何を基準にして発音しようかと考えて、貴族の発音も無教育の人々の発音も真似せずに、綴り字通りの発音をすることにしたのです。ジョンソン博士などが、変らないものを基準にするのがよいのだと言って、綴り字という変化のないものを基準にするようにすすめたのです。そういうわけで、十八世紀後半に、綴り字通りの発音にしておけば人から笑われないですむようになりました。たとえば、「インドの」という言葉であるIndianを、［indian］と発音するのは学校教育を受けた人、［indʒən］と発音するのは教育を受けなくても食べていける貴族と下層階級ということになったのです。

森岡　日本でも事情はまったく同じだと思います。日本語の標準語は東京語が一般に普及したものであると言われていますが、この説は明治の末期から大正のはじめにかけて生まれたようです。明治以降、東京が国の中心になったので、そこの言葉が全国に広まって標準語、共通語になったという説ですが、どうもそういうことはあり得ないように思うのです。というのは、江戸言葉というのは元来下町のべらんめえ言葉ですし、インテリの武士たちは江戸屋敷では郷里の言葉を使っていたと思われます。当時のインテリである侍階級の間には、共通の話し言葉はなかったと思います。それでは、互いに話す時に何を使っていたかと言えば、それは、文字言葉を音声化したものではなかったでしょうか。

渡部　なるほど。

森岡　明治になると、明治六年（一八七三）に明六社ができて演説がはやり出して、自由民権運動の流れに乗って、ものすごい演説ブームになりました。演説の際の手の振り上げ方まで指導する本が外国から取り入れられたりするほどの大盛況でした。土佐などは血の気の多い土地柄ですので、何十社という結社ができて、東京に来たことのない人たちが演説をぶって歩いたりしました。明治十年の新聞には、「演説会の熾んなるは米国の革命前の実勢を写し来たれり」とまで書かれています。また、京都の出身で東京に来たことのない岸田トシという若い女性が、明治十五年に岡山から福岡にかけて遊説し、「聴衆雲集、……木戸を破りて闖入するものあり、大修羅場を現出す」ということになって、ついに演説が中止になったと報道されています。それほどに演説がブームになったのです。

渡部　聴衆に言葉が通じたわけですね。

森岡　通じたのですね。それに、聴く方にとっても内容がおもしろかったのだと思います。やはり、この場合も、文字言葉を仲介にして話したとしか考えられません。おそらく、「……である」とか「……であります」という文末の文法さえできていれば、識字階級なら誰でも話せるし、わかるわけですね。そういう点から見て、もし京都が近代日本の首府になっていたとしても、京都弁が全国の標準語になっただろうとは、とうてい考えられません。京都の言葉は、京都で生活しなければ身につきませんね。土着の言葉というのはその土着の文化と密接につながっているので、その土地で生活しなければ駄目なのです。結局のところ、最もニュートラルな個性のない言葉が標準語になっていきます。日本語の場合は、それが文字言語によって成立していったのだと思います。

渡部　なるほど。たいへんに説得力のある考え方ですね。

森岡　「これは……ぞ」といった言い方や、「……でござる」「……ぢゃ」「……ある」といった表現を用いた講義録が中世の頃から残っています。坊さんや若い学者たちが全国から集まってきて、先生の講義を聞いたのです。講義の言葉とは、まさしく文字言語を音声化したものですが、全国から集まってきた人たちにはその言葉がわかったのです。そのような文字言語の素養があったことが、標準語の成立を容易にしたのだろうと思います。

渡部　それから、英語をやっている人間から見て非常に不思議なのは、今の日本人には『万葉集』がわかるということです。古英語の詩がわかるなどということは、普通のイギリス人には絶対にあり得ないことです。

森岡　逆を言って申し訳ありませんが、イギリスの高等学校の生徒はシェイクスピアの芝居を観てわかるそうですね。シェイクスピアあたりからの英語の変化はゆるいのですか。

渡部　シェイクスピアあたりからはゆるいですね。

森岡　日本では、浄瑠璃の節に乗せて語られるからかも知れませんが、聴いただけでは近松の言葉がわからない……。

渡部　一つには、こういうことがあるのかも知れません。つまり、日本では和歌がずっと続いて作られてきたのでわかるのだと思います。和歌は韻文ですね。散文の方には、伝統的に作られ続けてきたものがないので、わからなくなってしまうのではないかと思います。ところが、イギリスではシェイクスピアの頃に聖書が英訳されたのです。聖書は誰でも読みますので、それが英語の安定化に非常に役立ったようです。

森岡　なるほど。浄瑠璃や歌舞伎の言葉も、舞台を見慣れればわかるようになると思うのですがね……。

渡部　今の日本で、みんなが知っていて、これからも続くという日本語の散文にはどんなものがあるでしょうかね……。

森岡　漱石にも注釈がつく時代ですからね。ただ、『坊っちゃん』などは読みやすいので、中学生でも読みますね。

渡部　『こゝろ』も、これ以上やさしく書けないというくらい平易な文章ですね。あのあたりが、ある意味での規範のようになるのかも知れませんね。

森岡　そうですね。

日本製漢語

渡部　話がとびますが、語彙についておもしろいのは、日本製の語彙が中国に数多く取り入れられていることですね。日本人が明治以後、西洋のいろいろな概念を移入する時に漢字を組み合せてうまい言葉を作りましたが、それらが漢字の本場である中国に逆に取り入れられていますね。これは、たいへんにおもしろい現象だと思いますね。

森岡　日清戦争の後、日本にやって来た中国の青年が年に一万人もいて、彼らが国へ帰る時に日本製の新しい漢語を持っていったようです。日本人は蘭学時代には、Blind（盲）＋Darm（腸）＝盲腸というように、オランダ語の形態素に漢字をあてはめていくことによって訳語を作っていましたが、明治のごく初期には、一般的な用語はロブシャイドという人の『英語＝中国語辞典』などから漢語を借用しています。「新聞」「銀行」などは、そのようにして日本語に入ったようです。ところが今の中共の学者は、「新聞」や「銀行」は日本から来た言葉だと言っていますが、これはこの辞典が広東で作られた南方系の中国語なので、北方からは語源がわからなくなってしまったのかも知れません。そういったわけで、幕末から明治初期にかけては、中国からわりあい多くの一般的な訳語を借用しましたが、科学、法律、経済などの専門用語についてはどうしても日本人が作らなければならなくなり、古語を訳語として復活させたり、訳そうとする語の意味を日本語で考えてそれに漢字をあてることによって新しい漢語を生み出したりしています。

渡部　その際に、日本人の外国語修得の経験がものをいったのだと思いますね。中国人は日本人より早く西洋語に触れていたのに、自分たちより高い文明をもたらした国民にあまり出会ったことがなかったので、外国語をマスターしそこねた感じがあります。

森岡　もう一つには、中国の洋学を押し進めたのは宣教師などの外国人で、中国人自身ではなかったということがあると思います。日本の場合には、日本人自身の手で洋学をやって新しい言葉を作り、それを中国や朝鮮に送り込んだわけです。

渡部　そうですね。

森岡　毛沢東も、「よい外国語は、いくら取り入れてもよい」と言ったことがあるそうで、中共の憲法の用語は半分くらいが日本製漢語だと思います。「共産主義」だって日本語でしょう。(笑)

渡部　考えてみればたいへんなことですね。

森岡　そういう新しい言葉は、大部分明治二十年くらいにはでき上がっていたようです。「共産党」などもすでに明治十五年（一八八二）の辞書にありますし、今われわれの使っている言葉のほとんどは、その頃できたのではないかと思います。

渡部　明治の頃の訳語を見ますと、語源に忠実なのに驚きます。語源をよく考えて訳したとしか思えない訳語が非常に多いのです。

森岡　蘭学時代から、そのような思考法をする基盤が培われていたのですね。それから、もう一つ驚くことは、江戸時代の語彙と明治時代の語彙がたいへん違っていることです。何といっても江戸時代には仏典、漢籍から来た漢語が多かったのですが、明治になると、それが大幅に入れ替っているのです。

渡部　アメリカへ行った時に、インド人の学者から「日本の大学は何語で講義しているのか」と尋ねられて、びっくりしたことがありますが(笑)、考えてみれば、自国語で講義している国はそう多くはないと思います。

森岡　日本でも明治の中期までは、外国人の教授が英語やドイツ語の講義をしていましたね。それがだんだんと日本語の講義に変っていったのです。「博言学」はB・H・チェンバレンが明治十九年（一八八六）から二十三年まで担当し、明治二十七年にはその講義を聞いた上田万年博士が教授になっています。上田博士の講義録を見ると、術語は多く外国語を用い、それを日本語の構文の中に織りまぜて講義していたようです。ですから、ノートは漢字・仮名・ローマ字混じり文になっています。

渡部　明治時代ほどのことはありませんが、わたしが学生だった頃の上智では、外人の先生の答案はすべて英語で書きました。辞書もなければ何もないところで、即座に英語で答案を書いたのです。あれはたいへんによいことだったと思いますね。

外国語教育と国語教育

森岡　ところで、渡部さんは外国語の修得ということについて論争をなさっていらっしゃいましたが、日本全体の学校教育の中で、外国語をしゃべることのできるようにする教育は実際に効果を上げられるのでしょうか。

渡部　わたしは、それには疑問を感じています。英語をしゃべるというのは、条件反射によるところがたいへんに大きいと思いますので、日本にいて英語が口からすっと出るというのは、まず無理でしょう。だから、外国へ行って外国の生活環境に相当期間いなければ、実用になるような会話力は身につかないと言い切った方が誤解が起らなくてよいのだ、と主張しているのです。

森岡　学校教育の中では将来の基礎となることを教えておけ、というわけですね。

渡部　中学一、二年でしたら音に慣れさせるということも大切でしょうが、「高校の教科書程度のことがしゃべれるようになって文化交流をしろ」などというのは、できないことを要求しているのと同じで、結局、戦争中の竹槍主義のようなものだと思います。しかるべきものを与えないでおいて、「できるようになれ」と言うのですから。

森岡　英語には敬語がないとよく言われますが、敬意表現はたくさんありますね。これなども学校の英語教育の中で教えるのは無理で、実際の環境に入らなければ身につきませんね。

渡部　その通りですね。

森岡　英語教育の話になりましたが、日本語教育、国語教育についてはどのようにお考えになりますか。

渡部　国語は、情報をお互い横に伝える道具であると同時に、先祖からの感情、情緒を縦に伝えるものではないかと考えます。言語学で「伝達」というのは、同時代の人の間での横の情報伝達を指すようですが、国語には情緒を縦に伝達する作用もあると思うのです。ですから、日本の場合には、あまり外来語の入っていないすぐれた和歌などを、次の世代に教えておく必要があると思います。「若い者を見たら火星人だと思え」などと言いますが、それは、情緒をともにしていないという実感を言っているのでしょう。親も読み、その親も読み、そのまた親も読んだような共通のものがないということだと思います。それは縦糸のようなものですので、それさえあれば、横糸には何をもってきてもいいと思います。どんなハイカラな言葉を使ってもいいし、今日生まれて明日消えるような言葉も恐れず使えばいいだろう、とまあこんなふうに思っています。

森岡　戦後、日本の国語教育にはアメリカの経験主義が入ってきて、とにかく経験させれば言語の力がつくのだという風潮になった時期がありました。そこで、シナリオを書く、電話を聞く、映画を観る、というように何でもかんでも言語経験をさせるということになり、国語の教科書もそのような構成になりました。ところが、教室では実際の経験はできませんから、これは無意味に終ったのです。それに、民主主義の社会は話し方の社会であるとして、話し方教育、聞き方教育も導入されました。これが昭和二十年代です。三十年代になると、国語教育はもっと系統的、体系的になされるべきだとして、文法教育が行われるようになりましたが、文法自体がそれに対応できるように体系化されていないので、これも失敗に終りました。そこで結局、文章の主題をつかむ、構成を考える、段落をふまえる、といった国語教育になったのです。内容主義とでも言うものがはびこって、小学校の低学年のうちから、「主題は？

構成は？」などとやるようになったのです。結局、文字とか単語とか最も基本的なことを分解的に教えるのをおろそかにしてきた、無駄の多い教育が戦後の国語教育だと思います。

渡部　外国語をやっている人間の我田引水になるかも知れませんが、いちばん有効な国語教育は外国語教育だと思います。外国語を勉強しようとすれば、否応なしに主語を考え、動詞を考えるわけで、そこではじめて言語に対する反省が生まれてきます。だから、勉強によって修得する言語である外国語や古典語を通じてのみ、自国語に対する反省が出てくるという要素があるのではないでしょうか。ある程度の長さをもった英語の文章を何とか通ずる日本語に訳すのは、たいへんに日本語の作文の勉強になるし、短い日本語の文章であっても、それを英訳しようとすれば、日本語との大格闘をしなければなりません。ですからわたしは、そういうことをするのが、一つの実践的国語教育になると考えています。

森岡　わたしの受けた英語教育は、そのような意味で、まさしく日本語教育だったと思っています。それまでの自分にはできなかった日本語の新しい表現を、英語を通して身につけることができましたし、日常的に使っている日本語では発想しなかった考え方を英語から学んだりもしました。そういう点から見ますと、今の国語教育は現代語ばかりで、読めばわかる文章ばかりですね。

渡部　そうですね。『太平記』とか『平家物語』などを暗記させて、暗記で点数をつけてもいいと思いますよ。

森岡　現場の先生をはじめとして国語教育関係者が「今の高校生は現代文が読めない」と心配しすぎて、教材も現代文偏重になっていますが、渡部さんのおっしゃるように、親子の断絶をなくすためにも、もっと古典を取り入れる必要がありますね。古典を与えることによって現代文に対する自覚や反省が出てくるわけですから。中学からどんどん古典を学ばせればよいのですが、そうすると、ついていけない生徒が出てくると心配する向きもあるようです。

渡部　さわりを暗記させるだけでもいいと思います。ぜひ、これだけでもやって欲しいですね。学校での時間は貴重なもので、日常とは異質なものをやっていいはずです。

森岡　今の生徒は現代文が読めないといっても、別に何から何まで読める必要もないのですから、もっと古典に比重を置いた国語教育であって欲しいと思います。

渡部　ぜひとも、そうあって欲しいですね。

（森岡健二・上智大学教授）

［対談］　角田忠信（耳鼻咽喉科学）

日本人と外国語●脳から見た言語

言葉に関する右脳と左脳

渡部　角田先生、大修館書店から出された御本（『日本人の脳』）がたいへん売れているそうで、おめでとうございます。

角田　いえ、どうも、はじめてのものでございますけれども……。

渡部　わたしは、学問と科学は違うと思うんです。たとえば、極端な例ですが、カトリック神学は、これは中世の学問の主流ですね。それに対抗して、宗教改革以来プロテスタント各派の神学がある。カトリックの図書館は重々しい参考書で満ちているわけです。その内容は厳密な記述で進められますけれども、これは学問であって科学じゃないもんですから、カトリックでない人から見れば、大きな図書館に山のようにいっぱい本があっても全然無視できるわけです。and vice versa（逆もまた同じ）で、カトリックの方から見れば、他の宗教の神学関係の本がいくらあっても、そんなもの紙屑同然だと言ってもいいわけです。そういう意味では、イデオロギーが違った社会学なんていうのも、お互いにとっては紙屑と同じとも言えることになります。

ところが、科学というのはまったくそれとは違ったもので、ある人の説が出た場合、それがどんな突拍子もない説であれ、その方法論に従うならば、同じ条件で同じ結果が出るという保証があるわけです。これが科学と学問のいちばん大きな違いじゃないかと思います。で、言語学というのは、科学の面もあるし、学問の面もおおいにあると思うんですね。

それで、だいぶ前、二十年も前かな、言語学の未来への展望みたいなことをやったことがあるんですが、その時に、本当に重要な発見は——当時構造言語学が主だったものでその批判をかねておったんですが——構造言語学も一つの尊い方法ではあるけれども、本当に重要なのは、他の分野から来るのではないか、というのでいくつかあげた中に、医学があったんですね。今度、数年前から角田先生の数々の論文を拝見するに及んで、日本語論に対する科学が誕生したという実感を持ったんです。

角田説は、少なくとも言語に興味を持つような人間にとっては広く知られていますので、その内容の紹介は不要だと思いますが、誰か科学として追実験をやっておりますでしょうか。

角田　長い間わたしのところ以外に、日本人で純音と母音が右と左の脳にわかれるといった結果を出した人はいなかったのですが、最近、幼児を年齢別に検査して、六歳くらいになると日本人らしい型を示すという報告が見られるようになりました。

たしかに、方法としては簡単なんですけれども、単純に聴力を測定するというようなわけにはいきません。ある特殊な条件に人間を追い込まなきゃいけない。だからそれだけ難しくなるんでしょうけれども。

渡部　実験の仕方自身がかなり難しいものなんですね。

角田　ええ。難しいというか、そうとう注意しなきゃいけないことと、検査になれてある程度レヴェルを越えてまでやってくれる人が必要です。ある測定器があって、それを使えば誰でも、ボタンを押せばぱっと結果が出るようなものじゃないわけです。たとえば、脳波計というのは、たしかに日本中どこにでもあるけれども、それを使ってデータを読んで、実際にそれを生かせる人というのはそんなにいない。機械の数ほどはいないわけです。ちゃんと駆使できるまでには、やっぱり何年間か習練がいります。そこがちょっと厳しいところなんです。

渡部　まだ追実験の形では論文をまとめた人はいないわけですね。そうするとまだ非常に有力な仮説という段階でございますね。

角田　そうですね。

渡部　誰か一人出ればこれはセカンドをとったわけで、これはもうちょっと日本の言語学の研究の歴史には類の少ない大発見ということになりますね。

角田　ぜひ完成させたいと思います。ちょうど十一月から大学の方へ戻ることになりまして、時間も十分とれると思います。これからいろんな分野で、この問題に興味を持つ方にどしどし来ていただいて、一時間二時間じゃなく、一週間とか二週間単位、できれば一カ月くらいいっしょにやって、完全に技術をマスターして、そして自信を持ってやっていただければ、と思います。

これは『日本人の脳』の中にも多少書いたんですけれども、われわれが二つの脳を持っていて、その働きが左右で違いがあるということは動かしがたい事実です。で、わたしの実験では、左の脳に対応する右の耳は言葉、右の脳に対応する左の耳は音楽です。といっても、日常生活の中では、右の耳は言葉がよく聞こえ、左の耳は音楽がよく聞こえるということは感じないわけですね。だから、わたしの説を聞いた時に非常に不思議に思われることが多いと思うんです。

ただ、脳の働きの中でいちばん左右差がはっきりしているのは言葉なんですね。これは百年前からわかってるんです、左の脳に局在していると。

渡部 それは脳溢血というようなことがありますのでね。

角田 そうですね。右にはないわけです。左側がやられれば失語症になって言葉を失うけれども右の場合には失われないという、非常にはっきりしたコントラストがある。そういうコントラストになるほどのものが、日常の正常な人間の脳の働きの中には出てこないわけです。出てこないのはそれだけの理由があって、左右の脳が脳梁でつながっていることと、何かホメオスタティックなものがあって、正常な人ではそういう異質なものが出てこないようにできているわけです。だから、実験方法というのは、そうとう熟練して、そういう出にくいやつを無理やり左右に割くようなことをしてやらないといけないんです。

それから、もうちょっと難しいのは、この場合日本人に限ってですけれど、ノンバーバルの音の優位性が実験条件によって変りやすい。それをどうコントロールするか。ですから被験者をそうとう選ばなければいけないわけです。研究機関では、そこに勤めている研究者は、自分も含めてみんな正常だと思っています。たしかに正常には違いないんです。ところが、そこの人々だけを集めて実験をすると、何かバラバラになって訳がわからない。そういうことが出てきてはじめはわたしも非常に困りました。左右に基本的に違いがあるはずなのにそれが出てこない。いろいろ迷って、一昨年（一九七七）くらいから気がついたんですが、知的な学習が脳の優位性の型を狂わしているようだと。だから、いっときその知的なものをストップすることによって優位性の型を元に戻すとか、別の刺激を加えることによってある程度元に戻すことができる、ということがわかりました。

渡部　知的作業によって脳の働きが違うというのはおもしろいですね。

外国語が脳に歪みを与える

角田　外国語の非常にうまい方にもあてはまるかどうかわからないんですが、英語に限らず、自分の知っている外国語を使いますとパターンが狂っちゃうんです。左の脳に偏ってしまって、正常なパターンが失われてしまう。英語で、夜三十分か四十分講演しますと、それがその日のうちに直らないで、翌日の夕刻まで続いてしまう、ということをたびたび経験しています。日本語ではそういうことはあり得ない。それから、自分の全然知らない外国語、たとえばロシア語を聞いた場合にもそういうことは起らない。知っている外国語を聞くと、そして実際に使うとぴたっと変ってしまうんです。

ですから、われわれは知的生活をやる上で非常にハンディキャップを持っていると思います。国際会議などに出た場合、これはすべての方にあてはまるかどうかわからないんですけれど、わたしの経験では非常に頭が重いんです。つまり頭が凝っちゃうんです。

渡部　それは賛成する日本人が多いんじゃないですか。

角田　それで非常に眠くなるんですね。

渡部　眠くなるんですか。それはおもしろいですね。

角田　もう一つは勘が非常に鈍くなってくる。勘が鈍くなって、方向感覚が悪くなって、日本にいる時のようにぱっと考えが出てこないようなところがある。それは前から確かに感じていたんですけれども、こういう実験をはじめてみまして、知らないうちにこれだけ影響されているとすると、これはえらいことだと思いました。

渡部　実は、わたしも若い頃ずいぶん通訳をやったんですよ。中には原稿がない講演もあるわけです。そうとう高度なものなんですが、その頃同時通訳もいませんし、その訓練もありません。まったく出たとこ勝負でやるわけです。そういう時は前の晩勉強したら、特にオールド・イングリッシュなんかやったら全然破滅的なんですね。明日使うところがものすごく疲れるというような感じでね。だから前の晩はそういう仕事は休むわけですよ。普通の話をした翌日は調子がよい。

角田　そういう時は音楽が非常にいいんですよ、西洋楽器の。これはたびたびわたしは書いてるんですけれども、「ながら族」は必ずしも悪くないんじゃないか、と。たとえば、英語を一時間しゃべった後は脳のパターンが狂いますね。戻すのに何をしたらいいかというと西洋楽器がいい。邦楽器は絶対だめなんです。これはもともと言葉の方の特性を持っていますから。

バックグラウンド・ミュージックを販売している会社で講演たのまれましてね。そこでこういう話をしましたら思いあたることがあるというんです。たとえば、銀行なんかで、正月のバックグラウンド・ミュージックをいろいろ見つくろって持ってこいと言う。正月だから「春の海」とか、琴がいいだろうと思って持っていく。そうするとクレームがつくんだそうです。もう疲れてしょうがないからあれやめてくれと。

やっぱり、弦楽四重奏でも歌のない歌謡曲でも何でもいいんですが、西洋楽器の音の方がいいらしい。それを聞いていて、非常に意外だったのは、左の脳に偏ってしまって音楽を聴くのに適さないだろうと思うのに、逆に音楽が甘く聴こえるんですね、案外きれいに……。

渡部　甘美に聴こえる。

角田　甘美にですね。これは、音楽的にいいとか悪いとかいうんじゃないです。それを聴くとパターンが元に戻るのが速いんです。ちょうど反対の刺激になるんですね。

数年前にある同時通訳の方がわたしのとこに来たことがあったんです。その人はフランス人で、英語、ドイツ語、イタリア語、フランス語はもちろんですが、中国語、日本語とだいたいの言葉はみんなしゃべれるんですね。国連の同時通訳を自由にやってたらしいんですが、四十歳過ぎるともう外国語を使うのが辛くて辛くてしょうがない。フランス語以外の言葉をしゃべるのが実際いやになってくるんだそうです。それが苦しくて職業を変えたらしいんですね。その人がその時に言ったんですが、同時通訳の人の中に非常に精神障害が多いんですってね。驚くほどの頻度で起きている。まだ世の中にあまり知られてないけれど、これは何か、外国語を使うことと関係があるのではないか、と。そういうことを盛んに言われ、その時は、そんなこともあるかなと思っていたんですが、日本人を対象に実験をやり出したら、これはどうも、案外あたっているんじゃないかと思うんです。

外国語に対する脳の限界

渡部　わたし及びわたしの知ってる人の多くは、角田先生の説で思いあたることがある人が非常に多いのです。わたしなんかも、日本文化を考えますと、どうも普通の文明国の文化じゃないところがあるんですね。おかしい文化なんですよ。たとえば、これはだいぶ前に起っていることだけれども、仏教が入ってきた時に、両方の宗教をそのまま両立させて一軒の家、一人の人間の中に置くなんていうことは、まあ、普通ないことなんです。なぜそんなことができるのかというと、一つの神様を信じたら他の神様はおかしいじゃないかというような矛盾律が他の国みたいに働かないことが一つあるんじゃないかと思うんですね。それは一つの論理だけれども、両方あったっていいじゃないかというような感じでね。

言葉も似たところがあります。今でも朝鮮では訓読みがないですね。朝鮮語の地の文に漢字が入れば、そのまま音で読むでしょう。日本だと訓にしちゃう。何でも両立させる、という言語体験をやってるわけなんです。だから、日本人の言語体験の仕方――宗教的なところもそうですけれども――あらゆる面で、これはお国自慢ということじゃなくて、ユニークであるというところを認めなければ、ちょっと話にならないんじゃないかということがあるんです。

そのユニークなところに、一つの根として生理的なものがあると言われると、なるほどと納得できるようなことがあるんですね。文明国にしてはべらぼうにオノマトピアが多いですね。それを使わなきゃしゃべれないくらいたくさんある。そういう非常に原始的なものと、それから、抽象語がたくさん入ったとしても外国のものも入れるということ。それが両立するということは、角田先生の説で言うと、虫の音が入るところに人間の言葉も大部分入っちゃうという、言語として完全に一元的だからだと思うんですね、純日本人は。

ところで、中国語を習った人がいるわけです。最初習った時は中国音で習ったんだから、右の脳も使ったんだけれども、またいつの間にかあまり使わなくなって、左にずっと傾いてくる。鎖国になれば完全にもう右の方には言語刺激は行かなくなるんですね、角田先生流に言えば。そして、また明治以来こつこつ右も使う時代がはじまって、今非常に右も使っているわけです。子どもの頃から英語をやるとか。

ところがそのうち――と言っても何十年かの後ですけれどもね――これは、一人の人間が、若い頃はやれるけれども四十くらいになるとくたびれるみたいに、しばらく両方やるんだけれども、またくたびれてきたと言って、外国語をやめてしまうという時期が、少なくとも今みたいな外国語とのつき合い方がいやだという、鎖国ムードになるという時期が、またあるんじゃないかなという感じもするんですね。

角田 いや、それはわたしは痛切に感じるんですよ。わたしは鎖国しろと言うんじゃないですけれどね。科学の世界、これは非常に文献主義なんですね。人文系の方はやむを得ないんですが。ところが文献主義というのは、向こうの人の言ったことの二次的、三次的な情報ですね。その上論文が多すぎて、それだけに追われてしまって肝心の自分のものがないという形になる人が多いわけです。

渡部 今でも政治家も英語使おうなんて努力しているんですが、もう少しやるとくたびれちゃって……。(笑) しかし、われわれ、戦争中という、ちょっと中間休憩が入ったでしょう。あれでまた外国語熱が復活したでしょう。あれがなくて、明治以来ずっと断絶なくやってたら、今頃そうとうくたびれてきているはずだと思うんです。国民的にくたびれちゃって。自分たちだけで、自分たちの言葉を主にしてやるような気分、あるいは内側に向いちゃって、あまり積極的に外国語に飛びつかないとかね。

角田 語学教育はやっぱり年齢制限があるような気がするな。四十過ぎたら、あえて語学にこだわらない方がいいんじゃないでしょうかね。

「鎖国」と日本語

渡部 今外国へ行く若い人だってわれわれの時みたいに熱心じゃないですよ。そう言っちゃ悪いけど、われわれが行った時はもうそれこそ何だって吸収したい、というような感じでしたけどね。今一年、二年行っても何気なく過ごしてくる。奥さん連れてね。だから昼だけですよ、日本にいる時とちょっと違うのは。

外国で異質なものがあったら、それと格闘して取り入れるとか克服するんじゃなくて、その面はもう安心して引っこんじゃって通り過ぎるという、そんな感じがずいぶんしますね。それは、終戦直後から十年前くらいまでの間に向こうへ行った人とはずいぶん変ってきました。

角田 たしかに、昭和三十年（一九五五）頃に行った時というのは、日常生活からそれこそコカ・コーラの販売機まで、すべてが新しいまったく別の新しい世界へ行ったみたいな感じがしましたよね。だから、今の人は気の毒ですね。東京に何でもあるでしょう。だから、行っても違和感ないわけですね。ただ、顔が違って言葉が違うだけで、ホテルへ行ったたってどこへ行ったたって日本の方がいいやなんて思って。たしかに、生活の中で異質さを感じるような刺激が少ないような感じがしますね。

渡部 だから、なるべく日本系のホテルへ泊りたがるでしょう。外国のホテルに泊ったら気がくたびれるからとか言ってね。

これは、語学じゃありませんけども、よく経営の本を出してる本屋さんの話では、ここ数年アメリカ経営学はさっぱりなんだそうですね。ひところはもう翻訳した経営書なら何だって売れたという時代があったでしょう。

角田 国際会議などの場合に、われわれは非常に苦労して英語を使っているように思います。やっぱりぼくは、「鎖国」状態――日本語をどうしても公用語にする努力をして、われわれが日本語でしゃべり、外国語は日本語の通訳で聞いて英語を通さなくても、日本語で何とか間に合うような、直接外国語にふれない状態――を望みますね。

たとえば、英語を専攻した人は、高次の専門文献が翻訳できたり、また逆に日本のものを外国語に翻訳するような習練を積んでいただいて、ポピュラーなものは、巨大なセンターで全部翻訳する、半年以内にはわれわれはもう安心して日本語で読めるというふうに早くして欲しい。

外国語の専門家は非常に専門化すればいいわけです。同時通訳の本当のベテランと翻訳のベテランを徹底的に養成することで科学者の負担を軽くしていく方が、効率的だと思います。

この間も、耳鼻科の会議がありましてね。外国からオージオメーターという、聴力を測る機械を売ろうとして持ってくるんですが、不勉強だと思うのは、日本人だと、少なくとも販路の勉強をし、機械を売るのにどうしたらいいか勉強してから来るわけでしょう。向こうの人はだいたい日本語はしゃべれないですね。その上、日本のオージオメーターのゼロレベルの規格はアメリカと違うのに、その勉強もしていない。それを日本で買ったって使いものにならないんですね。知らずに持ってくるということをいまだにやってるんですね。経済戦争と言っても外国は日本についてはまだ不勉強だと思うんです。

渡部　日本の自動車の輸出が非常に多くて輸入が少ないという文句があったもんで、日本では、じゃ輸入関税下げるから輸出しろって言ったわけですね。ところが、日本の自動車に関する法規を訳していた国は一つもなかったので、しょうがないから、運輸省が「日本における自動車の規格について」という、厚い本を訳して渡したんだそうです。渡す時には、日本がほかの国に売る時はこんなことはしてもらわなかったと言ったそうですけれどね。(笑)

角田　先生も行かれましたか、Asiatic Society of Japan という、日本の開国の頃から百十何年だかの歴史のある会に、わたしも一回呼ばれて話した時にびっくりしたのは、これだけ日本にいて、東京で日本人の研究をしていながら、やってるのは英語なんですね。長い歴史がありながら、いまだに英語だけで押し通してやっているというのは柔軟でないですね。

渡部　外国語を学ぶということにはいろんなアスペクトがあるけれど、一つは机に向かって長時間座る癖をつけるという効果があるんですね。数学の勉強は、たいていの人は四時間はできないと思う。辞書を引きながら小説読むのは四時間くらいやれる人が少なくないんですよ。

角田　小説の楽しめないわれわれには四時間はちょっと長すぎるかな。

渡部　小説に限らず論文でもね。語学というのは辞書引きながらだと三、四時間座る癖がつけられるんですね。今の高校生は社会科や国語を机に向かって何時間も勉強するってことはないと思います。

角田　それで思い出したんですがね、うちの子どもに、落ち着いて勉強をしないんで、まず英語を勉強しろと言った。頭を左脳向きにひん曲げてそれから算数だのほかのことをやってみろ、と。そうすると気が散らないだろうと。まあ、それを子どもがやってるかどうか知りませんけどね。

渡部　広範な日本人が、ポスト・インダストリアル・ソサエティに向くようなメンタリティを持っているというのは、これは机に向かい癖がついているからでしょうな。われわれは机に向かうのは苦痛じゃないけれども、向かいつけない人を向かわせるのはたいへんらしいですよ。そのまま二十歳くらいになった人に机に向かって仕事させるっていうのは、ものすごい拷問みたいなものらしいですよ。

脳の歪みと文化の活力

角田　わたしのやってる方法は、まったく、独善的と言われればそうかも知れないですが、独自な方法なんですね。そうすると真似する種がないわけです。文献は要らずに、自分で被験者と対決して、そこから何かを見出そうという形でしかものが出てこないわけです。

同じように脳の研究をする人たちが向こうにもいて、彼らは集団でもってわーわー言いながらやっていくようなところがある。これが主流なんです。それで、向こうとこちらと、データの中で両方が合わないところも出てくる。それはあまりわたしは気にしないんですがね。というのも、同じ目的に違うアプローチで攻めた時に、何か違ったデータが出たら、むしろおもしろいと思っているんですよ。

わたしは『日本人の脳』を書きましたけれども、脳というのは未知なものである、わからないことが多くて何が出るかわからない。だから、ある新しい、まったく今まで習わなかった未知な方法を使うとこういう新しい面が出てきますね。まさにこれは問題提起の段階で、これから十年間——わたし自身が今までに考えてきたアイデアだけでも、まだ十年くらいかかると思ってるんです——やっているうちにまたいろいろ出てくるでしょうから、結局一生終らないかなと思ってるんです。

渡部　たとえば、日本人は外国へ行ってよく聞かれてびっくりするのは、お前の国では大学は何語でやっているかということですね。明治の頃は英語でやってたりしたわけですが、今そんなところはもうなくなりました。そして、研究も、昔は少し学術がかったものには参考文献の中に日本人の研究を入れないのがダンディみたいな感じがした時代がありますが、今は入れてきてますしね。ですから、まだまだ一朝一夕にはなくならないと思いますけれども、必要な文献は翻訳でできてしまい、若い人間はそれですむという事情も起ると思うんです。

しかし、ぼくは逆に、日本語だけが変にユニークで、原始のしっぽをつけたような言葉であるということ、まさにそのために、時々巨大な、脳の型をゆがめるようなことをやらなきゃならなかったことが、意外に、日本人の知力、活力のもとになっているんじゃないかなと思うんです。というのは、これはアナロジーですけれども、運動でもなんでも、ある程度筋肉が歪むような形にしないと強くならないわけです。ただ、歪みすぎるとくたびれて時々大和心に返れというようなことが起る。平安朝でも、勅選集が漢文だけというような時代になると、菅原道真のような人が出てきて和歌の時代に入ったりする。それからずっと日本語だけで来ると、どんどん日本式に固まっちゃって新しいのが欲しくなる。また、明治になると、脳の歪みが出てきて、これは歪みですから一種の活力になります。歪みっぱなしの時代がまだまだ続くと思います。そのうち、歪みによって日本文化が一回り大きくなって、それからまた飽きたから大和心に返れ、そしてまた……というふうに繰り返していくんじゃないのかな。

角田　そういう意味では現象的に今ぶつかっていることがあります。たしかに、外国語を使うことは頭の練成にはいいようですね。非常に左脳的だから悪いはずがない。それに語学は実際役に立つ。知ると知らないでこのくらい差の出るものはないと思うくらいです。だから、語学で左脳をうんと養って、若い時はひん曲ってもいいからじゃんじゃかやって、ただ時々戻さなきゃいけないですから、ノンバーバルな世界に入って、行きつ戻りつという振幅を大きくやるということが非常にいいことだと思うんです。

渡部　そうしますと、大脳生理学的に言うと、西洋音楽、特にバロックだとか、ああいうものの奨励が非常に必要な、単なる趣味だとかじゃなくて、脳の歪みを急速に直すという意味で重要ということになりますね。

角田　そうです。ですから、会議やディスカッションをする時には、いやでもひん曲っちゃってると思うんです。ひん曲ったままではなかなかいいアイデアは出てこない。で、大事なのは昔から言われてますでしょう、便所の中、馬に乗った時、寝た時、ああいう時にアイデアが出ると。

渡部　ひずみが戻るんですね。

角田　戻って、しかももともとのディスカッションを忘れているんです。これは先生の本にも書いてありますね。アイデアとかインスピレーションというのは受動的でね、受身でもってぱっと出てくるという。

渡部　同じ出るのでも、歪めないままで出るということでもなく、一度歪めておいて戻す。

角田　そうそう。一度歪めておいて。だから、ディスカッションするなり、本を徹底的に読むなりして、知識をたくさん蓄えて整理しておいて、出やすい形にする。それは、意図的にやるわけじゃないんですけれども、そうして徹底的に考え抜いて、そこで結論は出ないかも知れないが、それを放ったらかしておいて、忘れていて、歪みをとった時にひょんと出るというような、これはよく経験することですね。

脳と言語と音楽

渡部　外国語というのは、その意味では、単に母国語をやるよりは、同じ言語をやるといっても、ものすごく脳の歪みを大きくする学問ですね。

角田　そうだと思います。ですから、実におもしろいと思って、先生に会ったらぜひお聞きしたかったことがあったのです。たしか、先生のエッセイの中にあったと思うんですが、喫茶店で何か外国の週刊誌を読んでいると、ある時期を境に急に先が見えてきて、本を読むスピードが急速に上がってくる、そういうことがありましたね。

渡部　いや、それは外国に行っていた時ですけれどね。今言われたように、喫茶店で西洋音楽――これは角田先生の説を知る前の話で、体験的なんですけど――西洋音楽が鳴っているところで週刊誌を読むというのが、わたしにはとてもいい疲れとりでした。

角田　それはまさにいちばんいい方法で、わたしはそれを奨励しているんです。いろいろな科学者と話をしますと、音楽の好きな人が多いですね。だから知らないうちにそういうものを取り入れていることが多いんじゃないでしょうか。

渡部　わたしの知り合いの人で、去年東大に入って、管弦楽クラブみたいなものに入ったんですけれども、普通の音大生でも弾けないようなものも暗譜で弾く青年がいます。いわゆるプロのうまさというんじゃないでしょうけれど、とにかく危なげなくがっちりやる。専門は理科だと思うんですが。

角田　先生のお坊っちゃん、バイオリンが天才的にうまいとか……。

渡部　いいえ、そんなことはまったくないんですが。ただ、外国におりました時、普通の日本の方は、子どもが小さいときに行って、大きくなって入試の頃になると帰られるわけですが、うちは逆で、みんな大きいのを連れていったものだから、子どもたちはいずれもものすごい言語上の負担が大きかったと思うんです。そのせいか、日本にいる時みたいに、練習しなさいと言う必要は全然なかったですね。強烈にやりたがるんですね。それは、遊ぶことがほかにないから弾きたいというのもあったかも知れませんけども、おそらく、言語脳の方がくたびれすぎていたんだと思います。英語だけの学校で一日過ごしてくるわけですからね。

角田　それともう一つ、言語脳でやることは、学問的に言えば全部ハンディキャップになるわけですね。テレビを見ても、映画、芝居何を見ても、まあ、われわれはもうわかんないんですね。だから、映画の探偵ものでも、最後になっても犯人がわからなかったりする。(笑) 結局言葉の世界じゃ完全には楽しめないわけです。

その時にいちばんいいと思うのは、ノンバーバルな世界で楽しめるものを持つこと、たとえば、音楽を聴くとか、絵を見るとか、そういうものがあると、日本にいた時とまったく同じレベルでやれますからね。

渡部　下の子どもは小学校五年生で行ったわけです。放っておいてもこのくらい日本で練習できたら大したものだなんて……。ところが日本へ帰ったらもうだめなんです。やっぱり外国にいた時は強烈なリリースというか、発散を求めていたということは傍にいてもわかりましたね。学校から帰ってくるとぱっとバイオリンのケースを開いてずーっとやっているわけなんですよ。

角田　おもしろいですね。やっぱり生理的に要求するんじゃないでしょうか。

渡部　要求したんだと思うんです。

角田　人間疲れた時によく酒飲んだりしますね。酒飲む前に音楽を聴くというワンステップを置いて、それで疲れをとるということを考えなきゃいけませんね。

渡部　それで、角田説の非常に重要なことは、単に語学をやると疲れるということの指摘だけでなくて、疲れをとることまで示唆することですね。（笑）

角田　これはわたし相当自信があるんです。自分でやってまして、もう十三年くらいになりますけど、今までやってきてあまり矛盾がないんですね。だから、今度語学のことでハタと困って、それで代償に音楽を持ってきましたらそれで打ち消せるということがわかったもんですから。非常に卑近な例でそういうことが証明できるわけですね。

渡部　たしかに、西洋でも、自然科学がいちばん根がついて発達した時は、バロックあたりと一致しますね。

角田　だから、あの時期天才的な科学者がいっせいに出てきてサイエンスが生まれた。ぼくは前からそういうことを考えていたんです。こんなことを言うと笑われるかと思ってだまっていたんですが、音楽家もそうですね、一時期非常に出てきた。日本でもこれだけ音楽が盛んなると、いよいよ創造の世界というのが、これから期待できるかなと、ぼくは悲観してないんです。これから何か出てきそうな気配が感じられるんです。

渡部　ぼくなんか田舎で育った者から見ますと、戦前の勉強家と今の勉強家はうんと違うと思うんです。戦前の勉強家は——一般論としてですよ——非常に老いが早かったですね。この頃はなんかスマートというか、そんな人が多いような気がする。あんまりくたびれてないような感じですね、哲学をやっていても。戦前、哲学なんかやった人は、中年までに老いさらばえたという感じの人がかなり多かったです。

角田　東大の学生さんなんかずいぶん老成した感じの人がいましたね。

渡部　それから神経衰弱で学校を休む人、もっと悪いのは精神病、かなりいたように思うんです。この頃は、やっぱりいるかも知れませんけれども、なんか西洋の学問が身についてきたのか、どうも疲労が増しているとは受け取れないような学者が多いように思うんです。それはやはり、生活に西洋音楽が浸透したということが一つあるかも知れませんね。

角田　論証しにくいことですけれども、これはいずれ実験的にある程度証明できると思うんです。われわれが、音で作った、耳で作った文化の中に言葉と音楽があるんですね。それを左右違った脳で分担している。その違いに合うような刺激を与えると疲れない。合わないやり方でやるとぐあい悪い。だから、これから音楽を積極的にどううまく使うかということが大事になると思うんです。

渡部　外国語教育で言えば、やはり日本人がいちばん手こずるのは子音なんですね。わたしも、外国へ行って最初の一週間くらいよく聞き直されるんですね。何を聞き直されるかというと最初の文章の子音なんです。サマーならサマーって言おうとすると、最初の子音がものすごく弱くなっている。この人は外国へ行ったことがあるなとか、ないというのが、東京にいて肌でわかるのは、その人の子音の強さと言ってもいいかも知れません。西洋語の子音というのは日本人は本当に不得意だというのもわかるような気がしますね。だから、発音教育といっても、母音はもちろん重要ですけれど、何と言っても子音でしょうね。

以前、アメリカから帰ってラジオ講座をやってたんですけれど、アメリカにいた時教えていた人が留学生として日本に来ていて、その人としゃべっていたら、実に英語が悪化したと言うんですよ。いろいろ指摘してもらったら、子音が全部弱くなって聞くに耐えなくなっているということでした。日本語をしゃべって、いつの間にか日本の風土の中にいると、子音を強く言うのは非常に不自然なんですね。

角田　よく街を歩いていて、アメリカ人が会話をしているのを聞くと、女性に多いようですが、非常に耳障りなのは、シュッシュッという音ですね。内容はわからないけど、なんであんな品の悪い音を出すのだろうというくらい気になりますね。

渡部　子音をはっきり出すということは、どちらかと言えば、虫の音から遠ざかる努力ですか、ある意味ではね。

角田　インド人なんか子音はでたらめみたいだけれどもよく通じるんですね。あれはどうもイントネーションと言いますかね、音楽的なものができているからだと思うんですが。

渡部　話はちょっと違いますが、日本語には祝詞とか、山に登る時の〽アーヤーニーアーヤーニ、とか歌いながら登る歌、あれなんか何とも日本的なものですね。

角田　わたしの実験によりますと、ポリネシア語と日本語は、脳の優位性の型がまったく同じなんです。一つは両方とも母音が非常に多い。母音の働きと関係があると思うんです。ポリネシア、ニュージーランドのマオリ族ですか、文化の型はわれわれと非常に違うわけですね。だから、脳の形から文化を言うのはあたらないというのもたしかにわかるんです。それでも形から言うとまったく同じパターン。

これは、わたしのこれから先の話ですけれど、実験的にやりたいと思うのは、言葉と感覚、あるいは心、それが体にどう現れるか、人間のいろいろな要素を、言葉からはじめていってまとめてみたいというのがわたしの夢なんです。これは新春の放談みたいなもんです。(笑)

言語の発生

渡部　言語の発生説の主流は、べつに根拠はないんですけれど、ほうぼうに言語ができたという仮説に立っているんですね、漠然と。インド・ヨーロッパ語系というのが一つ大きくあるし、それが最上位概念、類概念で、インド・ヨーロッパ語がどこからわかれたかは問題にしないというのが前提なんです。

逆に言うと、その上もあったんじゃないかと考えて悪いこともないわけです。インド・ヨーロッパ語にわかれる前にね。そうすると、最初の発生の状況なんていうのは、空想によるより仕方ありませんけれども、そのへんのつながりはどうなるかという、非常に大きな問題があるわけです。それで、少なくとも単語に関する限り、ちょっと偶然の域を越えるくらい、大和ことばや漢語やインド・ヨーロッパ語の語源が似ているんですね。ただ、系統づけられないだけの話なんです。言葉というのは、知られた間の歴史だけでも変り方があまりにもひどいものですから、どんなに今似ていない言葉でも、元は同じだったという仮説を捨てちゃいけないとわたしは思うんです。

たとえば、十六世紀に日本にキリシタン・バテレンが来た時、キリシタンの言葉が、「般若心経」の中の秘蔵真言分――これはサンスクリットです――と同一系統の言葉である、なんていうことは誰も夢にも考えなかったわけですね。しかし、今比較言語学の知識では、真言秘密の部分のサンスクリットと、スペイン語、ラテン語は親類の言葉であるということは、三歳の童児でも知っているわけです。だから、インド・ヨーロッパ語系と、日本語とか、あるいはポリネシア語でも、それらの関係はないということになっているわけですが、どこでどうつながる原理が発見されるかわからない。その可能性はないときめてしまうわけにはいかない。

それから、また、日本語とほかの言語が、母音と子音の頭の入り方について、角田先生の説では、画然と違うというんですね。これはまったく証明のしようがないから、科学でも学問でもないんだけども、西洋人も太古には、日本語みたいに左の方にみんな入っちゃうような言葉だったのではないかと考えられもすると思うんですが、変らないもんでしょうかね。

角田　それはわたしもわからないけれども、言葉が変れば変るかも知れません。わたしは『日本人の脳』の中で、脳が違うと書いているんじゃないんですよ。脳は世界共通である。アフリカ人も日本人も、中の質はいろいろ違うんでしょうけれども、言葉を受容する形としては同じである。ただ、言葉の違いによって、その言葉に都合のいいように左右に分化していく。その中で、日本語が要するにちょっと変ってるから、日本語によって作られた優位性のパターンが変ってきて、それがわれわれの情動のいろんな働きにまでも影響を及ぼすんじゃないかということなんです。

渡部　ですから、脳の形は同じですから、言葉が変れば脳も変るし、それは不思議じゃないんですね。

渡部　角田先生は、意識的にそう考えられたわけじゃないと思いますが、人間の発生は、一つの人間がわかれてきたと考えられますか、あっちこっちにポカポカとできてきたと考えられますか。

角田　いや、そこまでとても考える根拠もありませんし、ちょっと何ともわかりません。

渡部　脳は人類皆同じとおっしゃいますけれども、そうすると、あちらこちらに同じ脳になるものが無関係に生じたんでしょうかね。あまり時間が経ったものだから外形はちょっと違ったけれども……。

角田　一つの人間から分散したというような考え方があるとしますと、何となく方向が同じでも、それぞれの国民性とかナショナリズムとかが、言葉で続いていく……。

渡部　そうなんです。人類学とか生物学の人は、漠然と一つが散ったと考えるんです。ところが、言語学者は絶対そう考えない。そのへんのギャップがぼくはとてもおもしろいと思うんです。言語学の人は、インド・ヨーロッパ語族の上位概念は絶対に考えようとしないでしょう。生物学の人は、グリーンランドにも人間がいた、オーストリアにも人間がいた、それが全然関係なく発生したとは考えないんです。

角田 そうそう、まったくそうですね。今言語学は遺伝中心の考え方ですね。わたしの扱っている部分は完全に環境説になりますね。

渡部 動物の分類でいけば、ポツンと離れた感じの門か類かあり得るわけですね。そんな感じもしないでもないんです。

ただ、一種のアナロジーとしてさっき宗教をあげたんですけれども、原始的な宗教というか、シャーマニズムをずっと持ち続けながらほかのものを後でなんだかんだと入れてきている国民は、今のところ日本しかないでしょう。天皇というのは日本だけだと思うけれども、ゲルマン人の酋長というのは、どう考えても昔の天皇ですよ、各部族の。系図をさかのぼればみんな神話の神様になっちゃって。それがどっかで切れるんですね、高級宗教なんかが入ってきて。ところが、日本だけは、非常に原始の宗教形態が二十世紀までばしっと続いているわけなんですね。一方、日本語だけはどうも虫の音と似ているような、原始のしっぽを残しているというのは、偶然の一致かしら、何か関係があるのかなあと、時々考えたりしますね。

角田 わたしも、こういう問題は、やがては宗教とのつながりへ向かうかも知れないと思います。民族主義的な安易な利用をされてしまうのではないかと非常に恐れています。文化論の方への問題提起として、一時、音楽とかいろいろな未知の分野に強い興味を持ったことがありましたが、これ以上の深入りはやめて、各専門家の方に材料を提供するだけにとどめようと思います。これからは、医学の世界での人間研究に専念して、自分でなければできないような実験的な追究を続けようと思います。

日本文化における原始のしっぽ

渡部　世界に宗教はいっぱいありますけれども、日本で活発な宗教、特に神道系、大本教《おおもときょう》とか生長の家系統とか、ああいうところはものすごく言霊《ことだま》的なことを言うんですね。西洋にも言霊みたいなことを言う学者は十九世紀までは散在したと思うんですが、今世界でそんなことをやってる文明国があるかといったらないと思うなあ。これなんかもやはり、原始のしっぽで、日本には原始のしっぽを引っ張っているところがあると思うんですね。

角田　それは先生ね、人のじゃなくて、ぼくは自分の中に残っているところがあると思ってるんです。

渡部　ああ、そうかも知れませんね。

角田　先生の中にだってあると思う。われわれいろんなことをやっていますと、日常生活の中で否定しきれない何かがある。はっきりした信仰じゃないですね。これはなかなか拭いきれない。みんなが持ってるような気がしてしょうがないんですね。

渡部　進化論を信じるか信じないかは別として、何か原始のしっぽというものをぼくは日本文化に感ずる。ところが、ほかの民族もみんな――今の文明国、ドイツ人だってフランス人だってみんな――原始のしっぽを持っていた時代があるんでしょうけど、ある時代からなくなってしまって人工文化になったという感じがしてしょうがない。

ところが、ほかのところは、そういうのがいっぱいいたと思いますけれど、これは完全に先進国にドミネートされてしまうんですね。日本だけは、島国という特殊な、しかもそうとう大きな山の深い島ということもあったせいか、いくら強大な大陸の新文明が玄海灘を渡ってきても、何回も山を越してるうちに、その原始のしっぽを壊す力がなくなっちゃって、なんか外側に飾りとしてくっついてくるだけになった。これがどうも日本語の本質であり、日本文化のパターンであり、日本の宗教であり、日本の民族感情でもあるという感じがするんです。

朝鮮のことはよく知りませんですけれど、朝鮮人の友だちに興味あるところだけ聞くんです。原始のしっぽをとるような事件が朝鮮ではやっぱり起ってるということがよくわかりますね。たとえば、仏教という異国の高級宗教が来ると、それまでのシャーマニズムはほとんど根こそぎなくなる。日本にも仏教はあれだけ入って来たけれども要するに、天皇が伊勢神宮を捨てたり、祝詞をやめるということはないわけです。ところが朝鮮ではやめてしまったわけです。仏教が来るまでは祝詞のようなことをやる宗教だったけれども、王様がやめちゃうわけです。これで一回原始のしっぽがとれた。その次に儒教が来て、李朝になって儒教が支配的になると今度は仏教までも消えちゃうわけです、中央からは。

西洋でも、アングロ・サクソンの島では何度も切ることが起ったし、フランスでもやはり、原始の民族語にラテン語がのっかるという形があるんですね。そこにゲルマン人が入ったんですけれども、母国語を捨てて他国語をとる。それでしっぽが切れた。たった一つ、しっぽが切れないと自慢してるのがドイツ人です。ドイツ人だけはドイツ語をこねまわしているうちに狂おしくなってくるんですね。ちょっと日本人と似ている。その、言語上の原始のしっぽは保持しているというものの、彼らは、原始の宗教のしっぽは捨ててしまったわけです。だから、日本ほど完璧じゃないけどね。一回くらい切られただけなんです。ほかの国は何度も切られている。日本は一回も切られていないから、しかも近代文明は完全に自分のものにしているから、これは文化的にも言語的にも宗教的にも、どうもちょっといっぷう変った国、文明国としてまるで変ったパターンを示しているんじゃないかと思います。

角田 終戦の時になんか切られるチャンスがあったんですよね。でも、全然切られなかった。ぼくは戦前から生きていますからね。おもしろいなと思って見てるんですが。

渡部　切られそうなことはわたしが数えただけで五回あるんです。一回目は用明天皇の時の仏教導入です。これは本当に切られそうだったですね。それから源頼朝の時、これは武力制覇ですから、毛沢東みたいなことやってもおかしくない。三回目は北条泰時の時、もうこれは天皇なんか島流しにしてもへっちゃら。それから明治維新。これは近代化ですから、よその国なら原始のしっぽを切るはずだったのにむしろ強めた感じでしょう。そして、今度敗戦になるんですね。いずれも根が切られそうなモメントに、切られないで、そのまま続いて変っちまったというような、むしろしぶとくなったというような感じがあるんです。

アフリカやインドを見ても、強烈な支配者が来ると母国語を捨てるという例はいっぱいあるわけです。ところが、日本は捨てないで肥しにしちゃう、外国語を。ただ、逆の恐れは、外山滋比古さんだったか誰かがたとえましたけれども、酸性の土壌みたいになりかねない。肥料をやっていないとそうなりかねない、だから外国語という肥料を入れなきゃならない——日本語というのはそういう言葉じゃないでしょうか。だからわたしは、外国語教育必要論です。ただ、外国語が日本語に取って代るということはないと思うんです。

角田　そういうことはない。

渡部　取って代られるなら奈良・平安朝の儒教教典、仏教教典が来た時代にそうなったっておかしくなかった。大化の改新だって向こうの人たちがやったようなものだから……。しかし、それも、気がついてみたら、向こうの古典は訓読みされてしまったし。だから、日本人に独特の知的刺激としての脳の歪みを与えるための外国語教育というのはいいんじゃないですかね。

角田　そういう意味でですね。

（角田忠信・東京医科歯科大学教授）

［対談］　上坂冬子

英語会話の習得をめぐって

英語が話せないいまいましさ

上坂　この雑誌（『英語教育』）はずいぶん格調が高いんですね。わたしは何をしゃべったらいいんでしょうか。英語はまったくできないし……。

渡部　いや、英語のできる人ばかりじゃだめなんですよ。たまには英語があまり得意でない人の意見も出ませんとね。

上坂　わたしの泣きどころは語学ができないところです。男なんか屁とも思わず(笑)、怖いものなしのわたしも、語学ができないということだけは何ともいまいましいような気持ちです。

渡部　ご謙遜で。

上坂　いえ、もう本当に残念ですね。わたしたちの育った頃はむちゃくちゃで、駅のローマ字まで消したんですものね。

渡部　そうですね。

上坂　わたしはすぐ国策に協力するたちなもんですから。（笑）ちょうどわたしたちくらいの、新制高校の第一回卒業生とか、女学校のギリギリとか、あのへんがいちばんだめでしょう。

渡部　鬼畜米英の頃の英語教育だもんね。

上坂　そうなんです。「発車オーライ」の「オーライ」がいけないんで、「お願いします」になった時ですよね。でも、わたしの方は、新制高校の一回の卒業生ですから、最後の一年はとにかく"I am a girl. My name is Bessie."とか、その程度のことはやったんですけれど、わたしより上の方は全然やってないでしょう。いちばん悲劇の年代ですね。

渡部　今から振り返って、新制高校の時にこうやってもらったらよかったとか、ああやってもらえたのでよかったとか、何かありますか。

上坂　ああやってもらったらいいも悪いも……先生も慌ててますでしょう。英語専門の先生がいないわけですよ。教練の先生とか、なぎなたの先生はいたんですけどね。だから教え方がいいも悪いもないんです。わたしたちの年代で英語に困らないという人は、たいてい進駐軍に勤めた人ですね。

渡部　『なんで英語やるの？』の中津さんもそうでしたね。

上坂　そうですか。わたしもあの時に進駐軍に勤めておけばよかったなあと思ったんです。

渡部　一、二年勤めておけば一生よかったかも。

上坂　そうなんです。そうすれば本当に違いますもんね。あの時、わたしなりにこれからの時代は英語ができなくてはだめだということを感じまして、トヨタ自動車に入ったんです。あそこは進駐軍のコーナーがあったんです。そこを希望しましたんですけれど、幸か不幸かわたしは非常に成績がよくて(笑)、成績のいい人は人事部のいちばんいいとこへやられちゃうんです。それなもんですから、人事部で労働争議を一生懸命見てて……あんなもの見てるくらいだったら、やっぱり進駐軍で一年でも二年でもやっていれば、今頃苦労しなかったろうなあと思いますね。

渡部　実際の英語を使う場に触れられたのはいつ頃ですか。やはりものをお書きになりはじめてからでしょう。

上坂　そうですね。外国の資料なんかをパッと読めればいいなあと思いだしてからですね。それと、昭和三十九年(一九六四)でしたか、最初にアメリカの国務省に招待された時ですね。

渡部　お年で聞いてよろしゅうございますか。

上坂　ええ、三十四歳くらいですよ。その時に、二カ月くらいアメリカを回ったんですけれど、英語ができないからというんで通訳をつけてくれたんです。わたしが三十四で、その子は二十八くらい。東大を出て、コロンビアに留学しているという女の子で、たいへんな美人なんです。つまり一人が美人で言葉はペラペラ、もう一人は年はとっているし、言葉ができない。二人で旅行していると、全然もて方が違うんですね。(笑)

それと、ここのニュアンスを聞きたいと思っても通訳というワンクッションがあると聞けない、それは歯がゆいものですね。

国際婦人年でメキシコへ行きました時もそうなんですけれども、国連会議のロビーでは、世界の大物、バンダラナイケ首相とか、マルコス夫人とか、フランスの婦人問題担当大臣のジルー女史なんかが、目の前を歩いているわけです。ここでジルーさんに、「この会議についてどう思うか」とひとことでも意見を聞けたら、と思うんですけれど、それができないわけです。仮に苦労して質問だけできたとしても、向こうにペラペラとこたえられたら何もわからないですものね。手を伸ばせばそこに大物がいて、ここでひとこと聞きたいという時に聞けないというのは、あわれですね。

渡部　その東大出の美人のコロンビアの留学生は、上坂さんが聞きたいと思うことをよく聞いてくれましたか。

上坂　たいへん優秀な人で、きちんと訳して下さるんですけれども、微妙なニュアンスというのはわたしにはわからないわけです。表情くらいでしか。

渡部　そこまでぜいたく言うとなかなかね。

上坂　そうですか。

ひ弱な日本の英語

渡部　最近コーチャン証言を聞いた朝日新聞の村上という人は、慶応を出てから向こうの大学で国際専攻の学位をとられた人なんだそうです。だから、「ヘイ、チャーリー」なんて調子で聞ける。取材の仕方が全然日本の記者と違う、というようなことが書いてありましたけれど、わたしは前から、日本でいくら勉強しても、大学で勉強しようと、大学院で勉強しようと、そういうところまではけっしていかないし、いけるという錯覚を抱かない方が精神衛生上いいんじゃないかと思っているんです。

上坂　でしょうね。だって、わたしがいちばん最初にアメリカへ行きました時に、大阪の方の大学の先生がいらしたんですけど、全然話せない。わたしと同じくらいですよ。

渡部　おそらくそう、もっと悪いかも知れません。

上坂　資料はサーッとお読みになるの。

渡部　サーッと読めればいい方でしょうけどね。

上坂　そうですか。

渡部　文学でないとだめだなんていう人もいるかも知れない。

上坂　念を押したくらい。「あの、大阪の大学の先生ですわね」なんて。そうしたら、名刺下さいましたけれどね。その時わたし本当にうれしかったですね。大学の先生でもこれだけなのかと思って。(笑)

渡部　資料をサーッと読めたというのは、やっぱり偉いと思うんですよ。

上坂　そうですか。

渡部　資料の英語というのは、教室で読んだことのない英語なわけです。だから、あれは何度も行っているうちに慣れてきて要領がわかりますけどね。だから最初にアメリカへいらした時に資料が読めた、これはぼくは偉いと思いますね。

上坂　そうですか。

渡部　それくらい日本の英語というのはひ弱な英語ですよ。

上坂　国際会議に出かける前に曾野綾子さんがわたしに「上坂さん、心配しなくたって、絶対さらさら読める人なんかそんなにいやしないから。わたしだって英語を一時間も読んでいたら頭がツーンと痛くなってくる」っておっしゃった。その時、それはうれしいけど本当かななんて思ったんですけど、さらさら読める人って、世の中にそんなにいないと見ていいんですか。

渡部　その方がいいんじゃないでしょうか。専門によっては割と読める人はいると思いますけれどね。それから向こうに行ってしゃべってニュアンスがわかって、というのは、わたしは、日本で勉強したんじゃ足りないし、向こうで勉強しても足りないと思うんですね。向こうで商売をそうとう長くやったり、学校なら留学しただけじゃなくて、向こうの試験を受けて、修士でも学士でもかまいませんけれども、わからなかったら落されるというような立場に立たされた時に、はじめてそのニュアンスも、生死の問題になるんでね。

上坂　英語ってそんなにたいへんなものですか。

渡部　わたしはそう思いますね。

上坂　わたしは、生きている間にとにかく英語がペラペラにならなくちゃ死んでも死にきれないくらいの執念を持ってるんですけれども、そうすると、この年になってからはじめたんでは見込みなしですか。

渡部　いや、それがまたあるんですよ。(笑) 勘がよい人で、ものおじせずにやっていれば、それは相当のところまでいくと思います。

上坂　勘というのは、人によって違うんですか。

渡部　違うと思いますね。

上坂　素質があるんですか。

渡部　日本語だって通じない人がいっぱいいるじゃないですか。いくらしゃべってもちんぷんかんぷん……。(笑)

上坂　それはいますけれどね。英語に向いている人と向かない人がいるわけですか。

渡部　と言うよりは、会話に向いている人ね。コミュニケーションに向いている人はいるわけです。

ぼくはある種の大物にドイツ語を教えたことがあるんですが、その男はまったく押しの強い男ですから、とにかくガーッとしゃべっちゃうわけですよ。そうすると向こうの人は、聞かなきゃならないような気持ちになるわけです。

だもんだから、結構用を足してくるんです。ところが英語の先生なんていうのは、グラマー間違ってるんじゃないかななんて考えたりするわけで、なかなか口から英語が出てこない。

上坂　なるほどね。

渡部　だから、気力といったもんですね。それから、しゃべる内容を持っている、聞きたいことを持っているということね。聞きたいところをシャープに持っておれば、通訳がわからないうちに、「いやわかった、わかった」ということもあり得るわけです。

上坂　わたしも不思議に東南アジアへ行くと通じるんです。(笑)向こうもどうせ知っちゃいないと思って気が楽になるんですね。でもアメリカへ着いたとたんに、もうだめだと思ってますでしょう。(笑)向こうはペラペラで、こっちはどんなに努力してもかないっこないという気後れがはじめっからありますよね。

会話は条件反射

上坂　わたしがしゃべれるようになるには具体的にどうしたらいいんでしょうね。

渡部　しばしば向こうへいらっしゃったらいい。(笑)

上坂　しばしば行って、一人でうんと困った目にあえばいいんでしょうね。でも東京で少し英会話をはじめたいと思ってるんですよ。日本人についたら絶対だめだと言う人がいるんですけど、どうでしょう?

渡部　日本人についたらおかしいと思うんです。

上坂　そうですか。

渡部　と申しますのは、わたしの経験ですけど、二年前に父が亡くなったんですが、この父の顔を見たとたんに、すっと純粋の方言が出るんです。

上坂　なるほど。

渡部　それで、女房と向かうと、すっと、今しゃべっているような、ほぼ標準語に近いのが出るわけです。だから面《つら》ですよ。イングリッシュ・スピーキング・ソサエティの人は、日本人同士で英語をしゃべってますけれど、ぼくが若い頃それに近いことをやったことがありますが、あれはやっぱりぼくには向きませんでしたね。やっぱり日本人の面《つら》見てるとね。

上坂　英語の顔した人から英語を聞かなきゃだめなんですね。

渡部　グロータスさんみたいに、いろんな言葉が話されている家庭に育った方は、おばあさんの顔を見るとおばあさんの言葉がぱっと出るし、……そういうものらしいですね。

上坂　この間シカゴへ行った時、日本商品を売っている店に立ち寄りましたら移民の二世三世がたくさん来るわけですよ。まったくそのへんのおばあちゃんという感じの人なんですけど、見事に二カ国語を駆使していました。日本語で話してても、何かのきっかけで“Sorry”なんて出ると、そのあとダーッと英語になって、「あっ痛い」なんて言うと、今度は日本語になって……もう縦横無尽。あのおばあちゃんたちでさえ覚えたものがどうしてわたしにできないのかと思ったんですけれどね。

渡部　条件反射なんだと思いますよ、会話というのはね。

上坂　どのくらい行ってくればいいでしょうね。

渡部　行く回数よりも、毎日二時間か三時間話しをする外人、ボーイフレンドなんかできたらいいですな。

上坂　そうなんですってね。わたしも英語のためなら同棲もいといやせぬなんて思ったこともあるんですけどねえ。(笑)

渡部　志願者がいっぱいいるかも知れませんよ。(笑)

上坂　上智大学荒らしに行きましょうか。(笑)

渡部　神父さんじゃない人をね。(笑)

上坂　恋をするのがいちばんいいらしいですね。

渡部　何と言いますか——何と言いますかなんて経験あるみたいだけれども(笑)、男女の場合は構えないでしゃべってると思うんですね。そうすれば、母国語のバリアがなくなってスムーズに入れるんじゃないかと、そんな感じ持つことありますよ。

上坂　そうすると、一カ月間朝から晩までやるというやり方よりも、一日一時間でもいいから毎日やった方がいいと……。

渡部　仕事なんかでつき合ったり、飲んでつき合うと身につくみたいですね。教室で習ったのはやっぱり教室の中の条件反射しかできない。

上坂　なるほど。

渡部　教室の英語だと、町の中での条件反射はえらく鈍いということがあると思うんですね。

上坂　そうですか。

環境に置かれればしゃべれる

渡部　それから、これは持論なんですけど、とにかく日本の中で英会話をペラペラできるような人、これはいないとはけっして言いませんし、なり得るだろうとは思いますけれども、みんながみんなそうなり得るだろうとは思わない方がいいんじゃないかという考えなんです。

上坂　どういうことでしょう。

渡部　学校英語だけでペラペラになるであろうということは、習う方もあまり期待しない方がいいんじゃないかということなんです。そうしたら、去年は多くの商社が入社試験から会話をはずしました。

上坂　そうですか。

渡部　今年は外務省の外交官試験からもはずれた。これはわたしの持論とかなり同じ考えの人がいるなと思ったんです。

上坂　どういうことですか。

渡部　入社の時点でペラペラしゃべれる人は、非常に恵まれた環境に育った人にすぎない。頭とあまり関係がない。頭と関係があるのは筆記試験で、これは否応なしでしょう。そうすると、商社にしろ、外交官にしろ、どっち道後で海外へ派遣する機会があるから、筆記試験がちゃんとできる頭のいい人さえ確保すれば、あとで会話がうまくなるチャンスはある。なまじっか会話の点数の比重を重くしちゃうと、外交官試験は通った、商社の試験は通った、しかし頭の方は比較的パーだという可能性が出てくるんじゃないか……。

上坂　そうすると、机の上での基礎的な英語がしっかりできている人の方がいいわけですか。

渡部　ええ、後でチャンスが与えられればね。

上坂　じゃ、日本式にコツコツとやるというのも、けっして語学の勉強をする上でむだではないわけですね。

渡部　わたしはそう思いますね。やさしい英語でも書けるようになっていれば、あとはしゃべる環境に放り込まれれば、頭の中で考えて出てくるんじゃないでしょうか。ところが、机に向かっても出てこないような英語は、しゃべっても出るわけはないですから。

上坂　それはそうですけれど、なまじある程度机の上でやった経験がありますと、向こうにぱっぱっと言われた場合、それを主語、述語式に置き替えて、あれ？　なんて思っている間に次に飛んじゃったり……。

渡部　たしかに、なまじっか書き言葉を勉強したために、話し言葉を全然受けつけないということはありますよ。しかし、それは英語を話す機会が増えたり、外人の友達ができたりすれば、克服できるものだと思います。読み書きできないような英語で多少初等会話ができても、何についてしゃべるかがなければ会話はないわけで、たとえば、上坂さんの場合は、国際婦人会議へ行けば聞きたいことがあるわけです。

上坂　そうですね。

渡部　そういう会議が成り立つ前提があるわけですよ。英語はできるけれど婦人会議なんてどうでもいいというんじゃ、しょうがないじゃないですか。

上坂　そうです。

渡部　だから、英語のできる人はいっぱいいらっしゃるわけだけれども、婦人会議に行ったって、上坂さんよりも見てこないし、何にもわからないで帰ってくるという人はいるでしょうね。

上坂　なるほどね。

渡部　やはり人事部に配属されるくらいのおつむがあったから……。(笑)

上坂　一生懸命やれば、努力しだいでしょうけれども、半年か一年くらいで、まあまあになりますかしらね。

渡部　ものおじせずにね。

上坂　ものおじは全然しません。何事によらず、わたしは。(笑)

渡部　だから国際会議にしょっちゅう出ていれば、けっこう何とかなるんじゃないでしょうか。

上坂　そう言われれば、わたしが一人で旅行した時は何とか通じましたね。飛行場なんかでも。

渡部　大学の英語の先生で一度もいらっしゃったことのない人に比べれば何倍もよく通じるんじゃないでしょうか。

上坂　イギリスへ着いたとたんにタクシーに乗ったら、おつりがどう考えても少なかったんですよ。何が何でもおつりを返してもらわなくちゃって、やっぱりお金がからんでると真剣です。それで、「あんた、ずるいじゃないか」っていうようなことを言って、何が何でも……最後に返してもらいましたものね。

渡部　それはたいした語学力ですな。(笑)

上坂　ほかの文化的な話題だったらおそらく通じなかったと思いますけれど、おつりを返せという話は必死ですからね。やっぱりああいう必要の場合だと、通じちゃいましたね。

渡部　それから、今東京にも外人がたくさんいるわけだから、友達になったり、あるいは、高校生くらいならば夏休みに家庭を交換したいという方が向こうにもたくさんいると思うんです。そんなふうにやっていれば、なんとなく慣れができるし、そういう環境の中で育った子どもたちは、もう会話なんてあまり気にしないでいける、やがてそういう世の中になるんじゃないかなと思うんですよ。

上坂　やっぱり子どものうちに生活環境の中で覚えていくのがいちばんいいと思いますわね。特派員の子どもなんて、お父さんよりうまいですものね。開き直って考えてみれば、たかが語学なんですよね。

渡部　ただ特派員の子どもは会話は上手でも、勉強とか何かになるとけっこう困っているわけでしょう。

上坂　ええ、そうなんです。

渡部　だから、英語を日常使っている場にいればうまくなるものであるというのが原則で、そういう場にいない人間が下手なのはしょうがない、下手であたり前じゃないかと度胸をきめてしまえば、わからなくたって割とがっかりしないですむ。

上坂　でも実際にはやっぱりできないと本当に損なわけですよ。ですから、言葉がなまじできる人間はペラ屋と言って大物になれないとか、いろいろ言われれば、その意見もわかるし、その国へ行けば子どもだって話しているんだから、語学なんて他愛もないものだという意見もわかるんですけれど、理屈はどうあれ、できないよりはできた方が絶対いいですからね。

渡部　それは絶対いいですね。

国内での会話習得は至難

上坂　先生のご出身は東北でしたね。

渡部　そうです。

上坂　東北でどうして英語が上手になったかって、こういう質問はおかしいですけれど、なんでそんなに上手になられたんですか。

渡部　いや、上手にならなかった。外国へ行って少し上手になったと思います。

上坂　国内では普通に勉強なさっていらしたんですか。

渡部　普通以上には勉強したと思いますけれど……。

上坂　小さい時に何か特別の機会があって外国に住まれたとか、そういうことは？

渡部　全然ありません。

上坂　机の上だけで？

渡部　ええ、そうです。学校の勉強ですね。

上坂　じゃ、いちばん最初はやっぱり "This is a pen." 式からおはじめになったんですか。

渡部　それが、動員から帰ってきましたらすっかり忘れていまして、先生が "This is a pen." の疑問文はどう書くんだと言ったら、クラスで誰も覚えていた生徒はいなかったですね。引っくり返すというの。

上坂　そうですか。

渡部　そういう惨憺たる状況からはじまったわけです。

上坂　その時おいくつくらいでした。やっぱり中学……。

渡部　中三。

上坂　それまで全然お話しになれずに……。

渡部　もちろん、全然。

上坂　それじゃ、もう本当に努力のたまものですね。

渡部　努力というより、チャンスですね。わたしは割と恵まれていたんです。大学に入ってからは教室に外人が多くて。ですから、教室の英語はわかるんですよ。講義はそうとう高級なこともノートがとれるようになるんですけれど、その先生と学校の外でしゃべれるかというと、しゃべれないんです。

上坂　へえー、そういうもんですか。

渡部　そういうもんでしたね。これはわたしの奇妙な実感でね。だから、中には日本でやっても会話がうまくなる人もいるだろうけれども、そう簡単ではないぞ、というような実感を常に持つわけです。

上坂　同じ先生と、場所が変っただけでね。

渡部　しゃべる英語の種類が違うんでしょうね。

上坂　ピアニストの人にうかがいましたけれど、舞台の上なら弾けるけれども教室では弾けないなんて……同じピアノでも。やっぱり人間というのは条件反射的な部分があるんでしょうね。

渡部　それで、心おきない会話というのは先生としたことがないわけですよ、教室だけですから。

上坂　それはそうね。

渡部　だから、教室で当たればこたえるし、講義について質問を英語でできるわけなんですけれど、お茶を飲む時に"Tea or coffee?"と言われても、とっさにわからないわけです。それがわかるためには、二、三回呼ばれて、なるほど、これはお茶を飲むかコーヒーを飲むかと聞いたんだな、というようなもんでね。

上坂　それはうれしいお話をうかがいました。(笑)それで、教室の外でも話ができるようになってから外国へいらしたんですか。

渡部　いや、あまりできないうちに行ったんです。

上坂　どのくらい？

渡部　ぼくの場合はちょっとおかしいんで、英文科を出てすぐにドイツへやられたんですよ。

上坂　へえー？

渡部　ドイツ会話も何も知りません。やったことないわけですよ。だから講義を聞いてもわかりませんから、寝ちゃうんです。それで、英文科の講義なら少しわかるんじゃないかと思って——もちろん英文科の授業もドイツ語ですけど——でも単語があちこちわかったくらい。それで次に、映画を観たらわかるんじゃないかと思って、せっせと通ったんですよ。でもどの映画も最初の十五分くらいであと寝込んじゃうんですよ。やっぱりわからないとだめですよ。それで映画もあきらめました。でも、とにかく授業には顔を見せておかなきゃ悪いだろうというわけで授業には出ていた。クリスマスに友達に呼ばれたんですけれども、会話が通じないものですから、非常にみじめな思いをする。そんなことがあったけれど、その間ずっとドイツ語だけの生活をしたわけです。

それで春休みになった時に、「足ながおじさん」の映画が来たんです。それを見に行ったら、うれしかったです、わかったんです。

上坂　何でわかったんですか。筋を知っていたからですか。

渡部　筋も知ってたんでしょうけど、合いの手がみんなわかるわけね。そうすると、長い会話のところはわからなくても、映画は十分おもしろいんです。あれは感激でしたね。

上坂　そうですか。

渡部　そこまでわかれば後は急速に進歩する。これは考えてみますと、半年ドイツにいたおかげなんですね。日本で九年くらい必死になってやった英会話力よりも、半年ドイツにいてやったドイツ語会話の方がはるかに力がついたわけです。だからわたしは、その環境にあらずして会話を習うことは愚である、という悟りに達したわけです。今でも「足ながおじさん」というと、何か好意を持ちますね。(笑)

上坂　日本の大留学生が「足ながおじさん」を見て感激している図というのはちょっとおもしろいですね。(笑)

環境の英語と勉強の英語

渡部　だから、大学を出たとか、英文学をやったとか、そんな経験よりも、会話に関する限りは、何回外国に行ったことがあるか、どのくらい外人と肩のこらない環境でつき合ったことがあるか、この時間できまる方が大きいんじゃないかと思いますよ。

上坂　やっぱり上智大の先生と道ならぬ恋をするのがいちばん手っ取り早い方法みたいですね。

渡部　神父さんじゃなくて、留学生とね。(笑)

上坂　見つくろって下さいますか。(笑)

渡部　考えときましょう。(笑)

上坂　それから、子どもの英語ってわかりにくいと言うんですけど、そうですか。

渡部　やっぱり慣れでしょうね。つき合った種類の人の英語はわかるんです。たとえば、ぼくの場合は、ドイツへ行ったら、最初はいっしょに飲みに歩いた学生の言葉がわかるようになった。だけど相手が変るとまた難しくなる。子どもがいる家庭とつき合えば、おそらく子どもの英語なんか早くわかるようになるんじゃないでしょうかね。

上坂　なるほどね。

渡部　女の人などは、ベビー・シッターのアルバイトがあるでしょう。そうすると割と早く覚えられる。

上坂　そうね。それと歌手の方なんていうのは、たとえば江利チエミさんはけっこう会話ができるんですね。

渡部　そうでしょうね。

上坂　外国の歌なんか覚えてると、勘がよくなるんでしょうね。

渡部　発音がいいでしょう。あの人たちは商売ですからね。ぼくの同級生でもとてもジャズを歌うのがうまい男がいましたけれど、やっぱりそういう人はしゃべるのは得意だったようですね。

上坂　じゃ、なるべく歌は外国の歌を選んで……。年齢は関係ないですか。

渡部　覚えるのは早い方がいい。ただ、苦労なく覚えた年齢のものは、苦労しなければならない年までその環境が続かないと、すぐ忘れる。

上坂　年取ってからでは覚えは悪くなるでしょうね。

渡部　悪いでしょうね。しかし、悪いといっても、その環境に行けば何とかなると思うんです。と言うのは、今年、和歌山県の日の御崎に行ったんですよ。カナダ移民で有名な部落。あそこのおばあさんたちは、けっこう日常会話の英語は出てくるんです。けっして「コーヒー」なんて言わない。「カフィー」って言うんですよ。戦前の漁師の家といったら、いわゆる学校教育はあまりないわけでしょう。そういうところの人たちでもカナダに行って、サケとりやって帰ってくると、会話に困らない。

上坂　なるほど。それでずっと今でも忘れないで覚えているんですね。

渡部　よく英語の単語をまぜてしゃべっているようですね。カナダへ行けばまたしゃべれるんじゃないですか。

上坂　そうですか。

渡部　あの村では朝ごはんにみそ汁を出す家がないんだそうですね。みんなコーヒーでね。
上坂　へえー、そうですか。
渡部　紀州のいわばいちばん不便なところの村で、朝はトーストを焼いているわけです。だから英語教育も、環境の英語と、いわゆる勉強の英語とやっぱりわけなければ日本の場合には不自然じゃないかなと思いますね。
上坂　たとえば大修館などで大資本を投じて、どこかにそういう村を作って、そこで一年なり二年なり過ごせば英語はペラペラになれるというような試みはできないかしら。
渡部　いや、日本人だけ集めたらだめですよ。
上坂　指導用の外国人をいっぱい集めて。
渡部　ぼくは小佐野賢治氏に会う機会でもあったら提案しようと思ってるんだけど、カリフォルニアに小佐野ユニバーシティを作ったらいいと思う。先生はもちろんアメリカ人で、生徒は日本人をたくさんとるようにする。そして、カメラだとかエレクトロニクスとか、日本の得意とする分野の講座をやったら国際親善にもなるし……。そこでは日本の習慣もかなり通用するというようにすれば、はじめからぽんと外国に行くのはおっくうだという人も気楽に行ける。
上坂　それは何もカリフォルニアへ持っていかなくても、筑波山麓かどこかに外人をたくさん集めて、そうすればわたしなんかも通えますわ。英語教育のために一区間区切って、外国人の町みたいなものを作れば、どうしても英語を覚えたい人はそこで……。
渡部　バーも全部アメリカ式……。(笑)
上坂　もちろん。そうしたらわたしは夜は夜でカウンターの中で稼ぎますわ。(笑)そういうのがいちばん身になるんでしょうね。

渡部　英語をしゃべる時、身構えなくなっているという慣れができれば、それだけでも英語ができるようになったと同じだと思うんです。

上坂　なるほど、いい案ですね。

渡部　小佐野氏なら土地も自由だから……この頃やりにくいかもしれないけれど。（笑）今日本はハーバードなどの講座に寄付してますけれど、ああいうんじゃなくて、そっくり大学を作ったらいいと思うんです。

上坂　わたし給食係くらいになりたいですわ。（笑）ところで、先生は何カ国語がおできになるんですか。

渡部　読み、書き、しゃべれるのは英、独だけです。

上坂　それがおできになると、ほかの言葉、たとえばスペイン語もすぐにできるようになるでしょう。

渡部　スペイン、フランスは南欧でしょう。すっかり違うんです。

上坂　全然違いますか。

渡部　ええ、フランス語系ですから。ぼくは来年の秋からスペインに留学させてもらえるらしい。少し違った言葉の勉強がはじまるんです。

上坂　どのくらいいらっしゃるんですか。

渡部　十カ月くらいいられると思います。

上坂　お訪ねしますわ、先生。

渡部　はあ、ぜひ……。すてきなボーイフレンドでも用意しておきましょう。（笑）

（上坂冬子・評論家）

［対談］川本静子（英文学）

イギリス小説の復活

ヴィクトリア朝の小説の人気

――渡部先生が去年（一九七六）出された『知的生活の方法』は、この一年で六十七万部売れたそうですが……。

渡部　あの本をぼくが書いた動機というのは、むかし読んだハマトン（Hamerton）の *Intellectual Life* という本を二、三年前にまた読みたくなって、毎朝一、二章ずつ読み返したら、目の前にハマトンが現れてきて親しく教えられる感じがして、それがいちいち肯綮にあたっていて参考になったんです。ぼくだけの感じかな、と思って大学院の学生や若い先生たちに読んでみるようすすめてみたら、みんな同感なんですね。教室で使ってみると、学生の反応もいい。たまたま、「読書がその一部であるような生活論」を書いて欲しいと言われていたので、ハマトンを読みながら考えたことを書いたのが、あの本なんです。イギリスで百年前にハマトンやその系統の人たちがむかえられたのと、たいへんよく似た状況が今の日本にはあるんですね。小説なんかも、あの頃のものが近頃アメリカで盛んに読まれているって、最近も『タイム』誌に出ていました。トロロープ（Anthony Trollope）がなかなかの人気なんだそうですね。これはどういうことなんでしょうか。

川本　ヴィクトリア朝の正統派の小説が、再評価されてきているということでしょうか。ご存じのように、ヴィクトリア朝のすぐ後に、前の時代のものの考え方や価値観を打ち破ろうとして、アンチ・ヴィクトリアニズムの運動が、小説に限らず芸術一般の分野で起りましたけれど、小説ですとジョイス（James Joyce）とかウルフ（Virginia Woolf）などが代表選手となって、さまざまな実験を試み、新しい小説を模索したわけです。ところが、これらの新しい小説は、個人の内面にあまりに深く入り込みすぎて、社会との関わり合いにおける生活が描かれなくなってきたのですね。日常生活の中での他人とのこまごまとした交渉を、生彩をもって描くというヴィクトリア朝の小説のよさが失われてしまいました。そこで、小説の社会性復活というんでしょうか、十九世紀の生命力あふれる小説にもう一度戻ろうという動きが、イギリスでは見られるのですけれども、トロロープがまた読まれはじめたというのはその一つの表れでしょうか。

渡部　小説の原点と言いますか、綿々と書き連ねる、というヤツにまた人気が出てきたんですね。

川本　そうだと思います。それから、これはウォルター・アレン（Walter Allen）という学者が言っていることですけれど、わたしたちは父母の世代に対してはたいへん厳しく批判的であるが、祖父母の世代に対しては寛容だ、ということがあるのではありませんか。

渡部　なるほど。

川本　おかあさんが若い時に着た洋服なんか、おかしくて着られないけれど、おばあさんが娘時代にさした簪は、あんがいイカすものですよね。（笑）ヴィクトリア朝についても、愛憎の気持ちをはなれて見られるようになった、ということかも知れません。

渡部　川本さんの『イギリス教養小説の系譜』（研究社出版、一九八六年）によると、ビルドゥングスロマン（教養小説）の主人公が、イギリスではジェントルマンからアーティストに変ってきている。ヘンリー・ジェイムズ（Henry James）の小説なんかは、芸術家の自己形成がテーマで、だから読者も小説家志望の文学青年ということになり、今の一般の人はほとんど読まなくなったわけですね。そういうことと、トロロープみたいに、日常茶飯の生活を淡々と書きつづった小説が、再び読まれるようになったこととを並べてみると、これは単なる「おじいさんの時代」への回帰というだけでなく、前代への批判がふくまれていると言えますな。

川本　チボーデ（Albert Thibaudet）の有名な言葉に「小説はその前の小説に対するノンの歴史である」というのがありますけれど、前の時代の小説を通しての現実認識は、次の時代にはどうしてもそのままでは通らないところができてきます。そこで、新しい小説の実験がはじまるわけですね。ですが、前の前の時代に戻るといっても、そのままの形で祖父母の時代が復活してくることはないわけで、トロロープとかジョージ・エリオット（George Eliot）とか、今まで見向きもされなかった作家が読まれはじめたからといって、ヴィクトリア朝の古い社会の中で生きた人間の生き方が、無条件に今日受け入れられるようになったことにはならないでしょう。

渡部　この頃はベネット（Arnold Bennet）まで……。

川本　ええ。ベネットの評価は、近頃逆転してきていますね。ウルフなんか、ベネットを痛烈にやっつけていまして、彼の現実認識はまやかしだと批判したんですが、最近はマーガレット・ドラブル（Margaret Drabble）などがベネットを高く評価し出したりしています。

渡部　成熟した読者から見ると、年をとってからはウルフは読むに耐えないようですね。

川本　わたしはウルフの小説を訳したりしましたけれど、実を言いますと、あまり好きじゃないんです。（笑）ジョイス以前の小説が好きですね。

渡部　誰かがトロロープを評してビーフステーキみたいだと言ってました。その後の小説家となると、これはデザートという感じだと言うんです。トロロープはひどくありきたりで日常的な世界だけれども、ソリッドで読者を飽きさせないところは、ビーフステーキのようだって。

川本　ビーフはイギリス人にとって米の飯のようなものでしょう。トロロープは、イギリス小説の正統派である novel of manners（風習小説）の流れを継承しているのですから、まさにビーフだと言えますね。でも、日本ではどういうものか、ジョイスやウルフのような novel of manners の反逆児たちの方が歓迎されるようですね。

渡部　ああ、そうでしょうね。また、novel of manners はわからないのかも知れませんよ。

川本　口はばったいことは言えませんが、イギリス的な小説は、日本人にはわかりにくいようです。

渡部　そうだと思いますよ。それから、これは英文学ではありませんけれど、最近シェンキェヴィッチ（Henryk Sienkiewicz）の *Quo Vadis?* を読んでみたくなってのぞいてみたら、ぼくは目が覚めるような思いをした。入念に書いてあってね。律気というのか、あの頃の人は仕事がていねいですなあ。

川本　地味ですから青年には受けないかも知れません。

渡部　あの時代の小説、たとえばトルストイなんか、読み返す気は今のところないけれども、読んだらあんがいおもしろいと思うかも知れない。

川本　二十歳でバルザックに傾倒しない人間はいなくて、四十になってもバルザックに惚れている人間は少しおかしい、と言いますけれど、やはり年齢によっておもしろく思うものが違ってきますね。わたしも若い頃はシャーロット・ブロンテ（Charlotte Brontë）のような激しいものに引かれましたけれど、この頃は枯れてきたせいか、ついていけません。（笑）

渡部　トロロープも、学生時代にレポートを書くので読まされた時は、さっぱりおもしろくなかったな。ところで、さっきちょっと名前をお出しになったドラブルのベネット論でおもしろかったのは、ベネットの小説をできばえからいって上中下と品定めしているんですが、ぼくは彼女がつまらないって言う作品が好きだな。たとえば *How to Live on Twenty-four Hours a Day* なんか。ベネットは、トロロープも同じだけれど、まったくもうけるために小説を書くわけです。一日何語とノルマをきめて、着実に書いていく。職人芸ですね。しかし、そこに人を飽きさせない何かがあるんだな。ドラブルが「屑だ」と言っている本はそういう本で、ドラブルがほめるような作品もそういう営みに支えられているんでしょうがね。

社会における作家の位置

川本　イギリスの作家は社会のインサイダーですね。それで、そういう執筆態度が出てくるのでしょうね。彼らは何よりもまずジェントルマンであって、そこが日本の作家と違うところでしょう。伊藤整が、ヨーロッパの作家は社会の中にいて、フィクションという仮面のもとにエゴを追求する仮面紳士であり、日本の作家は世間から文壇ギルドへ逃げ込んだ逃亡奴隷だと言っていますが、いわゆる日本の文士はアウトサイダーなんですね。もっとも近頃は作家も人生の優等生になって、石原慎太郎さんのように政治家になったり、曾野綾子さんみたいに身の上相談をやったりするようになりましたから、ちょっと様子が変ってきましたが。

渡部　鷗外なんかは体制の中のかなり高いところにいて、インサイダーですね。鷗外が飽きられずに読まれるのはそのせいかも知れない。インスピレーションによって書く作家は、飽きられるところがあるのかも知れない。研究家は読むけれど、普通の人は読まない。これからの社会がどういう社会になるか、簡単にはわからないけれど、今のような状況が続いていけば、日本にもインサイダー作家がもっと出てくる可能性はありますね。

川本　そう思いますね。

渡部　アメリカにいた時おもしろいと思ったのは、教養小説がわりあいと読まれているということですね。大学紛争の前後にはヘルマン・ヘッセが流行していましたが、これはあまり長続きしなかったようです。ハーマン・ウォーク（Herman Wouk）のものがよく読まれていましたけれど、この作家の作品は考えてみると教養小説なんですね。*The Caine Mutiny* や *Marjorie Morningstar*、自叙伝的な *Youngblood Hawke*、最近の *Wind of War* など、どれも中心人物たちの自己形成が描かれています。どれもみな数百万部売れているんですが、ビルドゥングスロマンは手堅く書けばいつでも読者のある分野じゃないかと思います。

川本　自己形成というのは永遠のテーマですし、自伝的要素をとり入れやすいから、作家の処女作に書きやすいのでしょうね。それで、今世紀のはじめの頃は、芸術家としての自己形成をテーマにした小説が花盛りだったんですが、普通の人にはそんなにおもしろいものではありません。玄人向きの小説でしょうね。それに比べると、ヴィクトリア朝の小説は、平凡な人間が社会生活を通じていかに自己を形成していくか、といったものが多いので、むしろ一般人向きだと言えましょうね。

渡部　日本の私小説というものについてはどうお考えになりますか。

川本　わたしはあまり高く評価しないんですよ。作者がそのまま主人公で、読者には作者＝主人公の予備知識があるものという前提で話が進みますから、キャラクタライゼーションや状況描写が欠けているし、プロットさえない心境小説が多いですね。これはやはり、アウトサイダーの集まりの中だけで通用する話であって、作家がインサイダーとして書くヨーロッパの小説からいちばん遠いところにあるものですね。インサイダーであれば、何もかもさらけ出して、開き直った姿勢ではものは書けない。地位とか体面をとりつくろわなければならないから、どうしてもフィクションやプロットが必要になってくるのです。

渡部 なるほど、虚構というものが生まれてくる背景は、意外とそういう卑近なところにあるんですね。

川本 日本の作家も、近頃はインサイダー化してきましたから、私生活をあまり露骨にさらけ出さなくなってきたように思いますが……。三島由紀夫や曾野綾子さんなど、探り出せば自伝的なところは見つかりますが、フィクションの中で思いを語るという姿勢になってきたのじゃありませんか。

渡部 しかし、同じインサイダーでも、トロロープがインサイダーだというのとは、ちょっと違うんじゃないかな。あんなふうにどっかりと体制の中に腰をおろしていない。

川本 でも、インサイダーになってきたから立候補したりできるんじゃありませんか。政治活動などという最もなまなましい現実参加は、インサイダーでなければできることではないでしょ。

渡部 だけど、衆議院じゃないですよ。参議院というのは、むかしで言えばフール（道化）の役なんですよ。勝手なことを言っていればいいんで、責任がない。衆議院に出て、それで小説を書いたら本物のインサイダー。参議院ではねえ。

川本 かつては、私小説作家が政治の世界に出ていくなんて、考えられなかったでしょう？ それから見れば……。

渡部　だって、その頃は参議院はなかったもの。（笑）しかし、イギリスの作家だからって、みんなインサイダーというわけじゃないしね。

川本　ええ。たとえばジョイスなんか、自分の文学的な立脚点をエグザイルというところに置いていますが、これなど完全にアウトサイダーの姿勢ですね。あの時代にはたしかにイギリスの小説家もアウトサイダー化したのですが、その後またぐーっと方向転換して、インサイダー的になってきているように思います。だからって、オースティン（Jane Austen）がそのままの形で復活することはあり得ません。どんな形で復活するか、わたしには予言する力がありませんけれど、たいへん楽しみなんです。

女性のキャリアと生き方

渡部　若い女性たちから、生き方なんかについていろいろ聞かれることはありませんか。

川本　学生たちからはありますけれども。

渡部　最近、『黄昏のロンドンから』（ＰＨＰ研究所、一九七六年）で大宅壮一賞をおもらいになった木村治美さんとお話する機会があったのですが、やはり、読者からたくさん手紙がくるけれども、本についての批評や感想を書いてよこすのより、どうしたらあなたのようになれるか、といったようなことを聞いてくる方が多いそうです。（笑）今の女の人は、むかしのように家庭に入って子どもを育てるのを崇高なる使命とするのは、耐えられないと思う人が多いし、世間も仕事を持った女性を高く評価する気風が強まってきていますね。才能のある女性ほど、そういうふうに思う人が多いだろうと思う。そういう人たちには、川本さんや木村さんのような、キャリアを持って立派に仕事をしてきている女性から助言を聞きたいと思うんでしょうね。

川本　キャリア・ウーマンと言うんですか、そういう生き方を理想としながら、その理想を実現する上でいろいろ悩んでいる女性たちが多いですね。むかしでしたら、キャリア・ウーマンとして生きようと思ったら、結婚はギブ・アップせざるを得なかった。でも、今の人は結婚しないでキャリア・ウーマンになろうなどとは考えませんね。女としての自然な生き方は放棄したくない。その上でキャリア・ウーマンになりたいということになると、たいへん難しい。この問題には、ユニバーサルな、誰にでも通用するような解決法など、結局は存在しないとわたしは思っています。どういう家庭に嫁いだか、舅がいるかいないか、夫の職業は何であるか、というような、一人一人をとりまくさまざまな要素がからんできますから、やはり個人的な解決法しかないようですね。

渡部　その女の人が育った環境も関係しますね。やはり、知的な環境に育った人の方が、独立心が盛んのようですな。川本さんの育ったお家は？

川本　父は南洋庁に勤めておりましたから、八歳くらいまでポナペ島とかサイパン島というようなところで暮しました。とても知的という環境ではないんですよ。

渡部　太平洋のまんなかで育った学者というのは珍しいですね。（笑）

川本　小学校に入る時は東京に来ておりましたが、南洋生まれということがたいへんいやでございました。むかし、「わたしのラバさん酋長の娘……」という歌がありましたね。あれ、大嫌いでした。（笑）教養小説の本を研究社から出版した時、著者紹介の記事をおしまいのところに書き入れますね、あそこで出身地をポナペ島って書いたら、担当の浜松さんに、それじゃ、日本人かどうか疑われますよって、真顔で言われました。（笑）

渡部　南洋庁というと、むかしの内務省ですか。

川本　そうです。父はある一面では封建的な考えの人でしたけれど、女の子だから……というような教育はしませんでしたね。むしろ、女にも高等教育は必要だとしょっちゅう言っておりましたから、わたしも大学へ行くのはあたり前のように思っていました。それに津田塾大学というところが女性の地位の高いところでありまして。（笑）戦争が終って、男女同権という言葉が流行語になりました時、津田の男性は戦後ようやくにして男女同権を獲得した、と教職員の一人（男性）が言ったとかいう「伝説」があるくらいです。（笑）

渡部　津田では卒論に何をおやりになりましたか。

川本　オースティンでした。その頃ちょうど、近藤いね子先生がジェーン・オースティンで博士号をおとりになり、日本最初の女性の文学博士ということで話題になっておりましたが、たいへんよい指導者が身近にいたということが刺激になったんですね。でも、オースティンは、あの時はあまりよくわかりませんでした。（笑）

渡部　津田から東大へお進みになったんですね。東大では何をなさいましたか。

川本　ジョージ・エリオットです。

渡部　アメリカへいらしたのは？

川本　東大を出てから津田へ戻って少し教えて、それからハーバードの大学院へ行きました。スペシャル・ステューデントということで、一年間もっぱら本を読んでおりました。

渡部　その時は結婚しておられたのですか。

川本　はい。

渡部　ご主人は……？

川本　主人は日本に。別れて暮しました。アメリカ人から、そういうことは理解できない、とだいぶ言われまし

た。夫を置いてくるとは何事であるか。（笑）

渡部　ぼくは逆に、妻を置いてくるとは何事かと聞かれました。日本人は別れていたって相手を信頼しているから全然心配ないんだ、と言ったら怪訝な顔をしていましたね。

川本　アメリカ人は何をするんでも夫婦いっしょでしょ。ですから、一年も別れているのは、夫婦生活の危機だろうなんて言われました。（笑）

渡部　そうなんですな。あの意味はわからないでもないですね。われわれは一年くらい別れていたってどうっていうことないですが。

川本　でも、別れて住むのは一年が限度だっておっしゃる方が多いですね。それ以上だと、生活体験の違いが大きくなって、考え方のずれが出てくるそうです。

渡部　ご主人のお仕事は？

川本　農村社会学をやってます。

渡部　やはり大学の先生でいらっしゃるわけですね。そうすると、キャリア・ウーマンをめざす若い女性に対する川本先生のアドバイスは、大学教授の御亭主を見つけなさい、ということになりますかな。（笑）木村治美さんの場合もそうでしたが。

川本　どうでしょうか。（笑）

渡部　たしかに、大学の先生というのは、奥さんの協力を必要としませんね。やってることを奥さんに手伝わせるわけにはいかんし、お客さんの接待だってあんまりないようだし……。

川本　そうですかしら。わたしがもし男の研究者でしたら、わたしみたいな妻を選ばないですよ。（笑）ぎりぎりの本音を言えば、研究者同士というのはどっちも自分の時間が欲しいし、利害が対立することもありますよ。やっぱり、ちゃんと家庭を守ってくれる女性の方が、男の方は落ち着いて勉強できるような気がしますけれども。

渡部 たとえば、川本さんのお母さんがご健康で、いっしょに住んで下さって、「家事はわたしがやるから静子は勉強をしなさい」と言われたら、これは万々歳だね。(笑)

川本 渡部さんの女性論を拝見すると、そういう人があってはじめて、女性は結婚生活と職業生活とが両立する、というお考えのようですが、親が健在というのは誰にでも恵まれる幸運ではありませんし、それに、孫の世話までは勘弁してくれというのが、近頃の年寄りの気持ちでしょうから……。

渡部 男の方でも、この頃は奥さんが仕事を持つことをむしろ歓迎する、というふうになってきているところもあるようですよ。おれの女房は大学で教えてるんだぞとか、本も書いてんだぞとか、「みせびらかし効果」みたいなものを認識し出したんですね。家庭生活で多少損してもその方がいいというわけ。実業家が女優を嫁にしたがる心理に似てますな。

川本 でも、仕事を持っている奥さんなんて、見せびらかすほど価値のあるもんじゃなさそうですよ。

渡部 つまるところ、川本さんの若い女性への忠告は、「夫の選択について幸運であれ」ということですな。(笑)

川本 というより、やっぱり努力しなくちゃいけないと思うのです。本当に両立しがたい場に置かれた時に、それでも勉強したいんだったらその気持ちは本物だと思うのです。本物の気持ちというのは大切にしなくちゃなりませんでしょ、多少の犠牲を払ってでも。でも、その時に、勉強をあきらめられるようだったら、無理して周囲にごたごたを起してまでもやることはないですね。本当に難しい事態になった時に、何としてでも続けていきたいという強い気持ちがあるか、ないかですね、問題は。あればおのずから道は開けるのじゃないかと思います。

渡部　勉強というのは、業《ごう》みたいなもんですからな。しかし、内発的欲求がないのに、ただ漠然と勉強したいと言ってくる人が多いですね。何をしていいかわからないのだけれども、家の中にだけいるのはいやだという……。

風習小説の展開

川本　ジョージ・エリオットの*Middlemarch*という小説に出てくるドロシアという理知的な女主人公が、ちょうどそういう女性ですね。裕福な家に育って生活のために働かなくったっていいのですが、漫然と家庭の主婦として生きていくのはいやで、社会へ出て何か世のため人のための仕事をしたい。だけど何をしてよいのかわからない。こういう欲求を持った女性にぴったりかなう具体的な生き方を、ヴィクトリア朝の社会は提供していないわけなのです。結局、最初の結婚生活に破れて、自分の納得のいく形で得た第二の結婚生活で、夫を助け子どもを育てるという平凡な生活に入っていくんですけれども、何かしたいが、それが何なのかよくわからないというところは、今の日本の女性に似通っていますね。

渡部　ぼくがこの対談のはじめで、百年前のイギリスによく似た状況が今の日本に出はじめているように感じる、と言ったのはそこなんですよ。

川本　大学を出た女性が、結婚して子どもができる。おしめを洗ってミルクを飲ませて、という生活を繰り返しているうちに段々いらいらしてくる。これでいいのだろうか。結婚さえしなかったら違った生き方が開けたかも知れないのに、と被害者意識めいた気持ちを綿々と書き連ねた小説を、マーガレット・ドラブルが書いているのです。彼女の小説の女主人公はたいていこういう女性ですね。さきほど話題に出ましたように知的女性が女としての自然な生き方を放棄しなくなったことはよいのですけれど、いざ結婚して妻となり母となってみると、これがはたしてあるべき自己実現・自己充足の途であったのだろうかという疑いが猛然と湧いてきますでしょう。結婚生活ってある意味では罠みたいなもので、自分で自分をそうした罠にはめてしまった女性の、ニューロティックなまでのうつうつたる思い、くすぶり続ける自己実現への希求といったものを書かせたら、ドラブルは第一人者じゃないでしょうか。こうした女性たちの苦しみの過程が、立派に小説になるんですが、これは大学出の家庭の主婦がどんどん増えてきている今の日本にも共通の問題でしょうね。ただヴィクトリア朝と違って、何を求めているのかと、自分によくよく聞いてみれば、何か答えが見つかる世の中だということですね、今は。

渡部　これは当分続きそうな話題ですなあ。

川本　むかしの小説は結婚で終っていたんですが、今の小説は結婚したところからはじまりますね。オースティンの小説はウエディング・ベルが鳴って、めでたし、めでたし、で幕が下りますけれども、ドラブルの小説は、そこからはじまるんですね。

わたしは、イギリスの小説は風習小説が主流で、この風習小説の源流はオースティンだと思うのです。オースティンの伝統はギャスケル夫人（Mrs. Gaskell）やジョージ・エリオットに継承され、発展・展開していったのですが、一方ではシャーロット・ブロンテやヴァージニア・ウルフのような反逆者が現れている。しかし、彼らの反逆も、オースティンの伝統の裏返しの継承ではないかというのがわたしの考えです。そして、ウルフの後にドラブルが現れるのですけれど、ドラブルだって単純にオースティンを受け継いでいるわけではないので、それは、同じ結婚問題を扱いながら、さっきも言いましたような違いがあることにも表れているように思います。

渡部　なるほど。

川本　ドラブルをオースティンにはじまる伝統の最後尾に位置づけて、風習小説の展開をいつか是非たどってみたいと思っているんですよ。「オースティンとその娘たち」という題名だけは早々とできているのですけれど、中味の方はいつのことになりますやら。

渡部　どうもいろいろとおもしろいお話をありがとうございました。

（川本静子・津田塾大学教授）

明治文学とアメリカ文学

［対談］　亀井俊介（アメリカ文学）

樗牛再評価

渡部　学士院賞をおもらいになった『近代におけるホイットマンの運命』（研究社、一九七〇年）、あれは広大なる視野ですなあ。

亀井　いやあ、どうも……。

渡部　亀井さんは何年のお生まれですか。

亀井　昭和七年（一九三二）です。

渡部　亀井さんのお勤めになっておられる東大（駒場）には、昭和ひとけたの、それも後半の生まれの秀才が雲のごとく集まっていますが、それがまた、各方面で視野広大な本を書いている。戦争が終って、新制の大学が発足する前後に大学に行った方たちですが、すぐれた才能が集中的に輩出する時期とか場所というのが、あるみたいですね。

亀井　視野広大かどうかわからないですけれど、ぼくは別としても、あの時代に育った人たちは、わりかし物の見方が自由で表現がみずみずしいでしょ？　あれは、男女共学の影響が大きいと思うんですよ。（笑）

渡部　その男女共学、ぼくは経験ないんです。

亀井　旧制中学が新制度の高校になった時、学区制というのができて、ぼくはむかし女学校だったところに強引に押し込められてしまったのです。まわりは女学生ばっかり。

渡部　ほう。どちらでしたか。

亀井　岐阜県です。あれで世の中がいっきょに広くなった感じがしました。（笑）

渡部　ホイットマンのご本の中では、夏目漱石に対する評価と高山樗牛《ちょぎゅう》に対する評価とが、世間一般のと逆になっていますね。あれが非常におもしろかった。

亀井　樗牛は実際ずいぶん軽薄なことも言っているし、それに自分の思っていることを直接的に言いますから、オーソドックスな見方をする人には重んじられないし、またあまり好かれるタイプでもないですね。

渡部　樗牛はわたしの郷里（山形県鶴岡市）の人で、わたしの姉のクラス担任の先生が樗牛研究家でしたから、小学校でいろいろと樗牛の話をしたらしいです。それを家へ帰ってきてしゃべるので、樗牛に対しては小さい時から親近感を持っていました。生家も自転車で十分くらいのところでしたから。しかし、まとめて読んだのは最近です。読んでみたら、それまで思っていたより、はるかに偉かった。『源氏物語』や『平家物語』について、樗牛くらいズバリと核心をついたことを言っている人は少ないと思いますね。『源氏物語』の文体を否定したのは、彼が最初じゃないでしょうか。どこがいいのかわからない、と鷗外が言い出したのより前ですね。それで樗牛をおおいに見直していたところ、亀井さんのご本を読んだら、とにかく樗牛はホイットマンを原文で読んでしゃべっているが、漱石はホイットマンに関する限りは種本があって、まあ、秀才の論文だということを、証拠をあげて言っておられる。わが郷党の先輩を、よくぞ顕彰してくださったと、うれしくなりました。（笑）　漱石は「高山の林公《リンコウ》が……」なんてくさしていたようですけれどね。

亀井　樗牛は、漱石のほかに鷗外にも冷笑されてますね。ニーチェの受けとめ方をめぐって、鷗外は樗牛の「美的生活論」の態度を恐るるに足らざるものとやり込めているんですけれども、樗牛の方が、どうもニーチェのエートスは強くつかんでいたように思います。あの徹底した個人主義を、ね。

渡部　だいたい鷗外は、ニーチェがわかるような生涯を送っていませんよね。（笑）

亀井　鷗外や漱石はもちろん偉いんですけれども、すっ裸になって自己を示す段になると樗牛にはかなわない。

渡部　とにかく樗牛の評価は難しいですね。読む前に、いろいろと雑音が入ってきちゃうから。

亀井　それに、樗牛は表面上、次から次へと変化していく。その変り方が急激ですからね。しかしあの時代は、樗牛だけじゃなく、北村透谷でも内村鑑三でも激しく変化してる。それが当然という感じがしますね。

渡部　Sturum und Drang《シュトルム・ウント・ドランク》ですな。

亀井　そうです。明治二十年代から三十年代の前半にかけては、まさに「疾風怒濤」の時代です。

渡部　俺は前にああ言ったけど、今こう言ったらどう思われるだろうか、なんてあまり考えないみたいなところがある。ご本の中に誰でしたか、樗牛はロマンティックというよりはディオニュソス的と言った方がいい、という意見が紹介されていましたね。すると鷗外はアポロ的ですかね。樗牛のロマン主義は瞑想的なロマン主義にならず、極めて男性的だったというご意見には、非常に共鳴しました。

亀井　明治文学史で言う「浪漫主義」と、西洋の文学に直結する「ロマン主義」とは違うんじゃないか。樗牛はカタカナの方の要素が強いという感じがするんです。ところで樗牛は鷗外よりだいぶ若いはずですが、『太陽』の編集者になったのは、いくつの頃ですか？

渡部　三十にならない頃でしょう。写真を見ると髭なんかはやしていて、年食っているように見えるけれど、よく見ると、大学院の博士課程の学生みたいな感じ。（笑）

亀井　『太陽』っていう雑誌は、当時、東洋でいちばん豪華な雑誌だと言っていたんですが、それをそういう若さでまかせられた。雇う方もよく雇ったもんだと思いますね。

渡部　幕末から維新のあの激動期には、三十以上の人は自信を失って、あれよあれよと見てたような気がします。樗牛は若くして死んだけれど（明治三十五年〔一九〇二〕没、三十一歳）、長生きさせてやりたかったですね。

亀井　そうですね。

渡部　時代が消耗を強いたということもあるでしょう、当時の人はわりあいに短命なんですね。軍人でも、モルトケなんて五十過ぎてからプロシアの参謀総長になり、いくつも戦争をやって、九十になってからも枢密顧問官。それでもボケてなかったって言うんだけれど、プロシアの陸軍をまねた日本の方は、日露戦争以前の歴代の参謀総長はみんな若死している。児玉源太郎も戦争が終ったら間もなく死んでしまったけれど、憔悴しきったんでしょうね。

亀井　明治の日本の指導者たちにとっては、世間のつき合いというものの重みも大きかったとは言えませんか。たとえば樗牛の場合でも、「美的生活論」で本能充足を主張すると、それがさんざんに叩かれる。そういう批判が身にこたえて憔悴しきってしまう。日本社会の一種の狭さからくる圧力が関係しているんじゃないかと思うんですが……。

渡部　樗牛には、儒教的な倫理感がかなりありますね。

亀井　なるほど。

渡部　だから、享楽的なことや性的なことに触れた言説を咎められると、恐れ入ってしまう。ホイットマンでも、ちょっと性に関係あるところは訳さないですね。

亀井　そうそう。坪内逍遙が小説を書いたら、大学出の学士さまが小説を書いたといって、世間がびっくりした時代ですから、ずいぶん窮屈だったんですね。

渡部　今とは比べものにならないくらいに世間が狭かったから、摩擦も大きかったでしょうな。しかし、それだけ学校出は期待されていた、ということにもなる。

亀井　樗牛なんかはその典型でしょうけれども、せいいっぱい背伸びして頑張ったんですね。背伸びをするのはいいことですよ。

渡部　今は、大学を出たってそう期待されなくなっているから、そういう点では樗牛の時代はうらやましいところもある。

亀井　そうですね。みんな、樗牛みたいに背伸びはしなくなった。論文を書いても、自分を主張するのではなくて、守るために書くという雰囲気があるでしょ？

渡部　それはいいご指摘だな。同感です。

亀井　鎧ばっかり大きくて、中身の人間がどこにいったかわからないような感じの論文が多い。

視野の開放

渡部　ホイットマンをおやりになるようになったのは、どんな動機からですか。

亀井　ぼくは、卒業論文はD・H・ロレンスだったんです。そのころ、例の「チャタレイ裁判」があって、それでロレンスに興味を持ち、読んでみたら、意外なことにくそまじめなんでウヘーッと思った。そのうちに彼の『アメリカ文学古典研究』を読んだら、これがすばらしかった。特にホイットマンを論じた章を読んで、それまで翻訳で読んで理解していた「民主主義の詩人」とか何とかというのと、ぜんぜん違う詩人だということを知って、だんだんそちらの方へ、興味を引かれていくようになったのです。もともと詩が好きだったんですけれどもね。それで、修士論文では「日本におけるホイットマン」を取り上げたわけです。

渡部　アメリカへ行かれたのは、その後ですか。

亀井　そうです。ホイットマンに興味を持ったのと前後して、マーク・トウェインにも興味を引かれ出し、マーク・トウェインの故郷に近いセント・ルイスの大学で勉強したいという手紙を出してみたんです。それこそ「背伸び」していろいろ書きました。そうしたら、その頃はアメリカも豊かだったんですね、費用は全額負担してやるから来い、と言ってきてくれたんです。フルブライトの留学だったら、ぼくは試験に合格しない口でしょうね。

渡部　そうですか。秀才コースじゃないんですね。しかし、それだからこそ学問に幅ができてくるということもある。

亀井　向こうでの修士論文は「ホイットマンの政治思想」という題でした。文学そのものから少しずつ広がっていって、歴史・社会・思想なんかも視野に収めるという方向に関心が向かっていったわけです。セント・ルイスに二年いてから、最後の一年間はメリーランド大学へ行きました。議会図書館を利用したくてね。その時は、American Civilization を専攻するということで行きました。

渡部　専門分化がますます激しくなってきて、視野が狭くなる時代には、たいへん貴重な存在ですね。最近『サーカスが来た!』(一九七七年度日本エッセイスト・クラブ賞受賞)を出されたけれど、ああいうご研究はすでにその頃芽生えていたんですね。あの中の“wandering lecturers”の話はおもしろかった。

亀井　あの本はマーク・トウェイン研究の副産物みたいな面があります。——それだけじゃないつもりですけど。“wandering lecturers”ね、あれは、ぼく自身、しゃべるのが不得手なんで、自分と正反対のものに引かれたせいじゃないかと思います。アメリカの文明は、「おしゃべり文化」というような一面を持っているんですが、そういうものに非常に興味がありますね。

渡部　日本には、ああいう「講演運動」のようなものはない、と書いていらっしゃいますね。たしかに今まではそうだったと思いますが、ここ五、六年くらいの動きを見てみると、似たようなものが出てきたんじゃないかという気もする。近頃はものすごく講演がはやってますよね。世間にちょっと名前が知れるようになると、すぐ講演をたのまれる。大学で教えたり原稿を書いたりするより、てっとり早いしお金になる、というんで国立大学をやめて講演屋さんになった人もいるし、中には年に二百回も講演して、プールつきの別荘をこしらえた人もいるという話です。(笑)

亀井　ということは、講演する人たちの技術というか、人前での話の仕方が上手になってきた、ということなんでしょうか。

渡部　一つには、やはり余裕ができたからでしょうね。アメリカみたいに金を払って講演を聞くほど、むかしの日本は豊かじゃなかった。

亀井　有料だというのはいいことですよ。アメリカの大学でよく無料の新聞を出していますが、あれは、どれもこれもおもしろくないですね。編集者は、買ってもらおうと思うからおもしろくしようと苦労する。講演でも、有料だからこそおもしろくなるんですね。

渡部　金を払って俺の話を聞きにきてくれるんだと思えば、背伸びしてでもよろこんでもらおうという気になるもんね。

亀井　その結果、講演が単に教えるんじゃなく、広い意味でアート、文化になる。

渡部　日本でも、民主主義が地についてきたというか、人の話を聞こうとする姿勢ができてきている。これはいい傾向だと思います。

亀井　講演会も含めて、自分を見せるということに対して遠慮がなくなってきてますが、いいことだという気がしています。

渡部　大衆小説にご興味はおありですか。

亀井　興味は持っているのですが、実際はよく知らないんですよ。

渡部　近頃は、大学の英文科では取り扱わないようなものがたくさん訳されて評判になることが多いですね。アーサー・ヘイリーの *Money Changers* とか……。

亀井　大衆小説にもいろいろあり、ステレオタイプの人間を安易に配列したものが多い。しかし、社会の身近な姿を細かく書き込んだ作品もありますね。たとえば、南北戦争当時のアメリカ南部を知るには、『風とともに去りぬ』なんかやはりとてもいい本だと思うのです。いわゆる高級な文学を読むためにも、それとどこかでつながっている大衆小説を、おおいに読む必要があると思います。

渡部　ぼくがアメリカの大衆小説を好んで読む理由もそれですね。アメリカの病院はどうなっているのかな、と思ったらアーサー・ヘイリーの *Final Diagnosis* を読む。また、自動車業界の実情を知りたかったら *Wheels* を読めば、内側から入っていけますものね。この頃はアメリカ人の日本文学研究もだいぶ水準が上がってきているようですが、川端や藤村ばかり読んでいて吉川英治を知らないと言われたら、これはちょっと……と思ってしまう。

亀井　そう、自分の知識や関心の限界は当然ありますけれど、とにかく文化を狭く限らないで、広く動的に見たいですよね。大衆文化研究は、ぼくにとっては、そのための突破口のようなものです。

近代詩史の書き替え

渡部　今後はどんな方面のことをおやりになるご計画ですか。

亀井　ずっと長期的な展望ですけれど、日本の詩のことをもっと勉強したいと思っています。いわゆる近代詩だけでなく、和歌、俳句、漢詩もひっくるめて、明治以降のポエトリーをぜんぶ見直したい。

渡部　野心的ですね。

亀井　これはいつか『英語青年』から“Work in Progress”というアンケートをもらった時に書いたことなんですが、日本の近代詩史で最高水準をいくのは、たぶん日夏耿《こう》之介《のすけ》さんの『明治大正詩史』だろうと思うのです。これはもちろん立派なお仕事なんですが、不満がないわけではない。それは、いわゆる芸術詩中心の記述だということです。そういう観点からの詩史としてはおおいに尊重しますが、ぼくとしては、日夏さんからは軽蔑されたり無視されたりしている、さっきの樗牛や岩野泡鳴や、それに人生派、社会派なんかを取り込んだ詩史を書きたい。

渡部　うん、それはいい。歌謡曲なんかは入りませんか。

亀井　これは非常に重要ですね。

渡部　東京で暮してみて驚くのは、歌謡曲は低いものだというインテリの考え方ですね。ぼくが育った環境では、流行歌手、たとえば戦前のことですが李香蘭とか市丸とか高峰三枝子なんか、非常に高い生活をしているように見ていた。田舎の人間はみんなそうです。蓄音機がある家といったら相当な資産家で、蓄音機は洗練された教養という観念とむすびついていたから、歌謡曲の歌詞を覚えることは教養を高めることだと思っていたんですよ。

亀井　歌謡曲の言葉は、悪く言えば常套文句が多いけれど、日本人の基本的な感覚がいちばんよく表れていますからね、無視できませんよね。

渡部　歌謡曲をおおいに評価してあげてください。

亀井　そういう方面と同時に、在世当時まわりの少数の人たちだけにしか知られずに埋もれてしまったような詩人が、明治時代にはけっこうたくさんおります。たとえば、透谷と同時代の人に中西梅花《ばいか》という詩人がいます。後には発狂した人ですが、言葉づかいは実に奔放で、それこそ「疾風怒濤」の時代にふさわしい詩人です。

渡部　最近、娘に宮沢賢治の書いたものはないかと言われて、見あたらなかったから、戦前に出た改造社版の文学全集に『現代詩・現代漢詩』というのがありますね、あれを見てみたんですが、宮沢賢治なんてなくて、今では誰も知らないような詩人がずらりと並んでいるんです。ちょっとした「断絶」を感じました。亀井さんの『内村鑑三』（中公新書）というご本は、詩人としての内村鑑三を評価し直されたお仕事でもあると思いますが……。

亀井　それこそ背伸びして書きました。

渡部　内村鑑三に関心を持たれたきっかけは？

亀井　ぼくはクリスチャンじゃありませんから、そういう方面からではなく、やはりホイットマンを通してですね。ホイットマンの紹介者として調べているうちに、『愛吟』という訳詩集があるんですが、これがおもしろくなってきて……。

渡部　亀井さんが引かれる人たちというのは、どうもボルテージの高い人物のようですね。(笑)

亀井　友達がみんな笑うんです、ぼくみたいな細っこい人間が、ああいう人間に興味を持っているのがおかしい、って。やっぱり、自分にないものに引かれるのかな。内村鑑三もそうですし、岩野泡鳴とか、ああいう野人が好きなんですね。

渡部　ぼくはむかし、ミルトンを大学のゼミナールでやった時、徳富蘇峰の『杜甫とミルトン』を参考書にしたことがあるんです。限定三百部のうちの百十一番というのがたまたま手に入って、これを読んだらミルトンがわかったという気持ちになりました。ミルトンというのもボルテージの高い詩人ですが、蘇峰だって「ひ弱」っていう感じじゃない。だからいいんでしょうね。それに、蘇峰は詩人です。われわれが俳句を作るよりも簡単に漢詩を作っちゃう。蘇峰の漢詩も、亀井さんにお願いしたいですね。

亀井　渡部さんの蘇峰論はおもしろかったですよ。『正論』にお書きになったんでしたか？　戦後、蘇峰を積極的に取り上げたのははじめてでしょ？

渡部　亀井さんの言い方を借りれば、ぼくは、人からあれこれ言われないように、自分を守るために書いているんじゃなくて、言いたいことがあるから書いているんです。

亀井　蘇峰の『近世日本国民史』なんて、大衆小説よりおもしろい。「国民叢書」という文庫判の本も、三十冊くらいは買って読みました。

渡部　蘇峰が好きな人も多いらしいけれど、やはりほめるとなるとはばかりがあるみたいですね。しかし、あんまりほめると蘇峰の本が高くなりすぎて手に入りにくくなるから、ひそかに集めておいてからにしないと……。(笑)

亀井　漢詩の本も、なかなか集まらないですね。さっきおっしゃった改造社版の漢詩集くらいですか、明治以降の作品がまとまっていて手ごろな本と言うと。

渡部　あれくらいかもしれませんね。ぼくはあれを百円くらいの安値で何冊も集めて持っていたけれども、欲しいと言ってくる人がいて、いつの間にか一、二冊になってしまいました。あの頃の人は、ちゃんと平仄を合わせて漢詩をこしらえていますけれど、今の人はとてもあの真似はできませんね。

亀井　思想的な表現には、漢詩の方が伝統的な日本語よりは向いているんですね。明治時代にも、いわゆる新体詩で思想詩を試みた詩人がいるけれども、実にへたくそです。結局、言葉がなかったというのが理由の一つでしょうが、思想詩がなぜ失敗したかということも考えてみたいと思っています。

渡部　宗教詩はどうでしょう。

亀井　やはり同じようなことで、手がける人はずいぶんたくさん出てくるのですけれども、詩としてすぐれたものは少ないですね。賛美歌の翻訳は、翻訳としてはもちろん立派ですけれども……。

渡部　日本人が日本人のためにこしらえた賛美歌というのはないんですか。

亀井　内村鑑三が作ってる詩は、そのつもりじゃないでしょうか。もっとも、歌えそうな詩じゃありませんけどね。(笑)

渡部　歌ったりしたら、詩吟とまちがえられそうな感じだね。(笑)

亀井　それともう一つ注目したいのは物語詩というか叙事詩です。これは日本ではだめだということになっているんですが、明治時代にはけっこうやっているんです。

渡部　幸田露伴ですか。

亀井　そう、そう。

渡部　落合直文の「孝女白菊の歌」なんていうのもありましたな。

亀井　それに、半月、泡鳴、薄田泣菫《すすきだきゅうきん》、蒲原有明《かんばらありあけ》、平木白星《はくせい》。与謝野鉄幹もそうですね、「源九郎義経」。

ジェントルマンのアメリカ文学

渡部　ぼくはプロじゃないから、マイナーなものにあまり関心がないんです。マイナーと言うと言葉が悪いけれど、誰も研究していないけれど誰かがやらなくちゃいけないからやろう、というようなものには関心がないということです。おもしろいか、ボルテージが高いか、どっちかですね。その点、亀井さんは専門家だけれども、失礼ながらぼくと同じで、ぼくはそういう専門家を尊重したいですね。

亀井　結局、自分本位なんですけどね。外国文学を勉強する時でも、自分を尺度にしたいという気持ちは強いんです。たとえば、アメリカ文学史の授業をする時に、学生にまず、「きみたちはアメリカに対しどういうイメージを持っているか」と聞くんですが、たいていははっきりしていないですね。それで、内村鑑三は、アメリカというと、教会堂そびゆる小山を想像していたんだけれども、そういう教会堂は今どうなっているだろうか、というような話から出発するんですが、ほんとうは、学生一人一人が自分の持つイメージを確かめながら、それを修正したり拡大したりしていくといいと思うんです。ぼく自身は、まあ、冗談半分ですけど、アメリカはジープだというイメージから出発したということをよく言うんですが、とにかくそういう実感から入っていくことを重んじたいと思います。

渡部　亀井さんは、詩人の国家国民に対する関わり方に注目する、というところがあるようにお見受けしますが、これは、アメリカ文学の影響ですか。

亀井　たぶん、そうだと思います。アメリカ文学は、ご存じのように、国家とか社会というものへの関心が深く、関係も密接です。それに比べると、日本文学は美意識の枠の中に収まっていますね。アメリカ文学史だったら、フランクリン、エマソン、ソロー、アダムズなどの思想家が当然取り上げられるけれども、日本文学史ではそういう人たちは落ちてしまいます。

それから、これは今の話に結びつくかどうかわかりませんが、日本人はとかくフロンティアズ・マンの意識とか、最近だとユダヤ系や黒人の文学だとか、アメリカ社会の突出部や少数派の仕事に注目しがちですけれども、アメリカではヨーロッパと同様、ジェントルマンがいちばん重要なんです。彼らの気持ちや生活を表現した文学、たとえばフェニモア・クーパーやハウェルズなんかに、もっと注目しないといけないと思います。クラークが札幌の農学校へ赴任してきて、まず第一に言ったことは"Be a gentleman."だったというんですが、アメリカはやはりジェントルマンを中心に国作りがはじまっているので、アメリカのジェントルマンは重要だと思います。

渡部　そう言えば、アメリカのジェントルマンの理念というのは、あまり聞いたことがない。これは貴重な視点ですね。

（亀井俊介・東京大学教授）

［対談］ 金関寿夫（アメリカ文学）

現代詩をどう評価できるか

定型詩と非定型詩

渡部 アメリカの現代詩に限らず、日本の現代詩についても、一つ非常に気に入らないことがある。それは、暗記してもらうつもりで書いていると思えない詩が多いことですね。むかしは定型詩が主だったわけだけれど、作者は暗記してもらうつもりでいたんじゃないかと思う。

金関 その通りだと思いますよ。現代詩だって覚えやすいのがないわけじゃない。そしてそういうのは定型的です、たとえばフロストなんか。しかし一方には、べつに暗記してもらわなくてもいいという考え方が、現代詩の一つのいきかたとしてあるのじゃないかな。これはおそらくイマジズムの詩からはじまっていると思います。だからといって詩の音楽性を否定したわけではない。これはパウンドが言っていることだけれど、メトロノームのリズムに合せるのではなく、ミュージカル・フレーズ、つまり英語に潜在しているリズムを生かした詩句を作れ、とね。彼はそこに自由詩の新しい音楽性の基礎を置いたわけです。

渡部　ぼくはイマジストは好きなんだが、それでも彼らをあさはかだと思うのは、東洋の詩からインスピレーションを得たなんて言っているけれど、芭蕉や蕪村にしろ、中国の詩人にしろ、彼らはみんな暗記されることを期待したような詩を作っている、ということを忘れていたということだな。東洋の詩を読んだなんて言ったって、翻訳なんですからね。翻訳すれば定型詩だって非定型詩になってしまう。

金関　それは他国の文化を移そうとする時につきまとう宿命みたいなもので、こちらがやってることだって同じですよ。相手の文学の使える部分だけ持ってくる。お互いさまじゃない？　パウンドは俳句なんてわかっちゃいなかった。だって日本語を知らなかったんだから。日本語ての は妙な膠着性の言語らしい、なんてことを言ってね。俳句から五七五のリズムをとったら、これは単なるショート・ポエムでしょ。しかし、彼が俳句の中に見たのはもっと別のもので、それは西洋の詩の合理主義では律しきれない、一見不条理な表現法ですね。俳句だけじゃない。パウンドは俳句や能や中国の古い詩を翻訳する時に、フェノロサの下書きを使った。この下書きは非常に不完全なもので、原作の詩句はイメージのきれっぱしに寸断されてしまっていた。ところが、それがパウンドには意味があったので、叙述が論理的に首尾一貫していなければならないという、自分たちにとってはもはやどうしようもないクリーシェになっていた詩の技法を、反省するきっかけになった。つまり、シンタクスを壊してしまって、イメージのコラージュを作るという、彼の方法論の創造に貢献したわけです。

渡部　それと同じことが日本の新体詩にもある。新体詩は向こうの詩の翻訳からはじまったんだけれど、はじめのうちは、グレイの *Elegy* なんか見ても、何種類かの翻訳があるようですが、みんな定型になるように苦労している。しかし、そのうちにやりきれなくなったのか非定型訳になった。つまり、どちらも翻訳をやることによって定型を破ることを学んだ、と言ってもいいですかな。

金関　その定型を破るということだけれど、英語の詩の場合、どこのところがいちばんわれわれにわかりにくいかというと、韻律ですね。どこの国の詩でも同じことが言えると思うけれど、ある一定の韻律の型があまり長い間使われているとステレオタイプ化して陳腐になってくる。英語の場合、それは弱強五歩格（iambic pentameter）に代表される韻律でしょう。その陳腐さに耐えきれなくなってそれを破ったのがパウンドたちイマジストだったわけです。

しかしね、ここでぼくは「アマ・プロ対談」というこの雑誌（『英語青年』）の呼び名にこだわるのだけれど、外国の詩に関しては、われわれはとうていプロなんかにはなれないと思うな。というのは、伝統的な定型詩の味わいも、現代詩が創り出した韻律の新しさもすぐにわかって分析できるほど、耳が訓練されていないですからね。だから結局われわれにできることはだいたい二つしかない。一つは詩を「観念」として取り扱うこと。

渡部　内容だけで読むということですね。

金関　紀要論文というのはだいたいにおいてこれですね。「観念」だけ扱うのなら、詩でなくったってかまわないわけだ。もう一つのやり方は一種の日本的印象批評です。これは言ってみれば合気道みたいなもんだな。直観的にぱっと何かがわかったと思う。そこで感激してモノを書くってやつ。小林秀雄式方法論のカリカチュアです。そしてぼくらはたいていこのどちらかをやっているんだけれども、そして、そのどちらにもそれぞれメリットはあると思うけれど、ぼくはやっぱり、西洋の詩はまず音からわかりたいと思うんです。謙虚になって英詩をコトバから勉強しましょうというわけ。だからぼくなぞ、まだそういう初歩的なところをうろうろしていて、アマチュアもいいとこです。

渡部　いや、それはたいへんまっとうな態度ですよ。

金関　たとえばT・S・エリオットの“Prufrock”——あれを自由詩だと思ってる人も多いけれど、とんでもない。あの詩の韻律にわれわれはあまり注意しないけれど、第一行目は強弱四歩格（trochaic tetrametre）でしょう。“Lēt ŭs/ gō thĕn,/ yōu ănd Ī.” だが二行目 “Whēn thĕ ēvening / is sprēad ŏut/ ăgāinst thĕ skȳ” では強弱（trochaic）が弱強（iambic）に変ってくる。だけどだいたいにおいてあの詩のはじめの部分はルースだけれどかなり定型を意識して書いている。だから覚えやすいのでしょう。エリオットの詩が革命的だと言われたのは、韻律を捨てたことではなくて、むしろイメージの新しい扱い方です。イメージの不条理な並置（juxtaposition）——これがそれまでの伝統詩にはなかった。

渡部　そのイメージですが、ベリマンは夢のことをよく書いていますね。何だか偉いことを言っているのかも知れないけれど、うちの小学生の息子もよく詩らしきものの中で夢のことを書く。それとたいして変らないような気がするんだな。

金関　いやあ、それは……。ぼくは後期のベリマンはコトバが難しくてよくわからないけれど、わかった限りで言えば、やはりそうとうな詩的昂奮を与えられる。

渡部　もう一人例をあげると、こっちはよくわかるのだけれど、エリザベス・ビショップ。あれはまあ、現代のテニソンみたいなところがありますね。違うのは定型かそうでないかということで、非定型でわかりいいとなると、小学生の文集の自由詩とあまり変らなくなる。

金関　いや、そんなことはない。それはビショップにもつまらない詩はたくさんあるだろうけれど、いいのはやはりいいですよ。

渡部　小学生のだって、いいのはいいですよ。

金関　だけど、やっぱりアマとプロじゃ違うよ。

時代精神と詩人の出現

渡部　そこがまさにぼくの言いたいところなんだな。むかしのプロには、ソネットを作れと言ったら即座に作れた。今の小学生は、自由詩はうまいかも知らないが、彼らに和歌を作れといったら惨憺たるものだ。

金関　そりゃ、この頃の子どもは訓練を受けてないからだ。

渡部　その点じゃ、今の詩人たちだって同じで、要するに彼らは怠惰なんだな。ミルトンやシェイクスピアのように、ソネットを作れるようなクラフツマンシップがない。

金関　そう言ったんじゃ、現代の詩人がかわいそうだよ。第一彼らは英語定型詩の可能性がもはや消耗してきたという認識から出発したんだから。まず定型を捨てることからはじめた、というところがあるんですよ。詩のコトバは日々に古くなる。そして詩人は自分の時代に責任を持たなきゃならない。そうすると定型を捨てることが正しい場合もあり得るわけです。定型詩が書けるかどうかということは第二義的な問題になってくる。それにこれはエリオットの受売りみたいだけれど、言語の生成期つまりコトバの可能性をどんどん開発できるような時代に生まれ合せた天才は幸せだけれども、逆にコトバの可能性が消耗してしまった時に生まれてきたら、いくら才能があっても、ただ巧みな詩しか書けない。それだけじゃ困るんだな。パウンドは inventor と master という言葉を使って、その違いを言い表した。その区分でいけばダンテやシェイクスピアみたいな詩人は inventor。現代詩で言えば、自分やエリオットということになる。だけど、ちょっと遅く生まれてきたばかりに、オーデンは master になるわけ。その時は現代英語詩の可能性がもう開発されつくしてしまっていたからです。

渡部　そんなことをイギリスの詩人が言っているんだったら、実に情ないと思う。エグゾーストしていると言えば、和歌なんか短いだけに、むかしからエグゾーストしている。だからみんな困っちゃった。しかし、困ったからといってただ手をこまねいていないんだな。最近の塚本邦雄なんか、漢学者でも知らないような漢字を使ったりして新鮮味を出そうとしている。斎藤茂吉は若い頃はギリシャ語まで使っている。

金関 そうですよ。それはさっきからぼくが言っていたことと……。

渡部 ただし、誰も使わなかったボキャブラリーをいつまでも使って驚かせてばかりいるんでは、これはマイナーな詩人ですよ。茂吉が偉かったのは、晩年になるとそういう言葉を使わないで大和ことばだけでも新鮮な感銘を与える歌を作るところまでいくんです。たとえば、「雁がねもすでに渡らず天の原かぎりも知らに雪ふりみだる」とか「最上川逆白浪の立つまでに吹雪く夕べとなりにけるかも」など、どれも神代以来のボキャブラリーだけ使った歌ですよ。

金関 よく知らないから断定的に言えないけれど、茂吉の場合なんか、やはり日本語の変換期にめぐり合せていたということもあったんじゃない？

渡部 コトバがエグゾーストしてだめになったから、なんて泣き言いってないで、ソネットがだめになったら二十八行詩でも何でもいい、新しい器をこしらえたらいい。土俵がきまらなきゃ、相撲はとれませんよ。

金関 それは、「自由詩はネットなしでテニスをするようなものだ」という、フロストの有名な言葉を思い出させるけれど、新しい器なんてものはそう簡単にこしらえられるものじゃない。

渡部 やはり天才が現れなければね。

金関 いや、天才よりも、その国の新しい言語的な状況と時代精神ですよ。個人的な力ではどうにもならないものだと思うよ。

渡部　いや、天才が出たらピチッときまる。
金関　いやあ、絶対にそうじゃない……。まあ、おたがいに長生きしようね。(笑)

視覚と聴覚の現代詩

金関　ところで、最初の暗誦のところへ戻るけれども、モダニズムの時点で、さっきも言ったように、英語の詩は、それまで韻律による音楽性が重要な要素だったのが、イメージという視覚的なものにウェイトがかけられるようになった。それで、暗誦というか、声に出して読むということの比重が軽くなったというところもあったと思うんです。
渡部　西洋の詩で字面からビジュアルな効果を出そうなんて、はかなき夢だね。表意文字の国の詩にはかなわないよ。
金関　そりゃそうだ。たとえばパウンドなぞ、漢字を自分の詩の中にポンポン放り込むという、われわれから見ると滑稽としか言いようのないことをやったわね。
渡部　試みとしてはおもしろいけれど、児戯に類するね。
金関　しかし、あれはあれで、西洋の詩に新しい可能性を示すということで意味があったんですよ。
渡部　カミングズは文のはじめや行頭で大文字を使うのをやめたりしているけれど、あれはどういうつもりなんですか。
金関　あれもやっぱり、視覚的な効果を考えてのことですね。それとも一つ、西洋の詩に牢固として抜きがたくある理論性——ものごとにははじめあり、まん中あり、終りがあるという歴史的首尾一貫性に縛られた発想を、うち壊そうという意味があったんでしょう。文章は大文字ではじめてピリオドで終らなければならないという約束事ね。そして歴史の共時的把握ということが、詩だけでなく当時のモダン・アート全体に強調され出した。だから大事なのは、スタインの言ったあの continuous present だけだという考え方、まあ、あれを視覚化したのがあのやり方だったんですね。今じゃ、一般化して、商業美術や広告なんかにまで見られるようになったけれども。

渡部 日本語なら漢字やカタカナでいろいろ変化がつけられるから、彼らから見たらうらやましいだろうな。

金関 ぼくはカミングズは、センチメンタルなところがあってそれほど買わないんだけれども、あのタイポグラフィーは聴覚的にもなかなかおもしろい効果を上げている。声を出して読んでみるとわかります。たとえば、たわいない詩だけれどレコードがとまるところを書いた詩がある。もっともむかしの手巻き式の蓄音機だけれどね。"pho/nographisrunn/ing" までは続けて書いて、"down" となって、"d, o, w, n" とやっている。この "down" は、声をのばしながら高いところから低いところへ落すようにして読む。それから "phonograph / stopS" と、最後の *s* が大文字にしてある。だからストップ**ス**、とおしまいの歯擦音 "S" を強調して読むんです。そう読んでみると針の動きがゆるやかにすべりながらとまる感じが、実にうまく表されている。

渡部 そういうところの工夫を説明されるとなるほどと思うけれど、どうもやることが小さいという感じですね。それではたくさんの読者をつかめない。バイロンが *Childe Harold's Pilgrimage* を書いた時は、「一朝醒れば天下の人」というほどにみんな読んだ。なぜそんなに読まれたかと言えば、みんな詩を感じたからですよ。しかし、今の詩人は何を書いたってそうはいかないだろうなあ。

金関 その点なら現代詩人だって捨てたもんじゃない。アレン・ギンズバーグなんて朗読（reading）の会を開くと、場所によっては二千人くらいは集まるよ。

渡部　テニソンの詩集が出ると、たいていの家庭で一冊そなえ、折に触れて読んだというように、国民をつかまえているかどうか。

金関　それは文明の質自体が変ったからで、詩人だけの責任ではないよ。象徴派以後詩をエリートの独占物にまつり上げてしまったからで、普通の人は今、誰も詩を読まなくなった。

渡部　普通の人がよろこぶのはビートルズでしょうね。それからキャンパスで人気があったのはジブラン。四百万部売れたと言っていた。わたしも読んでおもしろかったから、上智で使ってみたことがある。日本でも訳が出たけれども訳者が経営評論家だったせいもあってか、全然売れなかったそうだ。(笑)

金関　ところがギンズバーグなんか、一時はビートルズ並みの人気があった。彼の詩集 *Howl* は二十年間に百万部売れている。これはアメリカ詩の歴史からいっても画期的な売れ方です。ギンズバーグが出たついでに言うと、この頃は状況が、モダニズムの時代とはだいぶ違ってきている。モダニズムは音楽性よりも視覚性を強調したでしょ。ところがこれに対する揺り戻しが五〇年代の中頃から出てきた。そのきわだった表れがギンズバーグらのビート詩人で、彼らは詩に「声」を取り戻そうと主張した。また、チャールズ・オルスンは「投射詩論」で breath を詩作の重要な原理として主張し出した。詩は声や息を基盤にした本質的には呪文だというわけです。伝統的な定型詩とは違った形で、「音」がまた復活してきているんですよ。

渡部　曲がつくとまた別ですね。今の詩は暗記できないと言ったけれど、曲がつくと暗記できる。ビートルズもそうだけれど。

金関　ギンズバーグはボブ・ディランを詩人として認めています。コトバだけでなく曲があって、しかも自分でギターの伴奏までする。彼のバラードは、詩のパフォーマンスとして理想的な形だというわけね。

渡部　詩と言っていいんですよ。日本でもこの頃フォークが盛んだけれど、あの長い歌詞をみんな覚えて歌っている。平家語りだな。それが詩ですよ。

金関　詩の大衆化ですね。そういうことは特にアメリカで起りやすい。アメリカでは文化の社会的平均化が絶えず起っているから。

渡部　詩に節をつけてでもみんな覚えよう、というのはいい傾向ですな。

金関　だけどぼくは分裂症的なのかな、精緻をきわめたイメージのおもしろさを楽しむモダニズムの詩もいいし、それからギンズバーグその他の、いわゆるポスト・モダニズムの詩もぼくは認めるんです。しかしやはりすぐれたイメージの詩はすばらしいですよ。ゲイリー・スナイダーの詩だってそうです。彼も声を上げて読むことをすごく意識して詩を書き、自分でもよく朗読をやっているけれど、彼の詩の最高のものは、やはりイメージのすぐれた詩ですよ。簡潔で、花崗岩のように硬くて、彫琢されている。

現代詩人の不幸

渡部　最近ある人と飲んだ時、「ここはお国を何百里」を全部、最後まで歌ったのには感心した。ぼくは脇で聞いていて、これは実に鮮明なイメージに満ちていると思った。

金関　「〳〵時計ばかりがコチコチと……」、あれはいいじゃない？　十年ほど前、ぼくはロンドン見物をしてて、歩き疲れるとあれを女房と歌いながら歩いたもんだ。タクシー代はおろか、バス代も欠乏してたから。士気を鼓舞され

たなあ。（笑）

渡部　あれはすばらしい、何しろぜんぶ暗記できるんだから。

金関　渡部さん、あんたと話が合うところと合わないところとあるのはどういうことかというと、あんたはいわば無責任な読者で（笑）、ぼくが「ここはお国を……」を楽しむような姿勢で詩を論じていらっしゃる。その点ひじょうに共感することはするのだけれども、しかし、自分で詩を書くとか、誰か現代の詩人を研究するとかとなると、そうはいかなくなるんだよ。

渡部　今だって、暗記できるような詩を書いている奴はいるよ。

金関　そうですよ。日本でも谷川俊太郎などはそれをやろうとしているし、現にある程度成功している。彼にポピュラーな点があるのはそのせいですよ。だけど暗記できるから詩がいいという理由にはならない。

渡部　だけど、これはさっきも言ったけれど、うちのガキどもがよく書く詩や、持って帰ってくる学校の文集の詩をよく見るんだけれども、最高の詩人と言われる人たちの作とちっとも変らないんだな。

金関　そんなことないと思うけれどな。おたくの息子さんは天才なんだ。（笑）

渡部　いや、そんなことはない。同級生のだっていいのがある。問題は、いいのが出る率が専門の詩人のとあまり違わないことなんだよ。

金関　そりゃ、そのへんの詩の雑誌に出ている凡百の詩人と比べたら、子どもの詩の方がいいということだってあると思いますよ。

渡部　そこでプロとアマの違いということに戻るけれども、むかしの詩人は、作ろうと思えばいつでも定型に合せて作る技倆を持っていたと思う。エリオットだって作ろうと思えば作れたろうと思う。

金関　そりゃ、すごいのを作ったと思うよ。

渡部　作れる人が作らないのと、はじめっから作れなくて、何かに甘えて流しているのと……。

金関　いやいや、やはり時代が変ったからしょうがないんですよ。定型にそうこだわるのは、渡部さんに詩とはそういうもんだという固定観念があるからだ。

渡部　ぼくはやっぱり、詩は散文ではないと思う。

金関　詩は散文と合致する面もあり、しかも詩なんだよ。パウンドは「詩は散文と同じくらいによく書かれなければならない」という名言を吐いた。つまり、詩は一見散文のように見えるかも知れないけれども、明らかに韻文(verse)としての性格が出てこなくちゃいけない。マリアン・ムーアなど、でたらめに行分けしたような、続けて読めば散文と変らないような詩でも、行のわけ方によって音のおもしろさを微妙に生かすような工夫がちゃんとしてある。いわばシラブルがダンスしている。

渡部　漱石の『草枕』なんか、うまく行わけすれば詩になるんじゃないか。

金関　そういう考え方が出てくる危険を、パウンド自身ある時期に感じていた。自分が自由律の詩がいいんだということを言い出したために、猫も杓子も散文をぶった切ったような詩を書き出したでしょう。これはたまらんというわけで、書いたのがあの *Hugh Selwyn Mauberley* という定型詩ですよ。これは、定型詩には違いないけれど、従来の伝統的な定型をそのまま無批判には使わなかった。そこがパウンドの偉いところですよ。伝統的な定型詩の韻律や脚韻がクリーシェとして耳ざわりにならないように、ちょっと見にはわからないけれど細心の工夫がこらしてある。たとえば行の長さの不揃いを強調して音のモノトニーを防いだり、また頭韻をうまく生かしています。これらは脚韻があまり響きすぎないようにするためですね。それから、エリオットの方はそれと似たようなことを *Four Quar-*

tets、特に“Little Gidding”でやっていますよ。ロンドン空襲の場面でダンテを下敷きにしたところね。三韻句法（terza rima）を使うんですが、それを脚韻抜きでやっている。イタリア語は放っといても脚韻が自然に揃ってしまう言語だから、脚韻が不自然に響かない。けれども、英語では脚韻を踏むと、どうしても不自然になる。それで、わざと脚韻抜きで書いたんです。それでとてもすばらしい効果を出している。こういうふうに、現代詩人は、どうにかして伝統的な英詩の音のクリーシェから脱出しようとして、いろいろ工夫をしているんです。ちょうど明治・大正の日本の詩人たちが、七五調のクリーシェから脱出しようとしたように。

渡部 ぼくはその逃げ出そうという感じが嫌いなんだな。

金関 逃げ出すということは敗北とは違いますよ。新しいものはすべて、前のものの否定から生まれるんだから。ガートルード・スタインというおばさんも言ったでしょう、新しい芸術家はおやじを否定して、おじいさんと仲直りするんだって——古典派の沈滞を否定してロマン派が生まれ、ロマン派の堕落形式を否定してモダニズムが出てきた。ところが今度は、そのモダニズムを、ギンズバーグ、オルスンらのポスト・モダニズムの連中が否定した。そしておじいさんのホイットマンと和解した。しかし、いくら否定したってやはり子どもは親父にどことなく似ているから、モダニズムは実はロマン派の継承だったなんていう議論も出てくる。要するに強調の置き方の問題だと思うな。

渡部 今どこのバーへ行っても『日本歌謡曲２１００』というのがあって、この中の歌が夜ごと日本中で歌われているんだな。思っただけでも壮大な光景だけれど、こうなるとこれは一種の国民詩集だね。現代の『万葉集』。歌と詩が一致している。もし代表的な近代日本の詩集を選べと言われたら、ぼくはためらうことなくこのナツメロ二千百曲集を選ぶなあ。

金関 まさにその点に、日本の現代詩人の不幸があると思いますよ。英語は音声的にストレスの言語だから、伝統的な韻律を使わなくったって、話しコトバに潜在しているリズムを生かして書けば、自由詩でも音楽的になれる。だから、アメリカでは詩の朗読が盛んなんです。だけど、日本語はピッチの言語で、音そのものに表情が乏しい。七五調をはなれたら、なかなかダイナミックな音楽的効果が得られない。日本でも向こうの真似をして詩の朗読会を開いたりしているけれど、たいてい失敗している。一部のファンだけの集まりに終ってしまってね。だから、日本の詩を音声的に生かそうと思えば「ふし」をつけるよりしょうがない。だからディラン・トマスやギンズバーグのやったことを、日本では都はるみがやってるということかも知れないよ。

渡部　なるほど。

金関　日本の現代詩人のかわいそうなところは、自由詩ではダイナミックな音楽的効果を生み出せないことですね。吉増剛造が朗詠口調を取り入れたり、谷川俊太郎が頭韻や脚韻、パンを使ってみたりして成功しているけれど、これらは例外ですよ。黙読していい詩でも、朗読を聞いたら、たいていフラットでつまらない。

渡部　百人一首なんかでも、子どもたちはえらい先生たちがつまらないという歌から覚えるね。「浅茅生の小野の篠原しのぶれどあまりてなどか人の恋しき」なんて、うちの子どもたちはみんな好きで、それはオレがとるんだって頑張ってる。やはりあの音の響きがいいんだろうね。

金関　それはその通り、音は大事なんですよ。しかし、いかんせん七五調では現代詩にならないんです。もっとも、七五調に陳腐さを感じないくらい、むかしのことを忘れてしまう時代が来れば、話は別ですがね。

渡部　ぼくは今まで、非定型詩絶対反対みたいなことを言ってきたけれども、非定型詩でもいいものはいいですね。ぼくにそう思わせるきっかけを作ってくれたのは山頭火です。「どうしようもないわたしが歩いてる」とか「わけ入ってもわけ入っても青い山」とか、やっぱり覚えられるものね。イメージがはっきりしているからかな。

金関　そうでしょう。イメージも大事なんですよ。それはイマジストの詩だって覚えられますよ。ただ、ぼくは現代詩を読み出した時期が遅くて記憶力が減退していたから、よほど好きなものでないとよく覚えられないけれどね。

渡部　定型、非定型、いろいろの詩があるけれど、いいのはいいし、悪いのは悪いんだろうな。いや、いろいろと教えていただいてありがとうございました。

（金関寿夫・東京都立大学教授）

［対談］　クラウス・ルーメル（教育学）

大衆化時代の大学　●日独を比較する

ドイツの大学の昔と今

渡部　わたしがドイツへ留学したのは一九五五年でしたが、日本から行ってみると当時のドイツの大学は天国のようなところでした。まず学生寮に入ることがきまると、すぐに入口の鍵と自分の部屋の鍵がもらえて、いっさい監督されることはなく、ちょうどホテルに住むのと同じでした。大学自体も実に紳士的で、日本のように学生を教育するという意識はなく、一人の大人を相手にするという感じでした。また、学期ごとに勉強する大学を変えてもよいので、自分の好きな先生に巡り合うまで大学を転々と遍歴することができました。学生たちも日本に比べればとてものん気でしたし、高校生は卒業《アビトゥール》の試験さえパスすれば、自分の好きな大学の好きな学科に入ることができました。つまり、競争を考えずに勉強をするという雰囲気があったのです。

ルーメル　そうですね。

渡部　ところが、昨年（一九七六）ルーメル先生が『ソフィア』にお書きになったドイツの大学についての論文（二五巻二、三号、三七—五七頁）を拝見しますと、最近は急に日本の事情と似てきたようですね。（笑）

ルーメル　そう言えますね。まず第一に学生数の問題があります。渡部先生が留学なさった頃のドイツの学生数は二十三万人くらいで、そのうち一割は外国からの留学生でした。それが現在では八十万人を突破したというわけで、わずか二十年の間に四倍になってしまったのです。同一年齢人口に学生が占める割合も、二割を間もなく超すだろうという状況です。大衆的な大学になったので、たしかに渡部先生が行かれた時とはずいぶん事情が違っています。

渡部　変ればば変ったものですね。

ルーメル　日本で飛躍的に学生数が増加したのは、新制大学が設立されるとすぐのことでした。ドイツよりも二十年も前のことで、日本はドイツが現在直面している問題をすでに二十年も前から抱えていると言えます。

渡部　その点では日本の方が先進国ですね。（笑）

ルーメル　その通りです。よく言われる冗談に、「高度経済成長下の日本では、鉄鋼と造船と学生の生産高が世界第一位だ」というのがあります。（笑）それはともかくとして、大衆的な大学になることによって当然それにともなういろいろの問題が出てきます。わたしの個人的な考えとしては、より多くの人々が大学教育を受けられるということ自体はけっして悪いことではないと思いますが、問題は、戦前や二十年ほど前の大学のままで同一年齢層の三割、四割の人々を学生としてそこに迎え入れることなのです。そこには当然無理があります。この点を制度上で十分考えるべきであったのに、どうもあまり考慮されてこなかったようです。つまり、旧制の大学の形のままで、新制の大学の教育をやろうとしたためにひずみが生じてしまったのです。

渡部　数年前アメリカからの帰りにドイツを再び訪れたのですが、その時いちばん気になったことは、学生たちがお互い同士について無関心であるということでした。二十年前に留学していた時には、わたしが肌の色や目の色の違う留学生だったためかも知れませんが、しょっちゅう話しかけられる経験を持ちました。別にわたしに対してだけでなく、学生がお互いに関心を持ち合っていたのです。ところが現在では、学生が大衆《マス》になってしまい、エリートであるというプライドがなくなったためなのでしょうか、とにかく自分も相手も馬の骨といった雰囲気です。また、昔のドイツでは大学の先生になるためには二つの条件がありました。一つは、ドクターの学位をとることであり、もう一つは、ドクターをとった後に学術助手《ヴィッセンシャフトリッヒャー・アシステント》となって何年間か勉強して教授資格論文《ハビリタチオンスシュリフト》を書くことでした。この二つは最低限の条件だと言われていましたが、数年前にドイツに行ってみると、教授ではありませんでしたがドクターの学位を持っていない人がちゃんと教壇に立っているのを見て驚きました。「なるほど、学生のみならず先生の方も大衆化したな」と痛感いたしました。

ルーメル　結局、大学が大衆化して学生が何十万人も増加すれば先生の数も増やさなければならないわけで、やむを得ないことなのでしょう。わたしの聞いた話では、正規の教授の数を四、五年で倍に増やしたということです。ある程度の学術的実績のある者ならば昔のような条件を満たさなくとも大学の先生になれるというぐあいに、開放的な大学になったと言えるでしょう。以前のように博士号をとり、さらに教授博士の資格をとるという過程で教師を養成すると何十年もの時間がかかってしまい、急増した学生数に見合う数の教師をすぐに供給することができないので、そうなってしまったのです。

渡部　二十年前ですと、ドイツの大学の先生は誰でも三十代くらいまでに何かしら世界的レベルの業績を上げていたと言えるのではないでしょうか。とにかくそう言ってよいほどだったと思います。ところが最近は、運よく大学の先生になれたという人が多いように思われます。学問的業績よりは運で大学の先生になったという感じの人がどうも多いようです。

ルーメル　うまいコネがあって先生になったということですね。

渡部　どうもそんな感じがするのです。そうしますと、教授同士の間にも本当の意味での敬意がなくなってしまいます。昔は仲の悪い教授同士でも、相互の間に敬意はあったようですが、今は仲が悪いと本当に仲が悪くなってしまう。(笑)

ルーメル　大学が大衆化して大きくなると、どうしても教師の質は低下してしまいます。

渡部　ドイツでは学生紛争もずいぶんひどかったようですね。

ルーメル　大学紛争は世界的な現象でした。カリフォルニア大学のバークレー校にはじまり、ハーバード大学までもゆすぶり、フランスではパリの「五月革命」があり、ちょうどそれと同じ頃にドイツでも爆発し、やや遅れて日本でも「安田講堂攻防戦」が起りました。このような大学紛争を分析して考えてみると、大学が変質していく過程の中でのやむを得ない現象だったのだろうと思われます。

渡部　大学が大衆化していく途中での一時的なアレルギー現象――新しい形に適応する前の爆発だったと言えるかも知れませんね。

ルーメル　そういった激しい状況が収まると、その後は妙に落ち着いてしまったわけです。問題が解決されたとも言えないのに平穏になったのです。ドイツでは一応「大学基本法」と呼ばれる法律ができ、日本でも一九七一年の中教審答申によって大学の多頭化、分化という構想が立てられましたが、それによって筑波大学が生まれたくらいで、ほとんど何も変っていません。

渡部　変っていないですね。

ルーメル　何も変っていないのに、とにかく学生運動は落ち着いてきたのです。不思議なことと言うべきでしょう。

渡部　ドイツの大学の変化で目立つのは、学生参加の問題ではないでしょうか。

ルーメル　たしかに、学生参加に関してはドイツの大学が最も変化したと言えるでしょう。大学の構成員を正規教授、助教授・助手、学生の三つに分け、それぞれが一対一対一という等しい決定権を持って大学の運営に参加するというように制度が変りつつあったところ、西ドイツ連邦憲法裁判所の判決によって、人事と研究内容の決定に関しては教授が五割以上の決定権を持つことになり、ようやくどうにか教授の立場は保護されることになりました。しかしながら、ほかのいろいろな場では三分の一の権利を持って学生が参加する制度がかなり定着していったのです。

渡部　なるほど。

ルーメル　日本では、この点についてはほとんど変りませんでした。北海道大学で学部長選挙に学生が参加したことがありましたが、文部省はその学部長を任命しませんでした。紛争の時にどこの大学でも、学長や学部長の選挙に学生の参加を認める約束がなされましたが、これは実現されなかったのです。

渡部　アメリカでは、学生が参加して先生の評価をしていると聞いています。

ルーメル　アメリカでは昔から、学生に対して自分の評価をしてくれるようにと言う先生がありました。わたしがアメリカの大学院で勉強していた時の経験でも、ある先生が最後の授業の際に、自分の講義の評価に関するいくつもの項目を書いたアンケート用紙を配って、学生の意見を聞いたということがありました。日本でも、そのようなことをしている先生がいるようです。

渡部　それはその先生個人の主体性で行われている例ですが、現在のアメリカでは大学当局の方針として、学生に先生の評価をさせているところがあるということです。そのために、先生が学生につける点数が一般に甘くなっているという話です。

ルーメル　そういう意味では、アメリカは大学の先生に対してきびしい国です。アメリカでは、大学の先生が最終的に終身の教授の地位を得るのは四十歳以上になってからで、それまでは短期の契約ですね。

渡部　たいていは一年ごとの契約ですね。

ルーメル　そう、一年契約が多く、ほかに五年や十年の契約もあります。ソ連の大学も十年契約です。

渡部　ほほう。

ルーメル　十年たつとすべてを白紙に戻し、それまでの業績にもとづいて再評価して、その人を教授にとどまらせるか別の人を教授にするかをきめます。このようなやり方と比較すると、日本はまったく対照的ですね。日本では一度大学の先生になると六十五歳とか七十歳まで保証されていて、大学の先生がくびになることはまずありません。これは終身雇用という日本の昔からの伝統からきているのでしょう。

日独における大学間の格差

渡部　いわゆる「駅弁大学」による日本の大学の数の増加、大衆化は、大学間の格差という問題を引き起しました。ある大学には何が何でも入りたい、ある大学には「すべり止め」として入る——こういった大学間の差ができたわけですが、ドイツはこの問題にどう対処したのでしょうか。

ルーメル　ドイツでは、形式の上ではどの大学に入る場合でも入学資格はまったく同等ということになっています。しかし、それは形式上の話であって実際は同等ではありません。たとえば、大学が大衆化した結果、医学部には定員制が敷かれ、高校の卒業試験である程度の成績をとらなければ医学部には入れません。その次には、心理学や自然科学などの学部や学科に定員制が敷かれ、競争が激しくなっています。ただ、日本のような大学入学試験はなく、何によってきめるのかと言えば、高校卒業の成績です。

渡部　内申書というわけですね。

ルーメル　ところが、内申書はまったく同じに評価するのではないのです。全国の大学入学希望者の高校卒業成績をドルトムントの中央審査委員会に集めて、コンピュータに入れて結論を出し、それを各自に通知するという制度をとっているのですが、その際に、必ずしも入学希望者を機械的に振り分けることはしていません。入学希望者の内申書に、プラスの点数をつけたりマイナスの点数をつけたりするのです。なぜそのようなことをするのかと言えば、ババリア州の高校卒業試験は程度が高く、もし機械的に全国の平均で医学部の入学を許可したならドイツ中の医者は皆ババリア出身者になってしまうといったことが起るからです。ですから、ババリアの高校卒業者にはマイナス点をつけます。逆にブレーメンやベルリンなどはレベルが低いので、プラスの点数をつけるのです。

渡部　実に馬鹿げた「公平」ですね。日本人ですら考えないような“gründliche, systematische Gerechtigkeit”(徹底的かつ体系的な公平さ)とでも言ったらよいようなものですね。(笑)

ルーメル　たしかに、このやり方はかなり滑稽なもので、それよりは各大学で入学試験をやった方がましだという声もあります。しかし、各大学で入学試験をしたのでは機会均等の原則にもとるということがあり、事情は非常に複雑です。ただ、ドイツには日本の大学の国立、公立、私立に見られるような激しい差はないのではないかと思います。医学部が難しいというような現象はあっても、ドイツの大学は全国的にほぼ平均が保たれていると言ってよいでしょう。

渡部　日本の大学間の格差は、数年前のＯＥＣＤ（経済協力開発機構）の報告書でも指摘されていましたね。

ルーメル　ええ、そうです。あの報告書は日本の国立、公立、私立を三つのピラミッドになぞらえていました。国立のピラミッドの頂点に立つのは東大、京大で、この二つの大学で国立大学の全予算の二七パーセントをとっているのです。同じように公立大の中にも、私立大の中にもはっきりとした差があります。また、私立の中にも国立や公立の大学よりもすぐれた大学はいろいろありますし、都会の大学と地方の大学の差という問題も考えられます。とにかく日本の大学の間には、複雑で大きな格差が事実として存在していると言えるでしょう。このような日本の状況は、結局のところ自然淘汰の法則にまかせるしかないし、現にまかされているとわたしは思います。

渡部　その通りだと思います。たしかに日本の大学には、ある意味で健全な法則がはたらいていると言えるかも知れませんね。

ルーメル　進化論で言う「適者生存」です。健康で体力が続き、なおかつよく勉強する者は高いところへ到達し、そうでない者は途中で落伍するというわけです。このような生存競争は大学同士でも行われているし、社会の中でも行われています。しかし、そこで問題になるのは、「落ちこぼれ」となった者はどうするかということです。「落ちこぼれ」になった人はやはりかわいそうだとわたしは思いますが、その点について渡部先生はいかがでしょうか。

渡部　以前はわたしは、ドイツやイギリスの大学はすべてよい大学ばかりでうらやましいと思っていましたが、最近はそう思わなくなりました。と言いますのは、こういうわけです。大学に進学したいと考える人の数は、今後とも増え続けることはあっても減ることはないと思います。それはどこの国でも同じだと思います。その場合に、すべての大学を同じレヴェルに維持して全入学希望者を収容しようとすると、戦前の国防予算くらいの金をかけなければだめですし、だいたいそんなことをしても、金をかけただけの効果は上がらないでしょう。日本でもどんどん大学進学率が上がっていくと思いますが、すべての大学を東大並みにする必要はないし、そんなことはむだなのです。

ルーメル　そうですね。

渡部　簡単に大学卒となれる大学があって、そこを出てセールスマンになるなり、家の商売を継ぐなりする。いろいろな教科はできないけれども、たった一つだけは得意な教科があるといった人だけが入れる大学がある。それでけっこう世の中は丸く収まるのだと思うわけです。

ルーメル　バラエティということですね。ただ、自分の能力や関心に見合った大学に入ることで満足すれば、今の日本のような激しい競争は起らないでしょうが、しかし現実はそうなっていませんね。少しでも「よい大学」へ入りたいということから予備校は大繁盛ですし、「よい大学」へ入るには「よい高校」へ、「よい高校」へ入るには……といったぐあいに幼稚園のための塾まである始末です。このような激しい競争を渡部先生はどうお考えですか。思う存分競争させればよいと思われますか。

「東大問題」解消法

渡部　日本の大きな問題は、つまるところ「東大問題」であるとわたしは思っています。高級官僚と大会社の役員の七割から八割を一つの大学から出すというのは、何と言おうとも異常なことで、独占禁止法が適用されてしかるべきです。ところが、マッカーサーは自分の国に学閥がなかったために、大学に独占禁止法を適用することを思いつかなかったのです。(笑) それはともかくとして、「よい大学」とそうでない大学との差が激しいように見えますが、現在は東大を除けばそれ以外の大学にはほとんど問題はありません。国公立大学をしのぐ私立大学はいくつもあり、現状では一定レベル以上の大学間にはそれほどの差はなくなっているのです。たった一つ富士山のように別格なのが東大です。

ルーメル　たしかにそうですね。

渡部　国公立共通一次試験によって入試を改善しようという案が進行していますが、わたしに言わせれば実に愚かな試みです。結局、もう一度ある二次試験が難しくなるだけのことでしょう。入学試験によって人間の能力を公平に判断できるのであるという印象を人々に与えれば与えるほど、入試というものに「正義」が出てきますので、入試自体は「悪質」になってしまうのです。わたしは、したがって、東大をはじめとする国立大学は、税立大学であるというその本質に立ち返らなければならないと思います。たとえば、高校をある程度以上の成績で卒業した者の中から、まず母子家庭の子どもや身体障害児などを三割くらい入学させ、残りの七割は高校をある程度以上の成績で卒業した者たちの中から抽選によって選抜するという方法が考えられます。日本人は、くじ引きにすると納得して過熱が収まります。

ルーメル　そういうところは日本人にはありますね。

渡部　最初から抽選にすると宝くじと同じになってしまいますから、はじめにきちんとした資格試験をして最終段階でくじ引きにするのです。そうすれば熱がさめます。熱さえさめれば、小学生までも巻き込んだ受験競争はなくなるでしょう。とにかく、抽選を加味した選択方法をとらなければ、今の熱気は冷えないとわたしは思っています。

ルーメル　やや理想論のような気がしますが……。

渡部　理想論かも知れませんが、しかし、どう考えてもこれ以外にはないというのがわたしの結論です。どんなに試験制度を変えてみたところで、今と同じようなやり方では絶対にだめなのです。たとえば、日比谷高校は昔はとても難しい高校でしたが、学校群制度（あれは一種の抽選のようなものです）によって志願者を振り分けるようにしたら、とたんに難しくなくなって、私立の方が難しくなりました。

ルーメル　たしかにそのような現象が起りましたね。

渡部　それと同じようなことを国立大学について行えば、「東大問題」はいっきょに消えるのです。加熱は必ず収まります。名門私立大学は入学は難しくなるでしょうが、私立大学が難しいのと国立大学が難しいのとでは、国民の考え方が違ってきます。東大に落ちたら劣等感が出てきますけれども、慶應に落ちて早稲田に受かれば「自分は慶應タイプではなくて早稲田タイプなのだ」と考えて納得します。ですから、精神衛生の上でおおいに違ってきます。日本人のことですから競争はなくならないとは思いますが、わたしの考えのようにすれば今のような馬鹿げた競争は必ずなくなると断言します。

ルーメル　そうすると、学費の点はどうでしょう。東大など国立大学では授業料を大幅に上げて、私立は国庫援助で値上げを抑えるという政策をとらなければならなくなるのではありませんか。

渡部　いいえ。逆に、わたしは主なる国立大学（いわゆる旧帝大）は授業料をただにした方がよいと思っています。授業料が無料の大学があるということは、国民、特に若い国民に対して、正義を回復するチャンスがあるのだということを最もよく教える方法になるだろうと思います。

ルーメル　それでは、私立大学もなるべく無料にした方がもっとよいのではありませんか。

渡部　いえ、全部の大学をただにする必要はないのです。全国にいくつかただの大学が存在していることが、経済的に恵まれなくとも能力さえあれば大学教育を受けられるのだということを非常に明瞭に示すだろうと思います。その点で、絶対にただの大学がいくつか存在していなければならないのです。戦前の日本では師範学校と軍隊の学校がただであったわけですが、それが貧しい家庭の子どもたちにどれほど希望を与えていたかは計り知れないほどです。無料で行ける大学は何が何でも絶対に必要なのです。それさえあれば、ほかに費用の高い大学があってもかまわない。そこへは行かなければいいのですから。

ルーメル　そうなれば本当に結構なことだと思いますが……。現状では、月謝がいちばん安い今の東大は金持ちの子弟でいっぱいだそうです。授業料が安いのだから貧しい家庭の子どもたちが入学する率が高くなってもよさそうなのに、実際はそうはなっていません。つまり、裕福で恵まれた家庭の子どもは、幼稚園や小学校の時代から文化的に恵まれた環境の中で育っているので、知能も伸びて東大に合格するのです。

渡部　高級官僚や大金持ちの子どもが東大へ行くのは、やはり東大が圧倒的に「有利な」学校だからです。しかし、さきほど言ったような抽選の制度を取り入れれば、将来は絶対にそのようなことはなくなります。抽選を取り入れることになれば、日本人はとたんに夢中ではなくなり、「自分は早稲田タイプだ」とか「上智タイプだ」といったぐあいに、もっと冷静に、もっとのんき気に進学を考えるようになるでしょう。

ルーメル　今よりも大きな枠組みの中で合格者を選抜し、その中に抽選方法を加えるということですね。

時代の変化を楽観的に捉える

渡部　さきほども言いましたように、日本の大学問題の八割は「東大問題」なのです。高級官僚の八割が東大出身者なのですから。（笑）その点で、東大に付属している研究所もすべて東大という看板を降ろして、普通の国立研究所にすべきです。たとえば、東大地震研究所が何年間も機能を停止するという事件が前にありました。東大地震研究所であるために、東大紛争で過激派学生が入り込み、正常に活動しなかったのです。国立研究所であれば、紛争のために何年間もストップするといった馬鹿なことは起るはずがありません。

ルーメル　ドイツにはマックス・プランク財団というものがあって、全国の五十ほどの研究所を運営しています。その研究所では、大学の先生であってもなくてもそこで研究をすることができる仕組みになっています。また、宇宙開発や原子力開発のような巨大科学《ビック・サイエンス》やコンピュータ科学などもすべて大学から切り離してあります。日本では、何でも東大ですね。

渡部　本当に一日も早く切り離すべきです。

ルーメル　四十年間日本で暮してきた一人の外国人として、多少傍観者的な言い方をさせていただくなら、現状から判断して渡部先生の案は実現不可能なのではないでしょうか。これほどまでに根強くはびこっている学歴主義は、そう簡単にはなくならないのではないでしょうか。先日テレビドラマの「一番星」を見ていましたら、東大法学部を出て、当然のこととして大蔵省に入るという優等生が登場しました。最近では、東大から大蔵省へといったタイプは、マスコミなどから批判されたりからかわれたりする対象になっているようですが、しかし、そう簡単には変らないのではないでしょうか……。

渡部　いえ、この頃の変り方には実に激しいものがあります。世の中は激しく変りつつあります。わたしが大学に入った頃は、国立大学と私立大学の差は大きく開いていましたが、現在では、すぐれた私立大学は国立大学にひけをとらないばかりか、それ以上のこともあるといったぐあいに、たいへんに流動的になっています。これが最近の大きな変化の一つです。もう一つは、科学に対する考え方に変化が出てきたことです。一例をあげますと、今年、わたしは文部省の学術審議会の専門委員に任命されましたが、任命の理由は、わたしが前に「文科の時代」という論文を書いたからのようです。この審議会は、さきほど話に出ました研究所などに予算を配分することに関係しているのですが、理工系ばかりを優先してはだめだというわたしの主張がようやく文部省にも反映してきたのです。こんなにもたくさんの金を食うものを科学者だけにまかせておいてはいけない、という世論が出てきたわけです。科学の進歩自体がはたしてよいものなのかどうか——科学者にまかせておけばどんな研究でもやりたがるのは当然ですから、他からそれをチェックする必要があるという極めてあたり前の見解が、はじめて公の制度《システム》の中に取り入れられたのです。

ルーメル　なるほど。

渡部　もう一つの変化は、最近は小さなグループの運動や主張も取り上げられるようになったということです。政府は絶対多数ではありませんので、常に野党の意見を考慮しなければならなくなっています。もし野党から「一つの大学に巨大な研究所が集中しているのはおかしい」と言われれば、これを抑えることはできません。文部省は今のままのやり方を守ろうと考え、研究所の人々も東大教授でいたいと思うかも知れませんが、民主主義の国ですから国会で問題にされれば意外にもろく崩れることもあり得ます。すべてが非常に流動的なのです。あれほど企業を守るのに熱心であった通産省でさえも、公害問題では企業を守りませんでした。

ルーメル　たしかに、公害問題は世の中の流れを変える働きをしたと言えるでしょう。とにかく、世の中がもっと変って、大学ももっと平均化していかなければなりません。ただ、渡部先生のご意見はよくわかるのですが、どうもわたしには少々楽観的にすぎるように思われます。そんなに大きく急に変るだろうとは思えないのです。

渡部　奨学金のことを考えてみても、昔は国立優先だったのが、この頃は私立の学生の方が総額の点でも個人がもらう額の点でも多くなっているのです。昔はとてもこんなことは考えられませんでした。

学ぶ意欲

ルーメル 話題を変えて、学生の学ぶ意欲という問題を考えてみたいと思います。全国の大学にめでたく入学した新入生のうち、本当に打ち込んで勉強をしようという者は三割くらいだという話を、その方面の権威者から聞いたことがあります。

渡部 上智はそれよりもよいですよ。

ルーメル ええ、幸いなことに上智の学生はわりあいによく勉強します。しかし、全国的に見ると、長い受験勉強から解法されて大学に入ったとたん、俗に言う「五月病」にかかる者がたくさんいるようです。自ら進んで学問しようという動機からではなく、教育ママの叱咤激励のような外的な圧力によって勉強してきたのであって、自分の内的な衝動からではないのです。ですから、いったん入学すれば四年後の卒業は保証されているので、クラブ活動や運動ばかり精を出して、学問的な活動の方はおろそかにしてしまいます。授業に出席するにしても、どの先生はきびしく、どの先生はAがとりやすいかを考えている。一年生のオリエンテーション・キャンプでは、上級生が「○○先生の授業は単位がとりやすい」とオリエンテーションをしているようです。(笑) 大学が大衆化したことによるやむを得ない事情かも知れませんが、渡部先生はどうやって学生の学ぶ意欲を養うべきだとお考えですか。人間には本来学ぶ意欲がそなわっていると思いますが、現行の制度ではどうもそれが殺されてしまうようです。

渡部 学問のためではなく、「カレッジ・ライフ」のために入学する大学がたしかに日本にはありますが、そのような大学が存在していることが日本の大学のよさだとわたしは思います。もしそのような大学がなければ、世の中は困ってしまうでしょう。運動やクラブ活動をやりながら、たまには義理で(笑)授業に出る——そのような学校があっても、世の中はそのような大学だということをよく心得ていますので別段弊害はありません。それでも、そんな大学であっても、大学を出た人の方が一般的に見て何かしらとりえがあるようです。

ルーメル　それはそうですね。

渡部　「カレッジ・ライフ」とは、つまり職業に就いていないということです。今のように目まぐるしく変化していく世の中では、あまり若い時分から一つの職業にかかりきりになっていると、その変化に適応できなくなってしまいます。その点、二十歳過ぎくらいまで学校へ行ったり運動したり、義理でもたまには講義を聞いたりしていた人は、スペシャリストにはならないまでも、どんな仕事にでも使える人間にはなりますね。

ルーメル　リベラル・エジュケーションというわけですね。

渡部　リベラル・エジュケーションのあるべき姿です。(笑)

ルーメル　近頃の学生たちは、大学紛争の頃などと比べると、わりあいよく勉強するようになっているようですが、そこにはどうも就職難という問題が作用しているようです。Aの数が十五以上なければ大企業には入れないといった話が一年生にまで伝わっていて、Aをとれるかとれないかをずいぶんと気にしているようです。これが健全な現象かどうか……。(苦笑)

渡部　アメリカでも最近学生がまじめに勉強している裏には、同じ理由があるようです。

ルーメル　そうらしいですね。

渡部　しかし、意外に昔も勉強するために入る学生は少数で、たいていは就職のために点数を気にしながら勉強していたのかも知れませんよ。

これからの大学への期待

ルーメル　上智には、先生といろいろ接触したいという気持ちのある学生がわりあいに多いようです。先生がそれにこたえようとするととても忙しくなって、自分の学術的研究もなかなか思うように進まなくなるというジレンマはありますが、とにかく先生はできるだけ学生の欲求にこたえて密接な個人指導をしなければいけないと思います。このことをわたしは、これからの大学に強く望んでいます。大衆化した今の大学では、学生が先生と個人的に接触することのないままに卒業していく場合が珍しくありません。実は、ドイツでもそうなのです。ドイツの新聞の投書欄で、「僕の名前と顔を知っている先生が一人でもいればよいのに」と、ある学生が書いているのを読んだことがあります。

渡部　ほう。

ルーメル　先生と学生の個人的接触を密にするためには学生数を抑えればいいのですが、特に日本の私立大学ではそれは難しいようです。幸いに上智は私立大学の中では先生一人あたりの学生数は最も少ない方ですが、一流と言われる私立大学でも先生一人あたり五十人の学生というのが普通ですし、中には百人というところもあります。これではとても個人的な指導を期待することは無理でしょう。それでもなおかつ、大学に行かないよりは行った方がましだとなれば話は別ですが……。

渡部　ルーメル先生がこれからの大学に何を期待するかをお話しになりましたので、わたしも同じことを話させていただこうと思います。わたしは、国の学校制度全体の流れの中で、これからは日本の大学の主流は私立であって税立大学は経済的不公平を回復するための補助的機関であるというヴィジョンが確立しなければならないと考えています。私立大学が栄えている限りは、全体主義の恐れはないでしょう。

ルーメル　アメリカには“Private schools keep us free.”という標語があります。

渡部　まさにその言葉の通りだと思います。ですから、私立大学は本気で入試方法の改革を考えるべきです。たとえば、今まで同じように筆記試験によって入学者の七割をとり、そのほかに、卒業以来毎年きちんと同窓会費を納めた卒業生の直系の子弟に限り、別の試験をやって三割とるといった方法も考えられるでしょう。こうすることによって、かなりの金額が卒業生からコンスタントに集まるようになります。このように各私立大学が常に工夫する必要があります。何も国立大学と同じやり方で入学させなければならないということはないのですから、絶対に財政の基盤をプライベートなものにしなければならないのです。国からお金をもらっていたのでは、どうも危なくて仕方がないと思います。

ルーメル　“No support, no control.”ですね。

渡部　そうです。本当の意味で自由にならなければならないのです。

（クラウス・ルーメル・上智大学教授）

〔対談〕　小関貴久

人生の節約●古い百科事典、索引の効用をめぐって

古い百科事典の効用

小関　たいへんお忙しいところ、わざわざお出でいただきましてありがとうございます。今日は百科事典に関することをあれこれ雑談的にうかがいたいと思います。古い百科事典について、先生はあちこちいろいろお書きになっていらっしゃいます。世界的に見ても、古い百科事典を評価されたのは渡部先生をもって嚆矢とするように思いますけれど、どういうところからお気づきになりましたのでしょうか。

渡部　もちろん偶然なのですけれど、終戦直後のあまり本がない時代がありました。昭和二十二、三年（一九四七、八）の頃だと思うのですが、山形県の田舎の古本屋に『ネルソンの百科事典』(1)というのが出ました。

小関　小さいのですね。

渡部　小さいものですが、千五百円だったと思うのですよ。当時とすればかなり高いのですが、おやじにたまたま

金があったのでしょう。欲しいと言ったら買ってくれたのです。そして知り合いの大工に『ネルソンの百科事典』を入れる箱を作ってもらって、とっかえひっかえ見たりしたわけです。大学に入る時も東京に持っていって、レポートの時など引くとわりと便利だったんですよ。

そのうちふと気がつきましたのは、自分がものを書くようになって何か調べようとするでしょう。専門のことなら専門の本があるけれど、ものを書くときは周辺的なことでいろいろと調べなければならないことがあります。その時に今の大百科事典にないことが『ネルソン』に出ていることがあるのです。それで「ネルソンはわりといいなあ」と言ったら、わたしのほかにも、うちの大学の先生にも「あれはいいんですよと」言う人がいるわけです。そこからほんの一歩なのですけれど、こんな小さいものでも古いものが役立つなら『ブリタニカ百科事典』を引いたらどうだろうと。

小関　そこで発想がぽーんといくところが、いろいろなことをお気づきになる先生の若い時からの基本的なところなのでしょうね。

渡部　それで引いてみたら、これはいいんですよ。それで後はいろいろな版に興味を持ってくるわけです。今から二十年くらい前、大修館書店から「英語学大系」というとてつもない大規模な大系が出て、わたしが文法史を担当したのです。

小関　英文法史ですね。

渡部　『英語学史』[2]というタイトルになっています。その時文法体系を調べる時に、いろいろな時間を追って見ていくわけです。この時またふと『ブリタニカ』は二百年続いているが、版によって違うのではなかろうかと思ってあたってみると、やはりある時からぱっと違うのです。

小関　なるほど。

渡部　違ったもとになった文法書は何だろうと調べると、そこは餅は餅屋でわかります。そうすると『ブリタニカ』に採用されたことで同時代におけるその文法書の権威が浮き上がってくるわけです。そういうことが突破口になりまして、古い百科事典に興味を持ちました。そうするといろいろなことがわかってくるのです。たとえばわたしがエディンバラにいた時、エディンバラに興味を持って本を買います。ところが『ブリタニカ』の古い版でエディンバラという項目を見ますと完全に本が一冊できるのです。最新版で読むと、せいぜい一、二頁ですから、どうということはないのです。(笑)

小関　結局、新しい百科事典というのは一定のパッケージのボリュームがあって、その中に新しいサイエンスとかがどんどん増えていきますから、古いところをどんどん切っていくという編集方針になってきている感じがするんですね。

渡部　切られるのは何かというと人文的なものなのです。ヒューマニティズです。まさにわれわれが必要なものがどんどん切られていくわけです。関心を持つことはいろいろな情報に触れる機会が生ずることだと思うのです。たとえばハマトン(3)の伝記をたまたま読んでいたら、『ブリタニカ』から求められて「ペインティング」とか「ドローイング」を担当して書いたら、『ブリタニカ』の九版をくれたと非常に感激しているのです。その時に書いたのが後で単行本になって出ているわけです。その単行本は古本屋のカタログで見ますと堂々たる本で、何万円もする本になっています。ところが九版で引けば一項目に全部入っているわけです。なるほど昔の版は人文系に関しては、昔の本をいっぱい集めるくらいの価値があるとわかりました。

小関　先生は今のお話の『ブリタニカ』については、初版からずっと揃えていらっしゃるということですが。

渡部　初版はリプリントで中身は同じですが、初版と言っては間違いかも知れないです。それから二版、三版を持っています。三版の補遺（二巻）があります。四版と三版の関係は見たことがないからよくわからないですけれど、五版があります。四版のリプリントが五版、五版のリプリントが六版だということになっていますから、同じものをどれか一つ持てばいいらしいのですけれど、わたしはたまたま五版を持っています。だから四版と六版がなくて、真ん中の五版があるわけです。そして四、五、六版の補遺[4]（六巻）がありまして、分冊を入れると十二巻になっています。あと七、八、九、十、十一、十二、十三、十四、十五まであるという……。（笑）十四版の方は戦前版と戦後版とあります。

つまらないものでもその項目によって引いていきますと、いろいろなものが浮き上がってきます。たとえばウィスキーなどという言葉を引きますと、初版、二版はなかったと思います。ウィスキーがなかったわけではないし、しかもその事典はスコットランドで作っているわけです。ウィスキーは地酒の密造酒ですから、百科事典に載せるようなものではなかったのです。三版あたりからだと思いますが、二、三行出てくるのです。三版、四版、六版は見ないけれど、五版、七版、八版と二、三行のままなのです。ところが九版になるとどーんとくるんです。なぜかというと、産業革命でウィスキーの大量生産を考えたやつがいるわけです。そうすると機械装置まで入る。考えてみると、まさにその頃に日本も明治で国を開いて、先進国人の飲むものはウィスキーだなどと思ったわけです。ところがその頃は向こうでも思いはじめていたのです。（笑）タイムラグは意外となかったわけですね。

vi-
public
..ged to sa-
, even for those
..t course, perhaps,
.ould be, to have two
..d one to work by,—one
..rsal associations, according to
..ed those performances for which
..ged universal praise,—and another guid-
. casual and individual associations, through
hey looked fondly upon nature, and upon the
of their secret admiration. (GG.)

“Beauty” の結びのパラグラフ。「(GG.)」は執筆者F. ジェフリーを示す記号

小関　なるほど。ではあんがいストレートに。
渡部　そういうつまらないことがよくわかるのです。（笑）

貴重な文献がパルプになる

小関　それは重宝しますね。今度わたくしどもで、今お話しの四、五、六版のサプリメント（補遺）のリプリントを出版させていただくわけですが、あれはどうでしょうか。
渡部　これはたいへん貴重なものです。というのは『ブリタニカ』は最初、書いた執筆者はわかっているけれど、誰がどこを書いたかわからないのです。それがあのサプリメントからわかります。
小関　サプリメント以降はわかるのですか。
渡部　はい。文献で見ますと、四、五版に対する六巻のサプリメントがついたという記録があります。ところが今残っているのは全部、四、五、六版に対するサプリメントで六巻なのです。四、五版に対するサプリメント六巻と、四、五、六版につけたサプリメント六巻とどこが違うかという問題があるわけです。これは調べるといっても、どこに行ってもなかなか調べられない。偶然、わたしは五版のきれいな完本を買ったのです。そしたら四、五版に対するサプリメントとして完全についているわけです。ところが最後にパンフレットが一つついていて、それを加えると、四、五、六版に対するサプリメントになるんですね。だから四、五版に対するサプリメントと四、五、六版に対するサプリメントは両方とも六巻ですけれど、たった一つ、「光の屈折」に関する論文があるか、ないかの違いです。（笑）
小関　そうですか。（笑）今度はそれはどうなっているのかな。

（編集部） 最終的なものです。

渡部 四、五、六版のでやるでしょう。みな入るわけです。あとほかのものは同じですからね。わたしが行った頃などは、四、五、六版のサプリメントは価値がなかったのです。わたしはその価値にふと気がつきまして、エディンバラの古本屋に探してくれと言ったら、古い百科事典というのはパルプにするのでないんですよと。

小関 イギリスでもそうですか。

The Signet Library――『サプリメント』の編集者M. ネイピアが館長を務めた（J. Grant, *Old and New Edinburgh*より）

渡部 はい、ないんです。それで今度探しといてやると言って、見つけてくれたのです。そうしたら装幀の汚いやつで。中身はきれいなのだけれど、装幀が傷んでいるんです。保存も悪くて、これはどこかの古本屋にあったのだなどと言って、いいよ、やるよと、ただでもらいました。その頃はただなんですよ。

小関 向こうの古本屋さんでさえほとんど価値を認めない。

渡部 全然認めない。

小関 学者が認めていなければ、古本屋さんが気がつくわけないのでしょうからね。

渡部 わたしはほかの本をよく買う客だから、そんなじゃまっけなものはやるよというわけです。もらってきて、それはうちの大学の先生にあげました。というのはロンドンに行って六版を買った時、きれいな補遺がついていたのです。それでいらなくなった。二セット持っていてもしょうがありません。要するにただ、きれいなものがあったとしても、おそらく二、三千円でも置いていけばよかったのでしょう。それがわずか十年前です。

小関　お集めになったのが十年くらい前ですか、もっと前ですか。

渡部　もう少し前です。気がついたのは「英語学大系」の時が最初です。やってみますとない版があったので、できるだけ早く本場に行ってみたいと思って行ったらないのです。(笑)

小関　ないんですか。

渡部　エディンバラの図書館に行っても、そんなに版がそろっていないのです。

小関　エディンバラの図書館にもずっとそろってないんですか。

渡部　ないんですよ。やはり新しいものが出ると、古い版は放出して入れるんですね。

小関　この前大阪のさる大学の図書館の責任者の方と話をしましたら、やはり日本でもそういうことはあるらしいです。そこの大学の国文学の非常に権威のある先生が古い百科事典を見たいので、あれはどうなったと聞きましたら、図書館の館員が「処分しました」とこたえたそうです。それでその国文学の権威が烈火のごとく怒りまして、「拾ってこい!」とどなったという話を聞きました。(笑)やはり日本の大学でもそういうことはあるのでしょうか。

渡部　普通だと思います。前からそれを怒る人もいなかったのです。その人が最初でしょう。

小関　そうですか。(笑)

渡部　そう昔の話ではないと思います。

小関　そのようです。

渡部　その価値がようやくこの頃認められてきたのですが、つまり当時の学問の水準を示していることで非常に貴重だと思うのです。

それで四、五、六版のサプリメントの重要なのはとにかく当時、大英帝国の第一級の執筆者に書かせているからです。たとえば人口論と言ったら、マルサスに書かせているのです。だからマルサスの本を読むことはないのです。(笑) 全部書いているから。それから騎士道などはサー・ウォルター・スコットです。そんな人が「騎士道論」をまとめて書いていて、しかも全部大項目制度でしょう。

小関 そうするとマルサスのいろいろな単行本などはあまりそろえなくても、この『ブリタニカ』の大論文でそうとうカバーされるということですね。

渡部 ええ。マルサスの初版などなかなか買えないです。しかし『ブリタニカ』のサプリメントでそれを読めばマルサス自身が言いたいことをみな言っているわけだから間に合います。しかもそうとう詳しく、やはり三十頁近くあったでしょう。(5) そのように当時の超一流の人が精魂込めて、長論文を書いてます。当時の論文集としてものすごい価値があると思います。で、それが十年前はただだったというわけです。

国の興隆と百科事典

渡部 その目をもって、日本の百科事典を見ても同じです。日本の会社だから名前をあげては悪いけど、代表的な大百科事典を見て「教育勅語」を引くと、教育勅語の批判は書いてあるけれども、あんな短い教育勅語の原文がない。(笑)

小関 それは有名な話になっていますね。

Know ye, Our subjects:
Our Imperial Ancestors have founded Our Empire on a basis broad and everlasting and have deeply and firmly implanted virtue; Our subjects ever united in loyalty and filial piety have from generation to generation illustrated the beauty thereof. This is the glory of the fundamental character of Our Empire, and herein also lies the source of Our education. Ye, Our subjects, be filial to your parents, affectionate to your brothers and sisters; as husbands and wives be harmonious, as friends true; bear yourselves in modesty and moderation; extend your benevolence to all; pursue learning and cultivate arts, and thereby develop intellectual faculties and perfect moral powers; furthermore advance public good and promote common interests; always respect the Constitution and observe the laws; should emergency arise, offer yourselves courageously to the State; and thus guard and maintain the prosperity of Our Imperial Throne coeval with heaven and earth. So shall ye not only be Our good and faithful subjects, but render illustrious the best traditions of your forefathers.
The Way here set forth is indeed the teaching bequeathed by Our Imperial Ancestors, to be observed alike by Their Descendants and the subjects, infallible for all ages and true in all places. It is Our wish to lay it to heart in all reverence, in common with you, Our subjects, that we may all thus attain to the same virtue.
The 30th day of the 10th month of the 23rd year of Meiji.
(Imperial Sign Manual. Imperial Seal.)

『日本百科大辞典』「教育勅語」の項

渡部　ところが御社が復刊した三省堂のあれ(6)には、全部ありますし、スタンダードな英訳までつけてあります。

小関　非常に詳しいようです。

渡部　しかも研究意義、作られるプロセス、全部書いてある。あれこそ百科事典中の百科事典という感じがします。

小関　でも、あれは当時のものを読みますと、『ブリタニカ』の第九版をかなり意識して……。

渡部　参考にしたのでしょう。しかしわたしは九版よりも贅沢にできていると思う。九版はあんなに図版を使いません。

小関　まことにきれいで、木版刷りのです。

渡部　ものすごいね。だからやっぱり途中で三省堂がつぶれたのも……。(笑)

小関　あれだけでもなかなかおもしろい話になるのでしょう。結局、編集長の斎藤精輔先生ががんばって、完結されるわけですけれど。

渡部　あの頃は何でもイギリスに負けるなという、今の韓国が日本を見てるようなところがある。(笑)　それは余談だけれど。だから辞書ではないけれど船の作り方だって、たとえば客船でも一万トン以上の船はイギリスが四十何隻持っているのです。ドイツが二十何隻、その次ががたんと落ちて五隻とかいうのだけれど日本はそこまで入っているのです。アメリカとかを追い越してね。そのファイトが百科事典にも入ったと思うのです。

小関 やはり国が興隆するような時期には、出版物にも当然影響してますね、あの頃は。

渡部 やはり大きな企画が出るというのは、国が興るしるしです。

小関 国民全体の気力、気迫みたいなものが何かあるのではないでしょうか。

渡部 作ろうという気、買おうという気。(笑)

小関 それは当然かも知れません。

渡部 藤井哲君（福岡大学人文学部）というのが教え子なのだけれど、その男がたまたまわたしの文法と『ブリタニカ』の話に興味を持ちました。『ブリタニカ』自体の歴史を調べて、日本のどこに保存されているか調べたら、やはりいちばんあるのは図書館情報大学と東大、それくらい。あとあるのはぼくと。(笑)

小関 それは先生が着想されたものですから。

渡部 ただみたいなやつでね。今集めたらたいへんです。

小関 わたくしどもで今出している三省堂さんの『日本百科大辞典』は、先生のお書きになっている大修館書店の谷沢永一先生との対談『読書連弾』[7]を見ましてやろうというヒントになりました。アメリカの方はどういう状況でしょう。アメリカないしはフランス、ドイツなりはどうでしょうか。

渡部 アメリカは十一版を買ったわけです。

小関 それから向こうへ移っていますね。シアーズでしたか。

渡部 そう。十一版はイギリスとアメリカと両方で出したのです。シアーズは小型版まで出しました。

小関 そうですね。通信販売で売るために。

渡部　そしてあと十二版、十三版まで、英米両方で出したのです。十四版になると、完全にアメリカに版権が移ります。十四版はきれいな版ですけれど、やはり二十四巻の中にそれまでの全部を入れようとしたわけです。そうすると第一次大戦なんかでは、潜水艦は出てくる、飛行機は出てくる、戦車は出てくる。そんなのをどんどん入れると、ばっさばっさと人文系が切られました。十四版とそれ以前とはまるで違います。

小関　そうですか。

渡部　人文系ですと十一版まで。わたしは学生にすすめる時は十一版。十一、十二、十三はどれでもいいとすすめているのです。ぼくは去年、大修館書店から『イエロー・ブック』(8)の復刊をやりまして、ビアズリーとかやりました。ビアズリーは集めたですよ。(笑)

小関　先生はいろいろ、多種多方面に集めていらっしゃる。

渡部　伝記も読むと、ビアズリーはフランスの町、マントンで死んだと書いてある。フランスの小さな町なのです。それをもちろんフランスの地理書なんかを調べればいいのだろうけれど、百科事典で調べてみようかというと、今見ても出てません。ところが九版とか十版を見ますと、そのフランスの人口それこそ何百人くらいの村みたいな町みたいなところでしょう。そこが気候といい、産物といい、一年中の気候変化から全部書いてあるわけです。そしてそこに葬られた人まで書いてある。イギリスがものすごく金持ちで、ナポレオンの後フランスが貧乏だった頃、イギリス人のいい時代の保養地だったからですね。そのイギリス人の見た目による、保養地としての地中海沿岸のフランスの小さい町が、実によく書いてあるわけです。地図も書いてあったと思うのですが、このへんに家を買おうかな、とかそんなことに使ったのではないかと思います。

小関　しかし、もし今先生がおっしゃるような内容をほかの資料で調べるといったら、たいへんなことですね。

渡部　たいへんです。専門のものはいいです。専門のものを書いたって論文、パンフレットにしかなりません。それに対して本にするにはいろいろふくらませなければいけません。ところがいい加減にふくらませるといんちきになるわけで、全部周辺事実はしかるべく嘘は書かないで、調べていかなければならない。そういう調査事項を一つ一つつぶすのはたいへんです。ところが今言ったようにやると、時間の余裕が出ます。これがあると、ヴィジョンが出るわけです。

小関　安心感もありますでしょうしね。

渡部　ありますね。便利です。

小関　それから関連項目をさらっていきますと、もっといろいろとイメージが広がっていったり、どんどん数珠つなぎに知識が増えていくというところがあるのではないでしょうか。

渡部　そうなのです。やはり十八世紀の末から十九世紀を通じてのイギリス人たちの創造性がもろに出てきているわけです。

小関　イギリスのその頃の時代的風潮だとか、学問に対する勃興する魂みたいなものも、『ブリタニカ』などを研究すれば、かなりわかってくる部分もありますでしょう。

渡部　具体的に浮いてくると思うのです。たとえばこれもいつか小関さんに出してもらいたいと思うのだけれど、七版についた図版三巻があります。三巻の図版と、図版があるものだけの原文を拾ったもの。この図版は、船を見れば船が作れるぐらいの図面なわけです。

小関　やはり活字で書かれている部分も重要ですけれど、今おっしゃる船のようなものは、マストが何層にもありますでしょう。絵で見る以外に、表現のしようがないのですね。

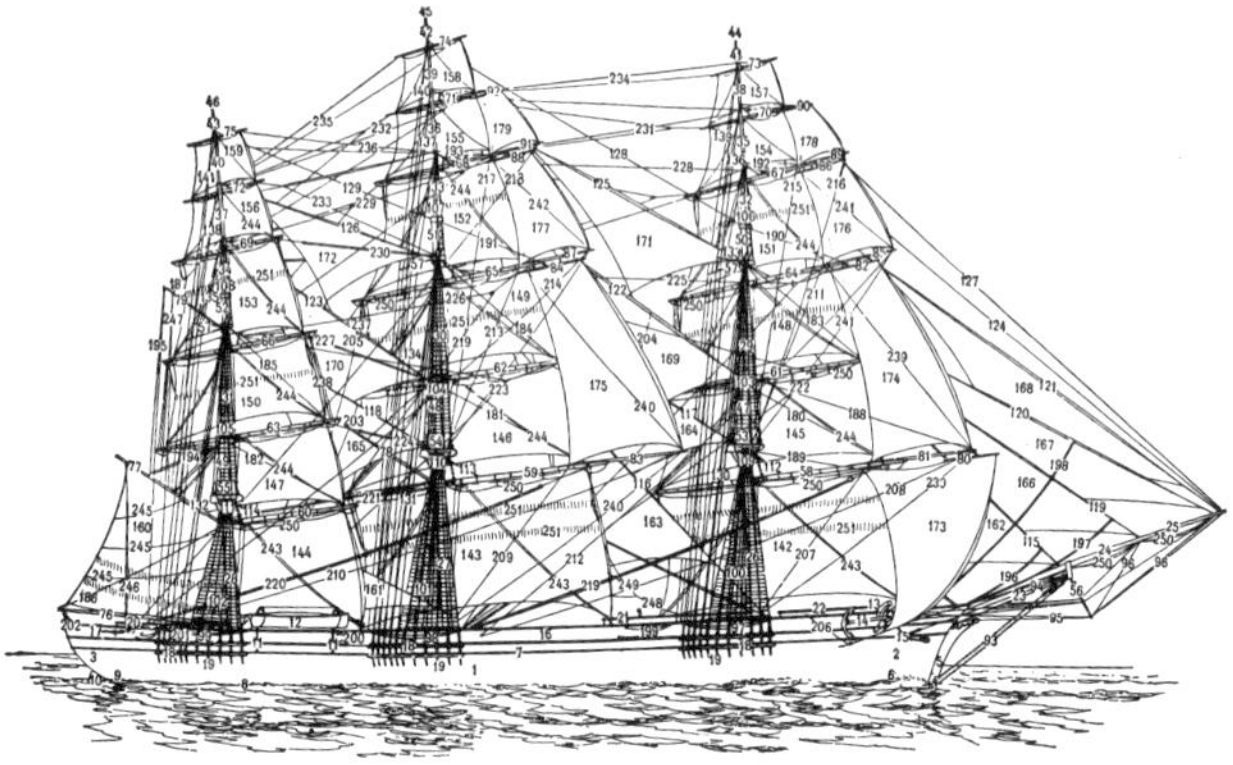

渡部　そうなんです。それからたとえば「シンキング・ベル」というのがあります。鐘を沈めるのです。鐘に人が入って沈んでいく。空気がある間は大丈夫で、いろいろな探検、海底探検をやるわけです。（笑）そんなのがみなちゃんと絵に書いてあるのです。

小関　前にアメリカの『センチュリー・ディクショナリー』[9]を復刻した時に見たのですけれど、船のマストがざあっとありまして、あれは全部名前が違うのですね。いちばん上の方と下の方と、マストのそれぞれに名称が違って、あれを文章で説明するのはとても難しい。（笑）そういう図版というか、イラストというか。

渡部　あれ（七版の図版）は色彩ではないからわりと復刊しやすいのです。三巻で図版のある項目だけを一巻作れば、四巻くらいになる。

小関　ぜひ、それもやらせていただきたいのですけれど、三省堂の『日本百科大辞典』を皮切りに、『ブリタニカ』も価値のあるものは全部出したいと思っています。そのほかの百科事典についても、ことごとくざあっと揃えていきたいなあと思っています。

渡部　百科事典比較研究というのは難しいです。図書館に行ったって……。

小関　揃えるというのは復刊していくという意味で。

渡部　復刊、それはまた壮大だ。しかし図書館は本当は揃えなければいかんです。

小関　そういうことだと思います。

渡部　そう。一版から主要版を全部。

小関　はい。それが『ブリタニカ』だけではなくて、ほかの国のもので価値のあるものがあれば、それもざあっとです。

渡部　それを考えているのは現在では日本人だけでしょうな。（笑）うれしくなるな。

小関　それはやっぱりあくまでも先生の着想を、ぼくらは本屋ですから、生かさせていただく立場です。それの具現化を先生のご指導でやらせていただければと思っておるわけです。

渡部　それはすごい話だ。

索引のデータベース化

小関　やはりなにしろ膨大ですから、さきほどの先生のウィスキーのお話にあったように、何版にウィスキーが出てくる、どこに書かれているという索引のようなものをまず用意していきたいと思います。今ご存じの通り電子出版という技術が発達してきて、かなり作りやすくなっています。ウィスキーならウィスキーが『ブリタニカ』の、さきほどのお話だと三版から少しあって、そのあと九版からどっと多くなるというのが、その索引の「ウィスキー」というところを見ますと何版の何巻の何頁の左右のどのくらいにありますとわかるような。左右くらいでいいと思いますが。

渡部　ＡＢＣＤ(10)でもいいです。

小関　それはかなり機械的にできる仕事ですから、もとの本があればあとは機械処理でできます。そうするとかなり使いやすくなってくるのではないでしょうか。利用度がぐっと広がって。
渡部　世界最大のインデックスになります。（笑）
小関　そういうことです。そういうのをデータベースというのでしょうけれど。
渡部　考えることが大きい。
（編集部）昔の版の索引だけでもずいぶん有用だとうかがっておりますが。
渡部　そうです。
小関　現在ついている索引もそうとう有用なもので。
渡部　そうなのです。あれはたしか八版からつくのです。最初の頃の版は、索引をつけることを知らないのです。
小関　大修館書店の月刊『言語』（一九八九年四月号）で特集「索引の時代」というのをやって、その中に先生の非常にいい論文も出てますけれど（本書所収）、たしかに現代は情報量が膨大ですし、その検索方法の時代になってきていることがだんだん認識されつつあります。そのためにもわたくしどもでも物集《もずめ》索引賞(11)というささやかな賞を創設などしまして、世の中の関心を引き立てていきたいとやってはおりますが。
渡部　いいですね。物集索引賞の百十年前にイギリスではソサイエティ・オブ・インデックスができたわけで、振り返ってみるとそれに匹敵する快挙でした。
小関　本当に先生方のご指導で。
渡部　しかし最初に思いついたというのはすごいと思います。
小関　いえ、いえ。そういう時代ではありますから、『ブリタニカ』とか『日本百科大辞典』の一連の復刊事業と並行あるいは先行的に、そういう総合した索引、使いこなすためのツールとしての索引をまず出版したいと思います。そういうことになりますと、古い百科も使い勝手がだいぶ変ってきます。

渡部　変ってきますね。

小関　そういうことで国外の百科もそうですけれど、日本の百科も同じような索引を作ってみるということも考えております。

渡部　わたしも戦前の百科で何が便利かというと、日華事変の場合など、地名です。地名、人名、これがよく出ているのです。なにしろ戦場だったわけですから。(笑)

小関　地名とか人名辞典を作るためにも、そういう基礎的なしっかりした資料としての百科事典がずいぶん生きてくることがあると思います。

渡部　思いますね。

小関　たしかに地名辞典や人名辞典はあまりいいものはないような感じがします。

渡部　要するに地名辞典でもいい辞典となると、主として言葉の語源になってしまうのです。たとえば「保定」という町を引きます。いま保定という町は何とか省のどこにあって人口どのくらいで終ると思うのです。ところがやはり日本の戦場だった頃、日本が占領した頃と言ったら、ずいぶん詳しく書いてます。「通州」など見ると日本人居留民が何人殺されたまで書いてます。(笑)

小関　そうですか。つごうの悪い方もいるかも知れませんね。

渡部　戦後はそういうわかりきった事実を隠してしまって、イデオロギーで整理した歴史が多いですから、やはり古い事典は引いてみるとおもしろいです。

小関　いつか先生がホテル・オークラかどこかでお話しされた中にございましたですね。
渡部　あの時も来ていただいてどうもありがとうございました。
小関　いいえ。そういうことで世界中の百科を点検していきたいし、それから日本の百科もより使いやすくしていくことと、合せてこれは今日の主題ではないのですけれど、ディクショナリーのほうもOEDの第二版が出た[12]ことをベースにしまして、OED、『センチュリー』、『ウェブスター』とかそういう……。
渡部　『センチュリー』は出されましたね。
小関　出してますけれど、索引です。ですからさきほどと同じようなことで、bookならbookというところをその索引で引きますと、OEDの何巻にありますというような簡単な索引です。bookを引きますと、OED、『センチュリー』、『ウェブスター』の初版、二版、三版とありまして、それぞれの頁がざあっと並ぶというものです。辞書を引いて、出ていないと腹が立つことがありますし、やはり一つの単語を研究するのにあそこの辞書にはどう出ていて、こっちにはどう出ていていてというのが必要な感じがするのです。
渡部　それに似たことで、アメリカで本に関してだけですけれど、徹底的にやった人がいるのです。アリボン[13]という人で、これもおおいに使いました。わたしの知っている限りでは日本でアリボンをわたし以前に使った人はいない。
小関　先生がはじめてですか。
渡部　やはり向こうの人は認めると見えて、リプリントも出ているようですが、アリボンを使った日本人は見たことがない。ぼくは『英語青年』でおおいに使いまして、それで弟子たちがみなアリボンを買いはじめました。(笑)
小関　これはいつ頃出たものなのですか。

渡部　今世紀のはじめ頃だと思います。それから一生索引作りで、今言ったテーマによってどの本に書いてあるかをやった人がいるのです。それは本当に悲劇的なほどがんばった。ワット(14)という人です。

小関　当時は全部手作業ですから、それはたいへんなことです。今われわれがやるのは機械が非常に発達していますから。

渡部　ワットの伝記を読むと涙が出るくらいのものです。

小関　やはり先覚者がおるものですね。

渡部　いるんですね。

小関　おそらくそれは恵まれないで、先生のお話のように世の中にあまり知られもしないで、生きている間は悲惨なことになったのかも知れません。

渡部　テーマによってどの本に出ているかを、そのままざあっと並べる作業をやったわけです。ワットはたしか貧しい家の出身で、勉強して医者になって成功して、あと全部それを使ってしまい、その上泥棒に入られたりして、残された遺族も悲惨になってしまう。しかし残っているものを見ると、立派なものなのです。

小関　これは今でも価値のあるものでしょうか。

渡部　それ自体はどうでしょう。それ以後のものはないわけです。それ以前のものについては、今誰も見ないような本がいっぱいあがっているのです。そういう意味では価値があるけれど、大きな使用者層はないでしょう。でも小関さんが考えている大データベースには全部入ると思います。

小関　その材料としても、非常に貴重なものになると思います。

渡部　アリボンは今でも誰もそれなしではやれないくらいなものです。アリボンは何がすごいかと言うと、各著者について、伝記をちょっと書いてあるだけで、後は書いた本を全部あげているのです。それに対する当時の主な雑誌の書評まであげています。

小関　すごいですね、それは。それはわれわれとしても、編集上のヒントに非常になります。やはり偉い方はおるのですね。

渡部　いるんですね。アメリカやイギリスの古本屋はカタログを作る時、いろいろな研究を入れて値段をつけています。ぼくが始終使っている資料はアメリカ、イギリスのいわゆるアンティークの本屋、同じ古本でもセカンドハンドだけでなくて、アンティーク屋が調査のため使っているものを使っています。

小関　使うところでは使っているのですね。気がつく方はやはり世の中にいらっしゃる。

渡部　うまく使っていると思うのです。イギリスなどのそれこそ高い本を扱っている本屋に行くと、やはり調査室みたいなのがあるのです。古書がぽっと出てきたら、どのくらいの価値でいつ頃出たというのは始終調べてなければいけないわけです。

小関　そういう古本屋さんの商品というよりは参考資料というか、自前の研究資料、うしろの方に隠してあるネタ本と言うか。

渡部　ぼくなどたまたま知ったのだけれど、英文学関係でもそういうもので調べることを知っている人はあまりいないと思うのです。だから本屋の方がずっと詳しいわけです。それだけやっているものだから、ものすごく詳しい。頭が下がるのです。中身はあまり読まないだろうけれど。

小関　どういう本があるかということは、古本屋さんの方が商売ですから、詳しいかも知れません。それは日本の国文学の世界でもよく聞く話なのですけれど、学者が育つのに古本屋のおやじの指導というか。

渡部　弘文荘さんとか。

小関　ええ、弘文荘さんとかその他いろいろ、いらっしゃるのでしょう。

渡部　ぼくがそれに気がついたのはもう四十五歳過ぎぐらいです。もう十年若くてそして今みたいに円が強かったら、一年か二年学校から休みをもらって、古本屋の丁稚をして帰ってきたかった。(笑)

小関　でも先生が発想したことで、若い方はこれからどれだけ研究の開発の役に立って、ずいぶん違うのではないでしょうか。

渡部　わたしの教え子などはたいへんよく使っています。注などつける時もすごく便利がっています。やはり十一版など持っていると、十九世紀の小説などに出てくるものは調べやすい。

小関　百科事典は大きな意味での索引的な機能を果すでしょうし、そこからいろいろな細かい研究の方法とか引用書目がわかるとか。

渡部　ついてますからね。それはものすごく時間を節約してくれるのです。その節約された時間で研究を進めればいいので、周辺のことを調べるのに時間をくってしまうと進めなくなります。

人生の節約

小関　わたくしどもで出させていただいている『廣文庫[15]』という本、先生にも買っていただいていますけれど。

渡部　いや、わたしはあれは旧版で持っています。

小関　ああ、そうでしたね。

渡部　それで出されてがっかりした。（笑）

小関　いつか斎藤秀三郎先生の辞書か何かのご推薦文に、名著普及会から案内が来るとうれしいような、悲しいような、がっかりというような気分になるという文章をいただいたことがありますけれど、それはございますでしょう。

渡部　『廣文庫』など本当におもしろい本です。

小関　あれも先生方が戦前も、かなりお使いになっているらしいのです。

渡部　戦前も。あまり言わないでね。（笑）

小関　実際は『廣文庫』をまず見て、そこからそうか、あの本に載っているんだなということが発見されるらしいのですけれど、ところが書かれる論文には『廣文庫』から見たとあまりお書きにならないのです。

渡部　そう思います。

小関　それは紀田順一郎先生かどなたかが、やはり『廣文庫』を出した時に、全国の歴史、国文学の先生方は胸に手をあてて考えていただいたらどうでしょうかみたいなご推薦をいただいたことがありました。

渡部　がっくりしたでしょう。

小関　実態は同じだと思います

渡部　弟子にどんどん教えてやればいいのだけれど、なかなか教えないのです。御社が出すまで、戦前は『廣文庫』などちょっと見られない本でしたからね。

小関　ただ戦後は売れない、重たい。

数知れぬ先学の知識の源泉となった『廣文庫』（初版本）

渡部　捨てない。（笑）

小関　大きいという。

渡部　重厚長大でね。（笑）

小関　古書街のもてあましものの三悪の筆頭だったのです。（笑）

渡部　そうでしょう。わたしも赤坂の古本屋にそれこそじゃまっけに積んであったのを安く買って、家内といっしょに出かけた時だから、車に積んで帰ってきた覚えがあります。

小関　あれは『古事類苑[16]』と同種類の資料なのでしょうが……。

渡部　『古事類苑』よりは使いやすいです。

小関　『古事類苑』は調べましたら、戦前は明治以降八百セットしか出ていないのです。ところが『廣文庫』はご子息の物集高量《もずめたかかず》先生がセールスマンをたくさん使いまして販売したものですから、昭和十二年（一九三七）までに、何と一万一千セットくらい出ているのです。

渡部　すごいですね。

小関　日華事変を契機にして、セールスマンもいなくなり、本どころではないと、ぱたっと売れなくなるのです。『古事類苑』とはけた違いな部数が出ているために、戦後旧家が没落してそこから無限的に出てくるのです。『古事類苑』は戦後リプリントされたわけですが、それが切れたりするとたちまち八十万、百万になっていた時代に、『廣文庫』の方はただの六万円なのです。

渡部　そんなものでした。ぼくのは三万円だったと思う。(笑)

小関　ただ資料としての質が違うでしょうから、一概に言えません。古書街の値段は需給関係で動きまして、内容の実態を表しているものではまったくありません。

渡部　ありません。だからベストセラーは必ず値段が安いわけです。つまらなくて全然売れない本は古本屋ではものすごく高い。(笑)

小関　そうですね。

渡部　ただ『古事類苑』などを見ていると、今まで偉そうに書いてある本もだいたい『古事類苑』から大部分を引っ張って書いているなとわかりますね。

小関　しかし先生は『古事類苑』から『廣文庫』から、そういうものを本当に早い時期からお使いになって。

渡部　とにかく人生を節約しようと思ったら、基礎文献を手元に置くことです。図書館に行って調べましたら、五分で調べられることに五十時間、五百時間かかります。

小関　その違いでしょうね。

渡部　たとえばちょっとしたことを『廣文庫』あるいは『古事類苑』を見ればわかるなとわかる。しかしそれを見なければ書けないと、気が進まないわけです。じゃあ明日調べようと、ところが明日は日曜か、月曜はほかの仕事があって、水曜日なんていうと気が抜けるでしょう。(笑)それで、調べに行ったらなかったとか、五分のことなのがそうなる。

小関　先生に原稿を書いて下さいますか、いかがですかとお手紙を出しますと、ＯＫとかノーとかいう返事の前に原稿が届いているのはそのせいだと思います。(笑)なかなかそういう先生はいらっしゃいませんので、われわれにとってはいちばんありがたいのですけれど、返事の代りに原稿がストンと届いてしまいます。(笑) やはり長年のお調べになったり、勉強された成果と、どこに何があるかをご存じでいらっしゃる。

渡部 有効に使っていればものすごく人生が節約になるのです。

小関 節約になって豊かになりますか。

渡部 勉強しているつもりが、だいたいは時間の空費なのです。図書館に弁当を持って行って書き写してきたって、本のない時代は美談です。しかし自分の家に置けば五分ですむことを、何で弁当を持って電車に乗って半日つぶして、一頁写すかと。(笑)

小関 何か先生のお話を聞いていると、片方がピストルでパチパチやっているのに、こちら側は迫撃弾の速射砲の武器を持っているくらいの違いがあるような感じがします。百科事典、あるいは基礎的な資料を手元に置かれているのと、おっしゃる通り図書館に行って調べなければならないのとは、ずいぶん大きな差があると思えますね。

渡部 上智大学に入った時図書館に住まわせてもらったのです。二人で住んでいたのですけれど、何てすばらしいことだろうと思いました。七時で図書館の建物に全部鍵をかけるわけです。宿直室がありまして、そこに毎晩泊まっているのです。

小関 上智大学の図書館がわが図書館だということですね。

渡部 そうなのです。図書係ですから戸を全部閉める責任があるということは、どこにでも入れることなのです。夜中に勉強をして、あらっと調べることが出たら図書館のどこにも入れるのです。能率の上がること上がること、驚きました。それでこれだけ図書館に本があるけれど、自分に関係のないものは九九・九パーセントある。〇・〇一パーセントくらいが関係のあるもので、図書館の〇・〇一パーセントでいいわけです。そのくらいなら志として集めてやろうかと思ったのです。やはり住んだ実感がないと、それだけの確信が湧きません。

小関 やはりそこで現物を毎晩、毎晩、背文字を見ているとかあるいは使っているという実地体験を、本を読んでから受けるものではなくて、とにかく感覚的にとらえるわけですね。先生は何年くらいいらしたのですか。

渡部 ヨーロッパに行く前に一年近く、帰ってからやはり一年くらいでしょう。

小関 非常にいい体験ですね。

渡部 もう一回似たような体験をしたのは、ドイツに行った時で、ドイツの図書館は図書館と研究室と二本立てなのです。研究室の本は絶対貸し出さない。だから行けば常にあるのです。誰も家に持っていかない。図書館の方はどんな大きいものでも、次に借りたいやつが出るまで何年でも借りられる。

小関 それはなかなかいいシステムですね。

渡部 博士論文を書くために、あまり使わないのだけれど終始あたらなければならないのに『ラテン文法全集』というのがあったのです。ローマ時代のいろいろなラテン文法を全部集めた六巻くらいの全集です。文法史の論文を書いているので、終始あたらなければならない。買うわけにはいかないし、図書館に行ってごっそり借りて、三年近く借りていました。途中で一回だけたしかにあるかどうか見せてくれと言われて、一度見せに行ってまたそのまま持って帰った。それだけで一切の干渉はない。

小関 一般的な日本の大学の図書館の仕組み、活用の仕方とずいぶん違いますね。

渡部 全然違うのです。

小関 わたしども、たとえば有名な大学の名誉教授の先生のお宅を訪ねることがあるんですけれど、国立大学を定年でおやめになって十年くらいたっていらっしゃる、学界の長老みたいな方です。お話しをしていると書斎に本を持ってきて見せて下さるのですが、表紙の裏扉の方を見ますと某国立大学などという判がぺたんと押してあるものばかりなのです。(笑)

渡部　学校にはなくなっているわけだ。

小関　管理上の問題もあるでしょうし、日本の先生方の意識構造、あるいは図書館の仕組みの問題なのかよくわかりませんけれど、どうもそんなところに図書紛失の原因の一部があるような気がします。

渡部　何か本の泥棒は泥棒でないという変な理屈を言うやつがいて、花泥棒は泥棒ではないとか。(笑) そのモラルとして、老先生の時代はいくら家に持っておいても売らなければいいという感じの時代があったと思うのです。

小関　さきほどのドイツのお話は非常にいい仕組みですね。日本もそうなるといいと思います。いずれにしても今日いろいろなお話をうかがいましたけれど、ともかく百科事典とか基礎的な資料が手元にあることが非常に重要だという結論のようです。

渡部　それこそ一瞬にして調べることができる。同じ寿命でも長く使えるような気がします。

小関　わたくしどもも及ばずながらそういう資料の復刊、あるいは使いやすくする索引類などをこれから一生懸命にやりたいと思いますので、ぜひいろいろとご指導いただきたいと思います。

渡部　そういうことで浮いた時間をオリジナリティや発想を培うことに使えばいいのです。

小関　そうですね。どうもありがとうございました。

(小関貴久・名著普及会会長)

注

（1） *Nelson's Encyclopaedia*, *c.* 1911. 編集部所持のものは二十五巻（最後の二巻は辞典及び地図）である。

（2）「英語学大系」全十五巻の第十三巻。大修館書店、一九七五年。

（3） Philip Gilbert Hamerton（1834-94）. イギリスの美術批評家・評論家。「単行本」とは、*Drawing and Engraving*（1892）。*The Intellectual Life*（1873）（渡部昇一訳『知的生活』講談社、一九七九年）などの教養書でも名高い。

（4） *Supplement to the Fourth, Fifth, and Sixth Editions of the Encyclopaedia Britannica*, 6 vols., 1815-24, ed. by M. Napier, A. Constable.

（5） Vol. 6, pp. 307-34, 833-37.

（6）『日本百科大辞典』編集総裁・大隈重信、編集長・斎藤精輔、一九〇八―一九年刊、全十巻。「教育勅語」の項は井上哲次郎と深作安文が担当・執筆。英訳は菊池大麗によるもの。

（7）大修館書店、一九七九年。

（8） *The Yellow Book*（1894-97）. A・ビアズリーの描いた黄色の厚表紙に黒一色の絵が有名。［＊編集部注――大修館書店から復刊したのは『サヴォイ』（*The Savoy*）のほう。下巻66頁参照］

（9） *The Century Dictionary and Cyclopedia*. W・D・ホイットニー編、E・スミス増補改訂（1889-95）"An Encyclopedic Dictionary of the English Language"の副題を持つアメリカの大辞典。明治の文学者が愛用したことでも知られ、特に「固有名詞」の巻の重宝さは名高い。一九八〇年、名著普及会より復刻刊行。

（10）洋本二段組の場合、左段上半分をA、下半分をB、右段上をC、下をDというように分割して位置を示す方法。

（11）『廣文庫』『群書索引』を独力で完成させた物集高見《もずめたかみ》博士の偉業を顕彰し設立された、索引・書誌奨励賞。第一回（一九八七）受賞――鈴木和生、田中美知太郎『プラトン』付索引、天野敬太郎／第二回（一九八八）受賞――安藤昌益研究会、紅野敏郎、政府資料等普及調査会／第三回（一九八九）受賞――馬渕和夫、明星大学図書館、杉原四郎、大高利夫。

（12） *The Oxford English Dictionary*. J・マレー編集主幹で一九二八年完成（十二巻）。一九七二―八六年、R・バーチフィールド主幹で補遺四巻を追加。この計十六巻をコンピュータ処理により合体し並べ替え、さらに新語を加え、この三月（一九八九）に全二十巻で第二版が出版された。

（13） Austin S. Allibone, *A Critical Dictionary of English Literature and British and American Authors: From the Earliest Accounts to the Latter Half of the Nineteenth Century. Containing over Forty-Six Articles (Authors), with Forty Indexes of*

Subjects, 3 vols., plus 2 Supplement vols. Philadelphia: J. B. Lippincott, London: Trubnen, 1877-91.

（14） Robert Watt（1774-1819）. スコットランドの書誌学者・医者。彼が生涯をかけたイギリス内外の著述家の索引つき総目録は *Bibliotheca Britannica*, 4 vols., 1819-24. 他に *Catalogue of Medical Books*, 1812 の著作もある。

（15） 物集高見（一八四七―一九二八）、高量（一八七九―一九八五）父子編纂の古文献一大索引。五万項目・十余万巻の故事、古事物から主要な原文を抄録し、項目別五十音順に配列したもの。日本史・東洋史・国漢文・仏教・民俗学・思想史の研究に便利な道具として知る人ぞ知るものであった。大正五年（一九一六）刊、全二十巻。一九七六年、名著普及会より復刊。

（16） 一八七九年編纂開始、一八九四―一九一四年刊。天部、歳時部、神祇部、金石部など三十部にわけ、日本史上の制度・社会全般の事項を史料から原文のまま再録した、いわば日本の百科全書。

［座談会］　荒井好民／國弘正雄

学校の英語教育と学校外の英語教育

役に立つ英語

國弘　日本のビジネスマンというのはいたずらに役に立つ英語とか、実用教育とかいうような横丁の英会話学校と変らない内容のことを、学校教育に対して希望しておられる。通じさえすればいいというような、ちゃちなものにわたくしは教育的な効果はないと思うんです。にもかかわらずそういうものを強要なさる。しかし日本の社会は何といってもビジネス主導型の社会になりつつありますから、ビジネスの世界の人々の一顰一笑《いっぴんいっしょう》は、われわれ教育に関わりを持っている人間にとってはやはり気にせざるを得ないところがあるわけです。やたらに実用ということをおっしゃる。じゃいったい日本の経済界がどの程度、教育に対して力を払っているかと言いますと、十二年前の統計で、教育投資が国民総生産の中で占める割合が先進国中第一位であったものが、十一年後の一九七〇年、日本の国民総生産がほぼ二千億ドルに近づこうという発展をしたにもかかわらず、世界先進国の中で、教育投資の対ＧＮＰ比率は、一位から十位に急落しているわけです。そういうことについてはどうも実業界の方々は、あまり関心をお持ちでない。目先のプラクティカリティみたいなことばかりを期待される。そのへんにわたくしは大きな不満があるわけなんですが、まず荒井さんから日本の英語教育に何を望まれるのか、あるいは現在の英語教育のあり方についてどういう不満なり、ご批判なりをお持ちなのか、そのあたりからお話をうかがいたいと思います。

荒井 日本と他の国、たとえばヨーロッパ——アメリカはあまりいい例じゃないわけですが——英語教育を含めての外国語教育のための条件というのがまるきり違ってるような気がするんです。要するに非常にしっかりした基礎的なものを学校でやっておけば、それがドイツであれ、フランスであれ、あるいはスイスであれ、イタリアであれ、そのベースをもとにして、学生ならばその言葉を母国語で話しているところへヒョコッと休暇で出かけて行ったり、あるいは自分のビジネスの中で、ある期間仕事をすることによって、後は自分で実際的なものを身につけられるという、非常にいい条件にあるわけです、ヨーロッパなどは。

それに対して、日本は四方海の関係で、語学教育を受けている者も、企業の方も、基礎になるものと実際使えるものと両方期待してるのではないかという、語学教育に対する期待の違い、条件の違いというのがあるような気がするんです。

戦前はこの期待にある程度添えていたのではないかという気がするんです。というのは明治時代の語学教育、英語教育を受けた人を見ると、たしかにしばらく使わないでさびついていても、いつの間にかそれがまた戻って、とぎすまされた能力を持たれるという状況があるわけです。戦後、どこかの段階でもってこれがおかしくなったのではないか。

國弘先生がご指摘された、ビジネス業界が実際に役立つプラクティカルな英語のみを期待するというのは、けっして役に立つ知識を求めているのではなく、それ以前のしっかりしたベースも求めていると思うけれども、両方とも戦後はなくなってきた。戦後って特に近年ですね。

渡部 戦後実業家の側から学校英語は役に立たないという声がだいぶ上がったのですが、それはぼくはわかるような気もするんです。というのは、戦後、実際にアメリカなんかと接する要職の地位にあった人たちは、学校時代は相当な秀才だったと思うんです。英語ができたはずなんです。難しい大学、あるいは高等学校を出てらした人たちですから。それがちっとも通じないもんで、これは英語教育が悪いに違いないというふうに思い込んだのだと思うんです。しかし、これは考え方によっては虫のいい不平というもので、足りないところは指摘するけれども、受けた恩恵の方は忘れているんですね。日本語しか知らない昔の日本の青年が、英文法なんかに触れた時の新鮮なショック、それにより精神の新しい形成、そこで受けた恩恵はすっかり忘れていると思うんです。

さっき荒井さんもおっしゃいましたように、ヨーロッパはだいたいインド・ゲルマン語系の言葉ですから、根本的な文法を彼らには教える必要がないんで、はじめから練習段階でいいんです。ところが日本の場合はまるで違った言葉ですから、本当に初歩的な言葉の並べ方からはじまって、相当の学校の受験英語、英文和訳ができるような力をつけるには、外国ならば言語学科の大学院の相当いいところの学生くらいの勉強しなきゃだめですね。だからそういう教育で柔軟な頭がすっかりできているということは忘れて、欠点ばかりついている。

構造言語学の罪

國弘 まったく日本語とは異質なインド・ゲルマン語族に属する英語なら英語を勉強することによってある種の新

鮮なショックを受けた、そしてそれが彼らの精神形成の上に裨益するところが大きかったんだと、こういうご発言だったんですが、戦前の問題は別にして、今の日本の英語教育の中で、そういう意味での何か新しいもの、異質なものに触れたことから来る精神のよろこびと申しますか、魂のよろこびと申しますか、それが精神形成に役に立つというような形で現実に教えられているかどうか。と申しますのは、わたくし各大学や高校の学生諸君と意識的に広くつき合っているんですが、彼らが異口同音に言うことは、英語くらいおもしろくない授業はないと。なぜかというと、勉強だけさせられて、実用性を持たないということが一つ。それから言ってみれば魂を揺るがすほどの衝撃を与えるような形で英語教育がなされない、極めて形骸化している。おもしろくもおかしくもない無味乾燥な規則を覚えることに寧日ないんだと。だから英語くらいつまらないものはない。社会科であれば何かわれわれの精神的な、あるいは国際的という言葉をあえて使えば、視野を広げられるようなものが内容としてあるし、数学であれば一つの技術としてとらえることもできる。ところが英語というのは技術でもないし、その証拠に通じない。そうかといって社会科や他の科目が与えてくれるような精神的、知的な喜びもないと。

渡部　わたしは英語教育をつまらなくしたのは――それが全部ではないですけれども、構造言語学が非常に大きな影響があると思うんです。というのは、それまでの英文法というのは、これはちょっと大ぶろしきになりますけれども、発想法から処理の仕方からだいたいプラトンから流れてきて、ずっと続いているんです。例を出せばきりがないんですけれども、だいたい八品詞か、九品詞程度でちょっと処理して見せれば、これはかえって数学がきれいに解けたような快感を受けるはずなんです。戦争中、鬼畜米英だったけれど、英語はなくなりませんでした。その時も英語というものはその中に引きつけるサムシングがありましたよね。ところがパターン・プラクティスだというわけでしょう。これはこれからアメリカに行くんだなんていう人にはいいですよ。しかし、普通の学生の知的要請にはこたえられないんですね。それは中学に入っても、高等学校に入ってもソロバンばかり教えたら、学生に何になるのかと言うのと同じことなんですよ。誤解のないようにつけ加えさせていただきますと、これは学校内の場合はいけないということで、もちろん学校外の場合はいいということです。

國弘　渡部先生は構造言語学のプラクティカリズムをかなり攻撃なさったんですが、そうなんでしょうね。わたくしも人類学の一環として構造言語学をやったもんですから、なにかそういう文化的な背景的なものを抜きにして、方法論としての構造言語学をそのまま教育の場に移植したというやり方に対しては、それがどれほど精緻なものであっても、少なくとも教育段階では行きすぎだと。最近では構造言語学であきたらなくなって、変形文法まで中学の先生方の非常に大きな関心事であると。もちろん知的欲求というものが構造言語学をささえ、変形文法への興味をささえているとは思うんですがね。でもこれはあくまで先生方ご自身の知的欲求であって、生徒の知的欲求にはたしてそれでこたえられるであろうか。むしろ無味乾燥でいやだということも言えるだろうと思うんですがね。

渡部　わたしは少なくとも高校を終るくらいまでは伝統文法でバッチリやる。それを超える必要はないと思います。わたしはエルフリックが最初の英文法としてラテン文法混用のものを一〇〇〇年頃に書いてから今までのたいていの英文法は、ざっとでも目を通したと思うんですね。それで、結論は八品詞、あるいは冠詞を独立させて九になったりしますけれども、八品詞はもう動かしようがない。

最近、マイケルという人がブリストル大学で学位論文を書いて大きな本にしておりまして、二百七十二点ばかり英文法を扱ってるんですけど、いろんな案があるわけです。それで全部品詞分類だけでやると五十六種類出てくる。ところがその五十六種類全部調べてみますと、名詞、形容詞、動詞、その他という四分類がわりと盛んに出てくる。ところが、その他というのが不変化詞《パーティクル》で、その中に間投詞とか、副詞だとか入れてますから、結局数えてみるとみんな八品詞になる。どういじったっていじりようがないことは、過去、数百年間の西洋の文法史が示しております。それ以外に西洋では西洋語の文法をうまく教える方法はついになかったんです。

それで、たとえば古英語の文法を作る場合もやっぱり八品詞、ラテン文法だろうが、ギリシャ文法だろうが、古ノルド語だろうが、ゴート語だろうが、何やったってそれ以外にできないんです。これは公理に近いんですね、インド・ゲルマン系の分析にあたっては。ですからこれだけの恒久的な財産がある以上は、自信を持ってこれで処理する方法を教えるべきだと思います。これは十分知的欲求にこたえると思うし、将来それで習った人がドイツ語をやる場合でも、フランス語をやる場合も、オールド・イングリッシュをやる場合でも、ゴート語をやる場合でも簡単に応用ができると思うんです。

日本は文法過多症か

國弘　伝統文法でいいんだとおっしゃることを非常に力強くうかがったんですけれども、ただ問題は、伝統文法の枠の中ですら、いささか文法過多症に日本の英語教育が今まで悩んできたということが言えるんじゃないか。日本の平均的な学生を見てみますと、いわゆる文法の術語について言えば、相当ソフィスティケーションのレヴェルが高いと思うんですね。これは何とかの形容詞的用法であるとか、これは何とかの目的補語であるとかいうようなことについては、びっくりするほどよく知ってると思うんです。それでやはりなにか文法過多症というような立場は、悪しき結果を生み出しているんじゃないかという気が、われわれ部外者から見るとするわけなんです。

渡部　文法過多症というよりは、熟語なんかであげ足とりが多いんです。純粋の文法過多症というのはわたしは考えられないんです。わたしの考えでは、具体的な例をあげれば、細江逸記さんの『英文法汎論』くらいわかれば、読書力もぐんと増すはずなんですね。あれに出てくる術語を操作できないで、向こうの実のある文章が読めるとは思えない。買物とか、普通の条件反射で間に合うような程度の英語ならいいんですよ。しかし、向こうのちゃんとした思想家のものや、内容のあるものを筋を追ってこれは誤訳ではなかろうかという心配なく、ばっちりとこの訳はこうであると言うためには、それだけの文法は必要ですね。日本語はインド・ゲルマン系のものじゃないですからね、英語には類推がきかないんです。だから最低あの程度まで教えることは文法過多ではないと思います。

それが文法過多と思われるのは、each other が二人で、one another が三人だとか、こういうことはフレーズですからね、文法じゃないですよ。熟語であげ足とってるからみんなまいっちゃうんでね。純粋な骨格的な文法操作にしぼるならば、それは過多ではないと思う。このインフィニティブは何用法かと聞いて、それが形容詞的、副詞的と、さっとはっきり言えなければ英語の文は追えないですよ。フランス人やドイツ人は同じようなものが出てきたら、自分の国にもあるんだから訳してみせるだけで、その意味が誤解なく伝わるんです。それが日本語の場合はインフィニティブなんかだいたいないですからね。これはちゃんと説明してもらって、われわれもわかったのです。これは副詞的、これは形容詞的とぱっぱっと、区別できるというのでなければ、いつになっても砂の上を歩くようなもので、本当に自分の訳が正しいのかしらんという疑惑が残ると思うんです。

國弘　たとえば不定詞をこれは形容詞的用法か、副詞的用法かというようなことを問いつめられると、わたしはいつも言えないで困るんですよ。つまりわからないんですね。副詞的用法というのはいったい何だったかと述語レヴェルでまずつまずくんですね。おそらくは荒井さんも同様だと思うんですがね。さっき先生がおっしゃった、これは形容詞用法だということを的確にこたえられないようであれば、英文を正しく読みこなすことにならないということになると、わたしはどうも読みこなしてないのかなと、こう一種の劣等感を感じるんです。

渡部 学生を教えていると、彼らはなんか変な訳をするでしょう。たとえば、不定詞がどこにかかっているのか蒙昧たる訳をやるわけです。つまり、この不定詞はどこにかかるのか、何用法かというのがわからないわけです。そうすると、あらためて考え直させて、これはここにかかるからこういう意味になる、というふうに正しい筋道へ戻させるわけです。ところがもとの不定詞に副詞用法なり、形容詞用法があることもあまり知らないし、術語も知らないと、実際どうして説明したらいいか、それが勘でわかるためには膨大な量の本を読まなきゃ、また何年も経たなきゃわからないわけです。要するに文法を軽視した経験訓練になってしまって知的訓練ではなくなるんです。学校は、数学にも言えるように、要するに、まず第一に知的訓練の場であって、経験訓練の場ではないわけです。

知的訓練と経験訓練

國弘 学校というのは知的訓練の場であって、経験訓練の場でないというご発言、これは非常に重要なご発言だと思うんですね。荒井さんもわたしも、こと英語に関しては、どうも知的訓練はあまり受けなかった。なんか海の中にほうり込まれて、アップアップして、おぼれちゃ困るから、いつの間にか英語で何とかどうやら人並みに泳げるようになったということじゃないかと、今になって思うんですけれども。そこで、学校教育というものは知的訓練だとおっしゃいました。まったくその通りだと思いますし、たしかにヴァレリーだったと思うんですけれども、なぜフランスのリセで、ラテン語や古代ギリシャ語を教えるんだということにこたえています。ラテン語の場合は若干具体的な実用的な価値もありましょうけど、古代ギリシャ語の場合にはまったくこれは純粋な意味での知的訓練でしかあり得ないように思うんですね。まあ古いギリシャのものを読めるというのは、実用的価値と言えるかも知れないけれど、ヴァレリーに言わせると、要するに、実用的には無用の長物であるかのような古代ギリシャ語の文典なら文典を使って読むこと自体がそれ自身の中にすでに知的訓練があるんだし、それが教育なんだということを言っていたように記憶するんですけれど……。

そこで荒井さん、学校英語を経てきた人をごらんになって、どう思われますか。知的訓練も十分じゃないけれども、経験訓練は皆無だ、とにかく総体として英語がまったくなっていないというふうにお感じになるか、それとも知的訓練の方はいい、ひととおりのものは身につけている、望むらくはそれに若干の経験的な訓練を施してほしいとお考えか、そのあたり実業界のお立場からどうですか。

荒井　少なくとも大卒でもって入社してくる連中は、今のぼくの会社だけでなく、他の会社も含めてですけれども、極端な言い方をすると、何も勉強していないですよ。例外として、これから英語の社会でもって生きていくんだということを人生の方針として大学時代に立てて、それで特別に勉強した一部の連中を除いては、はじめからブランクだと言ってもいいんじゃないかと思います。

渡部　それは一つは、昔の中学自体が非常に難しいものでしたね。そこでも英語をある程度読み書きできるのは何割ですかね。少なかったんです。それが今はネコもしゃくしも中学へ行く。だからこれは教授法のいかんを問わず、そんなできる人間がいるわけはないんです。というのは、われわれが一般学生に要求していることは、まさに向こうで言えば大学院のリングィスティックスの訓練でやっていることなんです。だから脱落者が多いのはこれは当然な話なんで、これは教授法にかかわらずあると思うんです。

もう一つは、いわゆるさきほどの構造言語学のために、なんか文法をガチッと教える確信を失った先生がいるんじゃないですか。誰の方法でも、教える方が確信を持ってやればある程度行くものです。ところが構造言語学自体の方法は、ものすごい量がなければ教えられないんですね。毎週何時間もやらなきゃ。ところが普通の学校でそんなことやっておれませんですからね。どうしてもその効果は伝統的な文法に対する確信を弱めたという、迷わせるだけの作用しかしなかったのではないかと恐れるわけです。

荒井　たしかに日本人が学校を出た時に百パーセント全部英語を使うような状態に持っていくということは不可能であると思うし、そこまで社会も要求してなくて、英語をツールとして仕事をする連中の、社会に出る人間の中におけるパーセンテージというのは、今後どんどん増えていくと思いますけれども、現実に百パーセントにはならないと思うから、その志がある連中に対して、学校段階で、中等教育、それから大学教育も含めて、もう少しインテンシブな訓練をやるということはできないものですかね。経験訓練的なものも知的訓練的なものも含めて。

渡部　わたしは実用の方も非常に重要だと思うんです。英語は必ずしも数学と同じではないですからね。何でも方程式が解ければいいといったようなものではないとは思うんです。そこで、わたしは去年の今頃『英語教育』に書いたんですけれども、実技の方の先生は――これは明日からすぐやるわけにはいかないのですけれども――やはり経験訓練は外人でなければだめです。生徒と会話だけ英語でやって長い間続けると言ったら、てれくさくてもうしょうがないですよ。それから外人とつき合いますと、黙っていても発音がいいんです。発音にああだとか、こうだとかうるさいこと言わなくても、外人とつき合わしていると何となく通ずるような発音の仕方を覚えます。これは今までの英語教育にいちばんのネックだったわけです。発音、ヒアリングは外人にやらせれば全然問題ない。だから、経験教育は必要があれば外人にまかせる。これは今後の見通しが明るいと思うんです。というのは、つい先日『ニューズウィーク』と『タイム』の両方に出てたんですが、今度西ドイツで大量にアメリカ人の先生を高等学校へ移入したんです。これはドイツでは今、高校の理数の先生が足りない。ところがアメリカは余っているらしいんです。それでハンブルグ市で募集を出したら、二週間で五百人か四百人が来たというんです。

学校における古典教育の必要性

國弘　一つは日本の英語教育の欠陥だとわたし思うんですけれども、何かかみしもを着て、英語様をお教え申し上げるというような感じでなんか英語というものがとらえられているんじゃないかという気がするんです。自分もテレビやってて人さまのこと言うつもりはありませんけれどね、わたしなんかも、なんか英語様をお教え申し上げてるというようなことになりがちなんですね。自戒はしているんですが、実際やっててもう少しラフにと申しますか、学校教育の中でも英語というものを教えることができるんじゃないかと。これは学問は別ですよ、英語学、言語学という専門分野は別だけれども、少なくとも一般の英語に関する限りはもう少し気安く扱っていいんじゃないかという点が一つ。

それから渡部先生の書いておられるのを拝見してたいへんに感銘を受けているんですが、その一つの大きな理由は、文明論的な視野を先生は非常に持っておられるということなんです。世界文明の中の一つとしての日本というか、そういう立場をかなりとっておられると思うし、現在の地球的な状況のもとにおいて日本をどう位置づけるかということに対して関心が先生方お二人とも非常に強いと思うし、それからこれからの世界的な、地球的な状況の中で、いったい英語というものを、あるいは英語教育をどう位置づけるべきかということについても、それぞれご意見がおありだと思うんですね。

この一種のカルチャー・ショックというか、文化的な衝撃をやはり若い子どもたちに与えるということは、そしてその文明論的な視野を少しでも育ててやるということは、やはり英語教育の非常に重要な使命なんだと。これは単にrとlの発音がどう違うとか、thは舌を出せとか、出すなとか、I sinkと言ったら、わたしはそのまま沈みますというふうに外人から注意されたとか、そのレヴェルが自己目的化し、そこにとどまっていてはいけない気がするんです。

荒井　今ぼくなんかがやってる仕事はビジネス・コンサルタントで、そうとう高度な分析を英語で必要とするようなレポートを書いたり、あるいは書いたものに目を通したり、それから少なくとも毎日英語でのコレスポンデンスというのはディクテーションさせたりしているわけです。そこでどのくらいの単語を使ってるかと言いますならば、これは中学の二、三年までの単語を知っていれば、術語を除けばそれで十分事が足りるわけです。ビジネスのコミュニケーションの手段としての英語というもの自体が簡素化の方へどんどん進んでいると思うんですよ。これは世の中のスピードなんかとも関係があるだろうし、なるべくシンプルにやることが、誤解が少ないとか、いろんな世の中の流れと合致しているんだと思いますけれども……。

そうすると、あまり、実際面でもって英語を使うことを予定している人たちに対して、英語はもう単語の難しいのがたくさんあるんだというふうにして、メンタル・バリアを作っちゃうのはまずいんじゃないかという気がするんですよ。さっきカルチャー・ショックとおっしゃられたけれども、地理的にはヨーロッパと日本は非常に離れているけれども、とにかく日本はヨーロッパ文化圏みたいなものですね。大上段に振りかぶって、違った文化の語学を教えるんだなんていうことで、メンタル・ブロックを作らない方が、かえって受け入れられやすいんじゃないかという気がするわけです。

渡部　わたしはやはり英語を学校でやる場合のことを考えますと、かみしもというのはちょっと語弊があるような気がしますけれども、ちゃんと勉強をする英語と、それからあまり気にしないでやるのと二つあると思う。どこの国でも文明国というのは、ごく少数の例外を除けば古典教育があったと思うんです。古典教育で何をやるかというと、結局えりを正して外国語を読むということなんです。ところが日本の場合はずっと古くから古典は、中国の四書五経、そういった系統のものがありましたけれど、それがなくなったんですね。だから日本の古典は今ないですよ、実際にはね。しいて言えば、わたしの体験から言えば、戦後読まされた英語だと思う。学徒動員から帰ってきまして間もなく読まされたのが、あの変に難しいレッスン・ワンがベーコンのエッセイなんていうやつです。ベーコンくらいだとえりを正して読んで入念に内容を説明しても読むに値するわけです。学校の教科書というのはベーコンまで遡らなくてもいいと思いますが。それから英語が昔からの古典の機能をいくらか担うようでなければ、ぼくはやはり国民教育に重大な欠陥が生ずると思うんです。

現在われわれが生きている世界は主としてアングロ・サクソン文明だと思う。たとえば議会制度だとか、株式会社制度、銀行制度だとか、為替だとか、一応アングロ・サクソン文明ですね。これはぼくの非常に粗雑な文明観、あるいは歴史観なんですけれども、自然科学を除けば、あるものはある程度まで進歩するともう進歩しないというところがあると思う。たとえば音楽でもはっきりすると思う。バッハ、ハイドン、モーツァルト、ベートーベン、このへんまではいいんだけど、その後ぼくは音楽は進歩していないと思う。変ってはいるけれども、進歩とは言いがたい。俳句なんかでも芭蕉以後進歩しているとは言えないでしょう。

そういうようにある程度まで達すると、いいものは下がる一方になると思う。古典教育というのは過去における人間の精神文明のピークをやることだと思うんです。だから近代ヨーロッパでもなぜキケロとかセネカだとかを読んだか、と言ったら、あれは古代における人間の知性が非常に高い段階に達した時なんで、高かった時代の精華を一生懸命分析的に読んでいるうちに、いわゆるフランスにしろ、ドイツにしろ、イギリスにしろ、高い文明に達したと思うんです。われわれが今、大きく分けてアングロ・サクソン的な文明の流れの中にいるとすれば、そのピークはあったと思う。多少語弊はありますけれども、だいたい十七世紀の後半から、第一次大戦前までのイギリスあたりのリーダーたちの意見というのが古典的と見なせると思う。まあ、ロックにしろ、それから教育論であればミルトンを入れてもいいと思うし、あるいはハーバート・スペンサーでも、あるいはかなり通俗的ですけれども、マコーレーでも、とにかく良識というのがあふれていると思うんです。アメリカなんかでもやはり建国の父なんかの意見はりっぱですよ。いいピークがあるんですね。そのピークを学び続けるということがやはり古典教育なんで、それを学校がやらなきゃどこがやるかということだと思うんです。

荒井　過去の進歩のピークを教える古典教育にはおおいに賛成であるし、それは今後もおおいに強調されなきゃいけないけれど、ベーコンやシェイクスピアを教えていたりしただけでは現在の世の中へ出てのツールとしてはなかなか使えない。日本語をとってみても英語をとってみても、さっきぼくは簡素化と言ったけれども、コミュニケーションの手段としての言語というのは、世の中の発展に追いつくために猛烈に今、形を変えてきていると思うんです。それは、ピークの時からすれば後退であるかも知れないけれども、ピークの時のシェイクスピアだとか、ベーコンだとかいったようなものとは全然違ったものが現れてきている。そっちはそっちでツールとしてやはり教えなきゃいけない。それだからといって、古典教育を無視するとは言ってないわけです。現在あらゆる分野において、世界に日本のものが広まっているために、英語教育というものには過酷なノルマがかかっていると思うんです。

渡部　わたしは大ざっぱに言って学校内教育は古典的、知的、それから学校外教育はそれを補足する意味で実用的経験と言いますが、だいたいそう大ざっぱにわけてよろしいと思うんですけれどね。

國弘 そうしますと、学校内教育というのは先生の言われるような古典教育でいいんだと。学校外で、ちょうど水泳や野球の選手が合宿その他によって強化訓練をして一人前になるように、実用的英語能力についてはそれでいくんだと。こういう意味に了解して……。

渡部 そうです。ほぼそういう線で……。

荒井 古典的、知的なものだけが学校の役割であり、実用的なものは学校外であると言われるんですけれども、ご存じのように、アメリカの大学というのはアカデミックでなくて、非常にボケーショナル・スクールみたいな感じのところが多いんですね。そういったようなやり方自体がいいか悪いかは別として、意志がある学生に対しては宿題をどんどん渡してやって、根本的なところだけ指導して、自由に自分の時間でもってそれを肉づけていくという方法はないですかね。

渡部 今、アメリカの学校を持ち出されましたけどね、わたしもアメリカへ行った時、最初は脅威だったんですよ。人口が二倍で大学の数は三倍以上あるでしょう。そしてどの学校だって設備は日本の学校よりたいていいい。これはもう恐るべきだなと思ったら、そのうち必ずしも恐るべきでないという理由がだんだん見つかったんです。その一つは彼らは全体として知的な語学をやらない。ということは頭の働き方がたいへん単純なんです。ただ非インド・ゲルマン語をやらないんならせめて古典でもやっておけばだいぶ頭がしなやかになるだろうに、それをやっていない。実用的、時事的な教育は盛んだが、これはたいへんな時間のロス。というのは職業的なことは十年前のものだったらほとんど役に立たないでしょう。これは根本的に教育がまちがっているなと、その時思いました。

ところが何と言うか、アメリカが強大なる頃、つまり、のぼり坂の頃、指導者たちはだいたい古典教育をがっちり受けているんです。だから新しい意見があった時でも頑として対抗してやれたわけです。ところがこの頃、上の人たちが自信がなくなっちゃって、非常に卑俗な例で言えば、ロック音楽が盛んである時に、しかし、「バッハの方が優秀なんだ」と断固として言えるだけの自信がある人が少なくなった。これはもう文化としてはどうもあぶないですね。

イギリスや日本なんかはその点、昔から周辺文化のおかげで得したわけで、常に最善のものを見ていたわけです。悪いものは入れないわけですよ、はじめからね。過去の日本の知識階級が日本語とは全然語脈の違う漢文を読んだために、知性のフレキシビリティが高かった。それはもう聖徳太子から明治維新に至るまで。このような世の中の変り方が早い時に、知的フレキシビリティ以上に、尊い財産があろうかということになるんですね。

文化交流の礎としての英語教育

國弘　日本の英語教育というものが、いわゆる言葉そのものの枠をあまり出てないんではないかという気がするんです。英語の先生方ご自身の関心も、いわゆるディシプリンで言えば、英語学と、あるいは英文学という、限られた枠をあまり出ようとしておられない。たとえばこれは一つの例ですけれども、英文学者が政治というものに対して何ら興味を持っていないとおっしゃるのがわたしには不思議でならないんですよ。イギリス人というのは、わたしは素人ですけれども、すぐれて政治的な国民ですね。政治的な分野において非常に多くのイノベーションも行ったし、さっき先生ご指摘のように、議会制度にしても、まあイギリスの発明であると言っていいと思うんですね。日本もそれをある意味では吸収したと。したがってわたくしはイギリス文学というものは、ある種の政治文学として読み直してみるというようなこともできると思うんですね。イギリスの政治に対して別に興味がなくても、文学というものは人間のいわば運命に非常に大きな関わりを持ったことを描いたものである以上、同様に人間の運命に対して大きな関わりを持つ政治――好むと好まざるとにかかわらず、われわれの運命に大きく関わり、左右する、時と場合によっては、われわれの物理的な生命をも、たとえば戦争というような形で、物理的にこれを断ち切ったり、ねじ曲げたりする――そういう問題について関心があまりなくて、しかも英文学だ、英語学だと言っておられる。わたくしはどうもそこがテニヲハが合わないような気がする。その意味で、外国語教育というものと、外国語の背景にある文明論的な、あるいは文化的な関心というものが、もっと結びつく必要があるのではないか、そういう形で外国語教育がなされていくべきではないか、と思っているのです。まして現在の地球的状況というのは、まさに距離の圧殺――トインビーではありませんけれども、距離の破壊がどんどん起きている時代だし、ましてやわれわれが今相手にしている若い子どもたちは、その人生の非常に大きな部分を、より小さく、より狭く、より運命共同体的な色彩を加えていくであろう地球的状況の中で、五十年、三十年という時間を過ごさなくちゃいけない。そういう場合に、いわゆる価値観なり、ものの見方なり、世界観なりというものを、彼らが持つかということは、彼らの運命に直接関わりがあるし、または人類全体の、三十六億の人間の運命にも関わりを持つことだとわたしは思うんですがね。

で、英語教育というのはそういうものに斬り込んでいくかっこうの、最も先端的であっていい手段だと思うんですけれども、ただ惜しむらくは、英語の先生方が、英語という怪物のような、魔物のような、どこまで行ってもきりのないようなものと取り組んでおられて、授業時間も多いというようないろんな条件がわざわいして、そういう意味での発想なり、考え方などを欠いておられるのではないかということです。これはわたくし非常に残念に思うんです。

渡部　日本人というのは、やはり非常に特殊な民族でしょう。特殊な民族がインターナショナルな世界に立つ場合、何かこう人類の共通項みたいなものが必要なわけなんですね。その共通項の基礎には英語はなると思うんですね。よき文法と、よき読物を読むならば。

國弘 人類文明なるもの、あるいは人類史と言ってもいいと思いますがね、歴史的に言えば、そういうものをいわばくくるための共通項として、英語なら英語を教えるんだという意識が現在はたしてあるでしょうか。

渡部 いや、あってほしいと思うんですよ(笑)。現実はどうであれ、今の先生たちが、自分の教えていることに対して、より深い自信を持ってほしいですね。初等文法でも、伝統文法を教える限り、これは西洋の全国民に通用する根本パターンであるということ。それから読む内容も、これは日本人の、あまりにも特殊な日本人が、広い世界に入る本当のかけ橋なんであるということ、この自覚を持てばよろしいと思うんです。

國弘 この間日米学生会議というのがありましてね、アメリカのそうとう優秀な学生が大挙してやって来て、そこで日本の政治、経済状況その他について話をしてくれと頼まれたんですよ。それで三時間半話して、あと二時間半質疑応答がありましてね。その時つくづく思ったのは、やっぱり英語を勉強しておいてよかったなという気がしたことでしたね。そして彼らは実に的確な、しかも時としてはあえて異を立てるような質問をずいぶん出してきましてね、わたくしはわたくしなりに答えをしてきたんですが、ただその時に、英語をやってよかったなということのほかに、やっぱり人類学屋として、政治なり経済なり、社会なりの、かなり広い面について、わたしはわたしなりの勉強をしてきたがゆえに、話す内容があったと思いました。そうして日本の問題についてうんぬんする時に、たとえばアメリカとの関連において比較対照することができた。またその逆も言える。そういう文化論的な、日米に対する対処の仕方をしてたということが、非常に幸せだったなと思うんです。

（荒井好民・システム・インターナショナル／國弘正雄・NHK中級英会話講師）

［座談会］　ドナルド・ドイル（アイルランド研究）／クリストファー・バーネット（英語教育）／ピーター・ミルワード（英文学）／山本　浩（英文学）

イギリスの文化と風土

山本　本日は「イギリスの文化と風土」というテーマで、イギリスを構成している四つの地域についてお話をうかがいたいと思います。と言いますのは、日本では、イギリスはそれぞれ独自の特徴を持ったイングランド、スコットランド、ウェールズ、アイルランドという四つの地域からできていることがそれほどよく知られていないからです。たとえば、わたしは『イギリス民謡集』というレコードが好きでよく聴くのですが、このレコードには“English Folk Songs”という英文タイトルがつけられています。ところが、このレコードには、実際にはイングランドの民謡だけでなく、スコットランドやウェールズやアイルランドの民謡も入っているので「イングリッシュ・フォークソング」というのはおかしいのですけれど、日本人にはイギリスの中の地域の区別はあまりよくわかっていないのです。イギリスというのは国としては、いわゆる「連合王国」（United Kingdom）であって、イングランドはその中の一部であることを知らない日本人が多いようです。

今年（一九八八）は六月にサッカーのワールド・カップ大会がありましたが、この大会では、出場チームは西ドイツ、イタリア、アルゼンチンといったようにいずれも国を代表しているのに、イギリスについては、出場したのは国家としての連合王国代表チームではなく、イングランド代表やスコットランド代表でした。つまり、イングランドやスコットランドが他の諸外国と同等の国のように扱われているわけです。ラグビーについても同じで、毎年一月から三月にかけて行われる「五カ国対抗ラグビー」での五カ国は、フランス、イングランド、スコットランド、ウェールズ、アイルランドです。事情を知らない日本人からすると、イギリスの四地域がフランスと同じように「国」として扱われているのは奇妙なことでしょう。とにかく、イングランド、スコットランド、ウェールズ、アイルランドの四つの地域は、民族の相違もありますし、それぞれに独自の歴史や文化を持っています。言語についても、ウェールズでは現在でもウェールズ語がかなり使われているように、必ずしも英語ばかりではありません。

そこで、今日はご出席の先生方にイギリスの四つの地域の歴史、文化、風土について語り合っていただきたいと思います。ご出席の先生方を紹介させていただきますと、まず、アイルランドについて話していただくのは、アイルランド人でいらっしゃるドイル先生です。次に、バーネット先生にウェールズについて話していただきたいと思います。バーネット先生は、ご自身はイングランド出身でいらっしゃいますが、長らくウェールズ大学で勉強されウェールズについてよくご存じなので本日の出席をお願いいたしました。またスコットランドについては、イギリス全般について造詣が深く、数年前にはスコットランドのエディンバラに滞在された経験もお持ちの渡部先生にお願いいたします。そして最後に、イングランドについて、イングランド出身のミルワード先生に話していただくことにいたします。

それでは、まずドイル先生にアイルランドについて話していただきたいと思います。現在、アイルランド島は、イギリス（連合王国）の一部である北アイルランドと、島のかなりの部分を占めている、イギリスとは別の国家であるアイルランド共和国との二つにわかれています。そして北アイルランドでは、帰属をめぐって長い間紛争が続いており、その模様は日本のテレビのニュースでも時々放送されますが、一般の日本人にはどうして紛争が続いているのかはよく理解できないと思います。そこで、そのあたりもふまえて、ドイル先生にアイルランドの簡単な歴史、文化の特徴、イギリスとの関係といった点について話していただきたいと思います。

アイルランドの歴史

ドイル　北アイルランドの紛争はたいへんに複雑な問題で、八百年の間イングランドがアイルランドを支配してきたという長い歴史的背景があります。

アイルランドはもとはスコットランドとくっついていました。それが氷河時代に分離し、その後にスコットランド方面から人々が移住してきて住み着くようになりました。紀元前三〇〇〇年頃にアイルランドにいた新石器時代の人々は相当に高い文化を持っていましたが、紀元前一〇〇年頃にその後のアイルランドの国民の中心になったケルト人がやって来ました。アイルランドに住み着いたケルト人の間では、音楽、詩、生活習慣などの文化や言語は共通でしたが、政治的な一致はなく、それぞれ百五十くらいの小さな王国にわかれていました。しかし隣のブリテン島に侵入したローマ人はアイルランドに来ることはなく、ローマ人の影響はありませんでした。

ところが、西暦四三二年にアイルランドにとって第一回目のカルチャー・ショックがありました。それは、聖パトリックによってキリスト教が伝えられたことです。それ以前にもキリスト教は少し入っていましたがそれほど成功せず、聖パトリックによってはじめて国全体がキリスト教信者になりました。聖パトリックが王様をキリスト教信者に改宗させたという、復活祭の有名な話がありますが、わたしがアイルランドの研究をしていていちばんいいことだと感じるのは、この時キリスト教は、それまでアイルランドにあったケルトの文化を潰さずに上手にそれに同化していったという点です。

ヴァイキングの来襲という第二のショックに次いで、十二世紀には、イングランドの支配者となったノルマン人がアイルランドに侵入するという第三のショックがありました。ここから、今日までの八百年間続くアイルランドとイングランドとの政治的な関係がはじまったわけです。ノルマン人は、技術を教えたり馬を持ち込んだりといったようにアイルランドによいこともたらしましたが、ノルマン人とアイルランド人との間には戦いがありました。しかしノルマン人の影響はだんだん小さくなっていって、ダブリン周辺のペイルというところだけになってしまいました。

ところが、第四と第五のショックがアイルランドを襲いました。つまりヘンリー八世やエリザベス女王のテューダー朝のイングランドがアイルランドを侵略し、さらに十七世紀にはクロムウェルがさらにひどい侵略をしたのです。イングランドは宗教改革の結果プロテスタントになりましたので、イングランド政府はカトリックであるアイルランドを迫害しました。これは、北アイルランドでは最近まで続いていて、職業、住居、投票権などに関して差別があり

ました。アイルランドに対する迫害が最も成功したのは、北アイルランドのある地方で、ここではアイルランド人の農民を追い出して、その土地をスコットランドから来たプレスビテリアン（長老派）の人々に与えるということが何百年もの間行われてきました。現在の日本の新聞やテレビは、北アイルランドの紛争を宗教戦争としてとらえているようですが、そこには歴史的、政治的な深い理由があって、単純にプロテスタントとカトリックの間の宗教的な紛争と考えるわけにはいきません。たとえば、自分の土地がとられたとか、イギリスの国王や政府がアイルランドに対してひどいことをした、といったこともアイルランド人の心には深く刻み込まれているのです。

一七八九年にアイルランドはイギリスからのいろいろなプレッシャーに対して反抗の戦いを起しましたが結局は失敗しました。それに対してイギリスは、連合法（Act of Union）によって、アイルランドを併合してグレート・ブリテンとアイルランドの連合を形成することにし、アイルランドの国会は廃止されることになりました。これが第六のショックです。

第七のショックは、一八四五―四九年に起った大飢饉でした。当時は、普通の田舎の人々はじゃがいもを常食にしていましたが、じゃがいもが不作になったために、百万人ほどの人々が亡くなったと言われています。その結果、新天地を求めて百万人の人々がアメリカ合衆国、オーストラリア、カナダに移住しました。

渡部　あるアメリカの学者が、その時の大飢饉を「トリアージ」という言葉で説明しています。「トリアージ」というのはコーヒーの豆などを選別することですが、死ぬ人は死ぬに任せておくというのがその時の大飢饉に際して当局がとった方法だというわけです。その時の政府はラッセル内閣でしたが、ラッセル内閣は何の手も打たずに、人々が大量に死ぬのをそのまま放っておいたようです。その方が農地問題の解決のためによい。つまり、人が死んでいなくなれば農地問題も起らないから、というわけです。

山本　その時にアメリカ合衆国へ移住したアイルランド人が、現在のアイルランド系アメリカ人の先祖になるわけですね。

ドイル　現在、アメリカでは、一千万人の人が両親がアイルランド系で、四千万人が片方の親がアイルランド系だと言われています。

山本　暗殺されたジョン・F・ケネディ大統領など、著名な人にもアイルランド系アメリカ人は多いですね。

アイルランドの文化的伝統

ドイル　一八二九年にダニエル・オコンネルの努力によって、カトリック教徒解放令が出されました。それまでアイルランドではカトリックの人たちには投票権がなかったのですが、これによって政治世界に参加できるようになりました。

ミルワード　カトリック教徒解放令はけっしてアイルランドのカトリック教徒のためだけではなく、同じ年にイングランドのカトリック教徒もやっと解放されたのです。

ドイル　一八九三年には、アイルランドの言語、衣服、舞踊、音楽、詩を奨励する目的でゲーリック同盟が設立され、アイルランド的な文化が追求され、アイルランド人を鼓舞しました。

山本　アイルランドではいつ頃から英語が使われるようになったのですか。

ドイル　アメリカやイングランドに移民した場合には英語が必要だということに人々が気づくようになり、十九世紀の終り頃には言語はだんだんと英語になっていきました。しかし、古いアイルランドの伝統的なものを通して自分たちのアイデンティティを確立することが必要だということでゲーリック同盟ができ、その運動の中でアイルランドの言語であるゲーリックを大事にしました。また、ゲーリック・フットボールのような伝統的なアイルランドのスポーツもあり、アイルランドのスポーツを奨励するためにゲーリック体育連盟も結成されました。

一九一六年のイースターの時に反イギリスの蜂起がありました。この失敗に終った蜂起は、一般のアイルランド国民からは支持されませんでした。ただ、この蜂起の指導者たちの十四名が死刑になると、国民の気持ちが急に変り、アイルランド全体がイギリスに対して反対する気持ちを強く持つようになりました。最終的には、一九二一年に条約が交わされ、北アイルランドの六州はイギリスにとどまり、あとは独立したアイルランドになりました。北アイルランドの中にはこの条約に賛成の人と反対の人がいたために内戦が起りましたが、これは一九二三年に終りました。一九三八年には、イギリスはダブリン、コーク、ゴールなどの港をアイルランドに返還しました。その翌年に第二次世界大戦が勃発しましたが、その第二次世界大戦ではアイルランドは中立を守りました。

山本　現在もアイルランド共和国としては、いずれは北アイルランド六州がアイルランド共和国に入ることを望んでいるのですか。

ドイル　もちろんそうです。しかし、テロによってではなく、民主的なやり方で、つまり投票によってそうなることを望んでいます。今の段階では、北アイルランドに住んでいるいろいろな立場の人たちが、お互いのアイデンティティを認めることが大事だと思います。

山本　しかし、それも急にはなかなか……。

ドイル　あまり新聞やテレビでは報道されていませんが、最近の十年間でだいぶ変ってきました。一九八五年には、イギリスと北アイルランドの間に条約が交わされました。

山本　言語の問題についてですが、現在ではゲーリックはほとんど死んでしまったのでしょうか。

ドイル　そうとも言えません。さきほど、十九世紀の終りにゲーリックを復活させようとする動きがあったと申し上げましたが、わたし自身も子どもの頃学校で強制的にゲーリックの勉強をさせられました。ただ、今は話せませんが。日本人が学校で英語を勉強しなければならないのと同じように、わたしも自分の国の言語ではありますが、ゲーリックを勉強しなければなりませんでした。心理学科のバーク先生の行った学校では、全部の科目がゲーリックで教えられたそうです。ですから、バーク先生はゲーリックを話すことができます。現在でも、アイルランドの地方によっては英語とゲーリックの両方を使っているところがありますが、ゲーリックだけを話す人はいません。

渡部　ゲーリックの運動が起った十九世紀の終りから二十世紀のはじめにかけて、ジョージ・バーナード・ショー、シング、イェーツといったように、日本の文学にも大きな影響を与えたアイルランドの作家や詩人が大勢いましたが、現在、あの伝統はどこにいったのでしょうか。

ドイル　彼らが有名になったのは、アイルランドを出て、イギリスやフランスで活躍したからです。ショーもジョイスもベケットもみなそうです。むかし、ロンドンにいたわたしの伯父がアイルランドの守護聖人の聖パトリックの祝日に催されるアイルランド人の集まりで、ショーにゲスト・スピーカーとして話をしてもらいたいと思って招待状を出したところ、ショーから次のような返事が来たそうです。「ご招待はありがたいのですが、われわれアイルランド人がイングランドに出てきたのは、お互いから離れて暮すためだったと思いますので、わたしとしては、なぜここでいっしょに集まる必要があるのかわかりません。あしからず」。(笑)

ミルワード　いかにもショーらしい言葉ですね。

渡部　現在、アイルランド人の大作家や大詩人がいなくなったのは寂しい気がします。当時は、大作家、大詩人が大勢出て、彼らがアイルランド人だということを世界中の人がみんな知っていました。

ミルワード その頃の英文学では、イングランド人よりもアイルランド人の方が多かったような気がします。

ドイル アイルランド人がイングランドに対してよく言う言葉に、「あなた方イングランドはわたしたちに英語という言語をくれましたが、わたしたちはお返しに文学をあげました」（笑）というのがあります。現代のアイルランド作家としては、もう亡くなりましたが、劇作家のブレンダン・ビーアンがいます。

ミルワード シェイマス・ヒーニーはオックスフォード大学の詩学教授に選ばれました。

バーネット それは、ケルト人の復讐かも知れませんね。（笑）以前、わたしはイギリスの厚生省で働いたことがあるのですが、そこにはケルト人が大勢働いていました。わたしの上司はスコットランド人でしたし、アイルランド人もウェールズ人もいっぱいいました。ケルト人は、文化の面だけでなく政府の中にも、もぐらのように入り込んでいます。

ミルワード ある人がスコットランド人に「どうしてスコットランド人は、スコットランドに自分たちの国会議事堂を持たないのですか」と質問すると、「わたしたちスコットランド人は、すでにロンドンのウェストミンスターの国会議事堂で十分に仕事をしているので、別にスコットランドでまた仕事をする必要はないでしょう」という答えが返ってきた、という笑い話があります。マクミラン、マクドナルド、ヒュームといったように、今世紀のイギリスの有名な首相の多くはスコットランド人です。

山本 ドイル先生御自身は、自分はケルトの伝統を持っていると感じることはおありですか。

ドイル ふだんはあまり考えませんが、数年前から「アイルランド研究」という講義をはじめて、そのために本を読んでアイルランドのことをいろいろ調べていますと、自分のアイデンティティはアイルランドにあると強く感じます。

ウェールズの歴史と言語

山本　では、このへんでウェールズに目を転じようと思います。アイルランドのゲーリックのことが話題になりましたが、ウェールズについても重要な点は言語だと思います。わたしの個人的な経験ですが、ウェールズでパブに入ったら誰も英語をしゃべっていなくてウェールズ語しか聞こえてこないとか、駅でもバスの停留所でも案内が英語とウェールズ語の両方で表示されていたりといったぐあいで、とてもイギリスの中にいるといった感じがしませんでした。そこで、バーネット先生にウェールズ語の問題、ウェールズとイングランドとの関係、そして現在のウェールズについてお話ししていただきたいと思います。

バーネット　アイルランドは独立して別の国になりましたが、ウェールズは、正式にはPrincipality of Wales（皇太子領）と呼ばれるようにその代表はイギリスの皇太子（Prince of Wales）であって、別の国ではありません。しかし、カンブリア山脈のおかげでイングランドから遮断されていたので、イングランドに飲み込まれることなくウェールズの文化は生き残ったのです。これはとても大切なことです。イングランド南西部のコーンウォール地方もかつてはケルト文化が栄えたところでしたが、イングランドとの境に遮断するものが何もなかったので、結局はイングランドに文化的に飲み込まれてしまいました。とにかく、ほかのケルト語と比べると、ウェールズ語はかなりよく生き残っていると言えると思います。現在、ウェールズでウェールズ語をしゃべれる人は人口の二〇パーセントほどです。

ミルワード　ケルト民族の中で、ウェールズ語は最も自然に使われてきました。アイルランドでのゲーリックの使用はむしろ人工的ですし、スコットランドではゲーリックはほとんど消えてしまいましたが、今でもウェールズ語は生きている言語だと言えるでしょう。

バーネット　ウェールズは十三世紀にイングランドによって支配されるようになりました。そして、ウェールズにとって最も悲しい時代は、皮肉なことにテューダー朝の時代でした。テューダー家はもともとはウェールズ人でしたが、スターリンが自分の出身民族であるグルジア人に対してきびしかったように、テューダー朝の君主たちはウェールズに対してたいへんきびしい姿勢でのぞみました。そこで、テューダー朝のイングランドは、一五三六年と四二年のウェールズ法によって、英語を昇進のために必要な公用語にして、英語を身につけていない者は公務員から除外することにしました。しかし不幸中の幸いは、テューダー朝のきびしい姿勢にもかかわらず、カンブリア山脈のおかげで比較的カトリックが生き残り、ウェールズ語でカトリックの信仰が教えられたことです。そこで、それに対抗するためにエリザベス女王は、ウェールズ法に反して、聖書とイングランド国教会の『共通祈禱書』をウェールズ語に訳すことを認めました。これは「テューダー朝の大失策」と呼ばれていますが、このためにウェールズ語は生き残ることができました。

山本　ああ、なるほど。

バーネット　ウェールズでおもしろいことは、いわゆるノンコンフォーミストの宗派（イングランド国教会以外の宗派）が強いことです。カトリックも残りましたし、バプティストやメソディストもかなり強い勢力を持っています。

ミルワード　メソディストが広まったのは産業革命の時です。イングランド国教会は、すでに確立していた教会だったので労働者のために別の新しい教会を建てようとしませんでしたし、エスタブリッシュメントだったので労働者を軽蔑していました。そのために、ウェールズやイングランド西部では、産業革命期にメソディスト教会が労働者を引きつけたのです。

バーネット　現在のウェールズの歴史は、ソーンダーズ・ルイスという人が一九六二年にＢＢＣラジオで行った

「ウェールズ語の運命」という講演にはじまると言われています。

ルイスは詩人・劇作家・ジャーナリストで、一九三〇年代に軍の新しい飛行場に放火したために監獄に入れられた経験のある人です。この講演の中で、ルイスは、ウェールズ語は十九世紀には教育、地方行政、産業、司法の公用語になる可能性があったが、一九五〇年代までに、その可能性はまったくなくなってしまった、とのべています。ウェールズ語が後退してしまった状況では、攻撃は最大の防御であるということから、ルイスは英語をボイコットするように提唱します。あらゆることをウェールズ語でするようにしなさい。そして、ウェールズ語で書かれていなければ、政府の文書や召還状に応答するのを拒否しなさい、とルイスは提唱するのです。このようなルイスのメッセージは非常に強力で、しばしば経済的な目標に向けて暴力的な抗議活動が行われ、イングランドの諸都市に給水するためのダムや貯水池を建設する作業が妨害されたりしました。ウェールズの田舎にある別荘の多くは、休暇の時にやって来るだけの不在地主が所有しており、たいてい不在地主というのはイングランド人であるので、そういった別荘はまっさきに放火の目標になりました。一九六〇年代には、自由ウェールズ軍と呼ばれる組織が武装して、公然と軍事訓練をしました。当時、政府の施設に対して行われた爆破事件は、この組織によると言われています。多くの人々は、彼らのことをウェールズの政治の周辺で騒いでいる頭のおかしな連中と見なしていましたが、それでもこの組織の一部のメンバーは、チャールズ皇太子がアベリストウィスのウェールズ大学に滞在していた三カ月の間、ずっと拘束されていました。

とにかく、このようなウェールズの反イングランド運動に強い影響のあったルイスはリバプールの出身でしたし、また、一九四五—八一年にウェールズ民族党の総裁をつとめ、一九六六年には同党で最初の国会議員となったグウィンヴォ・エヴァンズはウェールズ語のネイティブ・スピーカーではありませんでした。

ミルワード　つまり、ウェールズの外にいるからこそいっそうウェールズを意識するようになって、自分の母国と思われる国に戻ったら国民よりももっと愛国的になるのでしょう。ルイスというのは、ウェールズ人の典型的な苗字ですね。

山本　南米に移民した日本人が、本国の日本人よりもはるかに愛国的になるのと同じですね。

ミルワード　香港で生まれたイギリス人も、イギリスにいるイギリス人より愛国的です。

バーネット　エヴァンズは一九七〇年に議席を失いますが、一九七四年の選挙で再び国会議員になりました。当時、ウェールズやスコットランドの民族主義政党が国会に議席を得るのは一時的な流行現象でしかないと見なされていましたが、その後もウェールズ民族党は国会に議員を送っています。ただ、ウェールズ語がそれほど強くない地方では、ウェールズ民族党の議員はあまり重要な存在とは考えられていません。しかし、民族主義政党を軽視するのは賢明ではないと思います。ウェールズではたいしたことはありませんが、スコットランドでは民族党はかなり大きな影響力を持っていました。たとえば、スコットランド民族党は一九七九年に与党の労働党と協定を結びました。その時労働党は過半数をわずかに超えているだけでした。その後、両党の間にはいさかいが起って協定は破れ、その年にあった総選挙で労働党は、サッチャーに率いられた保守党に惨敗しました。

ミルワード　ウェールズ人でいちばん有名な政治家は、「ウェールズの賢者」とあだ名されたロイド・ジョージですね。

渡部　彼のおかげでイギリスは第一次世界大戦に勝ちました。

バーネット　自由党だったロイド・ジョージのおかげで、ウェールズの田舎では自由党は今でも比較的強いです。

渡部　ロイド・ジョージは実際上は自由党を潰したんですかね。

バーネット　そうですね。彼はエゴイストで自分のイメージのことばかり考えて、自分の党のことを考えませんでした。

渡部　俳優のリチャード・バートンもウェールズ人ですね。

バーネット　バートンは、彼の時代のいちばんいいシェイクスピア俳優だと言われていました。彼の英語のディクションはすごくよかったと言われていますが、しかし彼はもともとウェールズ人です。

ウェールズの文化的アイデンティティ

ミルワード　ウェールズ人は文明人です。ウェールズで何世紀も前から毎年行われている「アイステッドフォッド」と呼ばれる合唱・朗唱のフェスティバルは、長い伝統を重んじています。

山本　合唱と言えば、ジョン・フォード監督の映画『わが谷は緑なりき』に、ウェールズの炭坑夫たちが仕事から家に帰る途中、道を歩きながら一人が歌うとほかの炭坑夫たちがそれに合せて歌い出し、自然に見事な合唱になるという場面がありますね。

バーネット　ああ、そうですね。ウェールズ人は、少しビールを飲めば（笑）すぐに合唱をはじめます。そのように文化的にはウェールズは独自のすぐれたものを持っていますが、経済的にはイングランドから独立することはできず、ウェールズとイングランドは経済的には一つのものになっています。

山本　ウェールズは経済的にはイギリスの中ではむしろ遅れている。

渡部　ウェールズに進出した日本の企業は非常に成功しています。

山本　ウェールズには日本企業の工場が多いようですね。

渡部　それが非常にうまくいっているので、ウェールズ人と日本人との間には適合性があるのではないかという研究があります。

バーネット　ただ、ウェールズは経済的には独立していませんから、イギリスで普通の人がウェールズと言われて思い浮べるのは、文化的なことや地理的なことであって経済的なことではありません。わたしの経験ではウェールズが経済的に独立していると本気で考えている人に会ったことがありませんし、ウェールズは経済的にも政治的にもたいした影響力を持っていないということから、ウェールズの文化やウェールズ語までも無視してしまう人もいます。しかし、ウェールズは自分たちの文化を保持することに成功していて、ケルトの文化を失ってしまったコーンウォールやマン島のようになってしまう兆候はありません。イギリス人はウェールズと言うと、さきほどミルワード先生がおっしゃった「アイステッドフォッド」のことを思うでしょう。

山本　そして、ウェールズと言えばラグビーですね。

バーネット　ええ、ただ、最近はウェールズのラグビーはちょっと弱いですけれど。「アイステッドフォッド」についておもしろいのは、このフェスティバルではいろいろな儀式が行われますが、それらの儀式の中には、ローマ帝国以前の時代とのつながりがあるように見せるために、実は近代になって作られたものがあります。つまり、自分たちの文化や言語はイングランドや英語よりもずっと古いものであることを強調しようとして、そのような新しい偽物の儀式を作ったわけです。

山本　文化的には独自のものを持っているけれども、経済的、政治的にはさしたるものを持たないというウェールズを定義するとしたらどうなるでしょう。

バーネット たぶん、ウェールズに住んでいるすべての人々にあてはまり、誰をも満足させる定義を見つけるのは無理でしょう。ウェールズでわたしは、ウェールズの文化にまったく関心がなくウェールズ語を習うことに強く反対する大勢の人々に出会いました。彼らにとって文化的なことはたいした意味を持つようには見えないのかも知れません。しかし、人間の感情というものは心の中の奥深くに潜んでいるのです。たとえば、カーディフの住人で、まったくウェールズ語ができなくて、「ゴーセス」と呼ばれるウェールズ語の詩のフェスティバルやウェールズ民族党を馬鹿にしている人がいるとしましょう。しかし、この人も「あなたはイングランド人か」と言われれば、うれしく思わないでしょう。このような人でも、「自分はウェールズ人だ」と言い、ウェールズ語のCymruam Byth（ウェールズ万歳）という言葉の意味をよく知っているのです。

山本 ウェールズの文化に関心がない人でも、どこか心の深いところでウェールズを強く意識しているわけですね。ウェールズ語は、やはりウェールズの意識にとって大事なものだと思いますが、ウェールズという比較的狭い地域で話されているウェールズ語にも、方言の違いがあるようですね。

バーネット ええ、ウェールズ語の中にもいろいろな方言があって、北ウェールズの人と南ウェールズの人との間では通じにくい場合があります。基本的な動詞でも北と南とでは違うことがあり、驚きました。

ミルワード わたしも三年間北ウェールズに住んでいたことがありますが、どこへ行ってもウェールズ語が使われていて、まるで外国にいるような気分がしました。そして、ウェールズ人が話す英語のなまりはかなり強いですね。なんだか歌のように聞こえます。

バーネット 特に、南の方の英語がそうですね。

ドイル アイルランドでは英語がゲーリックの影響を受けている場合があります。例えばアイルランドの田舎では、夫が妻のことを“Herself is out for the moment.”（家内は今ちょっと外出しています）というようにherselfと言い、奥さんは旦那さんのことをhimselfと言います。ウェールズの英語にも、そういう言い方はありますか。

バーネット　ウェールズの英語では、You see の意味でLook you! という表現がよく使われます。

ミルワード　シェイクスピアの『ヘンリー五世』に登場するウェールズ人もいつもLook you! と言いますね。

バーネット　ただ、Look you! は、ウェールズ語の表現を英語に訳したものというわけではありません。ウェールズ人が英語をしゃべる時には頭の中でウェールズ語で考えてから、それを英語に訳してしゃべるので、すらすら英語が出てこない時につなぎの言葉としてLook you! を連発するのです。

ドイル　わたしが昔アイルランドから船でウェールズに渡って、ウェールズからロンドンまで行く汽車の食堂車で食事をした時、食堂車の給仕にデザートについて尋ねられてもウェールズ英語のなまりがすごくて何を聞かれているのかさっぱりわかりませんでした。

山本　バーネット先生は、ウェールズ語がおできになるのですか。

バーネット　わたしは、十数年前に五年間ウェールズに住んでいました。その頃、ヒッチハイクするために少しだけウェールズ語を話すことができました。ウェールズ語がまったくしゃべれないイングランド人は車に乗せてもらえませんが、少し話せると「いいイングランド人」になります。（笑）

山本　以前、北ウェールズのバンゴールに行った時に、夜遅くに着いてしまい、どこにホテルがあるのかわからないので、駅前で通りがかりの人にホテルのある場所を尋ねました。もちろん、わたしは英語で尋ねたわけです。すると、その人は、知り合いがやっているホテルに電話をかけてやるといって公衆電話ボックスに入っていき、今度はウェールズ語で電話をかけてくれました。その時、ああ本当にウェールズ語と英語のバイリンガルの人がいるのだなと思いました。紹介されたホテルに行って荷物を置き、そのホテルの一階にあるパブに入ると、またまたその人に会ってしまい、しかもそのパブではお客さんがすべてウェールズ語をしゃべっていました。

バーネット　パブでお客さんがみんなウェールズ語をしゃべっているところで英語をしゃべったらちょっと危ないですね。これは気をつけなければいけません。

スコティッシュ・エンライトメント

山本　では、このへんでもう一つのケルトの国、スコットランドについて渡部先生からお話ししていただきたいと思います。

渡部　スコットランドを語るといっても、わたしは他の先生方のように血がつながっているわけではないので、日本人としてスコットランドにいて発見したことを中心にお話ししようと思います。わたしは、今から十一年くらい前にサバティカルでエディンバラに行きました。最初にイギリスに留学した時はイングランドでしたので、スコットランドのことは何もわかりませんでした。その頃は、日本でスコットランドのことを調べようとすると、ほとんど手がかりがなかったのが実状でした。ところが、スコットランドに行ったとたんにスコットランドばかりかイングランドのことも実によくわかるのです。わたしは子どもを連れていったのですが、子どもは普通の日本の学校で習っていたので、イギリスのことはイングランドだと思っていますから、イングリッシュとかイングランドと言います。すると、即座にスコティッシュとかスコットランドと直されたことが非常に印象的だったそうです。

ケルト民族ということを考えると、ケルト民族はずいぶん芸術や宗教など文化的な面ではすぐれた民族のようですね。しかし喧嘩の際も個性が強すぎて、集団的な戦争は下手だったのではないでしょうか。ケルト民族は最初の頃はドナウ川のあたりに住んでいたようですが、じわじわとゲルマン人に押されて、ヨーロッパの辺境に住むようになりました。一昨年スペインとポルトガルに行きましたが、スペインは非常に陽気で明るいのに対して、ポルトガルに行くと暗い感じがします。スペインもポルトガルも同じような言葉を使っているから同じ民族なのかというとそんでもないことで、ゲルマン人であるスペインに押されて隅っこに行ったケルト人がポルトガル人だというわけで、なるほどポルトガルは暗いのだと納得しました。スペインのフラメンコは明るいけれど、ポルトガルのファドは暗い感じですね。エディンバラにいた時に、古いケルト語の歌をうたうグループがいたので聴きにいきましたが、これは実に悲しい調子の歌でした。印象批評ではありますが、『アリラン、アリラン』と同じ感じがしました。言語上の相互関係はないでしょうが、あまりにも似ているのでびっくりしました。

山本　イギリスの歴史の中でスコットランドが大きくクローズアップされるのは、スコットランドのジェイムズ王がイングランド王になってステュアート朝をはじめた時ですね。

渡部　そうです。十七世紀のはじめにイングランドのエリザベス一世が死んだ時に、彼女には子どもがいなかったために、縁続きのスコットランド王のジェイムズ六世がイングランド王も兼ねることになって、イングランド王としてはジェイムズ一世となったのですが、それによってイングランドとスコットランドの君主がいっしょになったのです。わたしたちの知識はそこで絶えていて、それ以降スコットランドはイングランドといっしょになったと思っていたのですが、実は王様がイングランドに出かけていっただけのことで、スコットランド王国は依然としてスコットランド王国だったのです。何かにつけスコットランドはイングランドと張り合いましたが、スコットランドがスコットランドであることをやめるに至ったダリエン事件というのがあります。この事件に関しては日本ではほとんど知られていないと思いますが、スコットランド人は今でもこの事件には体を震わせるほど腹が立つようです。

一六九八年に、バンク・オブ・イングランドの創立にも関係したウィリアム・パターソンというイングランドの経済学者が、現在のパナマのあたりにあるダリエン地峡を植民地にして一種の商業開放地域にしたら莫大な利益が上がるだろうと説きました。スコットランドは、イングランドに比べて海外進出に遅れをとっていると感じていましたので、その案に乗ってダリエン地峡を植民地化して世界の貿易の中心にしようとしたのです。その時のスコットランド人の興奮はたいへんなもので、実業家も普通の人も金庫の底をたたいてありったけの金を出してダリエン地峡開発隊を応援し、そこにニュー・カレドニア、ニュー・エディンバラ、ニュー・セントアンドルーズといった町を作りました。ところが、疫病のために人々がどんどん死んでしまいました。また、スコットランドから二回も三回も船が送られたのですが、ダリエン地峡のあるところはスペインの勢力圏内であったために、スペインの海軍と戦わざるを得なくなって完全に負けてしまいました。そんなわけで、気がついてみると、スコットランドは財政的にも軍事的にも完全に破産状態になってしまい経済的に成り立たなくなったために、一七〇七年にスコットランド議会とイングランド議会の合同が成立しました。つまり、スコットランドは十八世紀のはじめになって植民地開拓のやりそこないから破産状態になってイングランドに合併されるに至ったわけです。これについては、スコットランド人の恨みは大きく、イングランドは、ダリエン地峡のあたりにはスペインの海軍がいて下手に入り込んでいったら全滅させられるので、あんなところは植民地にならないという情報を持っていたのに、それをスコットランドには絶対に教えてくれなかったばかりでなく、スコットランドがやりそこなって破産するのをじっと見ていたと言っています。

山本　少なくともスコットランドはそう思っている。

渡部　そうです。スコットランドは実際に破産してしまったので議会の合同をなしたのですが、議員はみんなロンドンのウェストミンスターに行くことになり、貴族もみんなロンドンに住むようになりました。その結果、イングランドの方が生活水準が高いので、みんなイングランドかぶれになるわけです。しかも、ロンドンへは貴族が一人で行くわけではなく従者もたくさんついていきますので、スコットランドはたいへんにイングランドの文化の影響を受けることになりました。

スコットランド国教会はプレスビテリアンだったのですが、プレスビテリアンは氷みたいに冷たいもので、何らの文化も生んできませんでした。ところが議会が合同されたためにスコットランド人がしょっちゅうロンドンに出かけるようになるにつれて、南の方からそよ風が吹いてくるようになりました。なまじ爛熟しているよりも、冷たい冬に暖かい風が吹く時の方が新しい文化が生まれるものですが、当時のスコットランドでもそのようにしてエディンバラやグラスゴーでいわゆるスコティッシュ・エンライトメント（スコットランド啓蒙主義）がいっせいに開花して、ヨーロッパ中に知的革新をもたらすことになりました。特に、エディンバラは「北のアテネ」という名称を奉られるほど文化が栄えました。実際に、哲学者ではヒューム、経済学者ではアダム・スミス、歴史家ではロビンソン、ケイムズ、ハチソンといったようにものすごい人材が輩出しました。当時のエディンバラの人口はわずか五、六万ですが、そこにヨーロッパで最高の人材が次々に生まれたのです。ルネサンス期のフィレンツェや、ペリクレスの時代のアテネにも相当するくらい、不思議なほどたくさんの人材が出たと思います。

現在のサッチャー首相やレーガン前大統領の思想的支柱であるフォン・ハイエクは、この時代のスコットランド人が本当に自由主義の本質を発見したと言っています。ハチソンからはじまってケイムズ、アダム・スミス、ヒュームといった人々の思想が人類の文化の本当の中心をなすものであって、これを復活させるのが自分の使命であるというのがハイエクの意見です。彼は計量経済学者としてスタートして次第に哲学者のようになったのですが、当時のエデインバラを中心とした哲学を世界に紹介し、マルクス主義という全体主義を根本から打ち破る理論を構築し、レーガンやサッチャーを勇気づけたのです。

とにかく、すべては当時のスコットランドからはじまるのです。おもしろいことに、ヒュームは貧乏貴族の息子で、親からもらっていたのが年収四十ポンドくらいでしたので、これでは何もできないということから、スコットランドよりもさらに生活水準の低いフランスに行って勉強して処女作を書いたのです。ところがこれがほとんど売れなかった。なぜ売れなかったのかと彼は反省し、売れなかったのは自分の英語が悪かったからだと思って、アディソンの『スペクテイター』誌を手本にして徹底的に勉強をし直して、もう一度著作をはじめたのです。ヒュームは著述家としてはイギリスはじまって以来の裕福な人になるのですが、それはなぜかというと、イングランド人によく読まれたからです。アダム・スミスとヒュームは非常に仲がよく、しばしばいっしょに飲んだようですが、スコティッシュ・エンライトメントは、彼らがエディンバラという小さな町で毎晩のようにクラレットを飲みながらしゃべっているところから生じたわけで、これは人類の歴史の中で非常にうらやましい時期だったと思います。そして、この文化は、人類に対して消えることのない影響を残しました。たとえば、百科事典の『ブリタニカ』もその頃エディンバラで作られました。『ブリタニカ』の初版から第八版まではエディンバラで出版されたのですが、人口が十万にも満たない、日本で言えば名もない田舎町くらいのスケールしかないエディンバラの周辺だけで執筆者を集めてあれだけの百科事典が作られたのです。

そういうスコットランドを考える場合におもしろいのはウィスキーです。「ウィスキー」という項目は、『ブリタニカ』の初版と二版にはありません。三版になると四、五行は出てきます。そして、だんだんと「ウィスキー」の記事が大きくなっていきますが、九版になって突然に大きくなります。そして、十版になって大論文になっている。

ミルワード　十版はいつ出版されたのですか。

渡部　一九〇二年です。どうしてはじめは『ブリタニカ』に載っていないのかと思いましたら、ウィスキーは元来密造酒ですから、東北地方のどぶろくみたいなもので、百科事典に載せられるものではなく、最初の頃の『ブリタニカ』には載っていなかったのです。はじめて載せた頃にも「田舎で作るアルコール」くらいの説明でしかありませんでした。ところが、それまで細々と作っていたウィスキーを産業革命による技術を使って大規模に作って、しかも非常に軽くすることを発明した男がいたのです。その結果、ちょうど産業革命期に合致してウィスキーがものすごく売れたわけです。ウィスキーのいいところはワインと違って飲んだ翌日に働けることです。ですから産業革命の時に役立ったのです。

とにかく、スコットランド自体が貧乏な国なので、野心のある人はイングランドにどんどん出かけていきました。ところが当時は入り込める職業は限られていまして、スコットランド人がどこにいちばん目立って入り込んだかと言いますと、出版業でした。マクミラン、ストラーハン、マレーらは、みなスコットランド人です。ドクター・ジョンソンは何人もの筆記者を使っていましたが、全員スコットランド人でした。ボズウェルもスコットランド人ですので、世界でいちばん完璧な伝記（『サミュエル・ジョンソン伝』）はスコットランド人が書いたということになります。スモレットもスコットランド人ですから、あの時代の英文学はスコットランド人を除いたら成り立たないと言ってもいいでしょう。

ミルワード　スウィフト、シェリダン、ゴールドスミスというように、アイルランド出身の作家も活躍しました。

スコットランドと日本

渡部　才能ある人々が集まってきたのは、イングランドが豊かだったから、特にロンドンが住みやすかったからです。しかし、次第に悪い兆候が現れてきました。つまり、長い目で見るとみんなロンドンに行ってしまい、エディンバラはだんだん人がいなくなってしまったのです。

産業革命になりますと、スコットランドは非常に大きな力を出します。特に、スコットランド人であるサミュエル・スマイルズの『セルフ・ヘルプ』は産業革命のバイブルになりました。この本には、スコットランドのピューリタンのいい面が出ていると言えるでしょう。この本は、ご存じのように日本にも大きな影響を与えました。この本を日本に紹介したのは中村敬宇という人ですが、彼は幕末に幕府から派遣されてイギリスに留学していたところ、明治維新によって幕府が倒れたために日本に帰国することになり、イギリスを出る時にイギリスの友人から出たばかりの『セルフ・ヘルプ』を記念にもらいます。中村敬宇は、帰りの船の上でそれを読み、たいへん感銘を受けほとんど暗記して帰国しました。そして、それを静岡に隠棲している時に出版したのですが、当時で百万部は出たであろうと言われています。当時の日本の人口は三千万くらいで、そのうち大人の男性を約五百万とすると、百万部ですから大人の男性の五人に一人は読んだことになります。つまり、字の読める人はみな読んだと言ってもいいでしょう。そういうわけで、この本は日本に新しい道徳を与える働きをしました。当時は、仏教は迷信ばかりでだめ、儒教は本家の清国がアヘン戦争で負けて植民地になってしまったのだからだめ、神道は新しい政府を作る理念にはならないのでこれもだめ、といった状況にあったわけですが、その頃世界でいちばん栄えていたイギリスを栄えさせたのは『セルフ・ヘルプ』だということで、この本は論語に取って代るようになりました。スマイルズの『セルフ・ヘルプ』と『スリフト』『キャリクター』『デューティ』の四冊が四書五経の四書にあたるということで、新しい四書として出され、日本の明治時代の産業革命の根本思想になりました。これこそが西洋の『論語』『孟子』に相当すると当時の人は思い、それを読まないで仕事をしようとした人はいなかったのです。これは、スコットランドが日本に及ぼした大きな影響です。

ミルワード　長崎のグラバー邸で有名なグラバーもスコットランド人で、機関銃の製作をした人です。

渡部　日本では明治時代に大学が作られ、帝国大学に工学部が作られました。日本は大学を作る時にはたいていドイツの真似をしたのですが、当時のドイツの大学には工学部のあるところはなかったので、どうして日本では工学部を作ったのかと不思議に思っていましたら、東大のある先生が、はっきりした文献はないけれどスコットランドのグラスゴー大学の真似ではないかと言っていました。グラスゴー大学は当時工学部のある大学だったそうです。グラスゴーは造船業の本拠地ですので、当時、日本からたくさんの人が勉強に行って影響を受けたらしいのです。明治の頃のイギリスの影響というのは、そうとう部分スコットランドの影響だったというような気がします。

ところが、その本家のスコットランドは、ロンドンに人材を持っていかれたためにどんどんさびれるばかりでした。産業革命の時にはスコットランドの機械工業や造船業は非常によかったのですが、十九世紀の末にドイツで発展した化学、電気工学、内燃機関については後れをとってしまい、第一次世界大戦の時には、イギリスはこれらの産業で苦労しました。そして、第二次大戦ではエレクトロニクスその他でまったく後れてしまいました。現在、グラスゴーなどの町を訪れると、かつての工場が廃墟のようになっていて、わたしも車で回ったことがありますが、これがかつて日本の手本になった造船所かという感じを受けました。

ところが、それがまた歴史のおもしろいところですが、そのような失業率が高くて、廃墟になったような造船所や工場があるところに今では日本の工場が進出していって、そこでスコットランド人が働いていて、非常にうまくいっている。ウェールズでもそうですが、進出していった日本の企業が非常にうまくいっているので、文化人類学者たちは、ケルト人と日本人はなぜうまくいくのだろうかと（笑）研究しているといったようなわけです。

ミルワード　最近ではグラスゴーはだいぶ回復したようです。ヨーロッパの中でもきれいな都市という評価を受けています。

渡部　わたしが行った十年くらい前は、町の中に気味が悪くて入れない地域がいっぱいありました。行く時は注意しなさいよと言われましたし、エディンバラでもかなりりっぱな住宅地帯は表通りだけで、一歩裏に入ると大きな建物の窓が破れ、風が入っているというところが多くありました。今はずいぶんとよくなったそうですが。

ドイル　グラスゴーは、ECで今年のCultural Capital of Europeに選ばれました。来年はダブリンです。

ミルワード　コンピュータ関係の産業もダンディーあたりでかなり盛んになっていて、グラスゴーからダンディーにかけての地域は「イギリスのシリコンバレー」と呼ばれています。そして、もちろん石油の中心地はアバディーンです。

渡部　ちょうどわたしが滞在していた頃にスコットランド独立運動が起っていたのですが、今は消えましたね。その理由は石油なのです。石油はスコットランド沖から出たので、その石油を使えばイングランドから経済的に独立できると考え、独立運動が盛んになったのです。ところが、石油の出るすぐ近くのオークニー島の人たちは、自分たちはスコットランドから離れてウェストミンスターに直結するといったので、スコットランド独立運動は成り立たなくなったのです。独立の問題には、経済的な問題が大きく関わっているのですね。

山本　スコットランドは、文化的にもイングランドとはずいぶん違います。イングランドのお正月は特にどうといったこともありませんが、スコットランドでは、大晦日やお正月には日本のように非常ににぎやかでいろいろな催しが行われますね。日本人から見て特にびっくりするのは、スコットランドに行くと、スコットランドだけに通用するお金があることです。とても同じ国の中のこととは思えません。

渡部　スコットランドに行ってはじめてお札のことを「バンクノート」（銀行券）というのが実感としてわかりました。スコットランドでは、本当に各銀行がそれぞれに紙幣を発券しているのですから。

山本　それに法律を見ると、この法律はスコットランドにおいてはこういう運用の仕方をするといったように、同じ法律でもイングランドとスコットランドでは運用の仕方が違う場合があります。また、スコットランドだけのバンク・ホリデー（銀行休業日で休日）もありますね。

ミルワード　教育の制度もイングランドとは違います。

渡部　弁護士になるにも、イングランドとスコットランドでは違います。法秩序が違うそうです。今はだんだんすり合せてきていると言っていますが、民法などずいぶん違うようです。

山本　やはり、日本の北海道、本州、四国、九州というのとはだいぶ違いますね。北海道だけ法律の扱いが違うとか、北海道だけ通用するお金があるということはありませんからね。

ミルワード　スコットランドでは、お店はイギリスのお金を受けとりますが、イングランドではスコットランドとの境によほど近いところでないと、スコットランドのお金は受けとりません。

ドイル　イギリスでアイルランドのお金は使えませんが、アイルランドではイギリスのお金が使えます。というのは、今年は両国のポンドの価値はほとんど同じになっていますが、昨年まではイギリスのポンドの方が強かったからです。

混血の島、イングランド

山本　ここまでアイルランド、ウェールズ、スコットランドについてお話をうかがってきました。いったいイングランドはどこに行ったのかと思うくらい、イギリスの文化はアイルランドとウェールズとスコットランドが支えているような話になってしまい、すっかりイングランドの陰が薄くなりましたが（笑）、最後にミルワード先生から今までの議論にからめてイングランドとほかの地域の関係について話していただきたいと思います。

ミルワード　イングランドの話を最後にするのは適切だと思います。というのはブリテン島に入ったのはイングランド人（アングロ・サクソン）がいちばん遅かったからです。イングランド人は、紀元後五世紀にブリテン島に上陸しました。それはブリトン人の招きによるものでした。ローマ人は四世紀にわたってブリテン島を支配していましたが、五世紀のはじめ頃、ローマ人はいろいろな問題があってブリテン島から撤退することになり、残されたブリトン人は非常に弱体化しました。ちょうどその頃、スコットランドから「野蛮人」が侵入してきたためにブリトン人の王様は困ってしまい、ドイツから兵隊を招いて守ってもらうようにしました。その結果、ブリテン島にやって来たドイツ系のアングル族やサクソン族という民族は、ブリテン島はドイツよりも住みやすいと思い、そのまま住むことにしたのです。そしてブリトン人は、アングル族やサクソン族によってだんだんとウェールズに追いやられていき、イングランド人はアングルとサクソンとを合せて「アングロ・サクソン」と呼ばれるようになりました。

山本　「イングランド」という言葉は、もともと「アングルの国」（Angles' land）という意味ですね。

ミルワード　ええ、そうです。ブリテン島のいちばん住みやすい国はイングランドです。いちばん豊かな国ですのでアングロ・サクソン人はだんだんその地域を治めるようになり、六世紀の終り頃にローマから送られた宣教師が入ってきて、七世紀にイングランドはキリスト教の国になりました。ローマからだけでなく、アイルランドからも北イングランドに宣教師が入っていきました。その結果イングランドは平和な国になりましたが、ヴァイキングによって、またその後はノルマン人によって平和が破られました。

ヴァイキングはもともと戦争を大事にする国民でした。ヴァイキングの主な神は戦争の神です。ヴァイキングはイングランド文化もアイルランド文化もだいぶ破壊しました。そしてヴァイキングに次いで、一〇六六年に北フランスのノルマン人がイングランドに侵入しました。この年は、イングランドの歴史にとって非常に重要な年ですので、イングランドの歴史について何も知らない人でもこの年だけは知っています。

このノルマン征服以後、イングランドの君主はみな外国人です。まず、ノルマン朝の王たちはノルマン人で、ヘンリー二世以後、王たちはフランス人です。ヘンリー七世からエリザベス一世までテューダー朝はウェールズ人、そしてステュアート朝はスコットランド人です。ウィリアム三世はオランダ人、ジョージ一世からはずっとドイツ人です。(笑) イングランドの王様たちは、たいてい外国人のお姫様と結婚しましたから、王妃がイングランド人ということはほとんどありません。今の女王様の血管には、母親のエリザベス皇太后はスコットランド人ですのでスコットランド人の血は入っていますが、イングランド人の血は少しも入っていません。チャールズ皇太子がダイアナ妃と結婚した結果、やっとイングランド人の血が入るようになりました。そもそも、純粋なイングランド人というのはめったにいません。つまり、歴史的に多くの人々がアイルランド、スコットランド、ウェールズからイングランドに移民し、イングランド人と結婚したからです。わたしの母はアイルランド人で、父の母はウェールズと関係がありました。ただ、わたしにはスコットランド人の血はそれほど入っていません。

ですから、イングランド人はもともと混血の国民ということが言えます。ケルト人とイングランド人との相違点は何かと言いますと、ケルト人はだいたい個人主義です。特にアイルランド人もウェールズ人も個性が強いのであまり集団になりません。イングランド人はドイツ系ですからかなり集団になる傾向があり、団体を作ってブリトン人に勝つことができました。イングランド人は血がそれほど早く流れない落ち着いた、ものごとをよく考える傾向のある国民です。ウェールズ人はことに興奮しやすく、アイルランド人もある程度まで興奮しやすい国民でしょう。それに対して、スコットランド人は、イングランド人よりも血がゆっくり流れる国民、つまりよく考える、論理的に考える国民だという気がします。

イングランド人はのんきな、もしかしたら怠け者の方ですが、産業革命がイングランドで起ったのはスコットランド人の影響が圧倒的に強かったからです。なぜかと言いますと、スコットランド人には論理的にものごとを考える人が多かったからです。わたしは北ウェールズのセント・バイノーズ神学院で修練期を過ごしましたが、いっしょにいた修練者の多くはグラスゴー出身でした。彼らグラスゴー出身者はかなり論理的にものごとを話しますので、わたしはなかなか議論で勝つことができませんでした。

渡部　さきほど申し上げたように、イギリス製の船のエンジニアはだいたいスコットランドの出身者ですね。

イングランドのデモクラシー

ミルワード　イングランド人は、ノルマン人やフランス人の指揮のもとに、ウェールズやスコットランドに対してかなりのトラブルを起しました。ことに十三世紀のエドワード一世はもともとフランス人で言葉もほとんどフランス語しかできなかった王様ですが、ウェールズにもスコットランドにも侵入していろいろなトラブルを起しました。テューダー朝も宗教的な理由でアイルランドにもスコットランドにも大きなトラブルを起しましたが、十八世紀以降は逆に反対の方向が見えるようになりました。つまり、文学の面で、イングランドはアイルランドのダブリンから、またスコットランドのエディンバラから大きな影響を受けたのです。ただ、ウェールズからの影響はそれほど目立ちません。なぜかと言いますと、スコットランドにはエディンバラ、アイルランドにはダブリンがありますが、ウェールズにはそれと同じような位置を占める都市がないからです。ウェールズの首都のカーディフは産業革命で大きな都市になりましたが、「西のアテネ」というような都市ではありません。

しかしウェールズ人はかなり文化的な国民です。ウェールズの文化的な遺産は、やはり『アーサー王物語』だと思います。これはイングランドの伝説ではなく、ウェールズの伝説にもとづいています。この物語は、十二世紀以降、コーンウォール、ウェールズ、ブルターニュといったケルトの地で発生したものですが、イングランドでは、十五世紀になってはじめてサー・トマス・マロリーがフランス語からその物語を英語に翻訳しました。マロリーの『アーサー王の死』が大成功を収めたのは、一つにはウィリアム・カクストンによって印刷されたからです。一四八五年、マロリーの『アーサー王の死』が印刷された時に、ウェールズ人のヘンリー・テューダーがイングランド国王ヘンリー七世となりました。ヘンリー七世は、この物語から非常に強い影響を受けて、自分の長男をアーサーと名づけました。このアーサー皇太子は、不幸にして王位に就く前に亡くなりました。そして、アーサーの弟で後継者のヘンリー八世も『アーサー王物語』を非常に大事にしました。トーナメントと呼ばれる馬上槍試合とか騎士道といったものは、もはや過去の歴史的なものになっていたにもかかわらず、ヘンリー八世の宮廷では、中世的な騎士道や馬上槍試合が復活されました。ロンドン塔の博物館に行ってみますと、たくさんの騎士の武具がありますが、それらはほとんどヘンリー八世のために作られたものです。宗教改革をしたヘンリー八世は、修道院を解体・没収した結果たくさんのお金を手に入れ、そのお金をほとんど中世的な武具のために費やしたのです。つまり、ヘンリー八世は典型的なウェールズ人だけあって、かなり昔への夢を持っていました。エリザベス女王もそのような物語を大事にしましたので、十六世紀のエリザベス朝文芸復興期を代表する詩人はシェイクスピアではなくエドマンド・スペンサーでした。スペンサーの『妖精の女王』はマロリーの物語にもとづいて創造されました。

逆にシェイクスピアの劇を読んでみますと、『アーサー王物語』はいっさい無視されています。なぜかと言いますと、シェイクスピアは典型的なイングランド人だからです。シェイクスピアはイングランド人だけあって『アーサー王物語』を無視したのです。そしてわたしの考えでは、シェイクスピアが『アーサー王物語』を無視したのは、イングランド人だったからだけでなく、テューダー朝に同調しなかったからでもあります。シェイクスピアは、テューダー朝とその宗教方針を支持していなかったので、テューダー朝と深く結びついていた『アーサー王物語』を無視したのだと思います。

十七世紀になるとイングランドはステュアート朝になります。ステュアート朝はスコットランド人ですが、イングランド人の考え方をあまりよく理解しませんでした。テューダー朝、ことにエリザベス一世がイングランド人の気持ちをかなりよく理解していたのに対して、ステュアート朝のジェイムズ一世やチャールズ一世はイングランド人をあまり理解しなかったために、結局は大きな問題、つまりピューリタンの革命が起ったと思います。しかし、イングランド人はステュアート朝をだんだん受け入れるようになり、十八世紀になると、ドイツから王様がやって来ました。最初のドイツ人、ジョージ一世はまったく英語を理解しなかったので、宮廷ではドイツ語が使われていました。ところが、そのためにかえって政治家の力が強くなりました。つまり、王様は英語がわからなかったので、それほど政治上の力を持たなくなったのです。最初の首相であるロバート・ウォルポールは、王様に対してわざと英語を使わないようにしました。

渡部　ジョージ一世の場合は、側室もすべてドイツ人でした。(笑)

ミルワード　デモクラシーはイングランドで起ったと言われますが、それはデモクラシーのためのデモクラシーではなく、むしろ王様が権力を持たないように、そして政治家が力を得られるようにするためのものでした。ウォルポールやウイッグ党は貴族政治の信奉者であって、あまりデモクラシーには熱心ではありませんでした。ですから、イングランドのデモクラシーはただ見せかけだと思います。彼らは実際に金によって政治を支配するようになります。

バーネット　ウォルポールの時代の政治家は、自分たちの制度、つまり十八世紀のデモクラシーは世界でいちばん完璧な制度だと思っていました。ですから彼らは、選挙演説では、社会をどうよくしていくかを言わずに、どうやって今の政治を守るかについてばかり話しました。今の制度は完璧であり、世界でいちばんデモクラティックであるから今のままでいいではないか、というわけです。今から見ると、十八世紀という時代はもちろんデモクラティックではありませんが、当時の人々は自分たちの制度は完璧だと思っていました。

山本　イングランドのデモクラシーは偶然のようにして生まれたのですね。

ミルワード　ドイツ人は必ず計画を立てて、それを実現しようとします。イングランド人はたくさんのことをむしろ偶然にまかせます。

渡部　それは島国の特徴ですね。

ミルワード　イングランド人の特徴の一つは妥協であると言われます。王様がドイツからも入ってきますし、いろいろな人に支配されるので、ある程度妥協しないとやっていけないわけです。

山本　だいぶ長くなりましたので、イングランドのデモクラシーは妥協の産物、偶然の産物であったという話が出たところで、そろそろこのシンポジウムを終りにしたいと思います。四人の先生方のお話によって、アイルランド、ウェールズ、スコットランド、イングランドというイギリスの四つの地域のそれぞれの特徴が明らかにされましたので、読者は、イギリスという国が実に多様な歴史や文化を持っていることを理解できるようになったと思います。もちろん、本日の話だけではまだまだ不十分ですので、今後、さらにイギリスの文化と風土について話し合う機会をもうけたいと思っています。本日は、ありがとうございました。

（ドナル・ドイル・上智大学教授／クリストファー・バーネット・上智大学講師／ピーター・ミルワード・上智大学教授／山本浩・上智大学教授）

［座談会］　土屋吉正（神学）／植田康夫（出版論）

現代読書論

編集部　十、十一月は、いわゆる読書の秋という時期ですし、上智の図書館は十二月には工事が終って、来年の四月から新たにオープンするということなので、このへんで「本を読む」という問題をもう一度振り返って考えてみたいと思います。

活字離れ

――いろいろな先生方とお話しをしていますと、とにかく学生が本を読まなくなったのではないか、とおっしゃいます。大学の教師は、読むのが商売の人たちだから余計そういうことを感じるのかも知れませんが、とにかく、本を読まないぶんだけ映画とか写真といった映像でものをとらえるという方向に学生の年代の人たちが向かっているような気がします。出版社の編集者の話では、売れるだろうと思ってかなり本気を出して作った本がなかなか売れない、というようなこともよくあるようです。そこで最初に、植田先生は『週刊読書人』という書評新聞の編集長でいらっしゃるし、現在の出版状況にもたいへんお詳しい方なので、本当に「活字離れ」が特に若い人々の間で起っているのかどうかをお聞かせいただきたいと思います。

植田　「活字離れ」と言いますが、若い人たちが活字から完全に離れているというわけではないと思うんです。というよりも、長文の活字から離れるという傾向が非常に顕著だと言った方がいいのではないでしょうか。そのため、短い文章の活字、たとえばコラム風の文章で四百字詰めの原稿用紙にして二枚ないし三枚くらいの文章を集めた本はけっこう売れているのです。それから、『フォーカス』などのように写真とコラム風の文章がセットになっている雑誌がよく読まれている。あの雑誌の文章は四百字詰め三枚くらいの長さなんですが、ああいう短い文章を集めたものはけっこう読まれているのです。だから、今の「活字離れ」という状況は、もう少し厳密に考えると、若い人たちが昔のような長い文章の活字に対して抵抗感を持っている――そういった状況のような気がします。

――ああ、そうかも知れませんね。

植田　活字というものは、おそらく若い人たちの間でも滅びていないと思うのですが、ただ、昔のように一頁から三百頁まで通して読むというような長い文章に対しては、すごく抵抗感を持っているような感じはたしかにしますね。

――学生と話をしていますと、英語のテキストが難しいと言うんです。英語だから難しいんだろうと思い、「日本語で書かれていれば中公新書か岩波新書程度の内容だろう」と言うと、「だから難しいんだ」というふうに言われて(笑)、愕然としたことがあるのですが、そのへんを渡部先生はどうお考えになりますか。

渡部　今、植田先生がおっしゃったような形で活字離れが起っているとすれば、一つの例をあげると、たまたま名前が出たので言うんですが、読者に対する岩波新書の裏切りというのがその理由としてあると思うんですね。戦前、赤版の岩波新書が出た時に、わたしは全部読んでやろうと思いまして、実際ずいぶん読みました。『奉天三十年』をはじめとして、非常によかったですね。戦後の岩波新書はこの赤版の評価を背負って出発したはずなんです。ところが、今タイトルを振り返ってみて、戦後の岩波新書がどれだけ復刊するに足るか。いちばんわかりやすい例で言えば、ベトナム関係のもの。それから、毛沢東革命の関係でもかまいません。それらを今、恥ずかし気もなく再版できるかと言えば、わたしはできないと思う。それと対照的にカッパ・ブックスというのは、岩波に比べれば通俗という感じがありましたが、戦後出版された岩波新書とカッパをアトランダムにとって、どちらが再版に値するかといったら、むしろ岩波の方が少ないのではないか。あれだけ「これを読まなきゃインテリじゃありませんよ」というふうに言われていた新書が、読んでみたらほとんど馬鹿らしいというか、裏切られたというか、そういった感じは大きなものだと思うんです。

――そのへんを読者が無意識に感じとったと……。

渡部　今まで苦心して読んだ新書に対して、馬鹿らしかったと漠然と思っているわけです。

――活字離れそのものについてはどうでしょうか。

渡部　読んだ人が「よかった」と言って真剣にすすめるような雰囲気が少なくなりましたね。それは、やはりマクルーハンの時代になったということも、一つにはあると思うんです。しかし、今植田先生がおっしゃったように、けっして総体として出版点数が減っているわけではないんです。今だって活字だけの本でも何万部、何十万部といくのがあるんです。たとえば、小室直樹の本などは相当の部数売れているわけです。なぜかと言うと、彼のものはやはり訴えるものを持っている。受け入れられないようなことも言うわけだけれど、知的刺激には十分なわけです。だから、ヴィジュアルな要素が非常に発達した面もあるけれど、本として読んだ甲斐があったという感触があれば、たとえ受け入れられないものであっても、やはり昔の岩波新書が売れた部数くらいは出るんじゃないでしょうか。

植田　さきほど渡部先生が岩波新書を例にあげておっしゃった問題ですが、一九六九年から七〇年にかけての学園闘争の中で、たとえば東大闘争などに象徴的に現れていますが、学生たちが今まで進歩的だと思っていた先生が、大学闘争の中ではむしろ学生を抑える側にまわってしまった。そういう中で、学生は六九年以前に抱いていた進歩的信仰というものに対する挫折感を味わったと思うんです。それ以後、学生はどうも、言葉に対するすさまじい不信感をあらわにするようになりました。そういうことが、学生の活字離れとパラレルな関係にあるということはたしかに言えると思うんです。それは、岩波だけではなくて、他の出版社のいわゆる進歩的な出版物というものの相場が下がってきたということに現れています。

渡部　その横綱として岩波をあげたんです。

植田　象徴的な例と言えますね。

——今の学生は、東大闘争とか学園紛争の頃はまだ小学生くらいですから、気がついてみたら今植田先生のおっしゃったような状況の中にいたというわけで、彼ら自身は直接進歩的な出版物、思想家、大学教授たちに対して、裏切られたという感じは持っていないのではないでしょうか。

植田　そうですね。今の学生たちにはもうそれはないと思います。ただ、出版社の側で、七〇年以降の状況にどう対処したらよいのかという展望を失ってしまったのではないでしょうか。

——本を出す側が、さっきおっしゃった短いコラム的なものを出すようになったということは、ある意味では出版社で本を作っている人たちの側で、意識がそちらの方に流れていってしまったということなのでしょうか。

渡部　もっとわかりやすく言いますと、一九一〇年前後にまで遡り得るかも知れませんが、特にロシア革命以後、はっきり言って読書の中心は社会主義にあったと思うんです。社会主義関係のものが、やはり読書の根幹をなしていたように思うんです。そのためには難しい本にも挑戦してみるし、国家の存在、政治の存在、自分の存在に関わる問題ですから、テーマも大きいものです。それが、どうも社会主義の先が見えたという感じがしてきた。ですから、ここ半世紀にわたって、今植田先生がおっしゃったように、出版界のいちばん「良心的な方針」というものが潰れちゃったんです。今どき社会主義を振り回したって、社会主義国家を見てみろよと言われたら終りですから。これは大きいです。

――土屋先生はどうお考えですか。

テレビ出現以降の読書

土屋　その点については、何とも言えません。ただ、「読む」ということと雑誌などを「視る」ということは、どちらも視覚に訴える要素がありますね。特に日本語の場合、漢字が多いので視覚的な面が強いと思います。しかし、「読む」ということは、視覚的面を持ちながら、やはり言葉で「聞く」ということが前提となっているように思います。今うかがったように、かつては基本的に深く思索して読書することが主流で、その中心に社会主義があったということもたしかに言えると思いますが、同時に演劇のようなものが書物として読まれてきたし、小説も当然読書の大きな対象となっていました。そうすると、「読む」という行為の前の段階として「語る」という行為があり、「語り」の中における言葉の力に注目する必要があると思います。これは演劇や音楽などとも関係があるわけですが、時間の中に言葉をのべていく、そしてその言葉を聞く、という行為には一つの緊張感があります。その瞬間瞬間におもしろさがあります。絵を見るとか写真を見るとかということは、時間的連続性を持たない行為で、すでに、でき上がったものを見るわけです。しかし、音楽とか演劇というのは、時間の連続の中で見たり聞いたりする緊張感があります。この相違がテレビなどの普及した今の世代の活字離れの問題と関係しているのではないでしょうか。

渡部　やっぱりテレビは大きいですね。テレビがあっても十分存在し得るくらいの本でないと読んでもダメですね。

——テレビに勝てるかどうかという問題ですね。

渡部　ええ、そうです。たとえば「アフリカ物語」というテレビ番組。昔はアフリカの話というのはアフリカのことを書いた本を読まない限りわからなかったわけです。今は「アフリカ物語」を一時間もテレビでやれば、子どもだってかなり詳しいことを見てしまえる。それを超えて何か言えるかどうかです。ぱっと見てわかってしまったもの以上に興味をそそることが言えるか——これはなかなかできることではありません。昔は、たとえばシルクロードなんて知っている人はごく少なかったし、それに関する文献も難しいわけです。ところが今は映像で見ればわかってしまう。シルクロードを書いたものは、シルクロードの映画を見ながらもなお感激できる内容のものでなければならない。そうなるとちょっとまた別の視点がなければなりません。

植田　土屋先生が見ることと聞くことがセットになっているということをおっしゃいましたが、テレビの場合も映像だけだとたいして効力はないでしょう。やはり、音をともなわないとテレビにはならないですね。ここで注目しなければならないのは、このように映像と音が合体したメディアというのは、今の若い人たちにとっては自分の五感をすべて開放するメディアというふうに考えられていることですね。それにひきかえ、活字を読むということは、総体的に人間の感覚に関わってくるのではなく、感覚の一部が満たされるにすぎないといった感じを抱いているのではないでしょうか。そのような感じが本というものを片隅に押しやっている一つの要素になっているという気がします。

土屋　演劇ばかりでなく、映画やテレビのような媒体、つまり視覚と聴覚とで総合的にとらえるという媒体が増えました。それによって知識を得ることも容易になったわけです。それに比べて本を読むということはもっと努力を要することですから……。

——必ずしも、本と接する際に、知識を得ようということが主たる目的にはなっていないと思います。映画を見る時、必ずしも知識を満たそうとして見ているわけではありませんね。それと同じような接し方を本に対してもしているのではないでしょうか。たとえば四百字詰め三、四枚のコラムなどを読む時のように、明らかに何か快感を得るというような、どこか気持ちよくなったりするような、そういった感じで本を読んでいるということがあるのではないでしょうか。

渡部　逆に、テレビでおもしろかったものが本で売れるということもよくありますね。

土屋　そういうものもたくさん出ているようですね。

渡部　読んでみて失望するかというと、そうでもないんです。小説には小説のよさがあったんだということを発見して、映画も見る、テレビも見る、小説も読む、ということになる。

植田　そうですね。昨年あたりから、出版界でもテレビドラマのシナリオが売れているんです。以前でしたら、シナリオが本になって出版されても一部の放送作家志望者などが買うくらいで、おそらく商売にはならなかったと思うんです。ところが、倉本聰だとか向田邦子の台本なんかけっこう売れるんです。読者は——これは劇画を読んで育った若い読者が、脚本を劇画の台詞の部分を読むのと同じ気持ちで読んでいるからですが——われわれ昔型の人間にとっては、台詞だけで何かをイメージするというのは非常につらいんですけど、彼らはいともたやすくそれをやっているんです。その意味では、活字の読み方において彼らは新しい才能を発揮していると言ってよいかも知れません。

土屋　テレビ、映画、それに演劇もそうですが、そういうものは、瞬間的に緊張して、その場でとらえて、それで終ってしまうわけです。見ている間だけの緊張ですね。それを後でもう一度思い起して、ゆっくり味わいたい、時間の制限なくゆっくり味わいたい、というようなわけで台詞が書かれた本を求める傾向があるんじゃないでしょうか。わたしの専門は典礼なんですが、典礼には過去の重要なできごとをもう一度時間と空間の中に再現するといった面があるわけです。空間に関しては、会衆がその場に集まることでできるわけですが、それと同時に時間の中に過去のできごとをもう一度、いわば演出しなければなりません。そういった要素が典礼にはあります。典礼には音楽芸術も入ってくるし、造型芸術のように言葉と象徴《しるし》でもう一度演出するということもあり、それらを通して、過去のできごとをその時その場に現在化させるわけです。このような経験が繰り返されて洗練された詞《ことば》が式文を生み、聖なる仕種《しぐさ》が儀式化され、司祭のための典礼書が作られたようです。それも、あのグーテンベルクの印刷術発明以前のことで、当初はもっぱら修道院などで作られた写本によるものです。

渡部　たしかマクルーハンが言っていたと思いますが、印刷術とプロテスタントとはけっして無縁ではない。中世までは宗教は典礼が中心ですね。読むことに関しては、神父さんが読めればいいんで、旧約聖書の物語などは、ミサで神父さんが話したり、ページェントでやっていたわけです。ところが印刷物が出現したとたん、みんながバイブルを手にして、それぞれがインスピレーションを受けた結果、いろいろな宗派が生まれてきた。だから、プロテスタントの精神というのは、ある意味では活字の精神だというような主旨のことをマクルーハンが言っていたと思います。テレビが発達したということは、ある意味で活字以前の要素がまた復活したことを物語るものでしょう。

植田　そうなんですね。ヴィジュアルなものというのは新しいものという感覚があるわけですが、実はそうではないんだということは、たとえばアート・ディレクターの多川精一さんなどが言っています。多川さんによると、最近のヴィジュアライズされた出版物というのは、むしろ日本の伝統に回帰しているのではないかというわけです。たとえば江戸時代には、黄表紙とか絵草紙とかいうような、木版に文字と絵とを同時に彫って作った本がけっこう出ているわけです。今で言うとオフセット印刷のようなものです。それが明治時代には、木版印刷の形態が変って活版印刷になるんですが、活版が主になると必然的に文字の印刷が増える。そういうわけで、ヴィジュアルな出版物は明治維新を境に消えてゆき、わずかに画報ものなどの形で出版された。そして、ようやく今になってヴィジュアルなものが再度現れてきたと多川さんはいうわけです。いわば本卦がえりですね。渡部先生がおっしゃったマクルーハンの指摘も、そういう問題を突いているところがあると思います。

――活字と聖書の各国語訳とはいつもパラレルに出てきたわけですし、それまでは教会のステンドグラスが聖書物語を知る一つの情報源になっていた。ということは、ある意味で新しいように見えて実は古いものに回帰してゆくということはあるかも知れませんね。

渡部　植田先生のおっしゃったように、昔は庶民の読む本というのは全部絵本で、絵が入っていない本というのは漢字の書物のように堅い本になってしまいます。

――一カ月程前になりますか、新聞のコラムで、漢字にルビをつける習慣を復活させたらいい、と言っているのを読みました。絵ではありませんが、ルビも「やさしくする」ということと関係があるでしょう。昔の本は、ある時期まではみなルビ入りでしたね。

渡部　そうです。木版のものも庶民向きのものは『沙石集』のような本でも全部ルビつきです。

土屋　聖書や典礼書についても同じようなことが言えると思います。中世の写本には、イニシアルを絵にして入れてありますし、活版印刷がはじまってからも、版画を入れるということはかなり行われていました。しかし、やはり文字が中心になって、それで、たとえばルターの聖書は非常に普及しました。それによってドイツ語が統一された、と言われるほどです。

植田　日本語について言えば、活字だけを読むというのは、実はわりあい歴史が短いと思うんです。ところが短い歴史なのにもかかわらず、活字がだんだん上位に置かれるようになり、絵の方は下位に置かれてしまうようになったわけです。そういった、何か変な価値観ができてしまったように思います。

――活字ができてから、せいぜい四百年くらいですからね。

植田　最近、ヴィジュアルな動向のほかに、もう一つの動きとして大型活字の本がけっこう出版されています。辞典類なんかがそうです。

――新聞の活字も大きくなりましたね。

植田　この大型活字の普及というのは、ヴィジュアルなものを「見る」という傾向と関係ないでしょうか。というのは、日本語の文字は、ひらがな、カタカナと漢字から成っていますが、これらはすべて象形文字が源になっていますね。アルファベットと違って日本語の文字は「見る」という要素が源にあるわけです。活字を大きくすることによって、字を読むというより字を見る、さらに字以前の絵を見る、といった方向にいっているような感じもしますが。

――漢字の場合は、たしかに絵のような字の形を見ただけで、ぱっと理解できますね。だから逆に書こうとすると、線の本数だとかという細かいところがわからなくなってしまうことがある。

渡部　漢字は書くのが難しいんであって、読むのはローマ字よりやさしいですね。

書くことと語ること

土屋　それに、漢字と仮名とが混じり合った文というのは変化に富んでいて、視覚的効力を持っていると思いますね。しかし、それゆえに欧米におけるタイプライターのような手軽なものはできなかった。書くことをそれほど便利にする機械を作ることができないというハンディキャップを長い間背負ってきました。ところが最近になって日本語のワード・プロセッサーというものができたので、そのハンディはなくなるかも知れませんね。

渡部　仮名文字運動者だとかローマ字運動者がまちがっていたのはまさにそこなんです。彼らは送り手、つまり書き手の側の難しさ、やさしさのみを問題にしていたんです。たしかに、書くことにおいては仮名だけ、ローマ字だけの方が簡単です。ところが受け手、つまり読み手の側の能率はまったく考慮されていない。受け手にとっては、土屋先生がおっしゃったように、漢字仮名混じりの文の方が、ずっと早く理解できるんです。

植田　先日亡くなった羽仁五郎さんが、漢字を使うから日本の文化が遅れるんだなんて論を展開したことがありましたが、あれはまちがいだと思いますね。

——漢字を廃するという運動が明治以来いろいろとありましたが、結局成功しなかったわけですからね。

渡部　イギリスにおいても、発音通り綴ろうとする運動があったけれど、結局成功しないんです。何度やってもだめなんですね。これも書く時の便利さのみを追求して読む時の便利さについては忘れてしまったので失敗してしまった。日本語でも同じことです。書く側の不便さは、土屋先生もおっしゃったように、ワード・プロセッサーあるいはコピーの出現以来かなり解消されてきた。今や新しい時代になりつつありますね。

植田　ところで、ワード・プロセッサーの出現によって、「書く」という問題があらためて問われることになったのではないでしょうか。これは渡部先生のご専門ですが、writeという語には「引っ掻く」という意味があるそうですね。日本語の「書く」にも「引っ掻く」という語の音の連想があります。ものを書くという行為には、その源に「引っ掻く」とか「刻みつける」という行為があったと思うんです。タイプライターの場合も、これは「引っ掻く」というわけじゃないが活字によって「刻みつける」という要素がある。ところが、ワード・プロセッサーを通して出てくる文字は、点の集積なわけで、そこには「引っ掻く」とか「刻みつける」といった行為はまったくない。こういったワード・プロセッサーの独自性が、これからものの表現や読解にどう影響してくるでしょうかね。

――書く側にとって、ワード・プロセッサーに向かってキーを打っている時と、ペンを持って原稿用紙のマス目に文字を埋めていく時とでは、文体に微妙な影響が出ることはあるかも知れませんね。

渡部　ちょっと違いますが、雑誌ではそういったことはすでに起っていると思います。たとえば『プレジデント』とか『ビッグ・トゥモロー』といった雑誌では、原稿を書いてもらおうなんて気はないんです。しゃべってもらったものを整理して原稿化するという作業をするわけです。この原稿化の作業を編集者がするわけで、これはこれまでの編集者がただ原稿をもらってくるのとはえらい違いで、汗をかいてやっているんです。この汗をかいているところが部数を伸ばしているんです。最近の雑誌では、「しゃべり体」に近いものが売れるという大きな流れがありますね。

――そうですね。たしかに今はやっている「昭和軽薄体」なんかは、かなり「しゃべり体」に近いですね。

渡部　書く時は、同じ言葉を繰り返すのは非常にいやなものです。同じ漢字を二度使うのもいやな感じがするでしょう。ところが、しゃべる時は平気なんですね。読者もそれに慣れてきますと、繰り返してもらった方が重点がわかっていいなんて言うんです。（笑）そういう読者も出てきているんです。

――文法的に考えておかしな文でも、「しゃべり体」だとおかしくないことがありますね。

渡部　相当ルーズでも通じてしまいます。

植田　文法的におかしい方が、むしろ受けている場合もある。

渡部　大日本雄弁会講談社は、当時盛んだった演説の速記をもとに『雄弁』という雑誌を出したら、これがあたったわけです。また寄席の講談を印刷して成功した。それが今の講談社の社名のもとですね。その精神がいつの間にか忘れ去られていた。ここ三、四年、そういったものがまた現れてきた。しゃべらせたものを売ろうという傾向ですね。もちろん、しゃべったものに内容がともなわないといけません。書いた時のように、文体で逃げるわけにはいきませんから。だから、ノンフィクションなどは、しゃべって内容のないものはだめです。事実を文章でごまかすのはだめです。本当に書かれたものでなければならないものというのは、文章がいい文体がいいんだという随筆や純文学です。

植田　「しゃべり」の出版ですが、『雄弁』のほかにも、菊池寛が文藝春秋から『話』というのを出していましたね。あれは、おもしろい話を持っている人のところへ編集者が聞きにいって原稿を作ったんですね。

――ワード・プロセッサーも、もう少し経ったら、しゃべったものがそのまま文字になって出てくるというふうになるでしょう。

渡部　ちょっと手を入れるくらいで本になるでしょうね。そうなると、書く人はいくらでも書きますね。

――読者の方も、読みながら実は聞いているといった接し方になるかも知れませんね。

渡部　わたし自身、最近の経験を振り返ってみますと、専門の方は別として、いわゆる読書の対象となるような本で内容が頭に残っているのは、物々しい本ではなくて、安っぽくてどぎつい、一見趣味の悪いようなペーパーバックが多い。そういう本の中に、わりといいこと言ってたなというものが多いです。

——書く時は、やはり構えてしまいますか。

渡部　一般的には、書く時は構えて文章に凝るでしょう。文章に凝っているものでも、内容があればいいんですが、あまり内容がないのにくだくだと書いて、自分の文章に酔ったりして、というのは困りますね。

——ちょっと飛躍しますが、ホメロスだってもとは語りだったわけですから、最終的にはその語りという根源に戻ってゆくのかも知れません。作家が必死になって推敲を重ねて書いたものを読んで楽しむ、という行為は、考えてみればわりに新しいことですしね。小説が起ったのも、文学の歴史の中ではごく新しいことでしょう。

渡部　ベン・ジョンソンが言っているけれど、シェイクスピアなんか一行も書き直さなかったらしいしね。もっともそれは多少誇張だと思いますがね。

植田　内田百閒の随筆が、旺文社文庫で復刻されて、けっこう若い人たちの間で読まれているそうですが、あれは文章の芸なのか内容なのか、どういう面で受けていると思われますか。

渡部　内田百閒からインフォメーションを得ようと思って読む人はいないでしょう。やはり肌合いとか、われわれがやや古い意味で言うところの文章で読ませているんでしょう。内田百閒独特の味でね。井伏鱒二の小説にしたって、ああいうのは「筋を言え」と言われたって困る。(笑)

植田　フランス文学者の清水徹さんが書物とはどういうものであるかを論じていますが、それによると、人間がしゃべることを文字化していきますと、線のようにつながるというんです。その線のように文字化された言葉をちょん切って、その断片を英語だったら横に、日本語だったら縦に並べると行になる。行が集まって頁になる。そして頁が集まって書物ができるというのですが、行と行との間には断絶があるわけですね。この行間の断絶には、実は書き言葉の表現のプロセスと話し言葉の表現のプロセスとの違いが現れていると思うんです。つまり、話し言葉は線のように連続して表現しますが、書き言葉は途中で時どきペンを置き考え、断絶しながらの表現になります。だから書物における行というのは、われわれがものを表現する、あるいは思索するというプロセスを視覚化したもの、ということになるのではないでしょうか。そういうふうに考えると、本を「読む」ということは、究極的に、人間がつっかえつっかえ考えてゆく、あるいは表現していくという行為を「行」という形に視覚化したものを「見る」ということにもなり、このように考えると、「読む」ことと「見る」ことが書物においては同一化してしまうのではないかと思えてくるのですが……。

——古いタイプの本の場合ですね。

土屋 その場合、たっぷり紙面を使って改行すれば、そういった効果は大きいでしょうね。

植田 ええ、それもありますね。よく「行間を読む」などと言いますが、行と行との間のホワイト・スペースというのは、表現する時に考えている時間が視覚化されたものととらえることができるのではないでしょうか。

土屋 詩は必ずそういう書き方をするでしょう。たしかにそうとらえられると思いますね。日本では昔から「間《ま》」ということを大切にしています。和語の「ま」には「木の間《こま》」と言った時のような空間的な意味もありますが、主として時間的な間隔をおく意味で、芸道の世界では特に重要視されています。間をとることは、まさに、言葉を空間と時間の中に具体化することですから、representation つまり現在化であり、演出です。間をおきすぎても、間が抜けてしまいますが。(笑)

植田 ところが、ワード・プロセッサーによる表現では、じっくりと考えながら機械を使うと、何か電気代がもったいない(笑)という気がする。しかし、ペンで原稿用紙に書く時は、考えながら書いたってまったく平気ですよね。もの書きは、考えることに時間をそうとう費すわけですが、このへんの問題が無意識に今後の本には現れてくるという面もあるのではないでしょうか。

渡部　しゃべっていると、長すぎてコクがなくなるという恐れはあると思います。「書く」というのは、さきほどの話のように日本語の「書く」も、英語の write も、ドイツ語の schreiben も、ラテン語の scrībō も、全部「引っ掻く」という意味でしょう。だからギリギリとやる感じです。おそらく、中国の『詩経』など古いものは、木や竹に彫ったわけです。彫りますからあまり無駄なことも言えないというんで、うんと整理される。筆で書くと、だいぶ散漫になり、しゃべるとさらにゆるみが出てくる。しゃべったものというのは、それなりの効果はあるけれど、後世に残るかという問題になるとまた別のような感じがしますね。

新しいメディアの可能性と限界

——結局、そうすると活字離れの雰囲気が多少あったとしても、最も典型的なかたちの「本」というのは、やっぱりなくならないということでしょうか。

渡部　わたしはそう思います。

植田　これからニュー・メディアがたくさん出てきますでしょうが、それらが一般化するにつれて、逆に本の便利さというものが認識されるんじゃないかと思うんです。民放連の野崎茂さんがおもしろいメディアのとらえ方をしています。野崎さんによると、メディアには「二十世紀以前型メディア」と「二十世紀型メディア」があるという。「二十世紀以前型」というのは活字媒体のメディア、つまり本のメディアです。「二十世紀型」というのは、レコードだとか映画だとか、再生装置が必要なメディアで、これらのメディアは二十世紀になって実用化した新しいメディアですが、レコードにしろ映画にしろテレビにしろ、あるいはビデオディスクにしろ、再生装置がない限りどうしようもないわけです。たとえばレコードを例にとっても、戦前の七十八回転のSP盤なんかは、現在では一部のプロ用機械を除いては一般のプレーヤーでは再生できない。このように「二十世紀型メディア」は、再生装置というハードウェアによってソフトウェアが大きな影響を受けます。これに対して本の場合は、たとえ江戸時代の本だって、読む能力さえあれば、今でもすぐ読むことができるわけです。これから「文字多重放送」という画面に文字が出てくるような放送がニュー・メディアとして現れた時、あらためて本の方がずっと便利じゃないかということが再認識されるのではないかという感じもするんです。それまでは、各種メディアがメリットやデメリットをかかえながら、互いに競い、発達してゆくのではないかと思うんです。

渡部　知識を情報ととらえるか、知識を知識そのものとしてとらえるかとでは微妙に違うような気がするんです。専門の本を読んでいくうちに気がついたことなんですが、自分の蔵書を読んで勉強した人の書いた本と、知識を情報として割り切って、図書館なんかにある本や雑誌論文などをコピーしたもので勉強した人の書いた本や論文とは、そうとう味が違うんです。だから、わたしは最近の英語学関係の本を軽蔑しているんです。これを書いた人は本を読まない(笑)、情報を使っただけだと。博士論文なんかを書く時は、情報を使った方が便利だけれども、それを愛読できるかとなると、これはならない。それもまた情報の一つにしかならないんです。ところが、知識として本から入って、深い思索の中から書かれた本というのは、やはり愛読に値するんです。たとえば、英語史で言えば、一九三〇年前後に書かれたボーやマクナイトの本は今でも愛読書になっています。しかし、それ以降のものは、ほとんどが情報を集めたものばかりだから、愛読するに足るものはあまりない。そういった意味で、わたしは、インフォメーションと知識とはわけて考えた方がいいと思うんです。

――新しいメディアなども、情報としての情報しか提供してくれないということになるでしょうか。

渡部 そうです。ニュー・メディアを使って論文を書いても、その論文は愛読してもらうためではなくて、誰かに情報として使ってもらうためのものになってしまう。自然科学では、その方がいいかも知れません。しかし、人文の学問は違いますね。

土屋 情報の集積が知識になるのではなくて、情報をもとに思索することが本当の知識を生むんだということは言えると思います。

渡部 わたしが微妙な差に気づいたのは、イギリスに行った時です。現在五十五歳から六十歳以上の学者と若い学者とでは、本に対する考え方が違う。年輩の学者の家には、ちゃんとライブラリーがあるんですが、五十歳以前の若い学者で、まともなわたし的ライブラリーを持っている人はほとんどいないんじゃないでしょうか。本というものは、あるいは情報源というものは、学校にあるもんだと思っている。だからプライベートなライブラリーには関心も持っていないし持つ気もない。これは、人文学をやっている者には致命的だと思うんです。「おもしろい」という感覚が少ないんですよ。人文の分野で「おもしろさ」がなければ、話にならないわけです。本を読んだ時、ああこの著者の言っていることはおもしろいなと思わせる。そういう著書は、やはりおもしろいことを読んで書いているわけです。情報をそのまま入れているんじゃないんです。そういう本が結局長持ちするんですね。

植田 NHKの和田勉というディレクターが言っているんですが、文化というものを円で表すと中心となるのは活字だというわけです。そのまわりに映像がある。活字が太れば映像も太る。活字がやせれば映像もやせる、という関係に本来はあるんじゃないかというわけです。われわれは、活字と映像とは別々の円であるように思っているわけですが、そうではなくて、文化の中心はやはり活字であって、そのまわりに映像があるという関係で文化が動いているということを、映像関係の人の方がちゃんと認識している。そのへんをもう一度きちんと押さえて考えることが必要ですし、それを学生にどう伝えるかということも大切ですね。

今渡部先生がおっしゃったように、本当に長持ちする仕事というのは、ちゃんと本を読んでやった仕事であり、ちゃんと書いた文章のはずなんです。ところが今の若い人たちは、イメージでぱっぱっと把握して、それをもとに能率的にやった仕事の方がいいような感じを持っているように思えるんです。もう少し手間ひまをかけた方が、結果としては得になるんだよ、ということをどうやって教えていくかというのは、われわれ教師としては重要な問題であると思うんです。

渡部　日進月歩の自然科学の方だと、本を待ってなんかいたらいかん、雑誌でさえ待っていたらいかんというんですね。そういったやり方に、人文の方も引っぱられているんじゃないかと思うんです。本になってから読んで十分なんだという世界もあることを教えていいということでしょうね。

――活字離れということで、映画などばかりを見ていた学生が、四年生になって卒業論文を書いたことで、「ああ、なるほど、勉強はけっこうおもしろいんだ」と最後になってわかって卒業していく場合がよくあるようです。もうちょっと早く、本を読んで考えることのおもしろさに気づいていればよかったのにと思いますが。

土屋　学生は、論文を書く時に、考えがまとまってから書こうとしがちになります。そういう時、わたしは、まず何でもいいからとにかく書いてみなさい。後でそれを使わないことになってもいいからまず書け、と指導しているんです。書くことによってだんだん考えがまとまってくるんです。書くことと思考することには密接な関係があります。

渡部　書くことが結局考えることになります。

土屋　ワード・プロセッサーを使ってみて、ちょっと意外だったことがあるんです。タイプライターというのは、特に日本語の場合、すでにでき上がった文章を写す、つまり清書のために使います。しかし、ワープロの場合、さっき植田先生がおっしゃった通り電気代がもったいない（笑）かも知れないけれど、電気をつけるということは、ちょうど話をする時と同じように相手を目の前にすることで、何か答えを迫られると言いましょうか、こちらがものを言うことが待たれているようなところがあります。ワープロのいいところは、そういう状況になっても、文章の書き間違いはもちろんのこと、挿入であろうと削除であろうと何でも容易に書き直せるところです。原稿用紙に鉛筆で、という時は、消しゴムを使って大変なわけですが、ワープロの場合は、文をくっつけたり言葉を省いたり入れたり、という作業が実に簡単にできるんです。そのぶん、もっと文を練ったり、思索を推し進めたりすることに役立てることができるでしょうが、ワープロで書いた文章の弊害なども出てくるかも知れません。わたしなどは、たしかに、以前よりももっと漢字を使うようになった気がします。

渡部　わたしがイメージや映像の限界のようなものを感じた例として、『三国志』の劇画版があるんです。はじめ見た時はおおいに感激したんです。人物の台詞のところも長いもので、難しい漢字なんかもぎっしり書かれていて振り仮名もついている。これはすばらしいと思いました。ところが、次から次と買って読んでいくと、どの巻も同じように見えてくるんです。どのシチュエーションも同じように見えるというマンネリがある。ところが、文字で『三国志』を読んだ時、どの巻も同じように感じるなんてことはありませんよね。そのあたりに映像と文章の次元をわけているようなものがあるような気がするんです。

植田　映像は「何々である」「何々でない」という断定をすることはできませんね。文章にはできます。映像というのは、モンタージュの集合によって一つの結論を表現してゆくわけですが、「である」とか「でない」という、もっとも最終的な決断を迫られることは、言葉でしか表現できないのではないかという気がします。今の学生たちは、何かを主張する、断定するというのではなくて、とにかくデータを並べてくれた方がありがたいと思っているように感じますが、映像というのはそういう学生の現代的気質と一致しているのかも知れません。

——たしかに、今の学生たちは「何々である」「何々でない」というような主張をすることをある程度拒否しているようなところがありますね。自分の主張を出していくのはダサイ、カッコワルイというわけです。学生運動が近頃はやらないのも、これと関係があるのではないですか。

渡部　きめてしまうというのがいやなんですね。結婚についてもそうで、結婚しているんでもない、していないんでもないような、同棲という状態がいいという人が増えているらしい。職業についても、断固就職しているんだというよりは、就いているんだか就いていないんだかという、いつでも辞められるような、そういう職種に引かれている人が多いみたいですね。

土屋　職業観はたしかに変ったと思いますね。生涯天職としてやろうなどという決断はなかなか起らない。

渡部　宗教もそうでしょう。

土屋　自由がなくなるというのですね。一つの宗教にきめてしまうことは。

植田　断定するということに対して、本当にダサイと思ってるのか、あるいはつらいのか恐ろしいのかわかりませんけれど。

土屋　信仰告白しようとするような内面の力というか、そういうものは現代の若い人たちに育ちにくいようです。しかし、信仰が従来よくありがちだった「初心を貫く」といった信念と同一視されるよりは、キリスト教にとってはむしろ明るい希望が持てると思います。

――例の「昭和軽薄体」なども、断定しないおもしろさみたいなところがありますね。いつまでもくだくだくだと書いていくような。

植田 そうなんです。それに、断定する時も、いわば芸としての断定でね。昔のように断固として言うのとは違う。断固として言うには言うんだけれど、そこにユーモラスな感じをともなっているんです。

――断定することをからかいつつ断定しているような……。

植田 そういうところはありますね。生真面目に断定したのでは受けない。そこが難しいところです。

日本の活字文化

――ところで、外国における活字文化の状況と比べるとどうでしょうか。

渡部 日本はいちばん活字文化が盛んじゃないでしょうか。

土屋 そうですね。ドイツに行った時に驚いたんですが、ドイツで発行されている新聞の全部数を合せても、日本の大新聞一社の発行部数に満たないんですね。

渡部 クルティウスが書いていましたが、マックス・ウェーバーの主著が、ここ数十年間の統計では一年に百冊ずつくらいしか売れていないんです。その理由として、戦前に本を買った管理階級が貧しくなったことと、それに住宅が狭くなったことをあげていました。でも、そんなこと言ったら、日本は住宅事情という点でちっとも豊かじゃないし、豊かだったこともない(笑)。

――まだまだ日本には本に埋まっているという人はいますね。

渡部　それでハッピーだという人が多いですよね。外国ではちょっと考えられない。

植田　最近、哲学者の久野収さんがフランスで半年くらい暮した体験記を出していますけど、それによると、フランス人というのは読みながら考えるというより、しゃべりながら考えるという人が多いと言っています。日本人は活字と対話しながらものを考えるけれど、外国ではそうではないらしい。

渡部　蔵書の話になりますが、われわれ英文学をやっている者は、OED（『オックスフォード英語大辞典』）は必携と思っているんですが、ところが本家のイギリスでは個人の家でOEDを見ることはまずないんです。日本では大学院生でも持っている。

植田　それから、今活字離れが起っていると言いますが、こういう嘆きというのは昭和の初期にもあるんです。昭和四年（一九二九）頃の『書物展望』という雑誌に、昔は学生が有力な読者人口だったのに最近はサラリーマン連中がよく本を読む、なんて書いている論文が載っているんです。そうすると今とちっとも変らない。（笑）こういう嘆きというのは、どうも大正の頃から常にあったのかなと思いますね。

渡部　エジプトの象形文字を解読してみたら、「今の若いものは……」と書いてあったという笑い話がありますね。（笑）

植田　外国人に比べて、特に日本人は活字離れに対してシビアに感じているのかも知れません。

――本屋の数にしても、東京くらいたくさんあるところは世界にはないでしょうし。

渡部　特に古本屋は世界に冠絶していますね。

――週刊誌などまで含めて、電車の中であれだけ活字を読んでいる国民はいないでしょうし。

植田　出版の流通形態も、やはり日本がいちばん発達しているんじゃないですかね。あれだけ津々浦々にわたって書店で本が買えるというのは日本だけではないでしょうか。

――先日友人と話していたら、「俺もつくづく活字中毒だと思う」と言うのです。読むものが手元に何にもなかったので、たばこの箱の脇に書いてある「日本専売公社」という活字を一所懸命読んでいたというのです。(笑)そういうタイプの人間はまだまだ日本にいることは確かですね。

植田　それから、活字にヒエラルキーを作ってしまう傾向があるけれども、これはおかしいと思う。さきほど渡部先生がおっしゃってましたけれど、案外心に残る本というのはいいかげんに出版されたものだったということもある。たとえば最近ベストセラーになっている藤田田《でん》の『天下取りの商法』という本。あの本などは、いわゆる読書人と言われる人たちはおそらく馬鹿にして読まない人が多いんでしょうが、実際に読んでみますと、今の経済学者より進んだことをけっこう言っているんです。彼はマクドナルドを発展させて日本の食生活の中にハンバーガーを普及させた、その体験を書いているんですが、なかなか説得力があるんです。しかし、あの本はベストセラーにはなっても馬鹿にされる本なんです。

渡部　経済学部の研究室には絶対入らない。(笑)

植田　入らないです。(笑)ところが経済学者よりはるかに先を見越している。そこらあたりのことを今後反省していかなければいけないと思うんです。この本は読むに値しない。この本は読むに値するという区分けをあまりにしすぎることが、活字から学生を遠ざけている一つの要因になるような気もします。

――どうしても大学の教師は、本にヒエラルキーを作りたがる種族ですからね。本に対する一種の信仰のようなものは、いったいどこから出てくるんでしょうかね。

植田　まず本自体の持っている物質感のようなものが一つある。製本とか紙とか活字のよさというような。そのあたりが他の媒体と違うところですね。

渡部　所有欲をそそるというところでしょう。コピーにとればいいというものじゃない。単なる情報ならばコピーでいいけれど、本は違う。

植田　内容の善し悪しももちろんありますが、そういった「もの」としての本の物質感も大事です。

渡部　たとえば十九世紀から二十世紀はじめ頃に出たデントのポケット・ブックスなどは、持っているだけでうれしくなるんです。堅い表紙で天金がしてあってね。大正時代の袖珍本なんかも布張りで天金でした。

植田　今の学生たちは本に対する所有欲のようなものをあまり持っていないですね。

――蔵書の話が出ましたが、図書館の蔵書というものの今後については、どうでしょうか。

土屋　メディアがこれだけ増えているわけだから、当然本だけではなく音や映像のソフトなども保存していかなければならないでしょう。

植田　本が中心であることは変りないでしょうが、映像媒体はビデオで保存していく方向になるでしょうね。この間、ＮＨＫが「テレビ三十年」ということで古い番組の再放送をしましたが、あのほとんどは公的に保存されていたものではないそうです。個人がたまたま保存していたもので、集めるのに苦労したという話です。大学図書館でもテレビ番組で重要なものは保存するようにする必要はあると思うんですが。

渡部　単行本はともかく、雑誌の蔵書にはまだ問題がある。たとえば『プレイボーイ』。六〇年代の『プレイボーイ』なんてどこに行ったら見ることができるのでしょうね。あの頃の『プレイボーイ』は単なるポルノではなく、まともな記事もたくさんあった。トインビーなんかも登場しているんです。ポルノまがいの写真も載っているというので日本の図書館では蔵書に入れてないでしょうね。あれなんかは盲点です。

植田　古い雑誌を見るくらいおもしろいことはないんですがね。

——広告までおもしろいですね。雑誌の蔵書ということでしたら、大宅文庫がありますね。国会図書館などではみんな保存しているわけですか。

植田　かなりあります。ですが国会図書館を利用するのはしんどくて仕方がありません。日曜や祝日はやっていませんし、閲覧できる時間も短いですしね。公共図書館は一般に書籍が中心で、雑誌に関しては冷遇しています。スペースをとりますから。

——マイクロフィルムやビデオディスクの保存はできるでしょう。

植田　とにかく雑誌に関してはもっと図書館にやってもらわなければなりませんね。個人では無理ですから。

渡部　出版社ですら自社刊行物をとっておかない。ちゃんと保存していてくれるようになるといいんですが。地方自治体だって、愚にもつかない絵を買って美術館を建てるより、雑誌図書館の立派なのを作ればいいんですよ。

——保存の問題ですが、最近の本は何年か経つとボロボロになるという恐ろしい話がありますが。

植田　現在使われている酸性紙だと二十五年の寿命だという説があります。アメリカの図書館でも実際にかなり破損してきているそうです。それで中性紙に変えるという論議も最近されているようです。

——「活字離れ」ならぬ「活字喪失」になってしまってはとりかえしがつきませんからね。

（土屋吉正・上智大学教授／植田康夫・『週刊読書人』編集長・上智大学非常勤講師）

Ⅷ

論争・講演

［論争］

「神」と「上」の語源について

［＊編集部注――『言語』一九七五年四月号から七六年三月号まで、大野晋氏とそれぞれ五回ずつ交わした論争のうち、渡部執筆分を収録した。］

1

このたび二十年間の時間をかけたという『岩波古語辞典』が出版された。まず執筆者の方々に深甚なる敬意を表明したい。有益な新機軸が少なくないことは特にうれしいことである。動詞は連用形で示す、などということはその一つである。特にうれしく思うことは、語源に対する積極的関心である。これはまさに画期的と言ってもよいことであろう。上代特殊仮名遣いの甲類・乙類についての解説や、それにもとづく語源の説明、そのほか最近の言語学的成果の導入など、いずれもこの辞書の使用者をよろこばせるに違いない。

しかしわたしがこの辞書の広告用パンフレットを手にした時、「これは危い」と思ったことを率直に告白しなければならない。そこには、今度の辞典が語源を重んじ上代特殊仮名遣いの甲類・乙類を明示していることを一大特色としてかかげてあった。そこまではおおいによいのだが、したがって「神《かみ》」は「上《かみ》」と関係がないと断定してあったからである。この広告パンフレットは何万部刷られたか知らない。また本辞典が何万部売れているか知らない。しかし本辞典が読者に与えている「権威感」からすれば、そのすべての人が、「神と上は語源的に関係がないことが学問的に証明された」と思い込むであろう。民俗学者も比較宗教学者も歴史家も、今後はすべての人が、長期にわたって、「神と上は語源的に関係がない」と信じ込むであろう。そしてそれにもとづいて多くの意見やら学説やらを立てていくことであろう。わずか一語の語源と言うことなかれ、その解釈次第では多くの分野での学問の屋台骨が揺るがされることになりかねないのである。

ここでわたしは「神《かみ》」の「み」は乙類の「み」であり、「上《かみ》」の「み」は甲類の「み」であるからと言って、この二つの単語が語源的に関係なかったという結論には全然ならないこと、むしろそのゆえに、両者には関係があったと考える推測がより強まることを指摘しておきたいのである。わたしが学んだ語源学は印欧系、特にゲルマン語系のものであるので、用例はどうしてもそこからとってくることになるが、『岩波古語辞典』の方も、語源学の学としての原理は同じであると思う。

ここで参考のため、上代特殊仮名遣いの甲類・乙類について、同辞典の記事に従って簡単に説明しておくことにしよう。

記紀万葉など、奈良時代の文献を見ると、たとえば「コ」という音を示すのに、古・故・姑・孤・許・虚・挙・居・去などの万葉仮名がある。そして「恋《こ》ひ」の「こ」は古・故・姑・孤で書いてあるから、この四字が同じ音を示していたと考えられる。また「男《をとこ》」の「こ」は古・故・孤であり、「彦《ひこ》」の「こ」は古・故・姑である。その他多くの例によっても、古・故・姑・孤の四字の万葉仮名は同一音を表していると考えられる。これを「コの甲類」と名づける。

次に許・虚・挙・去の万葉仮名を調べてみると、「事《こと》」の「こ」を書く点で、許・虚・居は共通であるし、また、助詞の「こそ」の「こ」を書く点で許・虚・挙・去は共通である。その他いろいろの単語を見ても、許・虚・挙・居・去は同一の音を表すことは確かである。これは「コの甲類」とは別であって、「コの乙類」と名づけられる。そして「コの甲類」と「コの乙類」が混同される例はない。しかも「コの甲類」に用いられている漢字の古・故・姑・孤などは、現代でも「コ」の音であるのに反し、「コの乙類」に用いられている漢字の許・虚・挙・居・去などは、現代では「キョ」であるから、上代においても当然、甲類と乙類の相違があったであろう。七、八世紀の中国語の発音を研究し、古・故・姑・孤・許・虚・挙・居・去などの文字の発音を確かめれば、奈良時代の「コの甲類」と「コの乙類」の音を推定できるわけであるが、現在のところ「コの甲類」はko、「コの乙類」はköと考えるのが学界で有力である。

このように甲類・乙類の区別があるのは「コ」だけの話ではない。つまり奈良時代には母音がａｉｕｅｏの五つのほかにïëöという三つの母音があって、合計八個あったと考えられるのである。そして子音とそれが結びつくので、キギヒビミケゲヘベメコゴソゾトドノヨロという十九の音節が甲類と乙類に区別されていたのである。ここまでは学界の定説とも言えるもので、異を唱える人はまずないであろう。ところがここから次のような結論が引き出されると恐ろしいことになる。原文通り引用してみよう。

こうした事実が奈良時代に存在したことがどんな意味を持っているかについて二三記しておこう。まず語源の研究に影響する。例えば神（かみ）は上（かみ）にいますものだからカミというのだという説がある。ところが「神」について万葉仮名を調べてみると、方言以外では加微・迦微・伽未・可未・可尾などと書いてある。微・

末・尾などはミの乙類mïの音と推定されているから、神はkamïであったことになる。ところが「上」は可美・賀美などと書いてあり、美はミの甲類miと推定されている。従って上はkamiであった。kamïとkamiとでは発音が別であるから、この二語は関係ない語であると判断される。それ故、上（かみ）にいますから神（かみ）というとする語源説は、平安以後の五母音の時代についてならばともかく、奈良時代には通用しないということになった。

はなはだ明晰な論理の筋であり、一見、反駁のしようがないように思われる。ところが西洋語の語源をやっている者にとっては、こういう現象は何ら珍しいものでなく、むしろ反対の結論を引き出すのが常識になっているので、それを紹介しておきたい。

2

ドイツ語を習いはじめるとすぐに誰でも、「書物」を意味するdas Buchという単語を覚えるであろう。そして複数形を覚える気のある者は、その複数形がBücherであることを知るであろう。そしてこの単語の性（Genus）はdasという冠詞が示す通り、中性（Neutrum）である。ところが辞書で見ると、Buchのすぐ下のところにBuche（ブナの木）というのが記載されている。これはdie Bucheで女性形（Femininum）であり、複数形もBuchenである。つまり「ブナの木」は「書物」のBuchとは語尾音も違い、複数変化形も違い、性も違うのである。だから語源的にも関係がない、と言えるかどうか。

古代においてブナの木の板は、文字を書く材料であった。ギリシャ語の書物を意味する単語 *βίβλος* がパピルスから出ていること、またラテン語の書物を意味する単語 liber が靭皮であることは、古代はどこでも、文字を書く材料の名前が、書物を意味するようになったことを示している。ブナの木の場合もそうであったことは学界の定説であって、これに反対する学者のいることをわたしは寡聞にして知らない。したがってブナの木 Buche と書物の Buch の語尾音が異なること、複数形が違うこと、性が違うことは、この二語が語源的に関係がないことの証明には全然ならないのである。むしろ全体の形が似ておりながら、語尾音などが違うからこそその同一語源に意味があるのである。

もう少し言語学的な表現を使うことを許していただければ、同一語源の単語が、明らかな意味の分化(differentiation)を起し、その分化が社会的にも重要なものとなれば、その語形も分化して定着するのである。ブナの木片が物を書く材料として古代ゲルマン社会に定着するに従い、ブナの木という単語の性を変え、その語尾を少し変え、複数形も変えて、書物を意味する das Buch が独立したのである。精密に言えば、まず複数形のブナの木の木片を示す語ができ、それが書物の意味を持ち、それから単数形の書物を意味する単語が作られたのである。

日本の神も上に居るものであったからそう呼ばれていたものとしよう。高天原信仰を考えても、天皇をカミと言っている習慣から言っても、その可能性はある。しかし神のような古代社会における重要概念は、非常に早い時代に語形が分化したと考えるのが自然である。kami が kamï になったとしても少しもおかしくないではないか。

これに対して、平安時代以降、再び「神」と「上」の発音が同じになったのはどうしてか、という疑問が出されるかも知れないが、そんな現象は西欧語にもよくある。音体系全体が変る時は、微妙な音による分化も再び消えることがあるのである。たとえば手元の英和辞典で quean を引いてみよう。これはスコットランド方言では「少女」の意味であるが、一般には「恥知らずの女」「あばずれ女」の意味になっている。それから三、四語下を見ると queen があって、これは「女王」の意味である。このqueanとqueenの違いは、スペリングの上ではaかeの違いであるが、発音は両方とも［kwiːn］であって同じである。

この「あばずれ女」のqueanも「女王」のqueenも、同一語源であったことは学界の定説である。そしてギリシャ語の*γυνή*（>gynecology 婦人科医学）と同根であることも知られている。つまりは「女」という意味であった。しかし同じ「女」でも王様の「女」とほかの「女」では「女」が違うということで、古代ゲルマン語の時代にすでに発音上の分化があったとされている。中英語の時代にはqueenのeeはẹ̄、つまり舌の位置の高い［eː］の音であり、queanの方は、ę̄、つまり舌の位置のやや低い［eː］の音であった。ノウルズ（James Knowles, *A Pronouncing and Explanatory Dictionary of the English Language*. London, 1835）はまだこの二つの発音の区別をはっきり行うようにすすめている。しかしこの区別はすでに近世初頭にはなくなりはじめており、スマートの第四版（Benjamin H. Smart, *Walker Remodelled*. London, 1836, 1852⁴）では、両者の区別立てをするのはもう古い発音法であるとしている。同じ「女」を意味する語が、うんと古い時代に意味の分化を起し、母音を微妙に変えることによって区別されていたのであるが、十五世紀以降の大母音推移によって、発音上の区別はなくなったが、意味上の分化は保存された。このような変化が「神」と「上」になかったということを誰が保証し得ようか。

また神（kamï）と上（kami）の違いは、音声学的に言って母音に円唇化の要因が加わったか加わらなかったかの違いによるものと言えよう。母音に円唇化要因を加えるか加えないかによって、同じ単語で意味上・機能上の分化を起す例を一つだけあげておくことにしよう。サンスクリットではṛṣabhaもvṛṣabhaも牡牛を意味している。しかしバンヴェニスト（Emile Benveniste, *Indo-European Language and Society*, trans. by E. Palmer. London, 1973）によると同じ牡牛でも、メスに対するオスを意味する時にはṛṣabhaと言い、子牛に対する種牛を意味する時はvṛṣabhaと言っていたそうである。これは印欧語一般において見られ、*ers- と *wers- の対立があったと推定される。つまりw音による円唇化要因のあるなしで、牡牛が、メスに対するオスという横関係になったり、子牛に対する種牛という縦関係になったりするのである。円唇化要因はこのように同一語源語を分化させる働きがあり、これによって同じ語根から、意味変化を起し、社会における機能の分化した語が作り出されるのであるから、kami と kamï が分化しているのはむしろ自然であるとも言えるのである。

最後に言っておくが、わたしは「神」と「上」が同一語源であると断定しているのではない。『岩波古語辞典』が別語源と断定しているので、そんな断定は学問的に許されることでなく、むしろ同一語源説に有利に働くだろうということを指摘したのである。世間に権威あるとされる人の断定が、日本語の語源研究の進歩をどのくらいさまたげていたかは関係者ならみんな知っているはずである。今回のような断定的語源説が古代日本人の宗教観念や文化についての研究を、不当にまげることのないようにと十分に言語学的な裏づけのある別の考え方を示してみたのである。

（一九七五年四月号）

大野晋氏の「お答え」にこたえる

大野晋氏が小生の疑義に対してただちにお答えを下さったことに感謝いたします。国語学の権威が多年にわたって調査・研究なされたことに対して、素人が疑義を出すのは不遜であることは重々承知しておる者ですが、この頃考えるところがあって、いろいろな分野の専門家の研究に対して、素人として口を出そうと決心しておりますので悪しからず御了承願いたい。「考えるところあって」と言うのは、専門家が専門家として発言できる分野は極めて限られているのに、気づかないうちに専門家としての権威の及ばないことに、権威をもって発言していることになっていることが多く、世間の人も気づかないことが多いからであります。エジソンは好んで宗教を論じたと言いますが、機械の発明について専門家でも、彼の宗教哲学を専門家の言として権威を持たせる必要はないことはすぐわかります。ところが生物学者が進化論を語る時は、われわれはそれに科学の権威を与えがちです。しかし自然科学的方法では生命の起源から種の起源まで何一つ証明されておらず、ただ種の変異が認められるにすぎません。しかしわれわれは、生物学者が進化論を口にする時、それは一種の自然哲学をのべているのであって、自然科学をのべているのではないことに気づかないのです。さらに国語学者が、ある語源説をのべる時、われわれはそれに特別の権威を与えやすい。しかし語源学の本質上、国語学者が専門家の権威という特権の振るい得る範囲はきびしく限定されているのであって、その範囲を越えるならば、ただちに素人とあまり変らない立場にあることを指摘したいのです。前置きが長くなりましたが、大野氏の「お答え」について次のようにおこたえしたいと思います。

1　大野氏はわたしが『岩波古語辞典』の広告パンフレットの神《カミ》と上《カミ》の語源の宣伝を見て「これは危い」「恐ろしい」と感じたと言いながら、氏の『日本語をさかのぼる』に十四頁にわたって書いてあることに一顧も与えなかったことに御不満のようです。ところがわたしは『日本語をさかのぼる』は精読しており、そこにのべられた論拠では、広告パンフレットに「神《カミ》と上《カミ》は同語源に非ず」と書くことはできないと思ったのです。しかし学者が研究途上において、さまざまの仮説を立てたり、のべることは自由であり、また称揚すべきことです。ですからわたしは大野氏が新書で新説をのべられるのはおおいに歓迎もし、尊敬するのですが、神概念のような古代研究の超重大語に関する仮説を、学問の名において権威ありとされる辞書に断定的にのべられたり、広告パンフレットに使われるのは危いし、恐ろしいことだと思うのです。

2　大野氏はmiとmïとが語源的に結びつくような語例を持っているか、と問われる。これには実はこたえたくなった。というのは大野氏のような専門家と、古代日本語の実例をもって論争することは明らかに愚かなことであり、ほかの専門を持っているわたしとしてはそんな時間があるはずがないからです。と言っても一例も示さなければわたしの批判の意図は、素人のまったくの見当違いの発言として笑殺されるだけになりましょう。それでわたしは自分の専門が教えてくれた発想法に従って見つけることにしました。たとえば「日《ひ》」と「火《ひ》」は、原始人の頭の中でも関係づけられていたと想定し得ます。ホカホカ、ポカポカ、フカフカなど、今でもh、p、fなどの音をもってはじまる「暖かさ」を示す擬声語は、その音象徴的関係を暗示しています。しかし太陽の「日」と、燃える「火」は非常に早い段階において分化したはずであります。語源が同じく、しかも早い段階に意味や社会的機能が分化したものは、子音を同じままにして母音を変えることがあるだろうという推定によって「日」と「火」の古代の発音にあたってみました。はたせるかな日《ひ》はFiであり、火はFïであります。これは上《かみ》と神《かみ》の分化におけるのと同じパターンを示します。

わたしが「はたせるかな」と言ったところに御注目してもらいたいと思います。というのはある考えをもって資料にあたったところ、はたして資料の中に推定通りのものがあったということは、学問的に考えるものにとってはけっして些事ではないのですから。事実、その探し方に考えついたのは食事中でした。食後にすぐ「火」や「日」など、二、三の語をあたってみたところ、いずれも予想通りになっていました。そして大野氏がuとïの関連性を説いておられるので、Fï（火）にもFuの形があるに違いないと思ったところ、はたせるかなありましたね。たとえば『万葉集』の「葦火《あしふ》」は東国方言として扱うのが通例ですが、もちろん上にのべた見地から考えるべきものです。

3　インド・ゲルマン語の例をあげたのは、何もそこで見られる音韻変化と同じ変化が日本語にあるということではありません。インド・ゲルマン語では隣接する方言でも違った音韻変化の形式に従うものであることは、わたしも本場でリゴラスに教えられておりますし、そこのインド・ゲルマン語研究所の仕事をしていたこともあります。わたしが印欧語の例をあげたのは大野氏のあげておられる古代日本語の実例に対する具体的証拠などではないし、またあり得るはずもないのです。わたしが指摘したかったのは、大野氏が専門家の権威をもって言えることは、「文献時代（八世紀頃）に入った時の日本語の奈良付近の方言においては、上《かみ》と神《かみ》の語尾の母音がiとïの違いを持っていた」という事実に限るということです。これ以外はすべて大野氏に学問の名で断定する資格はありません。常識から言って、日本人の神概念が八世紀に成立したはずはなく、それより何百年、何千年前だったでしょう。八世紀に語尾末の母音に微小の差があったからといって、語源的に無関係という断定は絶対に出してはいけないのです。なぜ出してはいけないかの参考資料としてdas Buch（本）とdie Buche（ブナの木）の例などを示すことは少しも不適切でも見当違いでもないと思います。柿本人麻呂の「大君は神にしませば天雲《あまくも》の雷《いかづち》の上に廬《いほ》らせるかも」という歌も、もちろん雷《いかづち》の岳《おか》（香具山の南の岡）の「上」と、「神」を懸けた言葉のおもしろ味なので人麻呂にとっては神《かみ》は上《かみ》でした。大野氏の専門家としての実証範囲における仕事に対しては最上級の敬意を払いながらも、『古語辞典』の断定に反対するのは、それは断定されないことに属するからにすぎません。妄言多謝。

（一九七五年五月号）

重ねて大野晋氏へ

門外漢からの質問に対して、重ね重ねご返答をいただいて恐縮しております。しかしお答えにもかかわらず、最初から提示している小生の疑点はあまり明らかになったとも思われません。それで非礼をもかえりみず、前回のお答えに従ってもう一度私見をのべさせていただきます。

まず第一に、わたしが岩波書店の作ったパンフレットの内容を署名入りの書物よりも重んじて論じているのがおかしい、と言っておられますがそんなことはありません。そのパンフレットは去年、近所の書店で手に入れたものですが、そこに「神は上に非ず」ということが大きく刷ってあったのでびっくりしたのです。そのパンフレット自体はとっくに手元からなくなっていたので、四月号に質問を出した時は、大野氏の署名入りの本、つまり『古語辞典』(九頁)と『日本語をさかのぼる』を参考にしながら書いたのです。パンフレットが質問のきっかけになったことは確かですが、書店の責任というパンフレットの内容は大野氏の説と違ったものではなかったと記憶します。

また「権威ありとされる辞書」というのはもちろん社会通念としてです。そしてわたしは『古語辞典』を社会通念として権威あるものと見なします。しかしそこには文字通り引用すると次のような記述があります。「kamïとkami とでは発音が別であるから、この二語は関係ない語であると判断される」と。

わたしはそういう判断は語源学としては成り立ちにくいものである、いな、意味に共通点がみとめられて発音が別だからこそ、まさに同根語の分化したものではないか、と考える方が普通だろうと言ったまでであります。その例として、語源についてすべての学者の一致が認められている印欧語からの例を二、三あげてみたのでした。

これに対して日本語の語源論争に印欧語の例を出すのがおかしいとのことでしたが、それは何もおかしくない。大野氏がïはuiから転成した音であろうなどと言う場合の議論は、元来は印欧語学のものでした。わたしの言っているのはまさにそういう意味での印欧語の語源研究の方法論への参照なのです。特に、日本語の語源の多くに学者の定説がない時、参考になるのはむしろ印欧語の語源学の方法と、その根底にある発想法なのではないでしょうか。

この際はっきり言わせていただくと、大野氏の語源論における音韻操作と、それに対する信頼度は、非常に古風であります。印欧語でも昔はそればっかりのようでしたが、次第に広い視野からのリアリエン（風俗）の考察によらねばならぬ、ということになってきています。日本語でシュナイダーやトリアーの水準の語源研究の方法を実践している例は、前川文夫氏の『日本人と植物』（岩波新書）であることをつけ加えておきます。紙枚がなくなりましたが、「火」と「日」は奈良時代の文献にFïとFiで区別されていたから別語源であるなどと言って、大野先生、本当に大丈夫なのですか。後世もありますのに。

（一九七五年七月号）

大野晋先生へ④

重ね重ね御返事をいただき恐縮です。先号で「申し上げたいことは尽きたと感じて」おられたそうですが、当方といたしましては、聞きたいことはまだ何一つこたえていただいたという感じがしておりませんので、もう一度今までの質問をまとめ、さらに先号のものにおこたえしたいと思います。

1　わたしの第一の質問は、大野先生の言われるように奈良時代の文献での語尾音「ミ」の甲・乙の違いは必ずしも別語源を意味せず、同一語根が分化した可能性を示すとも考えられるのではないか、ということでした。そして私見の方が正しいとは断定しないが、その方が語源学としてはより自然な考え方であろう、と申しました。大野先生は依然としてこのわたしの考え方の可能性がないと言われるのでしょうか。

2　印欧語では語尾音の変化によって同一語根語が分化するのは普通であり、その可能性は日本語においても考えておいた方がよいのではないか、と申し上げました。大野先生は印欧語の例は不適切と言われますが、これは語族の別に関係なく考慮すべきことと思うがどうでしょうか。

3　大野先生は「実例をあげよ」と言われたので、「日」と「火」の例をあげましたが、この例についての大野先生のお考えはまだお聞きしていない。

八月号では大野先生はわたしに二点を問うておられるようである。元来から言えば、わたしの考え方に無理があるかどうかをお聞きしたいので、大野説の内容に立ち入るのは門外漢として失礼であると思うのですが、せっかくのお求めですので、失礼をかえりみずにおこたえしておきます。

1　「kami と kamu（kamï の古形）はどこで連なり得るか」という問いに対して。

まず i と u の音でありますが、この二つは母音四角形において、互いに前高部と後高部で向かい合っている音です。したがって逆に転換しやすいことをルーイックが指摘しており、ホルンもこれを追証しております。英語の例で言えば、bull が方言では bill になります。日本語の例では、『万葉集』で「火」（Fï）が（Fu）と読まれる例をすでに先々号にあげておきました。これを上代東国方言と言って片づけるのもよろしいのですが、それはまさに bull ⇅ bill と同じような関係ではありませんか。

2 「カミ（上）とカミ（神）とどこに意味上の共通点を認めたのか」という問いに対して。

第一、それは常識である。特に古代日本のような高天原神話を信じていた時代にあっては。しかもそういうことが日本だけでないことはエリアーデの『聖と俗』でもお読みになることをおすすめします。また『言語』一九七五年七月号（八八頁）の「言語空間」に永井津記夫氏がいろいろおもしろい例をあげておられます。奈良朝の例として一つあげておけば、柿本人麻呂（『万葉集』二三五）の歌に、「大君は神にしませば天雲の雷の上に廬らせるかも」とあります。雷岳《カミヲカ》の上に、神《カミ》である天皇がいるのをおもしろく言ったのです。少なくとも、人麻呂はカミ（上）とカミ（神）に共通点を認めていました。

（一九七五年九月号）

論争論

カミの語源について、大野晋教授に提出した問題は、九月号（七五年度）に箇条書きにしてまとめたにもかかわらず、お答えをいただけなかった。しかしわたしとしてはこのような基本的な質問におこたえになる御用意もなく、宣長以来の定説をくつがえしたと称し、辞書にも学界の定説のごとき断定的なやり方で採用されたんだなという心証を得ただけで十分である。読者の方の中にも同じ思いをされた方が少なくないはずだと思う。たまたま『文学』の一九七五年第十号（岩波書店）に、日本語の語構成の専門家である阪倉篤義教授がカミの問題をも扱って大野説を批判しておられるのを読んだ。阪倉教授の推論の仕方は、西洋語の語源学をやってきたわたしにも十分納得できるものである。これによってみても、わたしが大野説に疑問を出したのは門外漢の見当違いの発想ではなく、むしろ人間の言語を飯の種にしている人間として当然のものであったのではないかと考えざるを得ない。ついでながらわたしが柿本人麻呂「大君は神にしませば天雲の雷の上に廬らせるかも」（『万葉集』二三五）を引いて、万葉時代には「神」と「上」をかけてそこにおもしろさを認めることができたと言ったのに対し、大野教授は、このわたしの言葉の意味がわからないと言われ、さらに古代日本語を専攻している二人の若い氏の友人に読んでもらっても「わからないなあ」ということであったと言っておられる。わたしは素人の万葉愛読者にすぎないのだが、この場合に「神」に「上」の含蓄がなければ、一首の趣向が成り立たないということは直観的にすぐにわかった。阪倉教授の論文は最近読んだのだが、わたしの直観が専門家の解釈でも十分根拠があるようである。こんな趣向明瞭な和歌までわからなくなること自体、大野教授の語源説が、その当人の古語を見る目をいかに害したかのおもしろい例であろう。

　学問する上に議論が生ずることは当然である。学問上の議論においてすらも人と争うことがいやなら、自分だけの読書に閉じこもるなり、教えるだけにすればよい。それは一つの立派な生き方である。しかし学問上の著作を江湖に送り出した以上、それに対する反論は当然期待すべきものだと思う。将棋でもアマであるうちは、人前で勝負を争う必要はない。しかしプロであったら、新聞紙上でも争わなければならない。老名人が若い者に挑戦を受けた時、「わたしは何千回という試合の結果、この定跡を考え出したのであるから、新しい思いつきでこの定跡に挑戦してはならぬ」などと言ったらおかしなものであろう。争われるほどの説や著作を持つことは学者の宿命であると思うのである。

この点に関して論争と言われるものに対して、そうとうの誤解があるのではないだろうか。福沢諭吉がはじめてイギリスに渡った時、いちばんわけのわからなかったことの一つとして、「議会」をあげていたと記憶する。旧幕時代の通念で言えば、「おかみ」の政策を万人の目の前で批判し、討論することはおよそ考えられなかったことだからである。福沢がイギリスに行った頃の政界には、ディズレーリやグラッドストーンなどがいたはずである。彼らは好敵手であった。そして議場で争うことを使命としていたわけである。しかし個人的にはお互いを憎み合って暗殺してやろう、などということはない。しかし議会制度のない国では、有力者と意見を違えることは首がとぶことであったから、論敵はとりもなおさず本当の敵でもあった。今でもそういう国がある。

学問の世界はどうであろうか。西洋の大学は論争により学位をとるのがタテマエであったし、今でもその名残がある。しかし必ずしも理想的にいくとは限らない。オックスフォードのE・G・ドブソン教授が、キュケリッツの『シェイクスピアの発音』(一九五八年)に対して『レヴュー・オブ・イングリッシュ・スタディーズ』で行った書評は、まことに痛烈であって、ほとんどキュケリッツの本の学問的生命を奪ったかのように思われた。ドブソンの批評が出るまでは、イェール大学出版部から出された『シェイクスピアの発音』は世界中の学者の賛辞を浴びていたのである。日本でも当時の『英語青年』誌の書評者は、まだ空き腹を抱えている戦後の事情もあってか、とても日本人にはできる仕事ではない、というようなことを言っていたくらいである。しかし、しばらく後で出たドブソンの批評は、音韻史のあり方はかくあるべし、という方法論の根本問題を指摘したもので、わたしなども目からうろこを叩き落されるような気さえした。何年か後にわたしはドブソン教授の指導を受けることになったのだが、ある時、この書評のことを話題にしたら、教授はこう言われた。「あの書評のことではキュケリッツ教授がおおいに腹を立てているとのことです。彼の国では手きびしい書評によって世に出るという習慣があり、わたしもそうしたのだと思ったようです。わたしとしては彼の著書の中で賛成できない点だけのべたのですが」と。

この時、論争で世に出るしきたりの国ですらも、論争をいどまれた人は深く恨みに思うものであると知ったのである。わたし自身はドブソン教授のもとに行く前に、すでにホルンの音韻史のとりこになっていたから、意見が合わないことがよくあった。そういう時のドブソン教授の反論は、今その手紙も持っているのだがたいそう手きびしいものであった。しかし次の面会日に出かけるといつもにこにこして、よく親切に世話などやいてくれたものであった。さすが議会の発生国だけあって、イギリス人は学問的議論と個人関係を切りはなしているわい、と感服したのである。そしてドブソン教授の態度を見ならおうと心がけている次第だ。

大野教授の学問一般に対するわたしの尊敬は、拙著『日本語のこころ』(講談社現代新書)にも明らかにしてある。しかし問題によっては見解を異にするということにすぎない。どこかの雑誌や、学会で、大野教授にさし向かいで質問する機会を提供してくれるところがあれば、わたしは将棋さしのごとくいそいそと出かけるつもりである。

(一九七六年二月号)

［論争］

わたしは実測図を示したのだ

●松浪有氏の批判に答える

［＊編集部注――渡部著『英語学史』の書評をめぐって、松浪有氏と交わした論争（『現代英語教育』一九七六年二月号～五月号）のうち、渡部執筆分を収録した。］

書評者の意見に著者がいちいち反論を書くのはサマにならない話であるから、個々の点でいろいろ誤解を解きたいところがあるけれども、それはここでは言わない。しかし「およそ『～史』と呼ばれるものは、何によらず、一本太い線がつらぬいていて、それを追っていくことがすなわち『～史』を読むことになるはずであるが、残念ながら本書には中枢となるべきその太い線を見出すことはできないのである」と断定され、「誰がそれを読むのか」と問いかけられたのであるから、やはり「わたしの英語学史観」を表明しておくべきであると考える。幸いに松浪氏には英語学史の概要のようなもの（「学校文法と教科文法」〔『英語の文法』「現代英語教育講座」第六巻、研究社、一五一―一八七頁〕）がある。

松浪氏のこの概要はまことに要領を得たものである。氏がこれを出されたのは昭和四十年（一九六五）十月であり、わたしの『英文法史』（研究社）の出る二カ月前である。氏はこのような十年前に書いた、しかも四十頁足らずのものを引き合いに出されるのは不本意であろうが、それにはそれなりの意味があるのである。もちろんわたしもこれをていねいに読んだ。そして「やってる、やってる」と思ったのであった。

松浪氏は何をやったか。実測しないで地図を書いて見せたのである。しかしこれは松浪氏の仕事が劣質であるという意味では毛頭ない。欧米の学界でも一八〇〇年以前の英文法の流れ全体を実測した人などはそれまでになかったのだから。わたしの最も尊敬する先学であるオットー・フンケはウォリス（一六五三）までの科学的実測をやった最初の人であり、わたしは彼の論文や書物によってこの分野の測量術を学んだと言ってもよい。しかしそのフンケも水源地部分の測量は手を抜いた。その水源地の部分の実測地図がわたしの『英文法史』である。J・スコトゥス（グラープマンによる一九二二年の考証後はトマス・フォン・エルフルトとされている）と最初の英文法書の関係などがそれではじめて明らかになった。ということはそれまで漠然と、「英文法はラテン文法を手本にして書かれた」などと言うだけだったのに、その水脈がはっきりしたのである。これで古代や中世の文法の流れと、十六世紀の英文法の発生との間の脈絡がついた。これは実測であり、これをくつがえす反論はまだない。そしてこの正しい水源地の位置をパースペクティブに収めて書かれた英文法の歴史はまだ一冊もないのである。当然、わたしが読者に提供するとすれば、また他意のない読者がわたしに期待してくれると考えられるのは、その実測図、つまり五万分の一地図みたいなものであろう。実測図と言うのは、ちょっと見ただけでは読みにくい。しかしそれがすべての地図のもとである。

今までの英文法史は局部的実測と旅行者の見聞談をもとにしたでっち上げみたいなものが多く、きれいにできていても肝腎のところがちっとも信用にならない。そういう半空想地図は何枚重ねても、少しも知識の精度が増さないのである。どんなに器用に書こうが、どんなに読みやすく書こうが、実測しない地図はダメなのだ。松浪氏の書いたものは短いものだから、ここに引き合いに出すのは気の毒だともアンフェアだとも言えるが、この短い、要領を得た、読みやすい地図がどんなにあてにならないか、具体的な例を十八世紀だけからでもちょっと拾い上げてみようか。

まずジョンソン博士の辞書につけられたグラマーは「簡単な綴字論、発音の規則、変化表程度のものにすぎない」とある。しかし実測によれば、これはスラクスのギリシャ文法以来の品詞分類法にはじめて恒久的な変化を与えた文字通り画期的なものなのである。形容詞を独立せしめ、分詞を動詞に入れるという、今から見れば常識みたいなことが、はじめて確立し、その根拠も権威をもって語られ、今日に及んでいる。また同じ頁で松浪氏はプリーストリーの「卓見は後に大きな影響を及ぼすことになる」と言っているが、そんなことはない。プリーストリーは売れず、ラウスが売れたのは、プリーストリーは「パンを求めた人に石を与えた」というのが実測の結果であり、その背景も、歴史の流れもわたしは明示したつもりである。松浪氏のは空想図だから、ジョンソン博士の辞書の四十年後に、なぜマレーという素人の書いた文法書が、急に全英語圏を圧倒し、その後、半世紀近くもその位置を保ち、さらにその後も彼の枠組みが残ったのかさっぱりわからない。松浪氏は、この奇妙な現象の原因に対する疑問さえ起しておられない。そしてレインの四品詞がフリーズのそれにも似たものであり、一時流行しながらなぜ消えたのかもまったく考慮されていない。わたしはこれらの現象にすべて目をとめ、疑問を起し、それを英文法史の流れの中でexplain(away?)して見せたつもりである。

わたしは自説が多くの点でまったく新しいことを意識しているから、意見は控え目にして、ランケではないが「歴史を資料で語らしめよう」とした。「そういう意見もある」で片づけられないための配慮である。英文法の現実は、空想家がえがくように細流が素朴進化論的にだんだん太くなるようなものでなく、一時的に本流が消えたりもするのである(音声学を考えよ)。それなのに、この記述を「歴史というにはあまりにも思想が欠如している」と言う人が出るのだから、「なんたる神経ぞ」と考え込むのだ。また「誰に読ませる気か」という問いに対しては、もちろん「でたらめな地図屋に空想図を訂正してもらうためである」とこたえよう。もっと単純化された、色彩でもほどこした地図は、今回収録できなかった各分野の精密な実測図が完了した後で、老後の楽しみとして書くつもりである。

（一九七六年三月号）

松浪氏に答える（その2）

書評者と論争しているみたいな形になってくると、世の誤解を受けるといけないから、あらかじめ出発点を明らかにしておきたい。実を言うと、去年だけでわたしの本は五冊出ており、それに対する書評は二十点を超えている。さらにその前の年も事情はまったく同じであった。その数十にのぼる書評のうちには、好意のあるもの、悪意のあるもの、どうということのないもの、痛いところを突いたもの、ピンボケのものなどなど多様であった。しかしそれらの書評に対してわたしは一度たりとも反論をしたことがない。それどころか書評を読むのにも熱心でなく、書評が出ていることを知らされても読まないでいるのも少なくない。松浪氏のものも出ていることを知らされたが特に読んでみる気はなかった。たまたまほかの用件について連絡してきた大修館書店の編集部からの封筒に、松浪氏の批評のコピーが入れられてあったので読んだ次第なのである。そして返答の必要を感じた。というのは、それは単なる書評でなく「特別寄稿」であり、「誰のために書いたのか」という問いかけがあったからである。それで返答申し上げた次第である。You have asked for it!

それで率直に申し上げれば、今までの英文法史のような伝聞証拠によるものばかりではしょうがないから、実測にもとづく水源地からの地図を提供しようとした、と言ったのである。それに対して松浪氏は「反論の反論」を寄せられたわけであるが、これはわたしの目から見ると奇怪な発言であるように見えるのである。松浪氏とわたしの学問に対する違いと言ってしまえばそれまでだが、その違いは明らかにしておく必要があろう。

(1) 松浪氏は同氏の「学校文法と科学文法」を解説的内容にするつもりであったところ、出版社から「発達史にしてくれ」という注文があったので四苦八苦して書いたと言っておられる。これに対してわたしの立場は、英文法史が発達史になるのか、衰亡史になるのかは、検討してみなければわからぬ、ということなのである。その結果、わたしの本は単線上昇的な発達史にはならなかった。学問的な著作と、注文主の意図に応じたbook-making の間の根本的相違である。

(2) 松浪氏はしきりに「誰に読ませるのか」を気にし、「読者について実測したか」などと問いかけられる。はっきり言っておくが、わたしはマーケット・リサーチなどはやらないし、今後もやる気はない。わたしの『英語学史』には二十頁近い文献目録がついているが、そのかなりの数のものは、日本の学者によって今まで読まれたことがなかったと思う。日本のみならず、欧米でも今ではほとんど読む人のない本である。これらの学者たちは誰に読ませるつもりだったのだろうか。その論文が書かれてから数十年後に、東洋の島国で精読してくれる人間がいることを予想したであろうか。学問の本というものはそんなものである。わたしの願うところは、わたしの本が「積ん読」に耐えるものであることだ。そして「耐えてくれるであろう」と信じている。

(3) 松浪氏はわたしの著書を「十八世紀末までの cyclopedia であると言ったのは、私としては最大の讃辞のつもりであったが、お気に召さなければ致し方ない」と言っておられるが、私はこの評価を気に入らない、などとは言っていないどころか、松浪氏の発言のうちでは唯一まともな部分だと思っている。「ヘンリー・スウィート以前の英語に対するイギリス人や欧州人の努力の総体を示したい」というのが当初からの念願であったのだ。索引が、スウィート以前のことに関する最も充実し、かつ網羅的な英語学辞典となるものでありたい、とは編集部にいつも言っていたことである。頁数の都合で、言語哲学、文献学、修辞学、辞書などの項目は、原稿ができているのに、今回は収録できなかったが、これは逐次刊行すると序文でも言ってあるし、出版社の了解も得ている。「文法以外のEnglish Philologyの研究史も含んでいないものをもって『英語学史』と題したのはどんな意図なのか」という問いに対しては、それは後続する書物の中に収める、とこたえよう。また、「英語学大系」全巻の構成から見ると、今回収めた項目が第三巻（『文法論Ⅰ』）および第十一巻（『音韻史』）と最もつながりぐあいがよかった。

（4）松浪氏の発言でさらに奇怪なのは、わたしの研究結果が「渡部実測図にすぎない」と別の研究者が言うだろうと、さも得意気に言っていることである。ヴィンデルバントの哲学史は「ヴィンデルバント哲学史にすぎない」だろうし、同じ筆法で「波多野精一哲学史にすぎない」ものや「斎藤勇英文学史にすぎない」ものもあることになる。問題はその学史がどれだけの実際の研究量を踏まえているかという点であり、「松浪空想図にすぎない」ものとは本質的に違うのである。

実際研究しているといろいろなことに気づくものだ。O・フンケは今もってわたしの最も尊敬する英語学者であるが、フンケの実測図（空想図ではない）に疑念をさしはさんだことがわたしの出発点であった。またE・J・ドブソンはオックスフォードにおけるわたしの恩師であり、その資料の厳密なことには定評があるが、今回、追跡調査しているうちにいくつかの誤りも発見した。ヴュルカーについても然りである。フンケ、ドブソン、ヴュルカーのような碩学にもある間違いから、どうしてわたしが自由であり得ようか。訂正大歓迎である。そこから英語学史についての活発な議論が起るならば、学者としてのわたしの本望これに過ぐるものはない。学問の一分野において叩き台になりそうな本を書いたらしいことを知って喜んでいる次第である。

（一九七六年五月号）

［講演］日本エドワード・サピア協会第五回大会（一九九〇年十月二日）

サピアの『言語』のジーニアス ●フンボルトとシュペングラーとの比較において

サピアとわたし

今回、サピアについて講演をするようにとお招きをいただき光栄に存じます。サピアが傑出した言語学者であったことに異論ある人はまずいないでしょうし、日本でもサピア協会が作られ、研究が進められていることはまことによろこばしいことであります。私事ながら、サピアはわたしには恩人でもありました、と言うとアナクロニズムになりますが、わたしは事実、サピアのおかげで生活させてもらっていた時期があるのです。

それは今（一九九〇）から三十五年前の一九五五年に西ドイツに留学し、ペーター・ハルトマン教授の上級《オーバー》ゼミナールに出席することになったことにはじまります。ゼミナールのメンバーはわたしのほかはドイツ人の学生二人でした（その二人とも今は大学で教えています。そのうちの一人はハルトマン教授の後を継いで比較言語学の教授となり、もう一人は古典語を教えています）。わたしが行った時はプラトンの『クラテュロス』を原文で読んで討論していましたが、わたしはドイツ語訳を使わしてもらいました。次の学期はサピアの『言語』(*Language*. New York: Harcourt etc., 1921) を取り上げての討論でした。今度はテキストについての語学的なハンデがなく、十分参加できました。その学期が終ると三カ月の夏休みです。この間にレポート(アルバイト)を書くことになりました。わたしはサピアの用いたフォーム(form)という概念と、フンボルトのフォルム(Form)の概念を比較することにしました。それにはフンボルトを精読しなければなりません。まず『人間の言語構造の相違性と人間の精神的発達に及ぼすその影響について』(*Über die Verschiedenheit des menschlichen Sprachbaues und ihren Einfluß auf die geistige Entwicklung des Menschengeschlechts*. Berlin: Druckerei der Königlichen Akademie der Wissenschaften, 1836) という大冊との格闘がはじまりました。幸いに初版の再刻版(Lambert Schneider, 1935) をハルトマン教授が古書店で見つけて下さったのでそれを用いました。これは四折判《クオルト》くらいの大きな判で、しかも文字も大きく欄外の余裕もたっぷりあったので、書き込みをしながら読んでゆくのに最適でした。この快適な版を私有することができなかったら、途中でいやになったかも知れません。

夏休みの最初の数週間は知り合いの女医さんの家の留守を兼ねながらそこに住み込みました。この女医さんが結婚することを決心し、婚約相手の男性とひと月ばかり避暑に出かけることになり、留守番を頼まれたのです。住み込みの若い女中がいて、三食を出してくれました。家は市の遊歩道《プロムナード》に面しており、本を読んで目を上げると巨木の並木が見えます。わたしのやることはフンボルトを読み、散歩するだけで、ほかのことはいっさい考える必要なく、王侯貴族の気分でした。ただある週末の夜に二人組の警官が押し入ってきたのです。「ドクターTは留守のはずなのに、変な外人が出入りしている」と近所の人が通告したらしいのです。その時、女中は週末に伯母さんの家に行くとかで留守だった。わたしはパジャマを着てフンボルトを読んでいたのです。わたしもピストルに手をあてた警官に踏み込まれたのははじめてです。この珍談（拙著『ドイツ留学記』下、講談社現代新書、一五頁参照）はフンボルトとかサピアの名前が出るたびに今も思い出されます。

そのレポートの結論は、フンボルトのフォルムというのは、彼がギリシャ語でエンテレケイアと呼んでいるものとまったく同じものとして使われていること、そしてその場合のフォルムはサピアがジーニアス（genius）と呼んでいるものと同じである、ということでした。したがってフンボルトの有名な「言語はエルゴンでなくてエネルゲイアである」という表現も平明なことを指していることになります。言語の本質は、固定したでき上がったもの（エルゴン）ではなくて、頭の中の何やらを実現せんとして働くもの（エネルゲイア）ということをサピアが言う際、サピアはもちろんフンボルトのギリシャ語を用いていません。しかしていねいに読み比べると、サピアのジーニアスは、それぞれの言語のエンテレケイア（エネルゲイア）になるのです。もっともフンボルトがフォルムの複数形を用いている場合は、エルゴン的なもの、つまり種々の語形になります。

このようなことをたくさんの引用を並べながら例証したものをハルトマン教授に夏休みの終りに提出しました。しばらくしてハルトマン教授はわたし一人を自宅の夕食に招き、ワインを抜いて下さいました。わたしのレポートをひどく気に入り、ワインを抜くに値すると言って下さったのです。ハルトマン夫人も「主人《マイン・マン》がたいへん喜んでいた」と言ってくれました。このアルバイトのおかげで、わたしは比較言語学科の副手みたいな資格を与えられ、いくばくかの給料をもらい昼食（これが正餐）も出してもらえることになりました。留学期限（一年）が切れてからも博士論文完成まで滞在できる経済的基盤がこうしてできました。わたしが「サピアに食わせてもらった」というのはこういう意味です。ちなみにその時、例の二人の学生はいずれもこの学期はレポート（アルバイト）を出しませんでした。

サピアのジーニアスとフンボルトのエンテレケイア

一九五〇年代に言語学者でフンボルトを問題にした英語圏の学者はまずいなかったと思います。チョムスキーが持ち出してから、むかしの著作が研究し直される傾向が強くなったのはいいことだと思います。しかしわたしがサピアとフンボルトの根本的類似性の小論文を書いていた頃、チョムスキーの名前はまだ知られていませんでした。

サピアはアメリカ言語学のドイヤン（大御所）であり、その『言語』は内包する豊かさで類い稀な名著です。彼のインディアン語の研究はその道の専門家にまかせるとして、彼の著作の中で極立って重要なのは『言語』であり、しかもこれが約二カ月間、メモ書きを見ながら口述でで き上がったことは見逃し得ません。そういうやり方で本を書いた人ならよく知っていることですが、どうしても記憶にはっきり残っていることだけを言わざるを得ません。一般の論文的な本を書く時は、多くの時間をかけ、あっちこっちの参考文献を用い、引用を増やしたりしてやっているうち、書き上げた当人の頭の中にどれだけ残っているか明らかでない場合が少なくないようです。しかし口述の場合は常に印象深く記憶しているものしか出てきません。サピアの『言語』が明晰で、しかも豊かなのは、短時間の口述だったことと本質的に関係していると思われます。

この口述をした時、サピアは三十八歳の若さです。彼はドイツに生まれています。父母もドイツ語を家庭で用いたでしょう。つまり彼にとってはドイツ語が母国語なのです。そしてコロンビア大学でも学部と修士課程まではゲルマン語学を専攻し、論文もはじめの頃のものはヘルダーの『言語起源論』です。つまりドイツの哲学者の言語学です。その頃にフンボルトを読んだに違いないし、読まなかったと仮定する方が無理でしょう。そうすると青年の頃に、ドイツの十九世紀の哲学者たちの言語論にたっぷりひたっていたと考えられます。この頃のドイツの哲学者の思弁性は卓越したものがあり、サピアがその影響を受けたことは確かでしょう。一言語に入り込まないで、広い立場の言語論の本を書こうとした時、フンボルト的発想が自然に出てきたと見ることができます。英語の読者を相手にするのですから、エネルゲイアとかエンテレケイアなどというペダンティックな用語はそぐわない。フォルム（Form）という同意義の用語も単なるフォーム（form）と間違われやすい。それで選んだのがジーニアス（genius）という単語でした。OEDではこの意味のジーニアスをこう定義しています。

ある言語、法律、または制度について：支配的な性格または精神、一般的傾向……（Of a language, law, or institution: Prevailing character or spirit, general drift ...）

ジョンソン博士の辞書（一七五五）の序文にも次のような箇所があると引用されています。

わが国語のジーニアスによってすぐにとり入れられてしまうような（単語）（Such［words］as are readily adopted by the genius of our tongue）

この引用文の場合のジーニアスは、英語の「特性」と訳してもだいたいよいでしょう。外来語でも英語に入りやすいものと、入りにくいものがある。その入りやすさをきめるものは何か、と言えば、それが英語のジーニアスということですから、ジョンソン博士とサピアのジーニアスはまったく同じ使い方をされています。たとえばサピアには次のような表現が見られます（数字は *Language*, 1921 の頁を示す）。

単語というのは一つの形、すなわち、思考全体のうちからその言語のジーニアスが許容してもよいとする分だけの概念的素材を取り入れる、一つのはっきりした形を持つ存在にすぎない。(The word is merely a form, a definitely modeled entity that takes in as much or as little of the conceptual material of the whole thought as the genius of the language cares to allow. p. 33).

ここでformとmaterialの対比が出ます。これがアリストテレス以来のものであることは周知のことですが、その関係からすればformはエンテレケイア、またエネルゲイアに関連する。その文脈で読むとここのジーニアスは、ジョンソン博士の使い方と同じであるとともに、エンテレケイアと通じていることがわかるでありましょう。

何が「単語」という単位を作るのか、というのは、その言語の持つジーニアスである。同じようにシラブルが区別されるのも、その仕方はその言語の持つ独特のジーニアスによることになります(The particular syllable that is to be so distinguished is dependent ... on the special genius of the language. p. 36)。これは現代言語学でphoneme(音素)、morpheme(形態素)、word(語)などの概念の根底に横たわる考え方であることは言うまでもありません。言語によって子音や母音の数が違いますが、これもサピアの言い方では、「その語独特の音韻上のジーニアス」(specific phonetic genius, p. 4)という言い方になります。

ジーニアスは潜在意識から

問題はそれぞれの言語の持つジーニアスがどのようにしてできたか、ということなのです。サピアはその点になると、いわゆるメンタリストと言われる立場から、人間の精神的、あるいは霊的な構造の中にその起源を求めます。彼の「言語」(language) の定義は次のようなものです。

人間の心的、あるいは「精神的」構造の中にあって、十分に形式をととのえ機能している体系的存在 (a fully formed functional system within man's psychic or "spiritual" constitution. p. 9)

この「心的」あるいは「精神的」という表現を使う時、サピアは「理性」を意味しません。それは「理性前的機能」(pre-rational function, p. 14) なのです。ひらたく言えば、数学がない民族にも複雑で機能的な言語は存在する、といったようなことでしょう。

さらに見過ごしがたいことは、サピアの理性前的 (pre-rational) という言葉は、「無意識的」という意味であることが、『言語』の中で繰り返しのべられていることです。そのいくつかを拾ってみましょう。

潜在意識的な心 (subconscious mind, p. 16)／無意識的に (unconsciously, p. 19)／あらかじめ定められた線に沿って (along predetermined lines, p. 63)／内なる音韻体系 (an inner phonetic system, p. 63)／(たとえば名詞の性別《ジェンダー》のような) 理屈に合わない形式 (irrational form, p. 103)／その民族の無意識な心 (the unconscious mind of the race, p. 105)／理屈に合わず頑固な分類の仕方 (unreasonable and stubborn about its classification, p. 104)／潜在意識のドグマ (dogma of the unconscious, p. 105)／それは無意識的に動く (it moves unconsciously, p. 128)／強力な (無自覚的な) 駆流 (powerful drifts)／それら (言語上の諸形態) は大部分無意識的である (they are in the main unconscious, p. 131)／（駆流《ドリフト》は）無意識的選抜による（by the unconscious selection, p. 166)／（言語は）何世代にもわたって意識せずに作り上げた巨大な作者不明の作品（a mountainous and anonymous work of unconscious generations, p. 235)

などと、並べ上げていけばきりがないほど多くあります。「無意識」ということを基調にしたからこそ、言語の変化という現象に対しドリフトという言葉を使ったのでしょう。ドリフトは元来、「漂流」であって、意識した目的を持つ「航海」と対立する概念です。

サピアの『言語』の中でさらに注目すべき点は、この「無意識」という言葉を、意外な表現で変えていることです。それは「本能的な感じ方」という表現です。フィーリングという言葉やら、「衝動《インパルス》」という言葉が最も重要な場所にふんだんに用いられています。まさにこうした言葉こそがサピアの言語観を解く鍵になると思われます。いくつかその例をあげてみましょう。

形式に対する言語の本能的感じ方（instinctive feeling of language for form, p. 58)／（すべての言語が示す）奇妙な本能（a curious instinct, p. 62)／英語に内在する傾向（an inherent tendency in English, p. 63)／この生得的な言語感覚（the native linguistic feeling, p. 63)／あるはっきりした形式への感じ方（a definite feeling for patterning, p. 63)／潜在的で強力な支配力を持つ衝動（submerged and powerful controlling impulses, p. 63)／ある種の非合理的な感じ方（some kind of irrational "feeling," p. 177)／直感的な次元で……直感的に感じられる（... intuitively felt ... on an intuitional plane, p. 120)／ある外国語の精神から何かを感じた人（one who has felt something of the

> spirit of an foreign language, p. 127)／言語は……人間が直観したものを象徴的に表現したものである（Language ... is the symbolic expression of human intuitions, p. 131)／何か深い、支配的な衝動（some deep, controlling impulse)／形式感覚（form-feeling, p. 153)／成長している形式感覚（the growing form-feeling, p. 167)／下に横たわる大基本設計図（the great underlying ground-plans, p. 153)／直観的基礎（intuitional bases, p. 200)

引用文を長くすればもっと前後の関係がはっきりしますが、サピアの言語観の基本は、何か先天的、直観的な感じ方が各言語にあること、そしてそれは潜在意識的存在であるが、それが言語形式の根拠になっている、と要約できましょう。そしてこういう「感じ方」のことを各言語の the formal genius (p. 237) とも言うし、また the English genius (p. 243) とも言うのです。つまりある言語の「独特の傾向」というような意味で用いられているジーニアスという言葉はサピアの『言語』の中の用法から帰納すれば、「ある言語の持つ潜在的、直観的、生得的な感じ方《フィーリング》」ということになります。ある言語を特徴づけるのは感じ方《フィーリング》であり、衝動《インパルス》であり、それは意識化されていないものである、ということになります。どの言語にも見られる不合理な形態の起源についてサピアは次のような趣旨の意味深い発言をしています。

> 過去のある時期に、その民族の潜在的な心が、経験するものについて大急ぎで一覧表のようなものを作り、十分に熟さない形態分類をやってしまって、もうその改変ができなくなってしまったようなものである。(p. 105)

言語の型は最初にできてしまったのだ。しかもそれは大昔の「感じ方」や「衝動」でできてしまった。つまりそれぞれの言語の持つ形態は一種の「刷り込み」であるというのです。「刷り込みされた」(imprinted, p. 165)という表現をサピア自身が使っていることも注目しておいてよいでしょう。もちろんかの動物生態学者コンラート・ローレンツがガチョウの雛などを使って「刷り込み」(Prägung = imprinting)という現象を有名にしたのは『言語』が出てから十年以上も後のことです。しかしサピアが各言語の特質——それは理屈では説明できない——の起源を説明する時に、「刷り込み」という概念に到達していた、ということは特筆すべきことではないでしょうか。

シュペングラーの影響と「刷り込み」概念

ところで問題は、サピアのこの考え方が彼の独創であったか否か、ということです。わたしはあえて、そのヒントは他から得たものである、と推定します。サピアにヒントを与えたのは、シュペングラーの『西洋の没落』(Oswald Spengler, *Der Untergang des Abendlandes*. München: C. H. Beck, Vol. 1, 1918 & Vol. 2, 1922)であろうと思われます。シュペングラーのこの強烈な本は第一次大戦後の世界的ベストセラーであり、あのように広汎な関心領域を持っていたサピアが読まなかったはずはありますまい。しかもシュペングラーの本は副題にもあるように Gestalt und Wirklichkeit(形態と現実)、特に形態学(morphology)の視点から文化史を見たものです。彼の文化形態学的視点は、そのまま言語という一種の文化形態の考察に適用できる性質のものでした。

たとえばシュペングラーは文化を進化論的に見ません。幼稚な文化から高級な文化が出てくるとは考えずに、地上の方々にいろいろな文化が発生し、それぞれの文化がいわば刷り込みされたパターンで発生すると考えます。これは画期的な文化史観で、第二次大戦後に出たアーノルド・トインビーもこの亜流と言ってよいでしょう。サピアも言語の発達段階という進化論的な発想をせず、各々の言語に、独特の「刷り込み」のようなものがあって、その線に沿って変化していくと言っています。

シュペングラーの考え方の具体的な例をあげましょう。中東は苛烈な気候のところで、しかも洞窟が多い。すると宗教などの文化活動は洞窟で行われる。洞窟にはすき間があってそこから光がさす。すると明暗があざやかである。これが神と悪魔というような思考になりやすい。また洞窟は空間的に限界がある。すると時間的にも限界を考えやすく、終末論ができる。この刷り込み的な「感じ方《ゲフュール》」つまり形態についてのフィーリングが、後に地上に建築を建てるとモスク様式になる。一方、ゲルマン人は森林という刷り込みがあるからゴシック建築を作る。無限なる空間という刷り込みからバロックの絵では必ず青空が描かれる。バロック音楽、オーケストラ、パイプオルガンなど、すべてゲルマン人が最初から持っていた空間についての「感じ方」を示す。数学ですら、ギリシャ人の数学とゲルマン人の数学の差は「感じ方」の差から説明できる（シュペングラーは元来数学者であった）……などなど続きます。その箇所の引用を並べる余裕はありませんが、サピアが各言語の特質をのべている表現と本質的にそっくりと言ってよいでしょう。

世界の文化圏はそれぞれ独自の特徴を持っています。その起源が、あるきっかけでき上がった「感じ方」や「衝動」をもととして生じたということを、シュペングラーの強烈な論証で知った時、三十代半ば頃のサピアは「これは言語の諸現象の説明にも使えるぞ」と思ったに違いありません。あるいは少なくとも彼の潜在意識にそういう発想法が入り込んでいたに違いないでしょう。彼がメモを見ながら『言語』を口述した時、そのいちばんもとになる基本設計思想はシュペングラーと同じものになっていました。シュペングラーは歴史と文化について語り、サピアは言語について語りました。そしてそれぞれの言語の持つ特徴的傾向を意味するジーニアスという言葉を使った時、それはシュペングラーの文化形態論の「感じ方」や「衝動」と同じく、理屈で説明できない、はじめから「刷り込まれた」ものとされたのです。「刷り込まれた」ものは無意識的でありながら、強力な支配力を持ちます。卵から出たばかりのアヒルの子は、最初に見た動くものについて歩きますが、人間の言語も、最初の時の表現形態感覚が、溝のようになって、いつもその線で表現形式をとります。これをサピアは「習慣的表現のわだち」(the grooves of habitual expression, p. 13)とか「思考のわだち」(our thought-grooves, p. 223)とか呼びました。この点から見れば、よく論文のテーマになる彼のドリフトという概念も、ジーニアス、つまりその言語固有の「感じ方」の時間的展開と明瞭に理解できるでありましょう。サピアは人間の言語を、人間そのものの文化、歴史とも関連する基本的な視点から、つまりシュペングラーと共通する視点から見すえようとしたのです。

［講演］　ドイツ・ミュンスター大学における名誉博士号取得記念講演（一九九四年五月十一日）

対話する西洋と日本

今を去ること四十年前、わたくしはミュンスターにおきましてシュナイダー教授の講義そしてゼミナールに出席しておりました。その講義の場におきましてわたくしは「デジャ・ヴュ」、つまり「すでに知っている」という体験をいたしました。そしてその後は、その講義の場に、いつも故国に対するある種のなつかしさを感じていたものでありますそれは何か奇異な感じがいたしますが、しかし本当なのであります。

わたくしはそれまで一度もドイツにまいったことはなく、ましてやシュナイダー教授の古代ゲルマン人の宗教や文化に関する学問的研究の成果を耳にしようはずがありません。ところが、先生がお話しになったことのほとんどすべてがわたくしにとりましてまさに「既知体験」でありました。それで、わたくしは次のように自問自答しはじめていたのです。「いったい、先生は古代ゲルマン人のことを語っておられるのか、それとも古代日本人のことなのか」と。こういった印象をわたくしは古代ゲルマン文化との最初の出会いに際して持った次第であります。

シュナイダー先生が、gの音価を持つルーン文字は視覚的価値からすると、大きくX字型に交差する破風のついた切妻屋根であると指摘された時、わたくしは即座に日本の神々を祀る社を思い浮べました。そしてまた先生が、古代ゲルマン人は緑色の木の葉を花よりも崇拝した、少なくとも祭式の際においては、と指摘された時、やはりわたくしには即座に日本の神道の儀式が思い浮びました。その神道の儀式におきましてはまさに、緑の木の葉のみが重んじられていたのであります。五月一日には今日でもなお、ドイツ人は木の葉のついた小枝の飾りをつけ新緑の中を練り歩きますが、われわれ日本人もまた今日なお、玄関に緑の小枝を飾り、新年の到着を祝います。このような日本と古代ゲルマンにおける一致は、わたくしを限りなく驚かせたものでありました。

また先生が、ゲルマンの部族の始祖はゲルマンの神々から出ている、と指摘された時、わたくしは即座にわが日本の天皇家における不可思議なる神の系図を思い出しました。ただし、歴史的には、次のような相違がございます。ゲルマンの小部族の族長、つまり王の系図はキリスト教への改宗の後、完全に忘れ去られました。ところが、日本民族の長、つまり日本の天皇家の神話上の系譜は神代の時代から今日まで途絶えることなく脈々と続いております。

ゲルマン的とも言える、部族の起源を神話に求める習わしは、古代世界つまりギリシャの昔へとその起源をたどることができます。ギリシャの王アガメムノンは歴史上の人物でありますが、その祖父の祖父、つまり祖先ということになりますが、それはゼウスの神なのであります。アガメムノン王はまさに樹系図的な意味での神の子孫でありま す。それとまったく同じことが、古代ゲルマン部族長にもありましたし、そして日本の天皇家にもあるのです。

わたくしは、シュナイダー先生の講義、ゼミナール、そしてコロキウムに出る以前は、日本の天皇家のような系図は世界に唯一無比のものであると常に思っておりました。しかし、ミュンスターにて学問を続ける間に、遠い昔は世界の至るところで、今日の日本の天皇家にあたるような神の子孫たる王家が数多く存在したのではないかと悟るようになったのであります。そして、最古のゲルマン、つまりインド・ゲルマンの部族長と日本の天皇家との唯一の相違は、日本の皇室の神話的由来のみが今日でもなお生きながらえているということであります。

こういった、日本の皇室のみにある特例はどのように説明されればよいのでしょうか。日本が島国であるという事実が寄与してきたのかも知れません。しかし、他に重要な要因が言及されなければなりません。それはキリスト教の神という、普遍的なる唯一絶対神との邂逅の仕方でありました。

ゲルマン人が八世紀のはじめにキリスト教と出会いましたことは、十六世紀中葉に日本人がキリスト教と出会いましたことと同じ意味を持っておりました。ここで注目すべき事件を取り上げましょう。それは、ヴィンフリートという名のイギリスの修道士が体験したことであります。ついでに申し上げておきますと、この英国修道僧は後に聖ボニファティウスと呼ばれ、今日ではドイツの守護聖人となっております。さて、七一六年にボニファティウスはフリースランドへとやってまいりました。かの地はここミュンスター地方より遠く離れてはおりません。そして、当時の異教徒であるフリジア人の小部族王はラードボードという名でありました。

部族長、つまり王であったラードボードはボニファティウスから洗礼を受けることをすでに承諾しておりました。ところが、このラードボードが自分の洗礼を受けていない祖先の魂がその他の得体の知れない魂といっしょに地獄に残らねばならないと聞いた時、ひどく腹を立て、洗礼を受けようという約束を取り消したのであります。そればかりか、その後はキリスト教信者を迫害し、教会を破壊し、自分たちの神々の神殿を再び作らせました。この事件の核心は唯一絶対神であるキリスト教の神の権能と愛が、みずからの祖先崇拝とうまく合わなかったことにあるのです。

日本人が最初にキリスト教世界と出会ったのは一五四九年の夏でありました。それは聖フランシスコ・ザビエルが九州の最南端、鹿児島に上陸した時です。ザビエルは、当地の大名――これは封建領主でありますが――そして後には他の大名にまで手厚く迎えられました。ザビエルは日本人を評して、非常に好奇心が旺盛で、またとても思慮深いと言っておりました。当時の日本人がザビエルや他の宣教師たちに尋ねていた問題があります。それは、ラードボードが聖ボニファティウスに七一六年に問うたものとまったく同じでありました。十六世紀中葉の日本人にとりましては、自分たちの祖先がキリスト教の洗礼を受けずに死んだがために、地獄へ墜ちるという未来永劫の罪を受けた者たちの中へ入っていくという考えは受け入れることができませんでした。

八世紀のゲルマン人にとりましても、また十六世紀の日本人にとりましても重大極まりない問題はまったく同じだったのであります。ところが、やはり両者の間に相違は存在いたしました。

西洋におきましては煉獄の概念が導入され、そして西洋全体がキリスト教に改宗したのであります。しかるに、十六世紀の日本人はすでにそういった意味においては十分啓蒙されておりました。六世紀に日本に仏教が伝来してから、日本人は神道における土着の先祖崇拝と、仏教という新しい普遍宗教との神学的矛盾を克服しておりました。そういうわけで、この双方の宗教が日本国においても、個々の人々の心の中においても、同時に存在し得たのです。ここに両部神道、つまり神道と仏教を同等のものと見なす神学が発明されたのであります。

儒教におきましては、大きな神学的問題はありませんでした。儒教の本質は日本人にとりまして宗教というよりは、むしろ倫理であり、また哲学でありました。仏教の各宗派や儒教の経典とのこういった出会い、つまり外来の高等宗教およびその学問との出会いを通じて、十六世紀の日本人はかなり啓蒙が進んでいたのであります。聖フランシスコ・ザビエルの評価にしたがえば、当時の日本人はほんとうに賢かったのであります。それは、当時の日本人が理性的かつ論理的に思考することができたということでありました。したがいまして、キリスト教に対する日本人の対応は次のように形成されたのです。

当時のキリスト教神学によりますと、洗礼を受けずして死んだ父祖、そして遠い祖先たちは皆、未来永劫の罪を背負った者であるとされました。しからば、なぜキリスト教の神はもっと早くわれわれの祖先にキリスト教を知らしめなかったのでしょうか。これは神の権能という考えに反しますし、また不公平でもあります。

この質問に対して、いかなる宣教師も、もちろんザビエルも納得のいく答えを与えることができませんでした。この疑問は日本の鎖国時代も、そして十九世紀中葉に至るまで、いや今日でさえもなお、常に呈されているのです。

十九世紀中葉から今日に至るまで日本人はおおいなる熱意をもって、西洋的なるものをたくさん取り入れてまいりました。それで、すべての学問分野は西洋の技術を、産業、陸海軍制度、法体系などのすべての分野に導入いたしました。しかし、宗教だけは取り入れなかったのです。

十九世紀の中葉以来、日本には宗教的迫害はありませんでした。それにもかかわらず、日本ではカトリックとプロテスタントを合計した割合はいまだに人口の一パーセント以下のままであります。わたくしはここで興味ある事実をご披露したいと思います。新井白石と申しますたいへんすぐれた大知識人が一六四二年に——この年はドイツ三十年戦争の終結の六年前でありますが——パレルモ出身の学問のあるイエズス会士と密なる対話をいたしました。双方は互いに尊敬し合っておりました。しかし、新井は後にこのようなことを書いております。

「この西洋人は、すべての学問分野において卓越した知識を持っている。それは天文学からはじまり地理学に至るまでの多岐にわたっている。疑いもなく、あの西洋人は実際的知識の点においてはわたしをはるかに上回っている。ところが、こと宗教、そして形而上的な話になると、かの人は無知な、そして迷信的な男である。まるで、二つのまったく異なる人格が一個の人間の体内に存在するかのように見える。

わたしの考えでは、ほとんどの日本人は新井白石のこういった見方をいかにも日本人らしいものと受け入れております。それでは、日本人の典型的な態度とはいかなるものでしょう。それは、「西洋のよいものは何でも取り入れよう、だが、宗教は除け」であります。こういった啓蒙的態度が二十世紀における日本の命運を他の非白色人種とはまったく異ならしめたのであります。これは、われわれの誇りとするところであります。

二十世紀も終ろうとしている今日、日本におきまして先祖崇拝はかつてほど熱心ではなくなりました。同様に西洋におきましてもキリスト教の信仰は後退しております。わたくしにはそのように思えるのであります。西洋と日本は今、信仰と、同時に啓蒙におきまして新たな発展段階に位置しております。世界はある意味で狭くなりました。（これは個人的な話ではありますが、わたしが学生の頃は郷里から東京へ汽車でまいりますと十三時間かかりました。ところが、今は同じ時間でフランクフルトまでやってまいります。）このように狭くなった世界においてわれわれはどこにでも通用する原理を見出さねばなりません。しかしまた同時に、各々の民族は固有の祖先を持っております。こういった矛盾をどのようにして調和させることができるのでしょうか。こういった考えを実現させるために、かつての西洋においては煉獄という概念が発明され、また中世の日本においては両部神道が考え出されたのです。そして神道と仏教は一つの真理から生まれた二つの信仰形態であると考えられました。この双方の考えは今日の時代精神になかなか反映されるものではないでしょう。しかし、そうであってほしいという希望は常に存在しているのであります。多くの戦争、革命、そして争いごとを経て、西洋の人道的なものの見方は文化や民族の違いを超えてほぼ世界中で、ゆっくりではありますが、確実に勝利を収めております。したがいまして、わたしはイマニュエル・カントが一七八四年に著しました論文「世界公民的見地における一般史の構想」において公にした見解が、予言的洞察そして世界観を示していたと考えております。

このような意味におきまして、異なる文化圏との絶えざる対話をなすことが、文科系の諸学科におけるこれからの中心的課題なのであります。

［講義］　上智大学最終講義（二〇〇一年一月二十日）

科学からオカルトへ　●A・R・ウォレスの場合

本日はお集まりいただきまして、たいへんありがとうございます。

わたしは五十一年前に上智大学に入りましてから、長い間たいへんお世話になりました。特に英文科の先生方、教えを受けた方々は、一人残らず鬼籍の中にいられますけれども、恩師というよりはむしろ恩人というべき先生方でありました。また、同僚の方も、長い間こういう男と付き合ってくださいまして、本当にありがとうございました。学生諸君にもお礼を申し上げます。

最終講義というのは、自分のパーソナル・ヒストリーを語るスタイルのものもありますし、今自分がやっている研究を語るスタイルのものもあるようですが、わたしは、多少ずっと関心を持ちつづけてきた問題について、なるべく個人的な雑談を入れてお話し申し上げたいと思います。

ウォレスという人

小さい時からわたしは「進化論」というのにたいへん興味を持っていました。そして上智大学に入ってからも、「進化論」に対する興味は強まりこそすれ、弱まることはありませんでした。というのは、大学では「進化論」は教えてくれませんが、「進化論」の問題を解決しないで、どうして神父さんたちは洗礼を施すことができるのか、サルと人間との区別を明確にしないで、どうして宗教が成り立つのか、というような疑問が絶えず頭を離れなかったからです。

それでわたしの持った興味の一つは、言語起源論ということでございましたので、上智の最初の頃の授業も、ヘルダーの『言語起源論』(*Abhandlung über den Ursprung der Sprache*) というのをやった記憶がございます。

そんなことをやっているうちに、わたしはダーウィンと並んで、アルフレッド・ラッセル・ウォレスという人に興味を持つようになりました。それでウォレスの生涯を調べて、そこにわたしが長く探し求めていた解決の鍵を見出したような気がしたわけであります。

ウォレスの生涯を簡単に申し上げますと、ダーウィンより約二十歳くらい若い人でありますが、ウェールズのモンマスシャー——今はグウェントというのだと思いますが——に生まれました。わりと豊かな家だったようです。お父さんは職業のない、何もしないで食えるような家でした。そこの八人兄弟の七番目に生まれました。ところがお父さんは出版などに手を出しまして、すってんてんになってしまいます。それで彼は学校には入りましたけれども、授業料を払うことができずに、日本の学齢で言えば中学一年生くらいになった時に、その学校の下級生を教えることで授業料を免除してもらったりしております。それを二年間くらいやりまして、今度はロンドンへ行って、そこで大工をしていたお兄さんのところに一年くらいおります。

そのロンドンでは、あまり仕事をしないで、お兄さんのところで遊んでいた、というか勉強をしていたようです。その間にもいろいろな集会に出て、クエーカーやら、カルヴィニストやら、何やらかにやら教会に出て、特に当時非常に盛んでありました地獄に対する説教を聞いて回りまして、キリスト教とはさらば、というかたちになります。

ウォレスにはもう一人のお兄さんがいて、測量士をやっておりました。当時は測量が非常に盛んだったようです。地図のつくり直しとか、鉄道をつくるちょっと前の頃なので、路線を引いたりするために、非常に測量が盛んだったのであります。そこで、その測量をするお兄さんにつきまして、約五年間を測量しながら勉強しています。お兄さんはお兄さんで、教育のある、非常な勉強家で、当時の新しい学問をよくやる人でしたので、その影響下で一生懸命勉強しました。上は天文学から、下は地質学。これは測量にも必要なことであります。それから数学。このようなことをやって、今で言えば高校一年から大学二年くらいまでの間、毎日ずっと測量をやって歩きました。そのかたわら生物学、特に植物を勉強して、大英博物館の植物の項目をほとんど頭に入れるほどよくやったようです。

それから二年間くらい、今度は学校の先生をレスターでやります。そこは、映画とかによく出てくるような、昔の大きな貴族などの家を学校に変えたところでした。そこの住み込みの教師になって子どもたちを教えるのですが、その間にいろいろな、わたしから見て将来非常に重要なものを勉強するのです。その時に数学を学んでいます。それで微分を終わりまして、積分くらいに入りました。二年間でそのへんまでやりました。

それからもっとおもしろいのは、フレノロジーという骨相学です。骨相学と、メスメリズムという催眠術。それを実際体験するのです。骨相学というのは、頭の格好を撫でまして、その人の性格だとか、将来を占うようなものでありますが、これはドイツからはじまって、当時のイギリスの一流のお医者さんもやりはじめておりました。それでウォレス自身もやってもらいました。ていねいにやる高いコースと、十分くらいでやる安いコースがありまして、十分くらいでやってもらう。そしてそこで、あなたの性格はこうこう、それから将来どっちの方に向いている骨相であるかというのを書いてもらったのです。その書いてもらったのを彼はずっと持っていましたが、晩年見ますと、ほとんど九〇パーセント当たっている。その間にも、骨相というのはえらく当たるのではないかと彼は考えました。そこで、留置場に行って骨相の人たちの予言した犯罪人たちの性格と実際を見ますと、他のあらゆる資料——当時は牧師さんなどがいろいろと犯罪人について書いているわけですが——と比べると、骨相学の人たちの言うことは全然問題にならないほど当たっているのです。

骨相学というのは、その後忘れられている学問でありますが、今から考えてみても非常に進んだ学問でありました。というのは、脳の各部分が全部機能が違うのだということに初めて気がついた医者たちが骨相学者だったのです。それまでは脳というのは一つしかなくて、脳のこの部分はこっちのこの機能を担当しているなんていうことは考えなかった。それは骨相学からはじまるのです。そしてその骨相の見方が非常に重要なのは、頭蓋の大きいところにある能力が発達しているのですが、単にその部分が大きいだけではだめなのです。他のところの微妙なバランスを見て発達していると言わなければだめなので、そのへんは非常に難しいところなのです。しかし、それさえ訓練した人がやると、ほとんど神秘的なほどよく当たることを彼は実際体験しております。

それから骨相を見ながら催眠をかけますと、ものすごくよくかかるということを彼はやりはじめるわけです。特に学校に泊まっている寄宿生がいっぱいいますから、その生徒相手にやるわけです。その実験記録もみな書き残していますが、本当に魔法にかかったようにかかるのです。

後に学校を辞めますと、そんなことをしている暇もなくなるのですが、晩年、彼は八十何歳になってから、『ザ・

ワンダフル・センチュリー』という本を書きます。『すばらしい十九世紀』。十九世紀はあらゆる面でものすごい進歩をしたことを書いているのですが、その中で非常に惜しいものが二つあると言っています。その一つは骨相学が忘れられてしまったこと。これは実に惜しむべきだと言うのです。これはしばらく忘れられた後で復活するわけです。脳を切り開いて、弱電流を流して、こうすると目がパチパチするなどとやりはじめて、脳にはいろいろな機能が分割して入っているのだということが後でわかりますけれども、一時はずっと忘れられていたわけです。ところが、今はわかっているだけで、そこから性格や才能の予言はできないのですが、骨相術者はそれができる点において、ある意味では今よりも進んでいたと思います。

それから催眠術。これも忘れられて残念だと書いていますが、これもまた二十世紀になって復活して、今では催眠術はエスタブリッシュされていると思います。

そのような研究をしながら、ものすごく本を読みました。その中では、ダーウィンの『ビーグル号航海記』だとか、フンボルトの『コスモス』だとか、それからマルサスの『人口論』とかを非常に熱心に読みます。

採集家ウォレス

そのようなことをやっている二十五歳前後に、ベーツという、これまた学校に行かない男で、昆虫採集ばっかりやっている男と知り合いになります。それでものすごく刺激を受けまして、今までは主として植物に興味があったのが、昆虫まで採集しはじめるのです。そして、二人でブラジルに行こうということになったわけです。当時はブラジルの植物、動物があまりよくわからない。そこで、この二人が出かけることになります。結局、ウォレスは四年、ベーツは十一年ブラジルにいることになります。後にベーツは十一年間で約八千種の新種を発見して帰ってきまして、イギリスの昆虫学会の会長にもなり、その方面の最高の権威になりました。

ウォレスは、自分を追いかけてきた弟が死んだということもあって、四年で帰るわけです。それでもアマゾンの奥地までどんどん入っていって、当時誰も文明人の入ってないところまで行っております。そして地図を描いています。これは本職のウォレスが描いている地図ですから、その後、近代の自然科学でつくった地図ができるまでは、最も正確な地図だったわけです。そしてやはり何千種かの新種を発見して帰ってくるのですが、アマゾンの奥地へ行って、アンデスを越えるところまで行っています。それでウォレスは十日間、大西洋にほうり出されます。本人はうまく助けられて帰ってくるのですが、途中でその船が火事を出して沈んでしまったのです。その時船に乗せてきた膨大な標本と記録はみんななくなります。ただ、当時のロンドンの商人というのは非常にしっかりしておりまして、全部保険をかけておいてくれました。だから帰っても生活に困ることはなかった。それと、あらかじめ送っておいたものとか、たまたま持ってボートに乗った手帳などがありまして、それをもとにして後でブラジルに関する本を書きました。古典的な名著であります。

そして二年間特に仕事をしないで生活をしました。標本というのは当時高く売れましたので、焼け残ったほんの少しの標本と保険で、二年間を悠々と送れたわけです。それでいろいろな学会へ出たり、本を読んだりしていました。ブラジルの結果はそのようなことになりましたので、今度は本格的に、徹底的にやりたいということで、当時いちばん西洋人に知られてないところはどこだろうと考えて、マレー諸島に行くことになりました。

マレー諸島というのは、今のインドネシアと考えていただければいいでしょう。今度はインドネシアに行くわけです。初回のブラジルの時はベーツと二人、両方とも学歴もない二十五歳くらいの青年が出かけたのですが、今度は三十一歳か三十歳になったばかりのウォレスがたった一人です。今回は行きの船はイギリス政府から出してもらいます。それまで集めたブラジルの標本が学会で評価されておりましたので、「あいつはいいやつだからカネ出してやれ」という偉い人もいまして、今度はただの船でシンガポールまで行きます。そこから八年間、彼は文明人の――文明人という言い方はおかしいのですが、当時の西洋人と考えてください――の世界から離れます。そして「文明人」ではないマレー諸島の人たち――当時の言い方ではサベッジ（野蛮人）――の中にただ一人で八年間入っていくわけです。

そしてその島々をぐるぐる回りました。いつ沈むかわからないようなマレー人の小さな船に乗って回って歩くわけです。回って歩いても、ただ船に乗って観光するわけではありません。島に上陸すればすぐに採集をはじめます。彼やベーツは、当時はフライング・キャッチャー（虫採り屋）と呼ばれ、偉い先生方からは軽蔑されていました。しかし、とにかくどの島へ行っても採集をやります。しかも採集業者をした人と単なる学者とはまったく違うのです。採集を業にしますと、同じカブトムシでもちょっと違っただけで新種です。これはまた値段がぐっと違いますから、ものすごく細かいところに目がいくわけです。植物についても、動物についても、鳥についても、本当に少しの差が目につくのです。これはダーウィンにも言えます。彼はフライング・キャッチャーではない、身分の高い人でしたけれども、収集好きで、採集者でした。ウォレスは職人として虫を集めました。これが持病なのです。ですから、たとえばバリ島で虫を集め、植物を採集する。それからロンボク島へ行きます。そうするとがらりと植物も動物も変わるわけです。そんなところから彼は大発見をするわけです。ここからここまではアジア系の植物と動物、ここからはオーストラリア系、というところで線を引きはじめるわけです。これがいわゆる「ウォレス・ライン」という有名な線です。

このへんから彼の観察がもとになりまして、後には、海の深さというものは幅と関係なく、ものすごく動物の分布に関係があるというようなことを発見して、後に『動物分布地理学』という五百頁くらいの厚い本を二冊出しています。これは動物地理学の出発点の本として二十世紀になっても重んじられていると、二十世紀になってからジュリアン・ハクスレーも書いていています。そういう発見もするのです。

これは今の日本にも関係があります。たとえば石油タンカーがマレー半島のマラッカ海峡を通ります。あそこはずいぶん浅いのだそうです。わたしも通ったことがあるのですが、船の船長さんも言っていました。このへんは危ないのですよ、と。ちょっと寄ると浅くて、なんて言っておりました。ところがマレー海峡が封鎖された場合、あるいは何か事故があった時には、ずっと回ってジャワ島の下を通って、ロンボクから入るわけです。バリ島とロンボク島の間は本当に狭いところですが、ずっと海が深いのです。その海の深いところを辿って行って、南シナ海へ出る航路があります。これはウォレスが発見したウォレス線の通りなのです。その地質学的な切れ目を動植物の分布によって発見しました。

ウォレスとダーウィン

そのようなことをやって、二年目にサラワク（今のブルネイ）に行きました。サラワクでは、そのへんの海賊を退治して手柄を立てて、酋長にしてもらったイギリス人のところに泊めてもらったりしますが、仕事は主として採集です。その時、彼はこういうことに気がついたのです。あらゆる種は、その種の前の種と極めて似ていて必ず同時に存在している、と。地質学的にも、実際見て回ったところでも、ということを発見して論文を書き、それをダーウィンに送りました。

ダーウィンはこれを見てびっくりするわけです。ダーウィンはそれからすぐに手紙を書きます。自分も二十何年間かやってきた、と。百パーセントあなたの言っていることに賛成だ、などという手紙を書きますけれども、ウォレスの発見はダーウィンがそれまで二十年間やったか、二十何年間やったかは別として、思いつかなかった原理なのです。

どういうことかと言いますと、ウォレスが説明したのはこういうことなのです。一つの種から変種ができる。変種ができて、その変種からまた変種ができる。その変種からまた変種ができる。こうして無限に行けば、最終的には別の種になるのではないかという仮説を立てるわけです。この「無限」という概念が非常に重要で、大空を見て、「あ、無限に高い」という無限は、単なる無限なのですが、だんだん積み重なって無限に行ったらどうなるのかという無限は、微分からしか出ないのです。

微分のこうした問題を、わたしは非常に印象深く憶えています。わたしは旧制中学では数学は嫌いでした。ところが戦後一時、非常に代数に凝りました。戦後おもしろくなった学科は、英語と代数だったのですが、英語は先生がよかったからです。代数は、誰が教えてくれたかわからないくらいですから、先生がよかったということはないのですが、教えてくれた科目がよかったのです。微分ですね。円の面積の問題です。四分の一出せばいいわけです。この出し方を、ていねいに当時の教科ではやったのです。円の面積は出しようがありませんから、半分割って四角にすればいいのです。そうしてその中につくるこの四角の数を増やしていけばいいわけです。これをずっと足していく式をつくれば、無限級数の式になります。無限級数の式は、日本でも関孝和がニュートンの数年前に発見したと言われています。なぜこの無限級数をやらなくてはならないのか、なぜ無限級数をやると円ができるのかということを、微分は教えてくれたのですが、微分と積分はわたしには非常におもしろかった。円の四分の一さえわかれば、あと四倍すればば円の面積がわかる、というのですから。

ダーウィンは積分をやらなかったのです。微分もやりませんでした。ウォレスはやっていました。ただ、習った理論などはおそらく忘れていたと思います。しかし、無限という観念は残っていたのです。わたしは今は無限級数の公式は出せませんが、無限というのは、いわゆる空を見て無限という無限ではない、という無限の感覚は残っています。同じように、種も少しずつ変わって、同じように変わっていけばAからA′へという無限級数です。そうするとBになるのではなかろうか。このことを生物学の本職の人は「分岐の法則」というのですが、この分岐の法則にはダーウィンは気づかなかったのです。分岐の法則がわかって、初めてダーウィンは書きはじめようかなと思ったけれども、材料だけはなるほどあるけどまだ書いていないのです。それでも「ビッグブック」(大きな本)の計画はあると言っていました。「ビッグブック、ビッグブック」と、永久に出てこないビッグブックのことを言っていたわけです。

しかしウォレス自身はそんなことは知りません。ダーウィンは彼の手紙で非常な衝撃を受けます。しかし「全部賛成だ」という返事を出す。そして「わたしも二十年間やってきたのだ」などと書いて励ますわけですが、ウォレスも非常に喜びます。

ところが、ウォレスは、ダーウィンだけではなくて、いろいろな発見をいろいろな雑誌にいっぱい出しているのです。当時、森の中で発見したようなことをです。その時々で港に来ては船に乗せる。郵船システムは発達していましたから、港まで行けば郵送できました。それでロンドンの雑誌にはしばしば出していたわけです。そしてたまたま新仮説をダーウィンに手紙で書いたということです。

ダーウィンとはそういう先輩と後輩というかたちで親密な関係があったのですが、さらにそれから四年後に、テルナーテという島に行きました。これはハルマヘラ島の一部と言ってもいいくらいにくっついている小っちゃな島です。ハルマヘラ島というのは、太平洋戦争末期の超激戦地です。日本兵は玉砕したものの、最後まで残ったような島です。そこにいた時に、ウォレスはマラリアに罹るわけです。高熱を繰り返している時に、ふっと気がつきました。昔勉強したことがみんなぽっと出てくるのですが、マルサスが出てくる。それで自然淘汰の原理がぱーっと浮ぶわけです。寝ながら、熱にうなされてマルサスとかを考える。そして森の中の採集を考えますと、昆虫が産む卵の数は膨大なものでしょう。それがみな孵ったら、地球などたちまちいっぱいになるくらい孵るはずなのに、増えないわけです。それはなぜかというと、食われるからです。ものすごく食われる。その食われないで残るのはどういうのかと考えたら、これはわずかに生き残る方にいい特徴を持ったやつ、そういう品種が残るのではなかろうか。というところから、熱が冷めてから二日くらい一生懸命書いて、立派な論文をダーウィンにぽーんと送るわけです。

その論文は、ダーウィンが書くことをみんななくしてしまったわけです。それでダーウィンにそれを送って、サー・チャールズ・ライエルにも見せてくれと言ったわけですが、ダーウィンは困りました。自分が二十何年間やって、出せないでいた結果が全部出ている。しかもきれいな論文になっているのです。それでライエルたちと相談しています。ライエル、それからフッカー。この人はキュー・ガーデンの園長さんですが、みんな学会のボスです。この人たちは、ダーウィンを昔から知っているわけです。

ダーウィン家は、ご存じのように非常に名門です。おじいさんのエラスムス・ダーウィンという人は非常に立派な博物学者でしたし、お父さんも立派なお医者さん。奥さんはウェッジウッド家の娘です。名前もあればカネもあるというような家です。ですから学会のボスとも非常に高いレヴェルで親交を結んでいたと思うのです。それでライエルとかフッカーもダーウィンに同情するのです。こんな論文が出たら、自分たちの友達のダーウィンが何十年間やってきたものがパーになるのではないか、ということで、これを隠すのです。このことを発見したのはもちろんわたしではありません。今から二十年前の一九八〇年に、ブラックマンというジャーナリストが気がつくのです。

そのブラックマンが発見したことを簡単に述べますと、こういうことなのです。手紙が来てから、ダーウィンやそういう学会の大物たちは、どうしようかということになりました。もう種の起源は完全に証明というか、理論的に尽きているのです。ダーウィンはもう二十年もやって、莫大な資料を集めているけれど、「進化論」についてはまだ何も書いていないのです。彼の友人たちは何とかプライオリティをダーウィンにあげたいと思っていました。そこで、一八五八年だと思いますが、七月一日のリンネ学会で、ダーウィンとウォレスの共同発表というかたちにしたのです。

しかしそのリンネ学会というのは、別に誰の注目も引きませんでした。注目を引くのは、その翌年だったと思います。慌ててダーウィンがまとめた『種の起源』が出て、これがたいへんな話題になったわけです。そして「進化論」の議論がわいわい、わいわいとなった時に、「いや、あの議論は二年前の七月一日のリンネ学会でウォレスという人物と共同発表で出したことだ」というようなことで、「あ、そうか」ということになりました。学会ではウォレスとダーウィンは共同発表した、ということでずっと伝わっています。みなさま方も学校で習ったのはそうなっているはずです。

ところが、今から二十年前に、そのブラックマンという人が、リンネ学会のプロシーディングズというか、会議録を当たったのです。そうしましたら、ダーウィンは論文を書いていないのです。わたしたちはよく「アド・フォンテス」ということをやります。フォンテスというのはラテン語で、フォンス（泉）の複数形です。「源泉へ」というスローガンはわれわれフィロロジストのモットーなのですが、元へ戻るということがいかに重要かということです。もう百年以上も世界中の人は、ダーウィンはあのリンネ学会でウォレスと共同発表したと信じていたわけです。専門家でもです。ところが調べてみたら、ダーウィンは自分がやった莫大な研究の要約ですらない、一部のものをちょっと出しただけなのです。論文ではないのです。論文というよりサンプルみたいなものです。それをぽっと出したわけです。ところが、ウォレスの方は序論、本論、結論と、完璧なる論文なのです。ブラックマンはそういうことを突き止めました。それで彼は、その周囲のことを全部洗いはじめ、今言ったような学会の陰謀があったことを確実に突き止めたわけです。

そして不思議なことに、そのあたりの問題になる間だけ、ダーウィンの手紙も、それからウォレスから行った手紙も、全部ないのです。その前後はみんなあるのにです。そこだけはどこにもなくなっているのです。これは誰がなくしたかわかりませんが、ダーウィン本人というよりは、むしろダーウィンの息子でケンブリッジの先生になった、サー・フランシス・ダーウィンではなかろうかと言われています。このフランシス・ダーウィンという人は、お父さんの名誉を重んじて、ダーウィンが書いた自叙伝にもめちゃくちゃに手を入れたのです。何十年も経ってからあまりにひどいというので、最近ではサー・フランシスが手を入れていない自叙伝も出ました。ダーウィンの息子はそういう人なのです。そして、父親の名誉を重んずるフランシス・ダーウィンはケンブリッジの先生で学者ですから、プライオリティの重要さを知っています。父親のプライオリティに少しでも関係ある書簡、資料、その他はいっさいなくしたと考えられております。

しかしリンネ学会の議事録は残りました。これはなくすわけにはいかない。というわけで、完璧にダーウィンはプライオリティを盗んだと言ってもいい。その日のことをブラックマンは『ア・デリケート・アレンジメント』という題の本にしました。『微妙なる調整』。訳本はその本が出てから五年くらい経ってから朝日新聞社から出版されました。『ダーウィンに消された男』というどぎつい題になっています。

しかしこの騒動をウォレスはこれっぽっちも知らないのです。まだインドネシアの森の中にいるのですから、全然知りません。それで慌ててダーウィンが『種の起源』を書いたことも知りません。ダーウィンは『種の起源』が出ますと、ウォレスに送ってあげました。ウォレスはそれを見て非常に感心するわけです。自分が考えていたことがみんな生きていますから。このダーウィン大先生と俺の意見は一致した、というようなことで、感激して友達などに手紙を書いています。

そして八年間、ウォレスがいわゆる「サベッジズ」の中にいたということは、非常に大きな意味が後で出てくるのです。ダーウィンは、ビーグル号というイギリスの政府の船——軍艦と言ってもいいでしょう——に乗って大英帝国の威光を背にしてやっているわけです。ウォレスはたった一人です。助手のマレー人の少年かなにかを連れて、一人で出ているわけです。これをタネにして、戦前、南洋一郎という人が『吼える密林』とかいう、わたしたちの感激した少年小説を書きました。これはだいたいウォレスのマレー諸島の記述をもとにして書いています。そこにアリというマレー人が出てきます。その南洋一郎の小説では年寄みたいな感じですけれども、実際は少年です。

この人を連れて歩いているうちに、ウォレスは不思議なことに気がつきます。それは、警察も何にもないところに行って、自分が大丈夫なのです。ニューギニアに行った時は——そこの人たちは今見ても恐ろしい顔に見えますが——極楽鳥とかを買ったりするわけです。その時に、自分が行けない時は、そのアリというマレー人の少年にたくさんの銀貨を持たせて買いにやるわけです。ところがそこにいる野蛮人のような人たちは、極楽鳥とかを売っても、けっして不当にたくさんの銀貨を取らないのです。いわんや、たった一人でやってきたマレー人の少年を殺して銀を全部取る、などということはしない。それでマレー人の少年はおつりをちゃんと持ってくるのです。ウォレスは、ロンドンでこのようなことはありうるか、と考えるのです。野蛮人というのは、道徳的に、われわれ文明人と言っている人たちよりも劣っていないのではないか、という洞察をするのです。

特に、アルー島（ニューギニアのすぐ南のところ）に行く時は、マラッカから約一千数百キロのところを、風が吹けばひっくりかえるような船でマレー人といっしょに出かけました。行って帰れるかどうかわからないような感じです。そういうところに行ってみますと、このアルーの島の港に、貿易風が西から吹く。西の方からいろいろな人が来る。マレー人も来ればボルネオ人も来る。それからチャイニーズも来る。それからパプア人も来る。そこで半年くらい貿易を行い、また逆に風が吹くとみんな帰って行くわけです。そこに彼もずっといました。それで観察してみますと、警察もなければ、どこの支配も受けていないのです。そこで何の犯罪も起こらない。いろいろなところの人種、野蛮と言われている人種がみんな集まってごちゃごちゃ、ごちゃごちゃと商売をやっている。いっさいトラブルは起こらない。泥棒や人殺しは絶対にない。ウォレスが一年ほどいた間に、たった一回だけペンかなにかを盗まれました。それは壁、といってもワラだけですから、そこから入った泥棒に取られた。でもちゃんと見つかりまして、取ったやつは鞭で何回か打たれたとか、それくらいの事件しかない。こんなことがあるだろうかと考えるのです。極めて厳格に道徳が守られている。誰もそれを強制するものがいない。統一した政府、警察、教会など、何にもないのにです。そのあたりから、ウォレスの書いたものは、当時の人には珍しく、いわゆる野蛮人に対する軽蔑的な発想は少しも入らないのです。これは、後に彼が人間の進化を考える時に、ずいぶんとヒントになったのではなかろうかと思います。

そのようにして八年おりまして、ものすごい数の新種を発見しています。最初の三年間で、昆虫だけで新種八千五百種。それにあと他の動物だとか植物を入れれば、最初の三年間だけで万の単位です。その後も入れますと、本当に数万の新種を発見しております。その数がいかに膨大であるかは、日本の植物学の神様みたいに言われました牧野富太郎博士と比べるとよくわかります。この人が発見した新種は六百から八百くらい。命名したのは千何百ですが、発見自体は千になっていないのです。ウォレスの方は万です。

それでイギリスに帰ってきますと、生活は困らない。当時のイギリスの商人は、その標本をきっちりと評価しました。そしていちいち保険をかけておいてくれますから、心配はない。それでその売上げを投資したりなんだりで、だいたい年間三百ポンドくらいの収入がありましたから、堂々と生活できました。

二つの「進化論」

帰ってみますと、世の中はもうダーウィンの世の中です。ダーウィンは一八五九年に『種の起源』を書きました。ウォレスが帰ってきたのは六二年です。ところが帰ってから間もなく、彼は奇妙な体験をしはじめるわけです。それは、当時はやっていましたスピリチュアリズムです。霊媒が出てくるのです。その頃、心霊学、超現象、オカルト現象がアメリカからはじまってロンドンでも非常に流行していました。ウォレスは好奇心があるものですから、そういうところに行き、確かに心霊現象があると確信します。これまた彼独特の工夫をして、いろいろなインチキが入らない工夫をして、そこで霊媒を使ってやると、やはり霊が出てくる。自分の家や自分の友達の家で、しかも立派な地位のあるような友達の家でやっていますからインチキではないことが明らかなのに、霊は出るという体験を何回も、何十回とやるわけです。インチキもあるらしいけれども、どうしてもインチキでないものがある。というようなことで、心霊について書きはじめるのです。これがある種の人たちからものすごく批判を受けます。しかし彼はミラクル(奇跡)に関するデイヴィッド・ヒュームの理論などでも、いちいち全部論理的に論破していくのです。そして死後の霊や奇跡みたいなものを否定する論理的根拠は哲学的にはないということを、あますところなく証明していく。また実験的にもいろいろと証明するのです。

ところが、これはぼけたりしたウォレスではないのです。働き盛りです。「進化論」の論文とか、学問的な論文、それからさっき言った動物分布地理学の本などを書く前の話ですから、まだばりばりなのです。しかし、その学問の方と心霊の方は別なのです。そのうち心霊という現象を取り入れた「進化論」にぶち当たります。個人的にはダーウィンとはずっと関係はよかった。「ダーウィンは自分の論文を、非常な寛容な心をもって共同発表してくれた」と信じているわけですから。ウォレスもリンネ学会のプロシーディングズは見ていません。そのリンネ学会のプロシーディングズはこのようなものですが、"On the Geological Geography of Malay Archipelago" by Alfred R. Wallace Esq. communicated by Charles Darwin Esq. FRS & LS とあります。このように「コミュニケーテッド・バイ・ダーウィン」（チャールズ・ダーウィン氏によって報告されたる）と出ているのです。ウォレスのテルナーテ論文はここに示したものより二年前のプロシーディングズに出されました。しかしこんなに古い、帰る数年前のリンネ学会のものなど彼は見やしません。見た形跡は一生ありません。ですから、「ダーウィンさんは後輩のわたしの手紙を受け取って、それで自分との共同発表としてくれたのだ」と名誉だけを感じている。ダーウィンはダーウィンで、はじめのうちは非常に恐れていたふしがあります。ところが、このウォレスという青年はまことに人がよくて、感謝こそすれ、決してプライオリティなんか言わないことがわかったものですから、ダーウィンとは人間的に最後までいい関係です。ダーウィンも経済的にはあとで助けてあげたりしています。

ところがその後、「進化論」では分かれるのです。なぜかというと、ダーウィンの方は最後まで自然淘汰です。人間も含めて自然淘汰のみです。自然淘汰というのは、殺されない、生き延びるためだけの、少しでも優位であればいいという、いわゆるユーティリタリアン（功利的）な感じです。そして必ず部分進化なわけです。たとえばある鳥は速く飛ぶほうに分化していきます。この早く飛ぶ方向だけに行くのもあれば、爪を大きくしたり、羽を強くしたり、嘴を太くする、というふうに分化するのもある。いろいろな方に分化するのです。

ところがウォレスは、こういう結論に達するわけです。人間の体の進化は非常な早い時期に止まって動かない。非常にステーブル（安定的）である、と。何万年もの間全然動かない。つまり人間の体というのは、ものすごく古い時代に出来上がってしまってもう肉体の進化はやめたのだと。あとは脳だけが進化したのだと。それからある言い方をすれば、「進化論」の二段階説を唱えるわけです。人間は自然淘汰だけではいけないのではないかということを主張しはじめる。はじめ人間の肉体ができた頃は、カニが縦に這っていたような類人猿が、直立します。立ちはじめると、手が解放される。手が解放されると、指をよく使えるようになる。解放された指と解放された手は、大脳の命令を非常によく聞くようになると。今でも解剖学的に大脳の神経分布は指と舌に対応する部分がべらぼうに大きいらしいのです。ところがある程度までいくと、あとはもう肉体というのは全然変わらなくて、脳の中だけで変わっていく。こういう考え方です。

そしてその段階になった時に、自然淘汰で言っていることが全部当てはまらない。自然淘汰で発達するものは、必ず何か直接の意味があるから発達するわけです。鰭が発達するのは泳ぎやすいからだとか、必ず理由があるわけです。ところが人間の脳、特に言語というものは、必要と発達が全然関係ない。バランスがとれていない。だからこれは自然淘汰の概念に当てはまらない。そしてそういう脳ができた時に、そこにどう考えても死なない霊魂ができた。あるいは、非常に高いインテリジェンスがあって——それは伝統的に言えばゴッドでしょうが——そこから不死の霊魂が入ってきたとしか説明できない、とウォレスは言うのです。これを彼は死ぬまで主張し続けた。非常に精密に、よく納得いくように説明し続けます。

これに関連して非常におもしろいのは、一九一二年のピルトダウン人の発見です。イギリスのピルトダウンというところから人骨が見つかったのです。これがダーウィン説を証明するような骨なのです。類人猿の顎がこんな形だとすれば、人類はこうだと。このへんの顔面角が中間のものが欲しい。だがこれはどこを探してもないわけです。それでこれを「ミッシング・リンク」といったわけです。つまり「欠けた輪」。進化の連環で一つ環が欠けている。ちょうどここにぱっと当てはまるのが一九一二年にイギリスで発見されたわけです。これは大事件ですから、世界中の学者が来ました。それでどうも本当らしいということになりました。イエズス会士で、かの有名な考古学者でもあったテイヤール・ド・シャルダンもわざわざピルトダウンまで行って、その骨の検査をして、見事に引っかかっています。世界中の学者が本当だと思ったわけです。

それでダーウィンと同時代だったウォレスにも、いろいろな人が手紙を書いたりしています。最後に着いたウォレスの手紙は、一九一三年の八月二十四日です。その年の十一月七日に死にますから、死ぬ少し前です。九十歳を超えているのです。その手紙は、ウォレスがスメドレーという学者に対する返事として書いているのですが、ピルトダウン人の骨は何も証明していない、証明しているとしても、ほとんど取るに足りません、とはっきり言っているのです。ウォレスという人は、非常に謙遜な人で、そのような高いところからぱっと言うようなことはしない人なのですが、全然問題にしない。ウォレスにしてみれば、自分が一生かけて調べた結果、人間というのはものすごく古い時から骨格は動かないし、肉体的な進化はとっくにやめていて、変わったのは脳だけなのだから、こんなミッシング・リンクは必要もないし、あろうはずがない、というわけです。当時の人は、そんなことはわかりません。

ところが、一九五五年になりまして、オックスフォードのワイナーが、完璧なまでに、このピルトダウン人がインチキだということを発見したわけです。今度はいろいろな検査の仕方がありますから、これはインチキだということがわかりました。そうすると、当時の学者で引っかからなかったのは、ウォレス一人。ですからウォレスだけが正しい人間観を持っていたとある意味では言えるのです。九十いくつになって、死ぬ三カ月くらいまで全然ぼけていない。そして、彼は霊魂の死は信じません。霊魂は存在すると確信していました。

ただおもしろいことは、いろいろと実験しているうちに、実際の人間の中に出てきていたずらしたり、机を動かしたりする霊というのがいるらしい。ああいうのは全部下等な霊であると。(笑)高級な霊は絶対戻ってこないという結論になっています。

ですからウォレスは、自分の死後の永遠の生命を、毛ほども疑ったことはない。だから死ぬ時も、非常に静かで、死ぬ直前までずっと変らずに散歩もし、死んだ日も朝めしはちゃんと食べて、静かに死んでいます。それはいかなる聖人の死にも劣らない、来世に対する静かな確信を持った死だったようです。

言語はネイチャーの差

そこで問題は、ダーウィンとウォレスの見地からいうと、言語問題はどうなるのかということなのです。ダーウィンはもちろんミッシング・リンクと言っているくらいですから、全部つながっていなくてはならない。肉体的にも、類人猿から人間までみんなつながっていなくてはならない。中間、つまりミッシング・リンクにおいても、ダーウィン的な人間観によれば、つながっていなくてはならないわけです。ダーウィンは一八六一年に出した『ディセント・オブ・マン』(人間の由来)という本の中で言語について詳しく書いています。人間の言語と動物の言語の差は程度の差であると。ネイチャー（質）の差ではないのだと。差はネイチャーにあるのではなくて、ディグリーの問題であるとはっきり書いています。だから、ダーウィンは自分が見たいちばん利口な犬は、鳴き声を十九種だか二十種だか聞き分けることができるとか、そのようなことを言っております。だから、動物だってその叫び声が進化すれば人間の言葉になるのだ、という仮説です。つまり、人間の言語と動物の鳴き声の差はネイチャーの差ではなくてディグリーの差であると、ダーウィンは言うのです。

それでほとんどすべての動物学者は、現在でもそんなふうに考えております。だから世界中で一生懸命チンパンジーをしゃべれるようにしようと努力している。（笑）そしてハチの言語があるという言い方をしている人もおります。ハチはしゃべりません。（笑）

しかしウォレスの方から言い出した結論と言えば、そんなことはないのです。さっき言ったように、ダーウィン的な「進化論」はすべて部分進化なのです。人間は大昔に肉体的に部分進化を全部やめているのです。おそらく一千万年前から全然変っていない。もう進化することをやめた。頭の中だけは進化しているのです。そうしますと、そこで出てくるのは、部分進化という、進化させればさせるほど袋小路に行く進化ではなくて、脳の進化ですから、自然の環境から自由になった進化なのです。別の言葉で言えば、タイムとスペースから自由になる進化です。止まらない進化というのは脳でなければ起こらない。外に出ているようなものはあまり関係ないのです。人間の脳の中では、タイムとスペースから超越したものが生じたのです。それが霊魂と呼ばれるものでありまして、そのいちばんのわかりやすい証拠が言葉なのです。言語なのです。

その立場から言語を見ますと、ダーウィンの言うところは全部、少なくとも三つの点から否定できるのです。第一番目に、人間の言葉は必ずアーティキュレーテッド（分節）された母音と子音のコンビネーションから出ます。それはいかなる野蛮人でも、いかなる高級な人間でも、アーティキュレーテッド・バウエルズ（分節された母音）と、アーティキュレーテッド・コンスナンツ（分節された子音）のコンビネーションから出ています。動物はそうしない。したがって、それは程度の差ではないのです。ネイチャーの差です。

それから第二番目に人間の言葉の音と意味のつくり方は、不可分的に常にきまった対応を持っているわけではありません。動物ならば、悲しい時は悲しい鳴き声しかできない。怒ったまま嬉しそうな鳴き声を出すわけにはいかないのです。ところが人間では、どちらでもいいわけです。「怒った」というのを「喜んだ」って言ってもいいのです。これはただの洒落ですけれども、英語では女性を「ウーマン」（産まん）と言います。日本では女性は「産む」と言います。（笑）意味はどうつけてもいいわけです。人間の言葉というのは、音と意味は恣意的な結合です。だから「ファスト」なんていうのも、どんどん意味は変わったりするわけです。はじめは「固定した」という意味だったのに今では「速い」という意味になっています。それはしゃべっている集団の習慣でどうでもいいわけです。動物はそうはいかない。悲しい鳴き声をしながら、楽しい猫というのはあり得ない。（笑）動物では音と意味は切れないのです。人間は全然関係がない。どうでもいいわけです。

それから第三番目にボキャブラリーの問題があります。語彙は、ダーウィンも言ったように、どんな利口な犬でも、鳴き声で聞き分けるのは二十語前後なのです。普通の動物はもっと少ないでしょう。ところが、人間の単語というのはほとんど無限なのです。日本だけでも今の現代日本語辞典の他に、江戸語辞典、方言辞典、万葉辞典、などがあります。シナ語にしても、ものすごい方言と、ものすごく古くからあった言葉があります。英語でもオックスフォード・イングリッシュ・ディクショナリーの前には、ミドル・イングリッシュ・ディクショナリーがあって、その前にはアングロサクソン・ディクショナリーがある。その他にあらゆる方言辞典がある。それから毎日毎日膨大なスラングが出る。そういう言語が世界中で、数え方にもよるらしいのですが、三千ないし六千ある。これは無限の語彙と言ってもいいでしょう。

動物の方はたかだか二十足らずです。人間は無限です。ですから、第一に分節された母音と子音があるかないか。これはディグリーの差でなくてネイチャーの差です。第二に音と意味がアービトラリー（恣意的）に切り離せるか離せないか。これもネイチャーの問題で、ディグリーの問題ではないのです。それからボキャブラリーが有限か無限か。これもネイチャーの差であって、ディグリーの差ではない。この説明をするのは、人間の脳が別であるという以外にはないのです。

しかも、わたしなどから見ても、ウォレスの考え方が正しかったのではないかと思うことがあります。戦後世界が狭くなりまして、サベッジと言われていた人たちも留学生になって、たとえばローマ・カトリック教会の布教地のあるところならば、アフリカの森の中からでも利口な子どもは神父さんの卵としてローマのグレゴリオ大学へ行って、そこを全Aで卒業する、なんていうことがあり得るわけです。それからものすごく知能が低いと思われていたオーストラリアのアボリジニでも、子どもの時から教養ある白人の家庭にやれば、全然白人と変らない学問ができるようになるのです。ということは何かというと、ウォレスが言った通りに、人間の脳というのはもう一千万年前くらいにできている、という説明しかできないのです。外が違うように脳の中が違うのなら、そう簡単にはいきません。黒人が白人のところへ行ってすぐ白くなれるかというと、なれるわけがない。ところが、黒人であろうが何であろうが、子どもの時からしかるべきところで育てば、個人の能力の差はありますけれども、本質的にはどんな学問でもできるのです。

これには、ダーウィンも実はちょっと気がついたことがあるのです。気がついたというよりは、関心を向けたことがあります。ダーウィンはビーグル号に乗ってマゼラン海峡を通って太平洋に出ました。その時二十四歳です。ビーグル号は、その数年前に南米の突端あたりで、捕まえたと言ったらおかしいけれども、そこで捕まえたフエゴ人という、当時の人類学では最も進化の後れていると考えられたインディオを三人か四人連れ帰っています。そしてロンドンに三、四年いたら、その数人のフエゴ人のうちで、あるものは――女性も交じっていました――ロンドンの上流階級のお宅のレディのように刺繍もやれば何でもやるのです。あまり頭が悪くて勉強ができなかった者もいたようですが、できる方の人は、白人とほとんど差がなかった。それでその人たちをまたビーグル号に乗せて、再び数年後にフエゴに帰したわけです。別れを惜しんで別れていくわけですが、その白人化したフエゴ人は、その後また調べてみると、一人残らず他のフエゴ人に殺されたようです。その別れたあたりのことをダーウィンは『ビーグル号航海記』に書いています。まことに不思議だと。ロンドンという当時最も高いと言われている文明社会の到達した文化を、世界でいちばん低いと思われているフエゴ人の中に三、四年でマスターしている者もいると。このギャップの埋め方の早さはいったいどこから来るのか、という疑問を出しているのです。しかし彼はマゼラン海峡を渡って、ガラパゴス島というおもしろい島に行ってしまったものだから、あとはもう部分進化の方ばかりで、一生部分進化。ダーウィンの進歩の仕方も部分進化(笑)、みたいなところがあります。

しかし若い時のダーウィンは、疑問を持つだけの精神の柔らかさを持っていたのです。だからガラパゴス島がなかったら、そのへんに関心を持ち続けて、人間の脳の不思議さを意識し続けたかも知れません。

言葉、そのオカルトなるもの

ウォレスが注目したのは、まさにそこなのです。証明される前に、実例があがる前に、その理論は証明されているから、わたしは貴重だと思うのです。戦後みたいに、いわゆるとても後れている地域の人たちが、うんと進んでいるところへ留学生としてぽっと来るということが昔はなかったと思うのです。今は普通に起こっています。そうすると素早く高度な学問をもマスターするみたいです。それはアボリジニであろうが、ブッシュマンであろうが、あるいはホッテントットであろうが、です。子どもの時から同じ環境におけば、いわゆる文明人とあまり差がつかないということです。そうすると、脳は一千万年前かに完璧にできている。それが表に出るか出ないかは環境の差とか、社会の差とかであって、基体はできている。だからいつでも無限の発達のプロセスに入れるのです。言語はタイムとスペースに限られたダーウィン的な進化論の世界から、もうすっかりずれているのです。言語を習得すれば、あらゆる文化の習得ができます。

人間とサルとのいちばんの違いもここにあるのです。児童心理学者はよく知っているのですが、小さい頃はチンパンジーと人間の子とどちらが利口かと言ったら、わからないのです。ところがぱーんと分かれてくるのは、子どもが言葉をしゃべり出した時です。後はそれこそサルと人間の差になります。すべては言葉なのです。その言葉こそは、脳の中で何かが起こって、その起こった不思議なるものが不滅であるらしいという推測を与える証拠なのです。

この点については昔から、すぐれた哲学者も、みんなそういうものではなかろうかということを知っていたわけです。アリストテレスも、人間の霊魂だけは死んでも残る部分があると考えました。それから動物みたいに肉体が死ねばいっしょに滅びる霊魂もあるのだと。そしてはじめから霊魂のないものもあると。そのように分けていたと思うのですが、人間だけは別格。やはり不滅の霊魂を前提としないと説明がつかない。そして人間と他の動物の基本的な差は、不滅的な要素があるかどうかであるらしい。ウォレスはくだらない、低級の霊しか神霊現象としては出てこないと言うけれども、とにかく不滅の霊魂の存在は心霊現象によっても証明されるのだとした。その人間の霊魂の不滅性の現れが言語なのです。

その言語で見ますと、哲学や神学の文献の上ではみんな人間の埋性、あるいは霊魂の不滅などを言っているのがありますが、わたしは詩人の霊と言語観をここにあげてみたいと思います。シェイクスピアの「ソネット」の第十八番を見てください。

SHALL I compare thee to a summer's day?
Thou art more lovely and more temperate:
Rough winds do shake the darling buds of May,
And summer's lease hath all too short a date:
Sometime too hot the eye of heaven shines,
And often is his gold complexion dimm'd,
And every fair from fair sometime declines,
By chance or nature's changing course untrimm'd:
But thy eternal summer shall not fade
Nor lose possession of that fair thou ow'st,
Nor shall Death brag thou wander'st in his shade,
When in eternal lines to time thou grow'st:

So long as men can breathe or eyes can see,
So long lives this, and this gives life to thee.

（シェイクスピア「ソネット第十八番」）

ざっと訳してみましょう。

あなたを夏の日にたとえましょうか。（日本の夏は蒸し暑いのですがイギリスの夏は爽やかです。初夏の晴れた日というイメージですね。）
あなたはそれよりもっと美しく、もっと優しい。
手荒い風は五月の愛らしい蕾《つぼみ》をゆさぶるし
夏の（いい季節が許されている）期間はあまりにも短い。
時として天の目（太陽）はあまりにも烈しく輝き、
その金色の表情にもしばしば雲がかかる。
そしてどの美しいものでもいつかは美しくなくなってしまう。
偶然によって、あるいは自然の変化の道が変えられることのないために。（つまりどんな美しいものでもはかないものだ、とその例を並べ立てているわけです。）
しかしあなたの夏は永遠に移ろうことはなく、
あなたの持っている美は失われることはなく、
あなたが黄泉《よみ》の国をさまよっていると死神が自慢することもしない。

あなたが朽ちることのない詩行の中で永遠に成長なさるならば。（ここでシェイクスピアは自分の書いた詩行は不朽《エターナル》であると言っているわけです。すごい自信ですね。この世の美はすべて移ろうのだが俺があなたの美しさをこの詩の中で書いておけば、俺の詩は不朽なのだから永遠《エターナル》にその美は朽ちない。というわけです。そして最後の二行はさらにその自分の詩——つまり言葉——の不朽性に対する自信をのべてこのソネットを終えています。）

人間が息《いき》をすることができ、目が見ることができる限り、

その限りはこの詩は生き、そしてこの詩はあなたに（永遠の）生命を与えるのだ。

とにかく、シェイクスピアの詩、すなわち書かれた言葉の不朽性に対する自信はすごいのです。これは「ソネット第十八番」ですが、ほかにもあります。

「ソネット第五十五番」は、マーブルの大理石の碑です。黄金で飾った碑。それは戦争でみんな破壊されたりするのだけれど、この詩に書いてあることは永遠に残るぞ、とまた言っているのです。これは本当のことになりました。シェイクスピアが死んでからロンドン大火が起って、大きな建物もみんな焼けています。それまであったものはみんな焼けたはずなのですが、シェイクスピアのソネットは残っています。

それから「ソネット第六十五番」では、鋼鉄の扉のある城も、岩の上の頑強な城も、これもいつかは陥ちる。しかし、イン・ブラックインク——黒いインクで——書いたこの詩は残る。だからあなたの美しさは永遠だというようなことを言って、言葉で書いたものの永遠性を説いています。他のものはみんな朽ちると言っております。

そうするとこの言葉というものの中には、いわゆる自然法則からずれたものがある。これはわたしはオカルトだと思うのです。ウォレスが心霊主義にいったという意味でオカルトと言ってもいいと思うのですが、時空を超えたもの

が対象になるようなものは、わたしはオカルトだと常々思うのです。それで、時空が対象になるものは、これは自然科学が全部解決してくれるわけです。ただし時間と空間を超えたものは、これはオカルトであります。言葉は、人間の存在がオカルトに根ざしているということの証明であるように思えるのです。

ですから「ヨハネ福音書」——神父さんのいらっしゃる前で恥ずかしいのですが——の最初にもあります。「ヨハネ福音書」はご存じのようにたいへんオカルト性の高い文章です。"In principio erat Verbum, et Verbum erat apud Deum, et Deus erat Verbum."（初めに言葉あり。言葉は神と共にある。神は言葉である。）要するに言葉はオカルトですよと言っているのです。

わたしが大学に入った五十一年前——一年生の時に——トマス・ライエル先生から英語を習いました。ダーウィンやウォレスが出てくる時は必ず名前が出てくるサー・チャールズ・ライエルという地質学者がおりますが、この方の孫です。ライエル先生は日本語は全然できないから、授業は先生が黒板に書いたものをわれわれが写して、それを翌週までに暗記するということだけでありました。その時に最初に教えられたものの詩の一つが、この「ソネット第十八番」なのです。田舎の高校から出てきたばかりの少年がこんなものを暗記させられた。（笑）説明する方の英語はなおわからない。（笑）暗誦するのはそれ以来です。わたしはこういう専門ではありませんで、憶えているかどうかわかりませんが、昨夜ちょっと練習しましたので、ひょっとしたらいけるかもしれません。みなさん方をライエル先生だと思ってやってみます。

（英語で「ソネット第十八番」を暗誦……拍手鳴りやまず。）

編集後記

渡部昇一先生には様々な場所や方法で——学部での講義、大学院での演習、論文指導（卒論・修論・博士論文）だけでなく、時には学外でコーヒーやビールを飲みながら、そして先生のお書きになった専門内外の多岐にわたる著作を通じて——実に多くのことを教えていただいた。そうした中で気になっていたのは、学術誌（『英文学研究』、『ソフィア』、『英語学と英文学』、『アステリスク』など）や専門誌（『月刊言語』、『英語教育』、『英語青年』、『現代英語教育』、『英語文学世界』など）に発表された書評や論考で、単行本に収録されていないものが多数存在することであった。そういったものをすべて集めて読んでやろうと思っているうちに、渡部先生が古稀を迎えられ上智大学を去られる年が近づいてきた。この区切りを逃しては後がない。そこで急遽、渡部先生が上智大学の助手になられた一九五四年から定年を迎えられる二〇〇〇年までの上記の雑誌を徹底的に調査して、該当する論文を蒐集することにした。その結果、タイトル数にして約百二十、ページ数ではおよそ千二百というおそろしく分厚いコピーファイルが完成した。最初のうちは、これで「渡部昇一の世界」にしばらくはどっぷりと浸かれるという幸福感に満たされていたが、そのうちこの喜びを独り占めするのは、渡部先生が勧めておられる幸田露伴の「分福」の精神に背くことになるのではないかと思うようになった。そこで渡部先生に出版の打診をしたところ、とてもお喜びになり、ぜひ計画を進めて欲しいとのことであった。本書の企画はこうしてスタートした。

出版社は渡部先生とのつながりが深い大修館書店に決まった。コピーファイルを渡して版を組んでもらったが、それからが大変であった。四十五年にわたって書きためられたものをひとつにまとめるのだから、書式の統一だけでも相当な作業である。その上、元の原稿の不備を正したり、多少は師の文章に手を入れる必要も出てくるとあっては、その精神的重圧はかなりのものであった。結局、試行錯誤の末に到達した編集方針は次のようなものである。

一　上下両巻の全文章の書式や文体の統一は不可能なので、各小論内で一貫性があればよしとする。
二　出版データ（著者名・表題・副題・出版地・版元・出版年）が完全でないものは必要に応じて補う。
三　外国の人名や地名で原文のみのものは、『固有名詞英語発音辞典』（三省堂）、『英米史辞典』（研究社）、『英語学人名辞典』（研究社）などを参考にしてカタカナ表記をつける。
四　文中に登場する方々の肩書や通貨レートは原稿掲載時のままとする。
五　表現に関しては、渡部先生の文体を損なったり、文の勢いを殺すことのないよう、明らかな誤植以外はそのままとする。

以上の線に沿った校正作業は、楽しく刺激的であった反面、つらく恐ろしいものでもあった。それを終えた今は、渡部先生の半世紀近い仕事をひとつの形となし、これによって多くの渡部昇一ファンに利便を提供できることを嬉しく思う。後は、編集の段階で生じた間違いで渡部先生の玉稿にキズをつけていないことを切に祈るばかりである。

こうして編み上がった書物のページをパラパラと繰りながら思い出すのは、本書の巻頭論文「中島文雄『英語学とは何か』——解題にかえての回想」に引用されたアウグスト・ベックの至言、「フィロローグは皆自己の専門学科においては一流であり、他の学問においても二流即ちベータでなければならぬ」である。本書に所収されている論考は、渡部先生の狭義の御専門である英語学（特に英語学説史と語源学）から、隣接分野の一般言語学、英文学、英語教育、さらには東西の歴史や国語国文学にまで広がる。渡部先生の書かれたものを初めて読む人は、目次を見るだけでその多様性に圧倒され、実際に読み進めると、そのすべてが「ベータ」どころか「一流」であることを知り、さらに仰天するだろう。しかし、本書の魅力はそのような数と質だけからくるのではなく、独特の雰囲気からも生じているのである。再び文中から引用すると、上巻の「フィロロジスト」では、孔子や本居宣長の学風を描写して、「フィロロジーの行われる雰囲気、フィロロジストの態度というのは言葉の最善の意味でエレガントなのである」としている。このような優雅さを渡部先生の著作に感じるのはわたしだけではあるまい。つまり、渡部昇一先生はベックの文献学者の定義や、孔子・宣長流の学問的態度を具現している真のフィロロジストなのである。ちなみに、OEDによるとphilology という単語を英語で初めて使ったのはチョーサーであったという（一三八六年頃）。その際の意味は「史的言語学」という狭義ではなく、次の定義に見られるようなものであった。

学問と文学を愛すること。広い意味での文学研究で、文法、文学批評および解釈、文学や文献と歴史の関係などを含む。

これぞまさしく渡部先生の学風そのものではないか。そして渡部先生のこれまでの知的歩みを集大成したものが、この『小論集成』である。私事で恐縮だが、本職の研究・教育の他、学内外の雑務に追われていると、自分がジョンソン博士の言う「学問の奴隷」(the slave of science) になったのではないかと思う時がある。そのような自虐的な気分になった時の特効薬として、わたしはこの本をいつも座右に置いておこうと思う。そしてそこから元気と自信、洞察と示唆をもらい、不肖の弟子ながら本書に凝縮された「渡部学」を継承発展させていきたいと願う。

「最後に、そして最大に」(last and most) という表現があれば、さぞかし便利だろうと常々思う。まず、上智大学文学部英文学科生の森浩士君には、雑誌の調査の一部を手伝ってもらった。また、各小論の配列順を考えて全体を見事な体系に仕上げ、数々の有益な校正案を示して下さった編集プロダクション・メビウスの青井三和子さんのセンスと国語力には感服した。そして、本書の出版をお引き受け下さった大修館書店の藤田侊一郎氏は、他の仕事の都合で遅れに遅れた校正作業の終了を辛抱強く待って下さった。これらの方々に、記して心より御礼申しあげたい。

平成十三年五月　渡部先生の学恩に感謝しつつ

池田　真

E. サピア『言語――ことばの研究』　『言語』6，1987
発信型英語教育の究極にあるもの［鈴木孝夫『日本人はなぜ英語ができないか』］
『英語教育』11，1999
哲学的人間学［霜山徳爾『人間の限界』］　『ソフィア』24，1975
家学としての語原学書［林甕臣（遺）著，林武編『日本語原学』］　『言語』1，1976
史家の三長をかねた歴史書［佐藤直助『西洋文化受容の史的研究』］
『ソフィア』17-2，1968
支那学の巨人［青江舜二郎『竜の星座――内藤湖南のアジア的生涯』］
『ソフィア』16-3，1967
漱石の心象風景［松岡譲編著『漱石の漢詩』］　『ソフィア』16-3，1967
雲井竜雄――詩と生涯［安藤英男『雲井竜雄詩伝』］　『ソフィア』16，1967
日本のジェントルマン・スカラー［杉田有窓子『天の窓』］　『ソフィア』21，1972
性語辞典［R. A. Wilson, ed., *Playboy's Book of Forbidden Words*］　『言語』4，1985
シナ学の情報革命［近藤春雄『中国学芸大事典』］　『言語』2，1979
『広漢和辞典』を手にして［諸橋轍次，鎌田正，米山寅太郎共著『広漢和辞典』］　『言語』2，1982

Ⅶ 対談・座談会

英語／日本語文化論（原題「社会・文化・言語」）　『ソフィア』25-4，1976
日本人と外国語　『言語』1，1979
英語会話の習得をめぐって　『英語教育』11，1976
イギリス小説の復活（原題「イギリス小説」）　『英語青年』10，1977
明治文学とアメリカ文学（原題「明治文学・アメリカ文学」）　『英語青年』9，1977
現代詩をどう評価できるか（原題「現代詩」）　『英語青年』8，1977
大衆化時代の大学　『ソフィア』26，1977
人生の節約　『名著サプリメント』6，1989
学校の英語教育と学校外の英語教育　『英語教育』10，1971
イギリスの文化と風土　『ソフィア』39，1988
現代読書論　『ソフィア』32，1981

Ⅷ 論争・講演

「神」と「上」の語源について　『言語』4,5,7,9，1975；2，1976
わたしは実測図を示したのだ　『現代英語教育』3,5，1976
サピアの『言語』のジーニアス（原題「サピアの『言語』のジーニアスについて」）　『言語』5，1991
対話する西洋と日本　『アステリスク』6，1994
科学からオカルトへ　上智大学最終講義，1，2001

[下巻]

V 書物

索引の歴史(原題「索引の東西比較」)　『言語』4，1989

『ブリタニカ百科事典』の諸版(原題「ブリタニカ百科事典」)　『言語』1，1984

『ブリタニカ百科事典』全版全冊揃　『アステイオン』22，1991

百科事典の旧版について　『ソフィア』28-1，1979

十九世紀の印刷術百科事典(原題「印刷術百科事典」)　『言語』1，1984

英語の語源を探す　『言語』5，1990

サミュエル・スマイルズの自伝　『ソフィア』38，1987

生きているチェスタトン　『英語青年』8，1979

イギリス世紀末と二つの雑誌　『言語』1，1988

古本屋のはなし　『英語青年』6〜12，1978；1〜3，1979

『マジョリー・モーニングスター』　『現代英語教育』8，1973

『半七捕物帳』　『英語青年』6，1973

VI 書評(洋書には適宜邦題を付し，和書にはタイトルを付した)

R. H. ロビンズ『欧州古代中世文法理論』　『ソフィア』4-3，1955

E. スタンドップ『古英語「話法の助動詞」研究』(原題『古代英語「話法の助動詞」研究』)　『ソフィア』8-4，1959

V. リューフナー『文法と哲学の間』　『ソフィア』10-4，1961

I. マイケル『一八〇〇年までの英文法の範疇と伝統』(原題「資料の豊富さと洞察の欠如」)　『英語青年』6，1971

R. F. ジョーンズ『英語の勝利』　『ソフィア』4-4，1955

E. J. ドブソン『近世初期英語音韻史』　『ソフィア』8-3，1959

M. シュラウフ『近代英語』　『ソフィア』12-1，1963

E. T. ウッド『英語概説史』　『現代英語教育』4，1970

W. F. ボルトン『英米文人の英語観』／H. アースレフ『イギリス言語学説史』　『ソフィア』16-3，1967

J. H. スレッド，G. J. コルブ『ジョンソン博士の辞書』　『ソフィア』4-4，1955

H. マーシャン『現代英語の語形成——範疇と類型』　『英語教育』12，1969

T. B. W. リード『史的言語学と言語科学』　『ソフィア』12-4，1963

P. ベルクハウス，K. シュナイダー『アングロ・フリジアの古代貨幣とルーン文字の新研究』　『ソフィア』17-2，1968

『K. シュナイダー古稀記念論文集』／『P. ハルトマン還暦記念論文集』(原題「二つの記念論文集」)　『言語』12，1983

H. A. ベニング『古英詩における大宇宙と小宇宙』　『ソフィア』10-3，1961

H. F. ブルックス『チョーサーの巡礼者たち』　『ソフィア』15-1，1966

M. エリアーデ『メフィストフェレスとアンドロジン』　『ソフィア』15-1，1966

J. G. ヘルダー『言語起源論』／C. ランスロー他『ポール・ロワイヤル文法』(原題「言語学古典の出版」)　『ソフィア』21-2，1972

新しい語源学について　『言語』7, 1984
新しい語源学　廣岡英雄先生喜寿記念論文集『英語・英文学への讃歌』1994
英語の語根創生とオノマトペ(原題「英語の語幹創生とオノマトペ」)　『言語』6, 1993
OE ġelēafa (belief) の語源について　『英文学と英語学』1, 1963
ヘンギストとホルサについて　『英文学と英語学』3, 1967
dog の語源　『言語』9, 1989
dog のイメージについて　『アステリスク』8, 1995

III 英語教育

言語教育としての外国語教育　『現代英語教育』4, 1973
必要な具体的目標　『現代英語教育』3, 1975
平泉・渡部論争始末記　『英語青年』9, 1975
自家用の英語教育論　『英語青年』10, 1976
英語教育のインパクト　『現代英語教育』1, 1976
英語の顔・日本人の顔　『英語教育』5, 1981
大学の英語教育はこれでいいのか　『英語青年』8, 1982
伝統文法と実用　『現代英語教育』3, 1984
理想は"東大に入った帰国子女"　『英語教育』4, 1988
「英語公用語化」論に一言　『英語青年』9, 2000

IV 文化

悪王の秘密　『ソフィア』12-2,3, 1963
シュレーゲルのシェイクスピア　『ソフィア』13-4, 1964
「髪の毛のない女神」について　『言語』4, 1985
魅力ある日本語文法を(原題「魅力ある日本語文法」)　『言語』2, 1981
音読みと訓読みのある言語　『言語』12, 1985
職人の言葉をめぐって　『言語』4, 1980
文法訳読法を見直す　『言語』7, 1995
岡目八目　『ソフィア』19, 1970
英米文化の吸収について　『英語研究』3, 1975
英語と国策　『英語青年 別冊』1998
「青い目」で見た日本人論と日本文化論　『ソフィア』21-1, 1972
新語源学の理念(原題「新々語源学の理念」)　『アステリスク』12, 1993
日米ファカルティ雑感　『ソフィア』18, 1969
ファカルティの憂鬱　『ソフィア』22, 1973
言語とわたし　『言語』6, 1980
わたしの第二外国語　『言語』5, 1983
夏休みとわたしの先生　『現代英語教育』8, 1974
中島先生の学恩　『英語青年』7, 2000
最終講義のテーマなど　『正論』4, 2001

初出一覧

[上巻]

中島文雄『英語学とは何か』——解題にかえての回想　講談社学術文庫所収，1991

I　英語学

英文法史　『新英語学辞典』1982
『ブリタニカ百科事典』(初版)における Grammar について　『英文学と英語学』15，1979
リンドレー・マレーと規範文法について　『アステリスク』12，1995
伝統文法の重み　『言語』11，1990
出世と語法　『英語青年』2，1971
英語の歴史　『現代英語教育』10，1971
綴り字改革(原題「Spelling reform《綴り字改革》」)　『現代英語学辞典』1973
OE と ME における宗教用語　『英語青年』2，1974
シェイクスピアの英語　『言語』3，1981
Sir Thomas Smith: *De Recta et Emendata Linguae Anglicae Scriptione Dialogus* の解説　南雲堂「英語文献翻刻シリーズ」第 5 巻，1968
P.Gr.: *Grammatica Anglicana* の解説　南雲堂「英語文献翻刻シリーズ」第 1 巻，1971
Charles Butler: *The English Grammar* の解説　南雲堂「英語文献翻刻シリーズ」第 4 巻，1967
John Wallis: *Grammatica Linguae Anglicanae* の解説　南雲堂「英語文献翻刻シリーズ」第 3 巻，1968

II　言語学

最近の西独における一般言語学の志向　『ソフィア』9-2，1960
言語起源論と進化論　『言語』1，1982
言語起源論について　『言語』12，1987
サピアの現代的意義　『言語』2，1979
チョムスキー以前と以後　『言語』12，1986
文献学の理念と実践　『ソフィア』11-2，1962
フィロロジーとフィロロジスト　『英語文学世界』8，1970
新座標軸としての文献学　『英語文学世界』12，1970

[著者略歴]

渡部昇一（わたなべ　しょういち）

1930年山形県鶴岡市生まれ。上智大学修士課程を経て，ミュンスター大学留学（1955-58年），同大学Dr. Phil.オックスフォード大学留学（1958年）。フルブライト教授として，アメリカの各地の大学で講義（1969-70年）。上智大学名誉教授。

著書に『英文法史』（研究社，1965年），『言語と民族の起源について』（大修館書店，1973年），『英語学史』（大修館書店，1975年），『英語教育大論争』（文藝春秋，1975年），『英語の語源』（講談社，1977年），『秘術としての文法』（大修館書店，1977年），『英語の歴史』（大修館書店，1983年），『アングロサクソンと日本人』（新潮社，1987年），『英語語源の素描』（大修館書店，1989年），『イギリス国学史』（研究社，1990年）他多数。

渡部昇一小論集成　下巻

初版発行――2001年7月20日

著者――渡部昇一

発行者――鈴木一行

発行所――株式会社大修館書店

〒101-8466 東京都千代田区神田錦町 3-24

電話 03-3295-6231（販売部）　03-3294-2356（編集部）

振替 00190-7-40504

[出版情報] http://www.taishukan.co.jp

装丁者――井之上聖子

編集協力――(有)メビウス

印刷所――壮光舎印刷

製本所――難波製本

ISBN4-469-24464-3　　Printed in Japan